지역무역체제와
기술표준 협상

안덕근 · 김민정

REGIONAL TRADING SYSTEM AND NEGOTIATIONS
FOR TECHNICAL STANDARDS

박영사

　　2020년을 되돌아보면 연초부터 일찍이 경험해보지 못했던 일련의 사건들로 인해 우리를 포함한 전 세계 대부분의 국가가 큰 어려움을 겪고 있습니다.

　　특히, 전대미문의 바이러스 코로나-19의 확산으로 수요와 공급이 동시에 타격을 받아 세계 경제가 크게 위축되고, 미국과 중국의 무역 분쟁이 한층 격화되고 있으며, 자국 중심의 보호무역주의도 심화되고 있습니다. 이에 따라 기존 다자무역체제를 대표하던 WTO체제가 위협을 받고 있으며, 아세안을 중심으로 한 RCEP, 중남미의 MERCOSUR 등 지역무역 체제가 새로운 무역 질서로 대두되고 있습니다.

　　하지만 이러한 위기와 불확실성은 오히려 AI, 빅데이터 등 4차 산업혁명을 가속화 하는 역설적 상황을 만들어내고 있습니다. 모든 일상과 업무가 사람 간 접촉이 최소화되는 비대면 방식으로 바뀌면서 원격진료, 무인 배송, 지능형 로봇 등 비대면 기술이 급속하게 우리의 일상으로 스며들고 있습니다.

　　첨단 기술의 발전은 무역기술장벽에 대한 대비와 대응 역량 강화가 더욱 중요해진다는 의미이기도 합니다. 주요 국가들은 4차 산업혁명 핵심 기술에 대한 표준 선점을 위해 총성 없는 전쟁을 벌이고 있는 한편, 새로운 기술규제를 양산 또는 강화하고 있습니다. 이러한 움직임은 새로운 무역기술장벽을 형성해, FTA로 낮아진 관세장벽을 급속하게 대체하고 있으며, 이는 우리 기업들에게 커다란 위협이 아닐 수 없습니다.

　　WTO 통계에 따르면, 지난해 새로운 기술규제에 대한 TBT 통보문이 3,337건으로 WTO 출범 이후 최고치를 기록하였으며, 금년에도 이 수치를 넘어설 것으로 보입니다. 또한, 기술규제 정보 취득이 용이하지 않은 아프리카와 중남미의 기술규제가 전체의 84% 이상을 차지하는 등 개도국의 기술규제도 급속히 확산하고 있습니다. 이러한 변화는 신흥국 시장에 진출하는 우리 기업에게 현지 기술규제에의 신속하고 효과적인 대응이 얼마나 중요한가를 깨닫게 해주고 있습니다.

정부는 학계·기업과의 연대와 협력을 강화해 급변하는 무역환경에 우리 기업이 신속하게 적응할 수 있도록 다각적인 노력을 기울일 계획입니다. 새롭게 부상하는 규제로 인해 우리 기업들이 겪을 수 있는 애로를 사전에 파악하고, 세계 각국의 기술규제 정보를 선제적으로 입수·분석하여 제공할 계획입니다.

하지만, 날로 복잡하고 정교해지는 해외 기술규제에 효과적으로 대응해나가기 위해서는 무엇보다 정보의 수집과 지속적인 연구, 대응논리 개발 등을 수행하는 학계의 역할이 더욱 중요해지고 있습니다.

이러한 점에서 학계의 전문가들이 최근의 TBT 규범과 협상 쟁점, 국가별 TBT 정책의 특징과 전략, TBT 제도의 역할과 향후 과제 등을 종합적으로 정리한 『지역무역체제와 기술표준 협상』 책자를 발간하게 된 것은 매우 반갑고 고마운 일입니다.

이 책의 발간이 TBT에 대한 학계의 이해와 관심을 높이고 관련 연구의 활성화로 이어지기를 기원합니다. 아울러 이 책자가 TBT로 인한 어려움을 겪고 있는 수출업계와 시험·인증기관에도 유용한 지침서가 되기를 바랍니다.

모쪼록 이 책자가 급속히 변화되고 있는 글로벌 통상 환경에서 학계, 기업, 정부가 힘을 모아 보호무역주의의 파고를 슬기롭게 헤쳐나가는 데 큰 보탬이 되기를 기대합니다.

2020.10.

산업통상자원부 국가기술표준원장 이승우

　　이번에 출간하게 된 『지역무역체제와 기술표준 협상』은 국가기술표준원이 무역기술장벽(TBT) 정책역량 제고를 위한 산학 컨소시움에 시리즈로 기획한 TBT 연구의 세 번째 성과물이다. 2018년 첫 번째로 출간한 『국제통상체제와 무역기술장벽』(박영사)에서는 국제통상체제에서 TBT 규범이 도입된 배경과 현황, 성과 등을 분석하고 우리나라 기술규제체계의 발전과 향후 과제를 검토했다. TBT에 관한 인식의 저변도 넓지 않은 상황에서 체계적인 연구의 토대를 제시한 점에서 의의가 크고 이를 지원한 국가기술표준원의 혜안과 정책 판단에 이 자리를 빌려 다시 한번 감사한다.

　　시리즈의 두 번째로 2019년 출간한 『WTO 무역기술장벽 대응체제와 표준 정책』(서울대학교 출판문화원)에서는 WTO체제 도입 후 두드러지게 강화된 TBT 대응체계를 점검하고 산업별 TBT 현황 및 주요 국가별 TBT 정책을 비교·분석하였다. 대학 출판사의 출판절차를 거친 전문 연구서로서 심도있는 연구 구조와 내용을 담았다.

　　본고에서는 최근 급격히 위상과 중요성이 커지는 지역무역체제에서의 TBT 규범과 협상 쟁점, 국별 정책을 종합적으로 점검·분석하였다.

　　1부에서는 지역무역체제에서의 TBT 규범 현황을 검토하고 실제 적용상 제기되는 법적 문제를 분석한다. 1장에서는 최근 지역무역체제의 발전 양상과 그 과정에서 WTO 협정과 차별화되어 발전한 TBT 규범의 특징을 설명한다. 9·11 사태 직후 야심차게 출범한 도하 협상이 GATT/WTO 역사상 최초로 실패한 다자협상으로 쇠락하는 와중에 양자간 FTA는 포괄적, 점진적 환태평양경제동반자협정(CPTPP)과 같이 메가 FTA로 변모하면서 새로운 통상 규범을 양산하는 주요 토대가 되었다. TBT 규범 차원에서 이와 같은 전례 없는 발전상황이 1장에서 심도 있게 제시된다. 이와 관련하여 우리나라의 FTA에서 TBT 관련 쟁점이

다루어진 현황과 이에 따른 이행과제를 2장에서 상세히 다룬다. 특히 2장에서는 최근 FTA들이 산업 분야 또는 품목별로 TBT 규정들을 도입하는 현황과 특징을 분석한다.

지역무역체제에서의 통상 규범 적용을 이해하는 데 긴요한 내용이 3장과 4장에서 제시된다. 3장은 FTA 협정의 TBT 규범에서 가장 기본이자 핵심인 비차별 원칙의 해석과 적용에 관해 WTO TBT 협정의 판례를 토대로 상술한다. WTO 협정의 핵심 법률 쟁점의 실제 적용 사례와 해석 기준을 이해하는 데 유용한 기준을 제시한다. 4장에서는 적합성평가절차 관련 규범과 쟁점을 제시하는데, 실무 차원에서 TBT체제의 핵심사안이나 그간 심도 있는 연구가 많지 않아 향후 관련 연구에 큰 기여를 할 것으로 보인다.

2부에서는 지역무역체제를 통해 새로이 제기되는 TBT 쟁점을 점검한다. 5장에서는 최근 급속히 확산되는 디지털무역 규범과 관련한 기술표준 쟁점에 대해 설명한다. 특히 디지털 표준 측면에서 주목해야 할 사실표준화기구들의 현황과 쟁점들을 포괄적으로 분석한다. 6장에서는 실무상 TBT체제 변화에 가장 중요한 기여를 한 투명성 원칙의 내용과 그 발전과정을 설명한다. 또한 최신 FTA들까지 지속적인 발전에도 불구하고 투명성 규범이 직면한 한계를 분석하고 향후 협력과제를 제시한다.

3부는 국가별 TBT 정책의 특징과 전략을 분석하고 시사점을 제시한다. 7장에서는 미국 통상정책의 특이한 구조를 설명하고 이에 따른 독특한 이행체계를 상술한다. 행정부와 의회 간의 헌법상 엄격한 권한 분할구조는 여타 국가들에서는 이해하기 어려운 상황인데, 이는 FTA 협상과 이행과정에도 그대로 반영된다. 7장에 제시된 내용은 향후 미국이 포함된 FTA 협상의 유용한 지침을 제공할 것이다. 8장은 EU의 FTA상 TBT 전략과 시사점을 설명한다. 경제뿐만 아니라 정치외교적 중요성에도 불구하고 국내에서는 EU의 통상정책에 대한 연구가 상대적으로 취약한데, 특히 FTA TBT에 초점을 맞춘 연구는 향후에도 흔치 않을 것으로 보인다. 회원국별로 FTA를 통해 채택한 TBT 정책을 분석한 8장의 내용은 향후 대 EU 통상정책 수립과 운용에 유용한 자료로 활용되리라 믿는다. 또한 9장에서는 중국의 TBT 전략을 분석하고 중국의 산업계 대응을 보여준다. 대만국립중산대학교 경영대학교 교수로 재직하던 저자가 현지에서의 경험과 정보를 토대로 작성한 9장의 내용은 우리 산업계가 중국 관련 TBT 대응체계를 운용하는 데 귀한 자료가 될 것이다. 10장에서는 TBT 연구에 헌신한 저자가 그간의 식견을 바탕으로 우리나라 FTA TBT 전략을 제시하는바, 정책적으로 귀중한 시사점을 제공하고 있다. 대외 협상에서 주목할 쟁점과 대내 협상에서 신중히 다루어야 할 사안들을 종합적으로 제시하고 있어 정책 당국자들이 숙독해야 할 내용이다.

4부에서는 경제통합 과정에서 TBT 제도의 역할과 향후 발전과제를 제시한다. 11장에서는 기존의 FTA에 기반한 지역무역체제를 전면 개편한 환태평양경제동반자 협정(TPP)의 형성과정과 의의 등을 분석하고, TBT 규범 측면에서 이러한 지역무역체제 발전의 시사점을 분석한다. 본 저서의 집필이 마무리된 후 출범한 미국-멕시코-캐나다 협정(USMCA)까지 괄목할 만하게 변화한 TBT 체계의 토대가 된 TPP TBT 규범체계를 상술한다. 12장에서는 경제분석을 통해 경제통합 진전의 TBT 제도 시사점을 제시한다. 특히 FTA 및 TBT 관련 변수들 간의 네트워크 분석이라는 최신 통계기법을 활용하여 FTA 회원국들 간의 TBT 문제 제기가 적다는 점을 계량적으로 입증했다.

본고에 담긴 12편의 논문들은 앞서 출간한 두 권의 저서와 같이 각기 해당 영역에서 국내 최고의 전문가들이 집필하였다. 이 같은 훌륭한 필진을 한 자리에 모을 수 있어서 편집자로서 무한한 영광이었고 바쁜 연구와 업무 일정에도 불구하고 국내 TBT 연구역량 증진이라는 소명에 참여해주신 저자들께 이 자리를 빌어 심심한 감사와 경의를 표한다. 본고를 통해 저자들이 선보인 연구 성과가 향후 TBT 분야를 연구하는 학자나 학생들뿐만 아니라 산업계와 정책 분야에서 활약하는 실무 전문가들에게도 유용하게 활용되길 바란다.

끝으로 여느 저서들과 마찬가지로 본고를 출간하기까지 보이지 않는 큰 수고와 기여를 해 주신 산파들이 계신다. 우선 이 시리즈를 기획하고 추진할 수 있도록 물심양면 도와주신 안병화 전 기술규제대응국장(현 신남방정책특별위원회 부단장), 정석진 전 기술규제정책과장(현 총괄기획과장), 그리고 전종윤 연구관께 감사한다. 행정 부처와는 달리 느리고 서툰 학계 인사들을 믿고 견뎌준 덕에 그나마 TBT 문제를 체계적으로 다루는 전문 연구 역량이 이정도까지 육성된 것이라 믿는다. 그리고 이를 이어받아 꾸준히 지원해 주신 김규로 기술규제대응국장, 정해권 과장께도 깊은 감사를 드린다. 정책 포럼, 토론 등을 통해 연구진들에게 많은 영감과 깨달음을 제공해 주신 덕은 헤아리기 어렵다. 또한 원고를 정리하고 교정을 마다하지 않은 서울대 국제대학원 국제통상전략센터의 김나영 연구원, 강혜인 연구원에게도 깊이 감사한다.

시리즈의 세 번째로 기획된 본고를 다시 박영사를 통해 출간하게 된 점은 편집자와 저술에 참여한 저자들에게도 큰 기쁨이다. 저자들의 학문적 성과를 돋보이게 하는 데 손색이 없는 국내 최고 수준의 출판 효율성과 전문성에 깊이 감사한다. 특히 본 저서 출간을 처음부터 수락하고 지원해 주신 박영사의 조성호 이사, 그리고 교정 작업을 위해 노력해 주신 조보나 대리께도 감사 말씀을 전한다.

TBT 관련 연구를 하면서 국가기술표준원의 발자취를 되짚어 보면 그리 길지 않은 기간 동안 이룬 놀라운 성과에 감탄을 하게 된다. 우리나라 기술표준정책의 역량을 괄목할 만한 수준으로 높여온 국가기술표준원 여러분들과 훌륭하게 표준원을 이끌어주신 이승우 원장께 이 자리를 빌려 감사와 치하를 드린다.

관악에서
2020년 10월
엮은이 안덕근, 김민정

PART 01. 지역무역체제의 TBT 통상규범 발전과 과제

PART 02. 지역무역체제에서의 주요 TBT 규범상 쟁점

PART 03. 국별 FTA 특징과 TBT 전략 시사점

PART 04. 지역무역 협상의 TBT 규범상 새로운 발전 과제

Chapter 11. 환태평양무역체제 형성과 TBT 제도 시사점 [이효영]

Chapter 12. 경제통합 진전의 TBT 제도 시사점 [노재연]

지역무역체제의
TBT 통상규범 발전과 과제

지역무역체제의 전개와 TBT 통상규범 발전

1 ___ 서론

TBT 협정이 동경라운드를 통해 최초로 도입된 이후 우루과이라운드 협상을 통해 개편되면서 본격적으로 비관세조치를 다루기 위한 국제통상규범으로 확립되었다.[1] 2019년 8월까지 54개의 분쟁이 TBT 협정하에서 제기되었고 13개 분쟁에서 판결이 내려지는 등 실질적인 활용 성과도 높은 편이다. 그러나 규범 시행 후 20여년 이상 지나면서 TBT 협정의 내용을 보완하고 개선할 필요성이 지속적으로 제기되고 있으나 현실적으로 WTO에서의 협정 개정 가능성은 가까운 시일내에는 불가능한 실정이다.

이러한 상황에서 최근 타결되고 있는 미국, EU 등 선진국의 FTA들에서 제시되는 TBT규범은 주목할 필요가 있다. 2000년대 추진된 대부분의 FTA들에서 TBT규범이 거의 다루어지지 않은 관례를 감안하면 미국이 TPP, USMCA 등에서 제시한 새로운 TBT규범은 주목할 만한 변화이다.

본 저서를 통해 최근 FTA 동향을 검토하고 주요한 규범 차원의 발전상황, 특히 TBT규범의 발전과 주목할 부분을 분석함으로써 중대한 규범 변화의 변곡점에 있는 현 시점에서 대응 방향을 모색하고자 한다.

---

* 본고의 저술에 큰 도움을 김나영, 강혜인 연구원에게 깊이 감사한다.
1 TBT규범 발전은 안덕근, 김민정(2018) 참조.

2 ___ 지역무역체제 발전과 현황

비차별 원칙을 토대로 발전된 다자주의 통상규범에서 예외적인 특혜무역 혜택을 확보하기 위해 촉발된 RTA는 세계무역기구(WTO) 출범 이후 급증했다. 〈그림 1−1〉에서 나타나듯이, 2000년 이후 급격히 증가한 RTA는 2009년을 기점으로 감소하는 추세이나 누적 통계로 300건에 달하는 RTA가 발효중이다.

[그림 1-1] 지역무역 협정 체결 추세

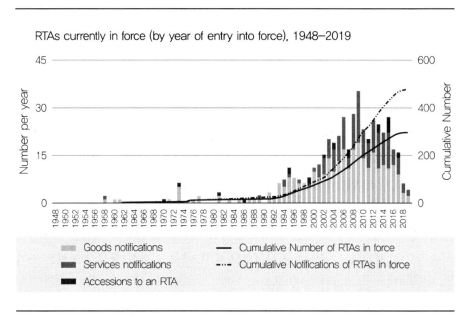

RTAs currently in force (by year of entry into force), 1948−2019

출처: http://rtais.wto.org/UI/charts.aspx#(2019.7.20. 방문)

이처럼 WTO체제 출범 이후에 급격히 확대된 RTA는 WTO 출범과 비슷한 시기에 시작된 북미자유무역 협정(NAFTA), 한−미 FTA(KORUS), 그리고 NAFTA를 개정하여 체결한 미국−멕시코−캐나다 협정(USMCA)을 거치며 현저한 변화를 보였다. 이하에서는 보다 구체적으로 그러한 변화의 내용을 살펴본다.

2.1 NAFTA체제

캐나다-미국 FTA(CUFTA)가 1989년 발효된 후, 멕시코의 합류로 NAFTA로 발전한 3국간 FTA는 WTO체제 출범 1년 전인 1994년 1월 1일 발효되었다. CUFTA는 당시 통상규범으로는 최초로 에너지, 문화산업을 다루고 있을 뿐만 아니라 서비스와 투자규범을 제시하면서 기존의 GATT체제와는 차별화되는 규범체계를 제시했다.[2] CUFTA가 출범하자 살리나스 대통령 집권 이후 강력한 경제개혁조치를 시행하던 멕시코 정부는 경제성장에 절실한 해외투자 유치를 확대하기 위해 미국에 FTA를 제안했다. 그러자 CUFTA로 확보한 무역 이익이 반감되는 것을 우려한 캐나다 정부가 합류하면서 3국간 자유무역 협상이 개시되었다. 1994년 NAFTA는 CUFTA의 규범을 더욱 정교화하고 지재권, 환경, 노동 관련 규범까지 포함하면서 미국이 추진하는 지역무역 협정의 표본으로 자리잡게 되었다.[3]

1991~1992년간에 주로 진행된 NAFTA 협상은 당시 우루과이라운드 협상에서 논의되던 GATT 개편안을 대폭 반영하면서 타결되었다. 따라서 NAFTA는 1995년 새로이 출범하는 WTO체제에서 특혜무역체계로 활용되는 RTA의 기본구조를 제시하는 것으로 이해되었다. 이러한 이유로 WTO 출범 후 급증한 FTA들은 2000년대 중반까지도 NAFTA 협정체계를 상당 부분 수용했다. 우리나라의 경우에도 최초로 타결한 한-칠레 FTA에서 NAFTA 협정문의 구조뿐만 아니라 규정 문안을 상당 부분 차용했다. 법적인 측면에서 볼 때 NAFTA가 WTO에 선행함에 따라 사실상 유사한 협정 문안을 상세히 제시해야 했으나, WTO 출범 이후 타결된 FTA의 협정문에서는 그러한 불필요한 규정을 생략할 수 있었음에도 불구하고 1990년대 후반과 2000년대 초반의 FTA 협정들이 NAFTA 협정문을 기초로 하면서 WTO 협정과의 규정상 반복이 흔히 관찰된다.

---

2 보다 상세한 CUFTA규정 해설은 Richard, J & R. Dearden(1988), The Canada-US Free Trade Agreement: Final Text and Analysis 참고.

3 NAFTA 협상 과정에 대해서는 Cameron, M & B. Tomlin(2000), The Making of NAFTA: How the Deal was Done; Mayer, F(1998), Interpreting NAFTA: The Science and Art of Political Analysis; Folsom, R. & W. Folsom(1997), Understanding NAFTA and Its International Business Implications 참고.

2.2   한-미 FTA체제

　2006년 6월 5일 공식 협상을 개시하여 2007년 4월 2일 협상이 타결된 한미 FTA는 WTO체제 출범 이후 전 세계에 NAFTA를 통해 FTA의 표본을 제시한 미국 정부가 새로운 FTA 모델을 보여준 대표적 사례다. 그리고 이는 1997년 사실상 FTA 모라토리엄을 선언한 EU를 FTA 협상테이블에 다시 되돌려 놓은 계기가 되었다.4 실제로 EU는 한미 FTA 협상이 임박한 2007년 5월 6일 한-EU FTA 협상을 공식 개시하여 2009년 7월 협상을 타결한 후, 2011년 7월 FTA를 잠정 발효했다. 이는 한미 FTA가 추가협의를 거쳐 2007년 6월 30일 서명된 후, 2010년 12월 3일 추가 협상이 타결되고 최종적으로 2012년 3월 15일 발효된 시점보다 약 8개월 앞선 것이다. 다시 말하여 FTA정책을 사실상 포기한 EU로 하여금 10년만에 FTA 협상에 다시 나서게 할만큼 전 세계 FTA 판도를 바꾼 것이 한미 FTA이다.

　이후 국제통상체제의 양대 주역인 미국과 EU가 본격적인 FTA 경쟁에 돌입하는데, 미국은 환태평양경제동반자 협정(TPP)과 환대서양무역투자 협정(TTIP)으로 진행한 반면, EU는 캐나다, 일본, MERCOSUR로 FTA를 확대해갔다.

　한미 FTA는 NAFTA체제 이후 미국의 FTA 전략이 개편된 전형을 보여준다. 전 산업 분야와 품목에 걸쳐 거의 예외없이 무관세교역을 적용하는 상품 시장 개방뿐만 아니라 Negative방식의 서비스 시장 개방을 사실상 개방 원칙으로 확립했다. WTO 플러스방식으로 도입한 지재권, 기술장벽, 위생검역 등 분야에서의 추가 무역규범은 아무런 진전을 보이지 못하는 WTO도하 협상의 대안으로 부각되었다.

　한미 FTA는 EU뿐만 아니라 일본, 중국도 주요 교역상대국들과 FTA 협상에 발벗고 나서는 계기가 되었다. 한-중 FTA가 타결되면서 한중일 FTA 협상이 보다 현실적인 동아시아 경제협력을 위한 대안으로 부각되었고, 지역간 포괄적경제동반자 협정(RCEP)을 위한 협상이 진행되었다.

4　안덕근(2007), EU의 대북미 통상 전략 분석, KIEP 중장기통상전략연구 07-09-01, 38-41.

[그림 1-2] 지역무역 협정 경쟁 상황: 2016년

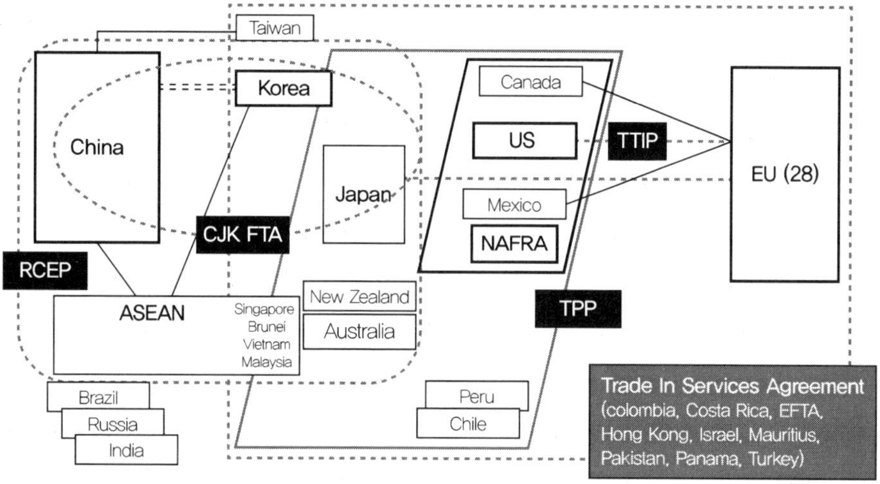

출처: 저자 작성

또 하나의 주목할 협상은 서비스 시장 개방에 특화된 서비스무역 협상(TISA)이다. 이 협상에는 기본적으로 TPP와 TTIP 협상 참여국들 및 미국과의 경제협력에 이해관계가 큰 파나마, 이스라엘, 콜롬비아, 홍콩 등 일부 국가들과 우리나라가 추가적으로 포함되었다. 이와 같이 미국 민주당 정권의 오바마 대통령은 TPP, TTIP, TISA 등 다자적 경제연대를 강화하는 형태로 중국, 러시아 등 급속히 부상하거나 잠재적으로 경쟁관계로 부상할 수 있는 국가들을 견제하고자 시도했다. 이러한 측면에서 대중국 경제 견제조치로서 TPP를 부각한 오바마 대통령을 정치적으로 상극관계에 있던 공화당이 전폭적으로 지지해 타결토록한 점은 주목할 부분이다.

2.3 USMCA체제

대통령 선거과정에서 NAFTA 철폐를 내세운 트럼프 대통령은 실제로 선출된 후, NAFTA 개정 협상에 돌입해 USMCA를 타결했다. 사실상 3국간 개정 협상을 진행한 것이 아니라 개정 협상에 소극적이던 캐나다가 미국−멕시코 양국 간 협정이 타결된 후 협정 내용의 수정은 전혀 없는 상태에서 추가로 참여하는 형태로 진행된 점은 주목할 부분이다. 이는 NAFTA가 USMCA로 수정되는 과정에서 미국의 입장이 전적으로 반영된 것을 시사하는데, 자동차산업 부문에 대한 원산지규정이 유례없는 수준으로 인상된 것뿐만 아니라 전례가 없는 노동가치기준을 포함한 부분이나 FTA 회원국들에 대해 사실상 대중국 FTA를 제한하는 규정을 포함한 점 등이 이를 보여주는 사례이다.

　　USMCA는 기본적으로 NAFTA를 개정한 바, 이미 자유무역지대로 통합된 북미 시장에 대한 추가적인 개방 내용은 거의 없으며 전적으로 기존의 무역규범들이 대폭 개편되었다. 사실상 TPP 협정을 토대로 마련되었으나 협정의 상당 부분에 있어 TPP와도 차별화되어 추가된 무역규범들이 제시되고 있다. 미국의 경우 FTA들 및 다자간 무역규범의 운용에 있어 일관성 유지를 우선순위에 두는 점을 감안하면 USMCA에서 제시된 다양한 분야들에 대한 새로운 무역규범이 향후 FTA나 WTO규범화 작업을 통해 확산될 소지가 크다. 대표적인 사례로 USMCA 제19장의 디지털무역규범은 WTO 협상에서 복수간 협정의 초안으로 제안되고 있으며, 수산보조금 관련 규정들도 일부 보완되어 WTO 협정 개정안으로 제시되었다.

　　2019년 8월 현재 진행되는 미−일간 무역 협상도 USMCA를 기반으로 진행될 가능성이 높다. 즉, CPTPP를 발효하여 사실상 TPP규범을 거의 수용한 일본이 USMCA의 추가적인 내용을 받아들일 가능성이 높은데, 그러한 경우 USMCA는 향후 무역체제에서 새로운 무역질서를 구축하는 근간으로 부상할 것으로 보인다.

　　한편, EU도 캐나다와의 FTA에 이어 일본, MERCOSUR와 FTA를 타결하면서 EU 입장에 특화된 무역규범을 확산하고 있다. 예를 들어, 투자규범의 시행을 위해 중재절차보다는 일원화된 상소절차를 포함하는 투자법원의 제안 등은 주목할 사안이다. 이러한 EU도 현재 트럼프 행정부에 의해 양자간 무역 협상을 추진할 예정인데, 실질적인 협상은 미−일 무역 협상 타결 이후 본격화될 것으로 전망된다. 미−EU 무역 협상의 내용은 비단 양자간 무역관계뿐만 아니라 향후 국제무역체제의 새로운 틀로 확립될 가능성이 크다는 점에서 귀추가 주목된다.

3 ___ FTA 무역규범 발전의 특징[5]

3.1 WTO 방식의 규범체계

(1) 분쟁해결제도

WTO분쟁해결제도는 우루과이라운드 협상 초기부터 핵심 쟁점으로 부각 되었다.[6] 특히 분쟁해결제도를 통한 결정이 법원 판결과 같은 구속력을 가지고 해당 분쟁 당사국에게 적용되어야 한다는 입장을 견지한 미국에 반해, 해당 결 정은 법적인 엄밀성이 결여되더라도 기본적으로 원만하게 분쟁 사안의 해결과 조정을 할 수 있어야 한다는 EU 및 일본이 대립하면서 협상 후반까지 첨예한 대립이 지속되었다.

[그림 1-3] WTO 분쟁 제소 연도별 추이(1995-2018년)

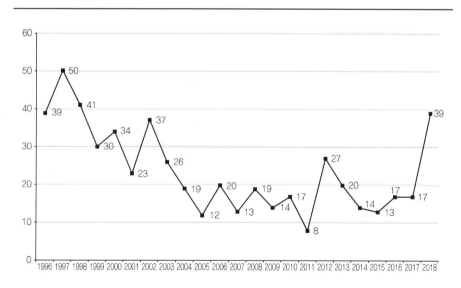

출처: 저자 작성

---

5 이하 3절은 서진교 외(2019), WTO체제 개혁과 한국의 다자통상정책 방향(KIEP)의 저자 작성 부분을 참고, 인용함.

6 Croome(1995), pp.147−154 & pp.262−267.

우여곡절 끝에 다양한 의견을 조율하여 최종적으로 대폭 개편된 WTO 분쟁해결제도를 수립하는 데 지대한 공을 세운 분쟁해결 협상그룹의 의장, Lacarte-Muro는 신설된 상소기구의 위원으로 선임되어 분쟁해결제도 운용에도 지속적으로 역할을 하였다.7 국제사법절차로는 유일하게 상소절차를 허용하고, 패널절차에서는 ad hoc로 비교적 자유롭게 패널위원을 선임하는 반면 상소절차를 위해서는 7명의 상소기구위원 중 3명이 임의로 선정되는 절차를 사용하는 등 실험적인 제도를 토대로 출범한 WTO 분쟁해결제도는 WTO체제의 핵심으로 간주되었다.

〈그림 1-3〉에서 보여진 바와 같이, 2018년 12월 말까지 총 574건의 제소가 분쟁해결절차에 회부되었는데 이처럼 활발하게 활용된 국제사법절차는 WTO 출범 이전에는 전례가 없다. 이는 동 시기 국제사법재판소에 회부된 총 사건이 75건인 점에 견주어 볼 때,8 WTO 회원국들에 의한 국제통상 분쟁해결 의지와 제도에 대한 신뢰를 보여주는 근거이다. 특히 WTO 출범 직후인 1995년부터 1997년까지 기간에 상당히 많은 소송이 제기된 점은 GATT체제 후반 초래된 다수의 분쟁사안들에 대해 당시 체약국들이 신설되는 WTO 분쟁해결제도에 대한 기대로 새로운 체제가 도입될 때까지 기다린 것이 주요한 이유로 보인다. 또한 새로이 합의된 협정들의 해석과 적용 기준에 대해 제기된 초기의 논란이 패널과 상소기구의 판결을 통해 정리되면서 점차 소송이 줄어드는 추세를 볼 수 있다.9

한편, 급격히 제소가 증가한 최초 3년동안의 소송을 보면, 개별 협정 중 가장 많은 분쟁을 초래한 것은 농업 협정으로 총 22건이 제기되었다는 것에 주

---

7 Larcarte-Muro는 GATT 창립 시점인 1947-1948에 사무차장(Deputy Executive Secretary)으로 일했으며 우루과이 정부로 복귀한 후에는 제네바 대표부에 파견되어 일반이사회 의장, 분쟁패널위원, 분쟁해결 협상그룹 의장 등으로 활약했다. 이러한 GATT/WTO체제 발전에 대한 공로를 기리기 위해 현 WTO 건물내에 Larcarte-Muro Hall로 헌정한 회의실을 별도로 두고 있다. 상소기구 위원들의 약력은 〈https://www.wto.org/english/tratop_e/dispu_e/ab_members_descrp_e.htm〉 참고(2019.8.2. 방문).

8 국제사법재판소의 사건들 목록은 〈https://www.icj-cij.org/en/list-of-all-cases〉 참조(2018. 7.25. 방문). 한편, 세르비아·몬테네그로의 무력 사용에 대해 프랑스, 영국, 이태리, 캐나다 등이 개별적으로 제소한 8개 소송을 감안하면 실제 분쟁사안의 숫자는 더 축소된다.

9 대부분의 WTO 전문가들은 이러한 해석에 동의하고 있다. 예를 들어, Reich(2018) 참조.

목해야 한다. 다음으로 많은 소송을 초래한 협정은 보조금 협정(17건)과 무역기술장벽 협정(이하 'TBT 협정', 17건)이다. 수입허가 협정이 16건, 무역관련투자 협정(이하 'TRIMS 협정'), 위생및검역 협정(이하 'SPS 협정')과 무역관련지재권보호 협정(이하 'TRIPS 협정')이 각기 11건으로 다음을 잇고 있다. 이는 최근 가장 많은 분쟁을 초래하고 있는 반덤핑 협정이 동 시기에 총 7건의 제소를 야기했다는 점에 비추어 크게 대비되는 사실이다.

또한 1995년 WTO가 출범한 직후 가장 많은 소송이 제기된 협정이 8건의 소송을 초래한 TBT 협정이라는 점도 특기할 부분이다. 더욱이 첫 해 제소된 8건의 TBT분쟁 중 우리나라에 대한 제소가 3건이나 되는 점은 우리나라의 비관세 문제에 대해 재고의 필요성을 제기한다.[10] 즉, WTO 출범 직후에는 새로 도입한 비관세 관련 무역규범에 대한 관심이 매우 높았으며, 이에 따라 대표적 비관세조치를 다루는 TBT 협정과 SPS 협정에 대한 분쟁이 집중된 것으로 보인다. 그리고 실질적인 법적 규범 차원에서는 별로 중요한 내용이 추가되지 못하고 사실상 기존의 일부 GATT 조항들을 상세하게 설명한 것에 불과한 TRIMS 협정에 기초한 분쟁이 WTO 설립 직후 집중된 점은 실제로 무역과 관련된 투자장벽이 상당히 만연해 있었으며 동 협정 타결로 이에 대한 해결을 기대했던 것으로 이해된다.

또 다른 특기할 사항은 수입허가 협정에 대한 제소가 16건이나 되는 점이다. 수입허가 협정은 이처럼 WTO 설립 초기부터 많은 관심을 받았을 뿐만 아니라 2018년 10월까지 47건의 제소가 제기되었는데 아직 한 건의 분쟁에서도 동 협정의 해석이나 적용에 대한 판결이 나지 않고 있다. 이는 매우 이례적인 일로서 일부 사건에서는 수입허가 문제가 분쟁의 핵심 쟁점으로 제기되었으나 여전히 최종 판결은 GATT 조항에 의거하여 처리되었다.[11]

2019년 8월까지의 활용 기록에 따르면 미국과 EU의 참여가 여타 회원국들

---

10 보다 상세한 내용은 안덕근, 김민정(2018), 제1장 참고.

11 예를 들어, Indonesia—Importation of Horticultural Products, Animals and Animal Products(DS477, 478)에서도 농산물에 대한 수입허가 문제가 제기되었는데, 판결은 GATT조항에 근거하여 내려졌다. 보다 상세한 판결에 대한 분석은 Ahn and Gnutzmann-Mkrtchyan(2019) 참조.

에 비해 압도적으로 많다. 미국의 경우 124건을 제소하고 154건이 피소당했으며, 151건에 제3자로 참여했다. 이는 총 586건 중 73%에 달하는 수준으로서 거의 3/4의 분쟁에 관여한 것이다. EU의 경우 102건의 제소와 85건의 피소, 200건의 제3자 참여가 있는데 총 분쟁의 65%에 해당한다. 그러나 EU의 개별 회원국들이 별도로 분쟁에 참가한 사건을 포함하는 경우, 103건의 제소와 111건의 피소로 전체 참여율은 69%로 증가한다.

전반적으로 볼 때, 미국, EU 등 주요 선진국들의 참여가 두드러지나 개발도상국들도 무역규모에 비해 매우 적극적으로 참여해왔으며, 이는 다자간 무역질서를 유지하는 데 가장 중요한 근간이 되었다.

(2) 상품 시장 개방

GATT체제 출범 이후 상품 교역에 대한 시장 개방은 다자간 무역체제의 가장 중요한 기여로 평가된다. Smoot-Hawley법으로 촉발된 보호주의적 관세 부과 경쟁이 GATT체제 출범과 동시에 진행된 다자간 무역 협상으로 역전된 후, WTO체제의 출범은 그동안 사실상 시장 개방에서 배제된 농업 부문까지 포괄하면서 전면적인 상품 교역의 시장 개방 토대를 구축했다.

현재 WTO 농업 협상에서 다루는 농산물의 범주는 쌀, 면화, 채소, 과일 등 전통적인 1차산업 생산물뿐만 아니라 초콜릿, 와인, 빵 등 가공식품들도 포함한다. 특히 농업 협상으로 극히 일부 품목을 제외한 모든 농산물에 대해 관세를 도입한 "관세화(tariffication)"는 국제통상체제의 상품교역 자유화에 획기적인 전기를 마련했다. WTO출범 이후 최초로 출범한 다자간 무역 협상, 도하개발어젠다(이하, "도하 협상")가 교착상태에 빠지면서 실질적으로 WTO차원의 농산물 시장 개방은 아무런 진전이 이루어지 않았다. 그러나 관세화 작업을 통해 도입된 농산물 관세는 이후 급격히 확산된 FTA 협상을 통해 농산물 시장의 전면적인 개방을 앞당기고 있다.

대표적인 사례로 한-미 FTA를 들 수 있는데, WTO체제하에서 농산물 시장 개방에 가장 강경한 반대 입장을 고수해 온 한국 정부가 한-미 FTA를 통해 쌀, 오렌지 등 극소수 품목을 제외하고 전 농산물 수입을 단계별로 무관세 개방한 점은 특기할 사례다. 한국과 함께 쌀에 대한 관세화 유예를 고수할만큼 농산물 시장 개방에 소극적인 일본이 TPP에 합류하면서 거의 전면적인 농산물 시장 개방에 합의한 점도 WTO의 관세화를 토대로 FTA 시장 개방이 전개되는 양상을 보여주는 좋은 사례다. 따라서 표면적으로는 도하 협상의 실패로 별다른 진전을 이루지 못한 농업 시장 개방 노력은 실질적으로는 관세화로 구축된 시장 개방 기반이 최근 급속히 확산된 FTA를 통해 상당한 정도로 시장자유화를 촉발한 것이다. 이는 많은 국가들에 있어 시장보호를 위한 최후의 보루를 허물어뜨린 효과가 있어 향후 세계무역체제에서 시장 개방 논의를 새로운 차원으로 격상시키는 데 중요한 기여를 할 것으로 보인다.

(3) 서비스 시장 개방

WTO체제 출범의 가장 큰 특징이자 기여는 GATT체제에서 전혀 다루지 못한 서비스 교역을 국제통상규범의 틀 내로 편입한 점이다. 무역적자문제에 시달리던 레이건 행정부는 당시 미국이 가장 높은 경쟁력을 갖춘 서비스산업의 세계 시장 개방화를 추진하였고 이는 WTO체제에 GATS의 도입이라는 놀라운 성과로 이어졌다.[12] 우루과이라운드 협상 초기만해도 당시 GATT 체약국들은 서비스 교역의 정의에 대한 합의나 통계자료 확보의 어려움 때문에 실질적인 규범 도입에 대해서는 매우 회의적이었다.[13] 이러한 상황에서 서비스 교역을 4가지 모드로 구분하여 정의하고, 투자와 직결되는 상업적 주재를 모드 3, 노동자의 고용 문제가 수반되는 인력 이동을 모드 4로 포함시켜 포괄적으로 GATS 체제하에서 다루는 서비스규범을 도입한 점은 실로 획기적인 변화라 할 수 있다. 당시 경제학자들이 서비스를 상품과는 달리 교역이 불가한 경제행위로 간주하여 대부분의 국제무역이론에서도 서비스 교역을 포함하지 않은 점을 감안하면 정교한 이론적 뒷받침이 제공되기도 전에 실무적인 합의에 의해 세계무역의 새로운 지평을 열게 된 것이다.

새로이 도입된 규범의 측면에서 주목할 부분은 상품무역의 경우 가장 기본적

---

[12] 레이건 행정부는 공식적으로는 자유무역을 주창했으나 실제로는 2차대전 이후 가장 보호주의적인 통상정책을 운용했다. 보다 자세한 논의는 Cooper(1989)와 Deardorff(1991) 참조.

[13] Croome(1995), pp.102－109.

인 통상규범으로 인식되는 비차별 원칙 ―최혜국대우 원칙과 내국민대우 원칙―
이 전자는 일반 규범으로서 반드시 준수되어야 하는 의무로 규정된 반면, 후자
의 경우 구체적 약속의 항목으로 포함되어 개별 회원국의 선택에 따라 준수 수
준과 여부가 결정되는 구조로 이분화된 점이다. 이러한 구분에 따라 내국민대
우의 경우 서비스 양허표와 서비스 협상의 중요한 부분으로 분류되었다. 또한
최혜국대우 원칙의 경우에도 상품교역에 대해서는 GATT체제 출범 시 잠정적용
의정서(Protocol of Provisional Application)에서 기존 국내법 우선 원칙의 예외로
명시하여 반드시 준수해야 하는 기본통상규범으로 제시한 것과는 다르게, 최혜
국대우 원칙 예외에 대한 부속서를 통해 한시적으로 의무 적용에 대한 예외를
인정하였다.

(4) 지재권보호체계의 강화

WTO체제의 설립으로 국제규범 차원에서 큰 변화가 초래된 또 다른 분야
는 지식재산권(지재권)보호체제다. 지재권보호는 원래 "세계지식재산권기구(World
Intellectual Property Organization: WIPO)"에서 전담하는데, 1967년에 설립되어 현
재 회원국 수가 191개에 이른다. 이처럼 지재권 사안에 대한 포괄적인 권한하
에 저작권, 특허, 상표권 등 분야별 지재권을 세분화하여 체결된 25개의 국제
협정을 시행하는 기능을 수행하는 WIPO와는 별도로 자체적인 지재권보호 협
정을 마련하여 이를 적용하는 국제기구는 현재 WTO가 유일하다.

그러나 지재권에 관한 한 아무런 기반이나 전문성도 갖추지 못한 WTO에
서 "무역 관련 지재권보호 협정(Agreement on Trade-Related Aspects of Intellectual
Property Rights: TRIPS)"을 시행하면서 사실상 전 세계의 지재권보호체계가 전면
적으로 변화되었다. 우선 TRIPS규범하에 규정된 저작권, 특허, 상표권, 지리적
표시, 의장, 집적회로 배치설계의 6개 지재권에 대해서는 최소한의 보호수준이
설정되었는데, 이는 WTO분쟁해결제도를 통해 모든 WTO 회원국들에 대해 예
외없이 적용되었다. WIPO에서는 동일한 지재권인 경우에도 다양한 협정이 제
시됨에 따라 회원국들이 각기 여건에 맞추어 보호수준이 다른 국제기준을 선택
하면서 혼란과 마찰이 야기되었다. 더욱이 그러한 합의 수준조차 제대로 이행
시키기 어려운 구조적인 한계를 가지고 있었다. 이에 반해 WTO는 TRIPS 의무

에 대한 위반 여부를 분쟁해결절차에서 소송을 통해 다루고 판결이 나는 경우 적절히 이행하지 않는 이행패소국에 대해서는 교차보복권한을 승인함으로써 협정 의무 준수를 강행하게 된다.14

뿐만 아니라, WIPO 지재권 협정들에서 한번도 도입된 적이 없는 최혜국대우규범이 TRIPS 협정에 수용되면서 전격적으로 국제 사회에 지재권에 관한 최소기준이 TRIPS에 설정한 수준으로 확정되고 보편화되었다.15 TRIPS 협정에 최혜국대우 원칙을 도입하는 문제는 그 파급 효과의 중요성을 고려하면 우루과이라운드 협상 당시에 크게 문제되지 않았는데 이는 기본적으로 GATT체제에서 최혜국대우 원칙이 가장 근본 원칙으로 간주되어온 데 기인한 것으로 판단된다. 게다가 TRIPS 협정상 도입된 최혜국 원칙 조항은 GATT나 GATS와는 달리 FTA에 대한 예외를 규정하지 않는다. 따라서 최근 체결되는 FTA들에서 대표적인 "WTO 플러스" 요소로 추가되는 지재권 관련 의무사항들은 FTA 회원국 뿐 아니라 최혜국대우 원칙상 전체 WTO 회원국들에게 부여되는 혜택이 된다. 이러한 법적 구조를 통해 세계경제체제의 지재권보호체계가 WTO체제의 설립으로 괄목할만한 변혁을 겪게 되었다.

이와 같은 WTO체제를 통한 지재권보호체계의 발전은 2000년대 들어 급속히 발전한 인터넷 기술혁신과 소위 디지털경제 출현의 발판이 되었다. 반면 지재권보호는 향후 산업발전의 향방을 가르는 중요한 변수로서 트럼프 행정부 출범 이후 미-중간 통상분쟁의 핵심 쟁점으로 부상하고 있는데, 이러한 경향은 갈수록 강화될 것으로 전망된다.

---

14 DSU 제22.3(c)조에 규정된 교차보복제도는 TRIPS 협정상의 지재권 위반 사안에 대해서도 상품이나 서비스 교역에 대한 무역보복을 허용하는 것으로써 개도국들의 TRIPS 협정상 의무 이행을 촉진하기 위해 도입되었다. 그러나 아이러니하게 2018년 9월까지 교차보복에서 지재권 사안이 제기된 경우는 개도국이 미국을 상대로 판결 미이행에 대해 보복조치를 부과하는 상황에서 발생하였다.

15 TRIPS 협정, 제4조. GATT에서 제1조가 최혜국대우 조항이고 제3조가 내국민대우 조항인데 반해, TRIPS 협정은 제3조에 내국민대우 원칙이 먼저 제시되고 제4조가 최혜국대우 원칙 조항인 점은 사실 지재권보호체계에서 내국민대우 원칙과 최혜국대우 원칙의 위상을 보여주는 부분이다.

3.2 WTO 플러스 방식의 도입과 과제

(1) 분쟁해결제도의 한계

WTO 분쟁해결제도는 국제사법절차로서는 드물게 기존 체제를 전면 개편하여 설립된 직후부터 매우 성공적으로 회원국들의 신뢰를 확보했다. 2019년 8월까지 586건의 분쟁이 제기될만큼 WTO 회원국들은 분쟁해결절차를 통한 객관적이고 공정한 분쟁 사안의 해결을 지지했다.[16]

그러나 GATT체제에서와는 다르게 분쟁해결절차에서 정치적인 타협 여지를 전적으로 배제함으로써 분쟁사안에 따라 관련 회원국들의 이행 능력이나 수용 역량을 초과하는 상황이 발생하는 경우 이를 적절히 다룰 수 있는 해결책을 찾지 못하고 이행분쟁에 이어 보복조치 승인절차로 이어지는 사례가 증가하였다. WTO체제에서는 패소국이 분쟁해결기구의 권고사항을 적절히 이행했는지 여부에 대해 논란이 제기되는 경우 원패널이 소환되어 "21.3조 분쟁절차"로 일컬어지는 이행분쟁절차를 통해 판결을 하도록 규정되어 있다.

〈그림 1−4〉에 나타난 바와 같이, 1998년 처음 제기된 이행분쟁은 현재까지 총 62건이 제소되었는데, 미국에 대한 제소가 26건으로 가장 많고 다음으로 EU에 대한 제소가 11건, 캐나다에 대한 제소가 6건 제기되었다. 이처럼 주요 선진국들에 대한 제소가 전체 이행분쟁의 77%를 차지하는 상황은 WTO 분쟁해결제도 운용의 공정성에 대해 논란을 야기하고 있다.

특히 이들 분쟁사건 중 최종적으로 보복조치 승인까지 진행된 사건은 총 13건인데, 그 중 8건이 미국에 대한 것이며, EU가 3건, 브라질과 캐나다가 각각 1건씩을 기록하고 있다. 더욱이 United States − Continued Dumping and Subsidy Offset Act of 2000사건의 경우 DS217에서는 EU, 브라질, 칠레, 인도, 일본, 한국 6개국이 보복승인을 받았고 동일한 분쟁사안을 다룬 DS234에서는 캐나다와 멕시코가 보복승인을 받은 점을 감안하면 압도적으로 미국이 WTO 분쟁해결절차상 보복승인 대상국이다. 이와 같은 이행상 문제점은 분쟁해결제

16　WTO 분쟁 현황에 대해서는 〈https://www.wto.org/english/tratop_e/dispu_e/dispu_status_e.htm〉 참고.

[그림 1-4] 21.3조 이행분쟁 제소 추세

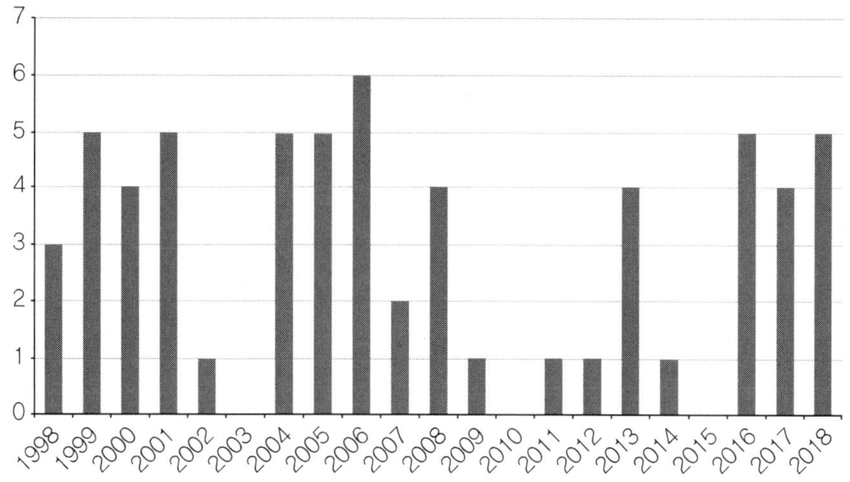

도에 대한 신뢰를 저하하고 있는데, 특히 최근 미국이 상소기구 위원 선임을 지연함으로써 사실상 상소기구절차가 고사되면서 한층 우려가 고조되고 있다.

(2) FTA 확대의 문제점

도하 협상이 진전을 이루지 못하면서 대다수 WTO 회원국들은 매우 적극적으로 FTA 체결을 통한 시장 확보에 나서고 있다. 사실 WTO를 통한 다자간 통상정책에 주력하다가 FTA를 통한 양자간 통상정책으로 정책기조가 바뀐 대표적인 국가가 바로 한국이다. 우리나라는 GATT체제부터 광범위한 수출 시장 확보를 위해 교역상대국의 FTA를 반대해왔다. 특히 같은 입장에 처한 일본과 소위 "Friends of GATT Article I"의 핵심 참여국으로서 최혜국대우 원칙에 기초한 비차별적인 교역조건 확보에 주력했다.[17] 그러나 2004년 4월 1일 우리나라 역사상 최초의 FTA를 칠레에 대해 발효한 이후 2018년 9월 현재 미국, EU, 중국, ASEAN과 모두 FTA를 체결한 유일한 세계 10대 무역국으로 탈바꿈했다.

주목할 부분은 최근 FTA들이 비단 관세인하에만 집중하는 것이 아니라 제

---

17 Scollay and Gilbert(2001), 4.

품의 표준 및 적합성 심사, 위생검역기준, 무역구제, 지재권보호 및 투자규범 등 다양한 내용을 다루기 시작하면서 WTO체제에서 그간 겪어보지 못한 규범의 이질화 현상이 나타나는 점이다. FTA에서의 시장양허 합의를 최혜국대우 예외로 인정하는 것은 궁극적으로 전체 WTO체제 시장자유화에 발판이 될 수 있을 것이라는 확신 때문이다. 비록 부분적으로 무역전환의 문제로 전체 세계무역체제의 교역에 대한 효율성이 저하되는 비용이 발생할 수 있으나 완전 무관세 교역을 포용하는 국가들이 많아지는 경우 궁극적으로 WTO 다자간 무역 협상에서 보다 적극적인 무역자유화가 수용될 여지가 커지게 된다.

그러나 무역규범의 경우 FTA들에서 각기 다양한 형태로 특성화된 조항들이나 규범들이 도입되면 국별 교역구조에 따라 제도적인 차별이나 규범의 파편화현상이 초래될 수 있다. 도하 협상이 지연되면서 최근 FTA를 통해 도하 협상에서 제기한 여러 제안사항들을 도입하고자 하는 시도가 나타나는데 소위 "WTO 플러스" 방식으로 FTA를 타결해 실질적인 FTA의 의의와 효과를 높이고자 하는 선진국들의 FTA에서 주로 관찰된다. 〈그림 1-5〉는 FTA들에서 주로 어떠한 부문에 WTO 플러스 요소들이 포함되는지 보여준다.

이같은 규범의 다변화현상은 지속적으로 확산될 전망인데, WTO에서는 규범 간 상충 문제를 초래할 우려를 제기한다. 대표적인 FTA와 WTO 규범 마찰의 사례는 Peru - Additional Duty on Imports of Certain Agricultural Products (DS457) 분쟁이다.[18] 페루는 농산물 가격 안정을 위해 "가격구간체제(Price Range System, 이하 'PRS')"를 도입하여 일정 수준이하로 농산물 수입가격이 하락하는 경우 추가적인 관세를 부과했는데 패널은 PRS가 농업 협정과 GATT 제II조를 위반했다고 판결했다. 이에 페루는 제소국인 과테말라와 2011년 서명한 FTA에서 명시적으로 PRS를 허용했으므로 WTO의 의무사항을 양국간 합의로 수정한 바, WTO 의무에 합치한다고 주장했다. 패널과 상소기구는 해당 FTA가 서명만 되었고 아직 발효가 되지 못했으므로 법적인 효력이 아직 없다고 판결하며, WTO의 의무를 FTA를 통해 수정할 수 있는지 여부는 판결하지 않았다.

그러나 이 분쟁은 최근 급격히 확산되는 FTA들에서 WTO 회원국들이 실

---

18 WTO, WT/DS457/R & WT/DS457/AB/R(adopted July 31, 2015).

[그림 1-5] "WTO 플러스" 요소를 포함한 FTA[19]

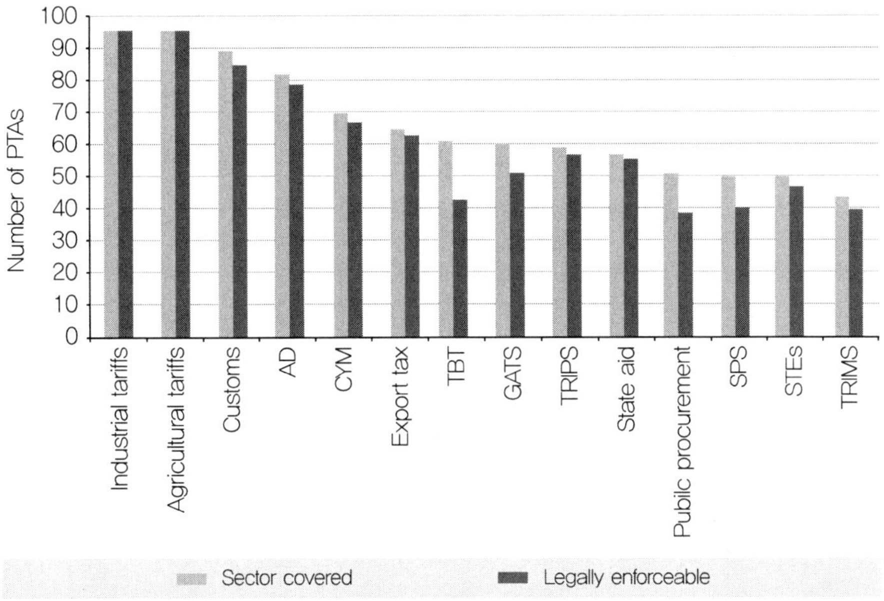

출처: WTO Secretariat.

제로 WTO 의무와 상치되는 합의를 타결하는 현실적 문제점을 보여준다. 특히 그러한 상황에서 FTA 회원국들이 과테말라와는 다르게 이의를 제기하지 않는 경우 WTO 차원에서 어떠한 조치를 취할 수 있는지 근본적인 문제를 제기하게 된다. 만약 불법적인 FTA 합의안에 의해 피해를 입는 제3국이 WTO 분쟁해결 절차에 제소하는 경우 FTA 회원국들 입장에서는 의회 비준까지 마친 FTA 협정을 WTO 판결에 따라 재협상해야 하는 상황이 초래되는 것이다. 이러한 상황은 향후 WTO체제 운용의 안정성 차원에서 상당한 부담으로 작용할 소지가 크다. WTO 회원국들은 FTA에 대한 투명성 제고 차원에서 통보기능을 강화하는 절차에 대해 2006년 합의했으나,[20] 여전히 그러한 통보절차를 통해 FTA의 WTO 합

---

19 WTO, World Trade Report 2011 — The WTO and preferential trade agreements: From co-existence to coherence, 132.

20 WTO, Transparency Mechanism for Regional Trade Agreements, WT/L/671(Dec. 18,

치성을 제고하기에는 미진한 점이 많아 FTA와 WTO간의 조율 문제는 향후 국제통상체제의 핵심 과제로 대두될 전망이다.

(3) 서비스 시장 개방

서비스 무역에 대한 통상규범의 확립은 WTO체제의 최대 성과 중 하나로 부각되었다. 그러나 GATS는 법규 측면에서 결정적인 흠결이 있는데 세이프가드조치가 미비된 점이다. 세이프가드조치는 시장 개방으로 수입의 급증이 있는 경우 초래되는 시장의 심각한 피해를 구제하기 위한 조치로서 자동차에 비유하면 브레이크 장치에 해당한다. 즉, 새로이 서비스 시장을 개방하는 자동차를 설계하면서 긴급한 경우 제동을 할 수 있는 브레이크를 구비하지 못한 셈이다. 이는 우루과이라운드 협상에서 최초로 서비스 시장 개방안을 마련한 후 아직까지 추가적인 서비스 시장 개방이 이루어지지 못하는 가장 핵심적인 사유이다. 일단 개방안에 합의하는 경우 어떠한 시장의 피해상황이 발생하더라도 서비스 수입을 제한할 수단이 결여되어 있는 바, 서비스 시장 개방에 대해서는 일부 선진국을 제외하고는 대부분의 WTO 회원국들이 극도로 보수적이고 신중한 입장을 고수하는 것이다.

실제로 우리나라의 경우에도 WTO 출범 직후부터 경제정책 차원에서는 서비스산업 경쟁력 제고가 가장 중요한 정책과제로 강조되면서 서비스 시장 개방이 강조되었으나, 실제로 통상 협상에서 서비스 시장을 개방한 경우는 극히 제한적인 모순적인 입장을 견지해 오고 있다. FTA 협정에서도 항상 세이프가드조치는 시장 개방과정에서의 충격을 완화하기 위해 반드시 포함되는데, 서비스 부문이 대부분의 최근 FTA에 예외없이 포함됨에도 불구하고 서비스 세이프가드조치는 결여되어 있어 사실상 서비스 시장 개방 합의는 FTA 차원에서 거의 이루어지지 않고 있다.

따라서 WTO체제에서 서비스 시장 개방에 대한 논의가 진전되기 위해서는 조속히 세이프가드조치에 대한 합의를 도출해야 한다. GATS 제10.1조에서는 WTO 출범 이후 3년 이내에 서비스 세이프가드조치에 대한 합의를 도출해 시

2006).

행해야 한다고 규정하고 있으나, 2019년 8월 현재까지도 WTO 회원국들은 아무런 가시적인 결과를 만들어내지 못하고 있다.

4 ___ FTA TBT 규범 발전과 과제

4.1 FTA TBT 규범의 특징

최근 체결되는 FTA들은 대부분 TBT에 관한 별도의 장이나 규정을 포함하는데, 초기에 WTO TBT 협정의 내용을 그대로 수용한다고 선언하는 데에서 탈피하여 FTA에서 추가적인 규범이나 합의 내용을 제시하고 있다. 또한 여전히 위생검역 관련 규범에 대해서는 FTA 분쟁해결제도가 적용되지 않는다고 규정함으로써 사실상 이행을 보장하지 못하는 데 반해, TBT규정들에 대해서는 FTA 분쟁해결제도를 적용하는 것도 주목할 부분이다.

기존의 FTA TBT규정 전형을 보여주는 것이 한미 FTA 제9장이다. 제9.1조에서 "양 당사국은 무역에 대한 기술장벽에 관한 협정상의 서로에 대한 자국의 기존의 권리 및 의무를 확인한다"고 규정하면서 공동협력이나 상호인정의 여지를 확대하기 위한 노력을 강조하고 있다. 기타 구속력 있는 규정을 제시하지는 않고 있으나 주목할 부분은 제9.6조의 "투명성"규정이다. 1항에서는 "각 당사국은 자국인에게 부여하는 것보다 불리하지 아니한 조건으로 다른 쪽 당사국의 인이 이러한 조치의 개발과정에 참여할 수 있도록 허용한다"고 규정한다. 특히 3항에서는 양국 정부는 "제안된 기술규정 및 적합성평가절차를 알고 이해하며 이러한 규정 및 절차에 대하여 의미있는 의견을 제출할 수 있는 기회를 제고하기 위하여"

> 가. 제안된 기술규정 또는 적합성평가절차가 추구하는 목적과 그것이 그 목적을 어떻게 다루는지에 대한 설명을 포함한다.
> 나. 무역에 대한 기술장벽에 관한 협정에 따라 세계무역기구 회원국에 그 제안을 통보할 때에 이와 동시에, 대한민국의 제안인 경우에는

무역에 대한 기술장벽에 관한 협정 제10조에 따라 설치된 미합중국 질의처, 또는 미합중국의 제안인 경우에는 부속서 9-가에 따라 설치된 대한민국 조정자를 통하여 전자적으로 다른 쪽 당사국에게 그 제안을 전달한다. 그리고

다. 제안된 기술규정 또는 적합성평가절차에 대하여 인 또는 다른 쪽 당사국으로부터 접수한 의견을 되도록이면 전자적 수단에 의하여 공개한다.

라고 규정하고 있다. 또한 나호에 따른 제안을 전달한 후, 양국 정부가 그 제안에 대한 의견을 서면으로 제시할 수 있도록 최소 60일을 부여하도록 규정한다.

이러한 투명성규정은 아직 국내 기술표준 수립과정에서 특별한 통상 마찰의 쟁점으로 부각되지는 않고 있으나 사실상 표준정책 시행과정에 있어 중요한 시사점을 제공한다. TBT조치 "개발과정"에 상대국의 자연인 또는 법인이 참여할 수 있도록 보장해야 하는데, 행정절차 운용에 있어 잠재적으로 큰 부담 요인이 될 수 있다. 더욱이 이러한 과정에서 제출된 상대국 또는 이해당사자의 의견서를 인터넷에 공개토록 하는데, 일반적으로 공청회 또는 기타 의견수렴절차상 제시된 문서들을 인터넷에 공개하는 것이 이미 확립된 절차인 미국과는 달리 행정절차상 제시되는 자료를 보안 유지를 위해 비공개로 처리하는 우리나라의 경우 대폭적인 관행이나 내부 지침 수정이 요구된다.

CPTPP 협정의 "제8장 TBT"에서는 보다 실질적인 규정들이 추가되었는데 적합성평가절차의 경우 평가기관의 국내 소재 의무화를 금지하고 있으며, 여타 회원국평가기관이 자국 기준을 충족하는 기관으로 심사받을 수 있도록 허용해야 한다. 또한 어느 회원국의 평가결과를 기각하는 경우 이에 대한 사유를 제시해야 한다. 제8.7조의 투명성규정은 19개의 항을 포함하는데, TBT조치 관련 행정절차상 준수해야 할 세부적인 요건을 규정하고 있다. 또한 와인 및 증류주, 정보통신기술 제품, 제약품, 화장품, 의약기기, 가공식품 및 식품첨가제, 유기농 제품 등에 대한 부속서가 추가되어 각 품목별로 특화된 규정들을 제시한다.[21]

---

21 CPTPP TBT장은 전체가 38쪽에 달한다.

USMCA 협정은 제11장에서 TBT규정들이 제시되는데, 총 12개의 조항으로 이루어져 있다. 대부분 CPTPP 협정의 규정을 원용하고 있으나 일부 주목할만한 추가 규정들이 포함되었다. 예를 들어, 제11.5조 2항에서는 회원국들이 여타 회원국의 "a person"이 기술규정의 내용에 관련된 여건이 변화되거나 기술장벽의 목적을 달성하기 위해 덜 무역제한적인 조치가 존재하는 경우 기술규정 또는 적합성평가절차를 재검토하도록 관련 당국을 직접 제소할 수 있는 절차를 마련토록 규정하고 있다. 이는 한국의 사례를 들자면 미국의 대표적인 민간 인증기관인 UL이 국가기술표준원이 시행하는 특정 기술규정의 타당성에 대해 직접적으로 행정법원 또는 기타 사법기구에 제소할 수 있도록 절차를 마련해야 한다는 의미이다. 이와 같은 법규가 도입되는 경우 사실상 표준정책과 관련한 부분에서 상당한 수준의 제도 개편이 불가피할 것으로 판단되는 바, 추후 미국과의 무역 협상에서 TBT 사안이 다루어지는 경우 가장 주목해야 할 부분 중 하나로 판단된다.

4.2 향후 통상규범 발전과제

2019년 8월 현재 TBT는 아직 도하 협상이나 WTO개편 논의의 대상에 포함되지 않는다. 그러나 WTO체제 출범 당시 비관세장벽 관련 핵심 규범으로 주목받은 TBT 협정의 위상과 최근 TBT분쟁의 판결에서 제시된 해석들을 감안하면 조만간 규범의 개편이 불가피할 것으로 보인다. 그리고 이러한 규범의 개편은 현재 USMCA에서 제시된 규정들이 토대가 될 소지가 크다. 특히 미-일 무역 협상과 미-EU 무역 협상이 진전되는 경우 이들 협상의 기반이 될 USMCA 규정은 조만간 다자규범으로 추진될 가능성도 배제할 수 없다.

향후 보완될 TBT 관련 통상규범은 투명성 분야에 있어 대폭 강화될 것으로 전망된다. 현재 TBT위원회를 통한 조치 통보 및 특정무역현안(STC) 활동은 현저히 향상되었으나 여전히 TBT 조치 개발 관련 절차에 대한 투명성은 개선의 여지가 많다. 특히 TBT위원회를 통한 STC 활동이 통상분쟁 제기 이전 단계에서 이루어지나 사실상 조치 시행 이후 사후적인 절차인 점을 감안하면 조치

시행 이전의 개발 단계에서 이해 관계인의 참여를 강화하는 형태로 규범이 발전될 소지가 크다. 중장기적으로 TBT조치 개발 절차가 다자간 체제를 통해 규격화되고 표준화되는 성향을 보일 것으로 전망된다.

또한 상호인정이나 동등성을 보완하는 차원에서 USMCA에 도입된 바와 같이 민간에게 직접 TBT 주관기관을 제소할 수 있는 법적 권리를 부여하는 제도가 확산될 소지가 높아 보인다. 이는 무역구제제도가 강화되면서 회원국 조사당국의 반덤핑조치와 상계조치 판정에 대해 사법적 재심사절차를 의무화한 것에 비견된다. 현재 미국 상무부의 반덤핑조치와 상계조치들의 1/3정도가 무역법원에 제소되고 이중 약 1/3−1/2정도의 소송에서 상무부가 패소하는 상황인 점을 감안하면 TBT 관련 사법재심사절차의 향후 운용은 중대한 통상 쟁점으로 부각될 수 있다.

다자통상 협상이 전혀 진전되지 못하는 현 시점에서 FTA를 통한 TBT규범의 개편은 향후 국제통상체제의 TBT체계에 새로운 돌파구로 대두될 전망인 바, 주요 선진국들의 FTA에서 도입되는 신 규범들에 대한 주의가 요구된다.

5 ___ 결론

농산물을 비롯하여 서비스무역과 무역 관련 지재권보호체계까지 전면 개편하여 의욕적으로 WTO체제가 출범한 후 TBT 협정은 분쟁을 통해 많은 부분이 정교화되었다. 특히 최근 TBT 분쟁들에 대한 판결들이 축적되면서 비관세장벽을 다루는 핵심규범으로서의 위상을 확립하고 있다.

그러나 WTO TBT 협정은 도하 협상 의제에도 포함되지 못할 뿐 아니라 2020년 6월로 예정되었던 각료회의를 계기로 새로운 전기를 마련해보려는 WTO 개편 논의에도 전혀 다루어지지 않는다. 이미 협정 시행 후 20년 이상 지난 시점에서 규범의 재정비가 시급한 상황인데, 이러한 관점에서 최근 CPTPP나 USMCA 등에서 새로이 도입되는 TPP규범은 주목할 부분이다. 앞서 설명한 바와 같이 이러한 새로운 규범화 작업을 선도하는 미국이 TBT규범의 초점을 비차별적인 조치 시행에서 조치 개발단계의 투명성 제고로 수정하는 점은 특기할 만하다. 또한 민간에게 TBT조치에 대한 직접 제소권을 부여하는 규정도 향후 TBT체계 운영에 있어 중대한 변화를 초래할 수 있어 향후 추이에 유의할 필요가 있다.

  TBT규범은 비관세조치를 다루는 핵심 국제통상규범으로서 의의와 중요성을 더해갈 것으로 보인다. 따라서 FTA를 통해 새로이 도입되고 확산되는 규범 발전의 양상에 대해 산업계와 주관 부처들에서 보다 심도있는 검토와 정책 대안 마련을 숙고해야 한다. 이하의 장들에서 설명되는 FTA TBT 관련 규범들과 내용들이 그러한 작업에 유용한 길잡이가 되길 바란다.

참고문헌
reference

서진교 외 (2016), "글로벌 통상환경의 변화와 포스트 나이로비 다자통상정책 방향," 대외경제정책연구원, 연구보고서, 16-04.

신원규 외 (2018), "무역협정 내 개발협력 기제에 대한 연구: 한국과 대개도국 개발 · 통상 연계 협력 전략을 중심으로," 한국개발연구원, 국제개발협력연구 2018-06.

안덕근 (2012), "세계무역기구의 지배구조 관련 문제점과 한국의 정책대안," 대외경제 정책연구원, 무역투자연구시리즈, 12-02.

안덕근, 김민정 (2017), 『국제통상체제와 무역기술장벽』, 박영사.

안덕근, 김민정 (2019), 『WTO체제의 표준정책과 기술규제 대응체제』, 서울대학교 출판부.

Ahn, Dukgeun and Maurizio Zanardi (2017), "China-HP-SSST: Last Part of Growing Pains?" *World Trade Review*, Vol.16, No.2.

Ahn, Dukgeun and Patrick Messerlin (2014), "United States-Anti-Dumping Measures on Certain Shrimp and Diamond Sawblades from China: Never Ending Zeroing in the WTO?" *World Trade Review*, Vol.13, No.2.

Ahn, Dukgeun (2008), "Foe or Friend of GATT Article XXIV: Diversity in Trade Remedy Rules", *Journal of International Economic Law*, Vol.11, No.1.

Bacchus, James (2018), "Might Unmakes Right The American Assault on the Rule of Law in World Trade," Centre for International Governance Innovation(CIGI) Papers No.173.

Cartland, Michel, Depayre, Gerard & Woznowski, Jan (2012), "Is Something Going Wrong in the WTO Dispute Settlement?," *Journal of World Trade* 46, no.5, 979-1016.

Croome, John (1995), Reshaping the World Trading System: A History of the

Uruguay Round, World Trade Organization.

Jackson, John H. (1990), Restructuring the GATT, Council on Foreign Relations Press.

Jackson, John H. (2000), The Jurisprudence of GATT and the WTO: Insights on Treaty Law and Economic Relations, Cambridge Univ. Press.

Jackson, John H. (2009), Sovereignty, the WTO, and Changing Fundamentals of International Law, Cambridge Univ. Press.

Kuijper, Peter (2018), "From the Board: The US Attack on the WTO Appellate Body," 45 Legal Issues of Economic Integration, Issue 1, 1-11.

Lewis, Meredith K. (2012), "Dissent as Dialectic: Horizontal and Vertical Disagreement in WTO Dispute Settlement," 48 Stan. J. Int'l L. 1−46.

Shin, W., & Ahn, D. (2019), "Trade Gains from Legal Rulings in the WTO Dispute Settlement System," World Trade Review, 1, 28−59.

VanGrasstek, C. (2011), "The Political Economy of Services in Regional Trade Agreements," OECD Trade Policy Papers, No.112, OECD Publishing, Paris. 〈http://dx.doi.org/10.1787/5kgdst6lc344-en〉.

우리나라 FTA의 TBT 협상 현황과 이행과제[*]

1 ___ 서론

기술규제에 의한 무역장벽 문제는 1970년대 다자무역체제에서 논의되기 시작했다. GATT 당사국은 1967년 케네디라운드 협상을 마무리하면서 관세장벽을 상당 수준 제거한 성과에 대해 긍정적으로 평가하는 한편 비관세장벽의 심각성을 인지했다. 1973년 시작된 동경라운드에서 표준장벽 문제를 규율하기 위해 규범 협상이 진행되었고, 그 결과 최초의 GATT TBT 협정이 도입되었다. 이렇게 채택된 GATT TBT 협정을 바탕으로 기술규정, 표준, 적합성평가절차에 의해 발생하는 무역장벽 문제를 방지하고 해소하기 위한 기본적인 국제통상규범과 제도체계가 확립되었다. 1980년대 우루과이라운드 협상에서는 동 협정을 개선하기 위한 의제가 논의되었고, WTO TBT 협정으로 채택되어 오늘날 적용되고 있다.

2000년대에 들어서면서 도하개발어젠다가 여러 차례 결렬되자 통상 협상의 중심이 지역무역체제로 이동하였고 양자 및 지역무역 협정이 급격하게 증가하였다. 그리고 〈그림 2-1〉에 나타나는 바와 같이, 점차 많은 지역무역 협정에서 TBT 관련 협상 의제를 다루면서 이제는 지역무역 협정 내 TBT 조항은 당연

---

[*] 본 장은 김민정, 박정준(2015)의 한국 FTA의 TBT규범 비교분석의 기본 내용을 보완하고 최신 동향을 추가하여 논의하였다.

[그림 2-1] 지역무역 협정의 TBT 조항 도입 현황(1957-2013)

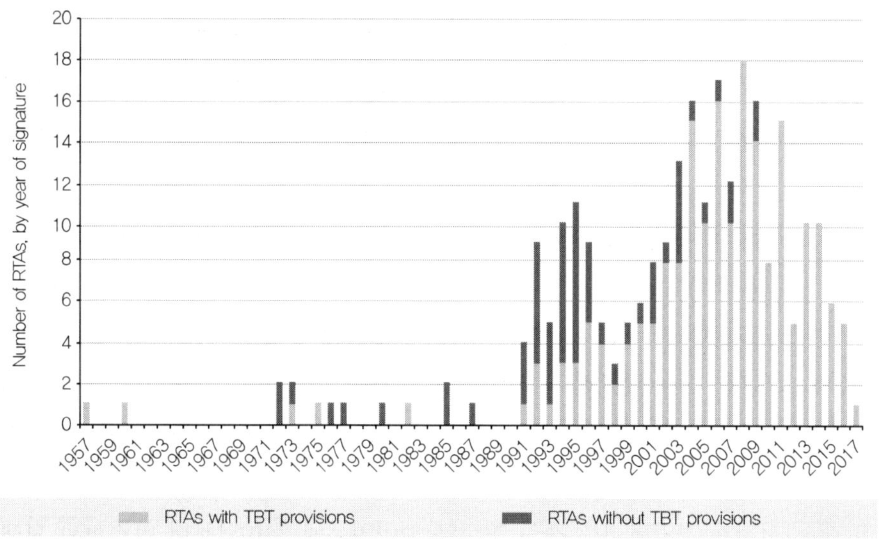

출처: Molina(2015), p.5.

하게 포함되는 규범 분야가 되었다. 우리나라도 해외 수출 시장을 확보하고 경쟁우위를 유지하기 위해서 FTA를 적극적으로 추진했는데, 최초로 미국과 EU FTA를 동시에 체결한 국가가 되었고 중국, ASEAN, 캐나다, 호주 등 세계 주요 시장과 FTA로 연결된 자유무역 지대를 창설했다. 이처럼 광범위하게 설정된 FTA 네트워크에서 FTA의 TBT규범은 기술규정, 표준, 적합성평가절차에 의한 무역장벽을 해소하는 중요한 제도적 근거가 된다. 이처럼 다자무역체제에서 처음 도입된 TBT제도와 규범은 지역무역 협정을 기반으로 계속 발전하고 있다. FTA TBT 조항의 규범 다변화에 대하여 두 가지 문제가 제기된다. 첫 번째, FTA의 TBT규범은 기본적으로는 WTO TBT 협정의 의무와 절차 범위 내에서 발전하고 있지만, FTA 당사국과 양자 무역에 맞춰 협상 내용이 확대되고 구체화 된다. 이에 관한 비교연구는 FTA를 통한 TBT 전략이 어느 정도 수준까지 진행되었는지를 검토하고 향후 우리나라 FTA 추진에 필요한 사항을 준비한다는 측면에서 정책적으로도 중요한 사항이다.

　　두 번째, WTO 다자규범이 모든 WTO 회원국 대상으로 일반적인 기준을 확립한다면 FTA는 상대적으로 전략적인 차원에서 추진되는데, 이는 FTA에 도입된 제도와 절차의 이행에 관한 사항과 관련이 있다. FTA 협상을 통해 달성한 제도적 수단이 실제로 TBT 대응과 무역 확대에 도움을 주는지, 그리고 정책적으로 FTA 효과를 최대화하기 위한 과제가 무엇인지를 논의하는 것이 중요한 정책 과제이기도 하다.

　　우리나라의 FTA TBT 발전 사례는, 지역무역 협상을 통해 TBT제도가 발전하는 양상을 보여줄 수 있는 대표적인 예가 된다. 특히 한국 TBT 협상 모델은 한－미 FTA와 한－EU FTA 협상을 거치면서 일종의 표준화를 겪는 것과 같은 양상을 보인다. 다시 말해서 두 선진국과의 협상 이전의 FTA 조항은 일관된 체계를 찾아보기 어렵지만 이후에는 매우 유사한 조항과 체계가 유지되는 양상을 보인다. 그리고, 한－EU FTA가 채택한 분야별 접근(sector-specific approach)방식은 당시 선례가 없었던 획기적인 협상 모델이었는데 2010년부터 본격화된 환태평양동반자(TPP) 협상이나 최근 EU 등 다른 국가들의 FTA에서 이러한 분야별 접근방식이 활발하게 차용되는 것을 확인할 수 있다.

　　이러한 배경에서, 본 장에서는 한국 FTA의 TBT규범상의 주요 특징을 살펴보고 이행 과제에 관해서 논의한다. 2절에서 우리나라 기체결 FTA의 TBT 조항을 개괄적으로 설명하고 3절에서 주요 규정과 쟁점을 논의한다. 4절에서는 FTA 이행 차원에서 고려할 수 있는 주요 TBT 해소 및 대응 메커니즘을 설명한다.

2 ___ 우리나라 FTA TBT 협상의 범위

　　지금까지 우리나라가 체결한 FTA는 대부분이 10~12개의 조항으로 구성된 하나의 챕터(chapter)를 두고 기술규정, 적합성평가 등 기술조치에 관한 의무와 절차를 규정한다. 이러한 챕터는 대체로 FTA TBT제도의 기본 사항에 관한 조항, TBT 해소와 완화를 위한 의무 및 절차에 관한 조항, 그리고 위원회 및 분쟁해결 등 운영 및 이행에 관한 조항으로 이루어지지만, 한－EFTA, 한－ASEAN,

한-인도 FTA는 TBT 사안에 대해 단일 조항만을 두고 있어 향후 발전시키고 개선할 필요가 있다.[1]

2.1 FTA TBT 규범과 WTO TBT 협정의 관계

FTA TBT제도의 기본 사항에 관한 조항으로 TBT 챕터의 목적, 적용 범위, 용어에 대한 정의, 그리고 WTO TBT 협정과의 관계에 관한 규정을 살펴볼 수 있다. 우선 FTA TBT 챕터와 WTO TBT 협정의 법적 관계에 대해서 대부분의 FTA는 WTO 협정상 회원국의 권리와 의무가 일관되게 적용되며, 필요한 경우 변경되어 WTO 협정이 FTA 챕터에 통합되고 일부가 된다고 규정한다.[2]

2.2 FTA TBT 조항의 목적

일부 FTA는 WTO TBT 협정 이행을 개선하여 무역의 증진을 TBT 챕터의 목적으로 명시하고 한-싱가포르 FTA는 더 나아가 WTO TBT 협정의 완전한 이행(full implementation)을 추구한다고 규정하고 있다. 이와 함께 FTA 챕터의 또 다른 목적에는, 기술규제에 의한 불필요한 무역장벽 억제, 무역비용 감소 및 당사국 간의 협력 증진이 포함된다. 협력 의무는 포괄적인 접근 차원에서 규정되는데, 기술규제에 대한 상호이해 증진, 정보교환 등이 명시적인 '목적'으로 규정되고 구체적인 협력 조항이 별도로 도입되어 있으므로, 향후 FTA 이행의 중요한 과제가 된다.

한편, 한-싱가포르 FTA는 양국의 사업기회 증진을 위해 사업환경 조성과 개선이라는 목적을 규정하고 있는데, 최근 중소기업 육성과 중소기업의 글로벌 무역 참여가 국제적으로 중요한 개발 및 무역정책 과제가 되고 있어 이러한 맥락에서 이해할 수 있다. 한-뉴질랜드 FTA는 표준 및 적합성에 관한 APEC 기

---

1 한·EFTA 협정 제2.8조, 한·ASEAN 협정 제8조, 한·인도 협정 제2.28조.
2 한·페루 협정

반 무역증진을 목표로 내세우고 있어 지역협력 및 지역표준화를 위한 협력을 강조한 것을 알 수 있다. 국제 및 지역표준화가 확산되고 있는 상황에서, 이러한 목적 달성을 위해 적극적인 활동이 요구된다.

2.3   FTA TBT 조항의 대상 조치와 기관

FTA TBT제도의 적용 범위는 WTO TBT 협정의 적용 범위와 기본적으로 동일하다.3 WTO TBT 협정은 모든 기술규정, 표준, 적합성평가절차의 준비, 채택, 적용을 대상으로 하며, 우리나라가 체결한 FTA는 이러한 모든 기술규제 조치의 준비, 채택, 적용에 적용된다. 그리고 WTO TBT 협정상의 정의(부속서1)를 그대로 따르므로, 각 조치의 개념에 따른 적용 범위도 동일하다.

대상 기관은 FTA마다 다소간 차이가 있다. WTO TBT 협정은 중앙정부기관, 지방정부기관, 그리고 비정부기관을 적용 범위로 하며 우리나라가 기체결 FTA의 대부분이 WTO 협정과 마찬가지로 모든 기관을 대상으로 한다.4

그러나 일부 협정은 지방정부와 비정부기관에 대해 다른 규정을 도입하고 있으므로 이행에 있어 주지할 필요가 있다. 구체적으로 살펴보면 우선, 한−호주 FTA는 중앙정부가 지방정부 및 비정부기관의 이행에 대해서 '이용가능한 합리적인 조치'를 취한다고 규정하고 있어, 일면 중앙정부의 책임 소재를 분명히 하였으나 그 책임 수준이 신의성실하게 노력하도록 규정하는 정도에 그치고 있어, 지방정부기관 및 비정부기관의 이행이 실질적으로 확보될 수 있을지가 모호하다.

마찬가지로, 한−베트남 FTA와 한−중국 FTA는 중앙정부와 지방정부기관만을 명시적인 대상으로 한다. 그리고 후자의 경우는 지방정부기관의 이행에 대해서 중앙정부의 '이용가능한 합리적인 조치' 의무를 규정하고 있어, 지방정부기관의 이행에 대해 강제적인 의무를 부과하기 까다로운 구조로 구성되어 있다.

---

3   Molina(2015)의 분석에 따르면 약 17% 정도의 FTA만이 WTO 적용 범위보다 축소된 적용 범위를 규정한다. 그리고 주로 지방정부 및 지방정부에 관한 사항이 협상에서 배제되는 것으로 나타난다.

4   한−콜롬비아, 한−캐나다, 한−터키, 한−페루, 한−EU, 한−칠레, 한−뉴질랜드, 한−싱가포르, 한−호주.

끝으로 한−미 FTA는 중앙정부기관만을 대상 기관으로 명시하는 한편, 비정부기관이 중앙정부기관으로부터 권한을 위임받아 활동한 사항은 중앙정부 활동으로 간주한다고 규정하여 일부 비정부기관이 포함될 수 있는 여지를 두고 있다. 그러나 기본적으로는 지방정부와 비정부기관에 대해 적용되지 않는다.5

3 ___ 주요 TBT 규정과 이행과제

3.1 국제표준 관련 조항

WTO TBT 협정은 국제표준이 있는 경우 이를 기초로 기술규정, 표준 및 적합성평가절차를 제정할 것을 의무로 규정한다. 이 규범을 적용할 때 제기되는 근본적인 법률 쟁점은 어떤 표준을 '국제표준'으로 볼 것인가의 문제인데, 협정이 국제표준을 정의하거나 구체적으로 설명하지 않는 데에서 모호성이 비롯된다.

국제표준 개념의 모호성 문제는 오랫동안 논란이 되었고, WTO 회원국들은 TBT 협정을 이행하는 데에 있어 많은 어려움을 호소했다.6 협정 이행을 도모하기 위하여 이 개념을 구체화하는 것이 필요했고, WTO TBT위원회는 2000년 11월 13일 회의에서 'WTO TBT 협정 제2조, 제5조 및 부속서 3과 관련한 국제표준, 지침 및 권고의 개발 원칙에 관한 위원회 결정'을 채택하고 국제표준을 결정할 때 적용할 6가지 원칙을 제시하였다.7 동 결정은 국제표준의 질을 높이고 협정을 효과적으로 적용하기 위해서 국제표준을 개발할 때 투명성, 개방성, 공평성과 합의, 관련성, 효과성, 일관성을 고려하도록 권고한다. 이후 동 결정 원칙은 TBT 분쟁에서 상소기구가 제소국이 주장하는 특정 표준이 국제표준

---

5 이처럼 미국은 FTA 협상에서 지방정부 및 비정부기관에 대해 다른 접근을 요구하고 있어 향후 협상에서 고려할 필요가 있다. 이와 관련하여 자세한 논의는 이 책의 제10장을 참조한다.

6 WTO TBT위원회의 3년 주기 검토회의에서 국제표준에 관한 문제가 지속적으로 제기되었다. 장용준(2019)은 국제적 논의 동향에서 국제표준 문제를 주요하게 다루었다.

7 WTO, G/TBT/9 문서의 부속서 4.

인지를 판단하는 과정에서 적용한 바 있고, 국제통상체제에서 의미하는 국제표준을 판단하는 중요한 기준이 되고 있다.

한국의 기체결 FTA를 살펴보면, 국제표준에 대한 WTO 의무를 기본 바탕으로 한다. WTO규범과 일관되게 대부분의 FTA가 국제표준을 기초로 사용할 것에 관한 기본 의무를 재확인하는데, "WTO TBT 협정 제2.4조 및 제5.4조의 범위에서 기술규정과 적합성평가절차의 근거로 국제표준, 지침 및 권고를 사용한다"는 조항을 확인할 수 있다.[8] 이와 함께 한-호주 FTA처럼 국제표준의 개념을 보다 명료화하기 위해서 WTO TBT위원회가 채택한 상기 결정을 FTA 이행시 국제표준을 판단하는 기준으로 적용한다는 명문 조항을 도입한 경우도 있다. 그리고 추가적으로 당사국이 국제표준을 근거로 사용하지 않을 경우 다른 당사국의 요청이 있으면 그러한 결정의 이유를 설명해야 한다는 절차적 요건 (WTO+ 조항)을 도입하였다.

FTA를 통해 국제표준과의 조화를 촉진하려는 전략은 계속 강화되고 있다. 통상적으로 국제표준화기구(ISO), 국제전기기술위원회(IEC), 국제통신연합(ITU), 그리고 국제식품규격위원회(Codex Alimentarius Commission)가 대표적인 국제표준기구로 인정되고 국제통상체제에서 의미하는 '국제'표준으로 간주된다. 한-중 FTA는 "국제표준이 존재하는지 여부를 결정할 때" 상기 국제표준기구에 "의해서 개발된 것을 포함하나 이에 한정되지 않는다"는 명문규정을 둠으로써 최소한 상기 기구가 제정하는 '국제'표준에 대해 수렴하자는 합의를 분명히 한 것을 알 수 있다.

이와 같이 FTA는 국제표준과의 조화를 촉진하고 있어, TBT에 대한 근본적인 대응방안으로 국제표준화 전략이 매우 중요해질 것으로 예상한다.

3.2 기술규정 관련 조항

FTA의 기술규정에 관한 조항은 동등성 인정에 관한 WTO 의무를 재차 확

---

8 한-페루, 한-미, 한-베트남, 한-뉴질랜드, 한-호주.

인하고 FTA 당사국 간의 이행강화를 요구한다. FTA 당사국은 다른 당사국의 기술규정이 자국 기술규정의 목적을 적절히 충족시킨다고 인정하는 경우, 자국 기술규정과 동등한 것으로 수용하는 것을 긍정적으로 고려해야 한다. 만일 동등성을 수용하지 않는 경우, 다른 당사국의 요청에 따라 거부하는 이유를 설명해야 하는데, 이러한 긍정적 고려와 거부에 대해 설명해야 하는 절차적 요건은 WTO 조항에는 없는 추가적인 요건(WTO+)이다. 우리나라 FTA는 이처럼 추가적 절차를 도입해서 기술규정의 동등성 수용을 촉진하고 있어 이행 과제로 대비할 필요가 있다.

기술규정에 대한 투명성과 국제표준과의 조화 의무 또한 기체결 FTA가 도입한 규정이다. 예를 들어, 한-EU FTA는 기술규정 관련 투명성 의무를 확인하고, 국제표준을 기초로 사용하는 것이 부적절하거나 비효과적이라고 판단하는 경우, 상대국의 요청이 있으면 그 이유를 설명하도록 규정한다. 그리고 기술규정을 채택할 때 그 목적, 법적 근거, 취지에 관하여 이용가능한 정보를, 요청이 있는 경우 제공해야 한다고 규정한다.

한-EU FTA의 투명성 절차에는 몇 가지 주목할 구체적인 요건이 있다. 우선, 공공 웹사이트 등 메커니즘을 설치해서 다른 당사국의 '경제운영자'에게 기술규정 정보를 제공하고, 상대국 또는 상대국의 '경제운영자'가 요청할 경우, 기술규정 준수에 관한 지침을 과도한 지체없이(without undue delay) 제공해야 한다는 규정에서 알 수 있는 바와 같이, 그 적용 주체가 국가(the other Party)뿐만 아니라 경제운영자 혹은 이해관계인(interested persons of the other party)을 포함한다는 점이다. 또한 '경제운영자'와 다른 당사국의 '이해관계인'이 기술규정 개발과정 일부로 개최되는 공식적인 공공협의 과정에 참여하는 것을 허용하고, 다른 당사국이 서면으로 의사를 개진할 수 있는 최소 60일의 시한을 두고 통보하도록 규정한다. 다만, 위급한 상황은 60일의 최소 의견수렴 기간 요건에서 제외되는데, 여기서 위급한 상황이란, 기본적으로 안전, 보건, 환경보호 또는 국가안보 또는 이러한 위협을 의미하나 이에 국한되지는 않는다. 그리고 다른 당사국의 '경제운영자'가 적용할 수 있도록 기술규정의 공표와 발효 사이에 충분한 시간을 허용해야 한다고 규정하였다.

이와 같이 기술규정의 투명성 대상을 경제운영자 및 이해관계인으로 확대해서 규정함으로써 동 의무의 실질적인 혜택이 수출기업 등 경제주체자에게 전달될 수 있도록 하였다. 이 규정은 양국이 기술규정 제정할 때 한－EU FTA 이행 차원에서 반드시 고려해야 할 사항이다. 다른 관점에서 보면, 우리나라 수출기업 등 공공 및 민간주체가 EU의 기술규정 개발과정의 공청회 등 공개절차에 참여하거나 허용하는 범위 내에서 적극적으로 정보수집 및 의사 개진 활동을 펼칠 수 있는 법적 근거가 되기도 한다.

3.3 표준 관련 조항

일부 FTA는 표준에 관한 조항을 별도로 두고 있는 바, WTO TBT 협정 제4조와 부속서 3 모범관행규약 이행 의무를 재확인하고 있다. 한－EU FTA와 한－터키 FTA와 같이 양 당사국이 표준에 관한 정보를 상호 교환할 것을 구체적으로 규정하는 협정도 있는데 이는 당사국이 교환할 내용으로, 기술규정과 관련하여 사용한 표준에 대한 정보, 국내 표준화 과정, 국가 및 지역표준의 기초로 사용한 국제표준에 관한 정보, 그리고 표준화를 이행하는 협력 협정으로, 비당사국과의 FTA에서 약속한 정보가 포함된다.

표준은 사용자가 자발적으로 이행하는 요건으로 정부가 제정하는 기술규제와 비교할 때 상대적으로 활동범위가 상당히 광범위하다. 표준에 관한 정보교환과 표준을 사용한 기술규정, 표준을 기초로 하는 국제표준 등 협력과 교류가 무역장벽 해소를 위한 기본 접근 방안이 되므로 FTA규정 이행을 위한 노력을 기울여야 할 것이다.

3.4 적합성평가절차 관련 조항

FTA 협상이 투명성 절차와 적합성평가 관련 무역장벽에 대해 집중적으로 이루어진다고 해도 과언이 아닐 만큼, FTA의 적합성평가 관련 조항은 제도적으로 발전하고 있고 실제 분야별 협상에 활발하게 적용되고 있다. 다른 FTA 당사국에서 수행한 적합성평가결과의 동등성을 인정해주거나 혹은 더 나아가 다른 당사국 적합성평가기관에게 자국기관에게 부여하는 특정 자격을 동등하게 부여함으로써 시험, 인증, 검사 등 적합성평가 관련 무역장벽을 근본적으로 제거할 수 있기 때문이다.

이를 위해 우리나라 기체결 FTA 대부분은 기본적으로 다른 당사국의 적합성평가결과를 수용하는 것을 긍정적으로 고려한다는 WTO 협정상의 의무(제6.1조)를 확인하고, 동등성을 수용하지 않는 경우 다른 당사국의 요청이 있을 때 그 이유를 설명하도록 하는 추가적인 절차적 의무(WTO+)를 도입하고 있다.

적합성평가 관련 상호인정을 제도적으로 보장한다면 상품마다 혹은 통관마다 적합성 관련 문제가 발생할 수 있는 불확실성을 제거할 수 있다. 그러므로 WTO TBT 조항(제6.3조)은 국가 간 상호인정에 관한 약정 교섭을 장려하는데, 다른 당사국이 약정 교섭을 요청하는 경우 해당 당사국은 "협상을 개시할 용의를 갖는 것이 장려된다(Members are encouraged to be willing to enter into negotiations for the conclusion of agreements)"는 규정을 두고 있다. 우리나라 기체결 FTA는 이와 관련하여 강화된 의무를 도입하고 있어 주목할 필요가 있다. 가령, 일부 FTA는 다른 당사국이 약정 교섭을 요청하면 이를 긍정적으로 고려하고(Parties shall give positive consideration), 거절할 때는 다른 당사국의 요청에 따라 그 이유를 설명하도록 규정(WTO+)한다.[9]

통상적으로 FTA 조항은 적합성평가 관련 무역장벽을 해소하는 약정 교섭의 사안으로 다양한 접근방법을 규정하는데, 다음의 6가지 예가 주요사항이다: ① 특정 기술규정에 대해 다른 당사국 소재 적합성평가기관(기관)이 수행한 결과를 상호 수용하기로 합의하거나 ② 다른 당사국 소재 기관에 자격을 부여하는 인정(accredit)절차를 채택하거나 ③ 다른 당사국 소재 기관을 지정(designate)하거나 ④ 다른 당사국에서 수행된 적합성평가결과를 일방적으로 인정하거나 ⑤ 기관 간의 자발적 약정(voluntary arrangement)을 체결하거나 ⑥ 공급자 적합성 선언(supplier's declaration of conformity)을 허용하는 규정이 주요 유형이다.[10]

---

9 한-EU FTA, 한-호주 FTA, 한-뉴질랜드 FTA, 한-콜롬비아 FTA, 한-중 FTA는 긍정적으로 고려할 의무는 규정하지만 거절에 대해 설명할 의무를 규정하지는 않는다.

10 한-EU FTA, 한-미 FTA, 한-터키 FTA, 한-호주 FTA, 한-뉴질랜드 FTA, 한-중 FTA, 한-베트남 FTA, 한-콜롬비아 FTA, 다만, 한-콜롬비아 FTA는 다른 당사국 소

WTO TBT 협정은 상대국의 적합성평가기관에 대해 비차별 의무를 규정 (제6.4조)하고 있는데 이와 관련하여 한미 FTA는 적합성평가기관에 대해 특히 내국민대우를 보장할 의무를 확인하고 있다. 규정을 통해 다른 당사국기관을 인정, 승인, 면허부여 또는 달리 인정(accredit, approve, license or otherwise recognize)할 때 내국민대우를 적용해야 하고, 공표한 기준(published criteria)을 적용해야 한다고 구체적인 상황을 부연하고 있어 WTO규정과 대별된다.11 그리고 만일 인정하기를 거절하는 경우에는 다른 당사국 요청에 따라 그 이유를 설명 해야 한다. 이와 같은 규정은 CPTPP 조항에 포함되어 TBT규범으로 발전하고 있어 주목할 필요가 있다.12

통상적으로 FTA는 적합성평가 관련 국제표준 혹은 지역표준에 관한 규정을 도입하는데 예를 들어, 정보통신기기 적합성평가에 있어 상호인정체제인 APEC TEL(통신장비 적합성평가를 위한 상호인정협정) 채택을 촉진하는 규정이 있어 중요한 이행과제가 되기도 한다. 한−미 FTA를 통해 우리나라가 APEC TEL 2단계를 이행하기 위해 국내법을 개정해야 했던 사례에서 볼 수 있듯이 FTA를 통한 국 제 및 지역표준 수렴은 실질적인 효과를 발휘하고 있어 각별한 주의가 요구되 며 때로는 FTA 협상 전략으로 활용할 수 있을 것이다.13

유사한 사례로, 한−EU FTA는 적합성평가기관에 대한 인정(arreditation)정 책에 관한 정보를 상호 교환하고, 인정 관련 국제표준 즉, 국제시험소인정협 력체(ILAC) 및 국제인정포럼(IAF)의 메커니즘을 최대한 활용할 것을 규정하고 있 다.14 또한, 한−EFTA는 ISO와 IEC표준 및 지침에 의한 적합성평가기관 인정 을 증진하기 위해서 협력한다고 규정하였다. 이 책의 제10장과 제11장에 설명

재 기관을 지정하거나 다른 당사국의 적합성평가결과를 일방적으로 인정하는 메커니즘 은 포함되지 않는다.

11 한미 FTA, 한−페루 FTA.

12 환태평양무역 협정(CPTPP)의 TBT규범에 관한 자세한 논의는 이 책의 제11장을 참고한 다. 또한 우리나라 기체결 FTA와 관련된 논의는 제10장을 참고한다.

13 APEC TEL 관련 정보통신 상호인정체제와 한미 FTA 이행사례에 관해서는 다음을 참조 한다. 남상열, "전기전자 및 정보통신 분야의 무역기술장벽 동향과 시사점", 안덕근, 김 민정(2018), 『국제통상체제와 무역기술장벽』, 박영사.

14 이에 대한 자세한 논의는 본 저서 제10장을 참고한다.

된 바와 같이 CPTPP에서는 적합성평가기관이 자국 영토에 소재해야 한다는 거소요건을 금지하고 국제인정체제를 적극적으로 이용하도록 규정하고 있어, 적합성평가 관련 국제체제의 역할이 점차 확대되고 있는 상황이다. 기체결 FTA 이행 차원에서 그리고 우리나라의 TBT 협상 전략에 있어 적합성평가 분야의 글로벌 경쟁력이 계속 강화되고 뒷받침되어야 할 것이다.

3.5 협력 조항

FTA TBT규범은 FTA 협상 이후에도 당사국이 계속해서 협력하는 것을 장려한다. 이와 관련해서 기술규제 및 TBT 분야의 협력, 공동협력 또는 기술협력 조항을 주시할 필요가 있다. FTA 이행과제에 있어 이들 조항이 규정하는 협력의 목적, 방법, 분야는 기본적인 지침이 될 것이기 때문이다.

그리고 FTA의 협력 조항은 WTO TBT 협정 제11조 기술지원과 제12조 개도국에 대한 특별하고 차등적인 대우에 관한 조항과도 관련이 있다.[15] 두 조항은 기술조치에 있어 WTO 회원국이 상호 지원하고 협력하는 것을 장려하는데, 이로써 협정 이행을 제고하고 무역상의 기술장벽을 제거하려는 궁극적인 목적이 있다. 협력 조항은 특히 개발도상국이 직면한 근본적인 제도적, 기술적 어려움을 이해하고 기술적, 금전적 지원을 통해 역량 강화를 지원하고 협력하도록 함으로써 TBT 해소와 TBT 대응이 원활하게 이루어질 수 있도록 하는 규범이다.

지원 및 협력 의무를 이행함에 있어 WTO 동 규정상의 기본 원칙은, 한쪽 국가의 요청에 의해 그리고 상호 합의한 사항에 따라 기술지원 및 협력이 이루어져야 한다는 점이다. 이는 한 국가가 자신의 기술규제에 대해 주권적인 권한을 갖는다는 점에 기초한 것이다. 또한 지원하는 (공여)국가는 자신이 제공할 수 있는 범위와 자원을 결정할 수 있는 권한이 있으며, 자발적인 조치라는 점이 기본 사항이다. WTO규정을 바탕으로 FTA 협력 조항의 기본 취지를 이해할 수 있는 바, 대부분의 FTA는 "다른 당사국의 요청에 따라" 기술규제 조치 및 관련

---

15 개도국의 TBT 대응에 관한 논의는 김민정(2018), "개도국의 무역기술장벽 대응을 위한 WTO TBT위원회 역할 연구", 국제개발협력연구 제10권 3호, pp.113–139를 참조한다.

활동 등을 개선하기 위해 "상호합의된 조건에 따라" 정보 및 기술 지원할 것을 규정하고 있어 WTO 원칙이 확인된다.[16]

FTA를 통해 강화된 의무는, 다른 FTA 당사국이 특정 분야에서 협력을 제안하면 이에 대해 '호의적'으로 고려해야 하는데,[17] 일부 FTA 협력 조항은 한 당사국이 정보 혹은 협력을 요청하면 이에 대해 60일 이내에 응답하도록 요구하는 규정도 있어 FTA 이행 차원에서 염두에 둘 필요가 있다.[18] 이처럼 정보 공유는 협력 및 투명성 의무상 핵심적인 사안이며, 그동안 상당히 선진화된 투명성제도와 기술규제 거버넌스체계를 갖춘 우리나라는 상기 규정처럼 구체적인 시한을 도입함으로써 수출기업의 해외 시장 TBT 문제를 제도적으로 해소할 수 있을 것이다.

협정마다 다양한 협력 분야가 제시된다. 어떤 경우에는 구체적인 상품 또는 산업을 명시하고 어떤 경우에는 분야 또는 사안을 열거하여 우선적인 협력을 촉진하는 바, 정책적으로 FTA 이행과 후속 교섭의 방향을 설정하는 데 있어 중요한 지표로 활용될 수 있다. 일반적으로 FTA 참여국마다 관심 분야가 다를 것이므로 협정마다 다른 산업 또는 상품이 언급되고 있는데 가령, 한－베트남 FTA는 건축자재, 화장품, 의약품, 의료기기를 언급하지만, 한－콜롬비아 FTA는 자동차 부품, 섬유/의류 및 디자인, 화장품 및 위생품, 의약품, 의료기기를 언급한다. 한－터키 FTA는 화학물질이 추가되고, 한－캐나다 FTA는 목재 분야를 포함한다.

협력방식에 있어 특정 분야 무역촉진 이니셔티브를 확인, 개발, 증진하기 위해 노력하는데, 구체적인 활동에는 기술규제 관련 정보 교환, 다양한 유형의 규제협력(투명성 증진, 모범규제관행 촉진, 국제표준과의 조화, 적합성평가 관련 일방적 혹은 상호인정) 강화, WTO TBT위원회 또는 지역 및 국제기구에서의 상호 협력이 강조된다.

중국 시장의 라벨링 관련 무역장벽은 오랫동안 문제가 되었으며 특히 중국 규정이 글로벌 관행과 다른 부분에 대해 통상마찰이 빈번하게 제기되었다. 이

---

16 한－칠레 FTA, 한－페루, 한－중 FTA, 한－베트남 FTA 등 참조.
17 한－뉴질랜드, 한－호주, 한－중, 한－베트남, 한－콜롬비아 FTA 등 참조.
18 한－베트남, 한－중, 한－콜롬비아, 한－호주, 한－터키.

문제를 해소하고자 한－중 FTA는 표시 및 라벨링 조항과 소비자 제품안전 보장에 관한 구체적인 규정을 도입했는 바, 이는 WTO 기본 규정에는 없는 구체적이고 기술적인 조항으로 새로운 FTA규범 유형에 해당한다. 소비자 제품안전 관련 FTA규정은 양국이 규제체계, 사고 분석, 유해 경보, 금지 제품, 제품 리콜 및 시장감독 활동에 대해 서로 정보를 교환하고, 모범규제관행, 제품안전감시를 위해 위험 관리 원칙을 개발하고 규제 집행에 있어 협력하는 것을 기본 합의 내용으로 한다. 라벨링규정에 관해서는 아래 소절에서 자세하게 살펴보기로 한다.

결론적으로, 협력 관련 FTA규정은 협상 그 자체보다는 후속적인 이행과 활용이 중요한데, 외교정치 관계에 민감한 사안으로 양국 경제 관계 흐름에 많은 영향을 받는 이행과제라 하겠다. 우리나라는 FTA 협상을 통해 제도적 근거를 충분히 확보해두었으므로, 양국의 자발적이고 적극적인 추진이 뒷받침되어야 할 것이다. 더욱이 우리나라는 높은 수준의 TBT 대응체계를 갖추고 있으므로, 향후 선진국과 개도국 사이에서 선도적인 역할을 하면서 TBT 협력에 관한 모범관행을 만들어나갈 수 있기를 기대한다.

끝으로 FTA규정에는 협력에 관한 상호합의의 범위를 결정할 때를 부연하는 규정이 있어 주목할 사항이라 하겠다. 즉, '정보교환' 조항이 이러한 규정에 해당하는데, 기밀정보 혹은 안보이익과 관련이 있는 경우는 협력을 거절하는 대표적인 예외 사항으로 인정된다. 예를 들어, 한－베트남, 한－중 FTA 등은 한쪽 당사국이 요청하는 경우 이에 대해 우편 또는 전자메일 등 서면으로 정보를 제공하고 설명해야 하나, "어떤 규정도 자국의 필수적 안보이익에 반한다고 판단하는 정보를 제공하도록 요구하는 것으로 해석되지 아니한다"고 규정한다.[19] 이처럼 국가 간 협력을 통해서 기술규제에 관한 정보와 경험을 공유하고 기술지원을 제공하는 것이 무역기술장벽 완화에 도움이 될 것으로 기대되고 근

---

19 한－베트남, 한－중, 한－콜롬비아, 한－호주, 한－터키. 더욱 구체적인 예로써, 한국과 싱가포르는 FTA 제8.6조 비밀유지(confidentiality) 조항을 두고 적합성평가과정에서 수출자에게 비공개 독점 정보를 공개하도록 요구하지 않기로 하였으며, 필수적 안보이익, 법률이 정하는 공공 이익, 개인사생활 및 금융기관의 개발 고객 재정상황, 계좌 등의 국내법률, 법 집행, 특정 공기업 또는 사기업의 적법한 상업이익에 반하는 정보접근을 요구하지 않을 것을 합의하였다.

본적으로 장려되는 사항이지만, 그 과정에서 제품 설계 및 개발과정, 기술정보 등 보호하고 유출을 막아야 하는 상황이 발생할 수 있으므로 이에 대비하여 협력 범위를 제한하는 근거규정을 두고 있는 것으로 이해할 수 있다.[20]

3.6   표시·라벨링 조항

최근 표시제도 또는 라벨링에 의한 무역기술장벽이 증가하고 있다. 소비자의 알 권리가 강조되고 소비자 정보를 통해 시장에서의 정보비대칭 문제를 해소하기 위해서 표시 및 라벨링제도가 간접적이지만 유용한 규제수단이 되기 때문이다. 자국 영토에서 생산, 판매되는 제품을 직접 통제하는 정책수단은 신속한 제품 개발이 경쟁력이 되고 글로벌 생산네트워크가 확산되는 환경에는 적합하지 않은 측면이 있다. 그러므로 시장제도가 발달한 국가일수록 표시 및 라벨링제도를 도입하고 정부가 맡아서 사후 시장관리감독 기능을 강화하는 방식으로 전환되고 있다.

WTO TBT 협정은 라벨링을 기술장벽의 한 유형으로 간주하고, 강제적으로 시행되는 라벨링에 대해 기술규정 조항을, 자발적으로 시행되는 라벨링에 대해 표준 조항을 통해 규율하고 있다. FTA규정은 표시 및 라벨링에 대한 별도의 조항을 두고 라벨링에 의해 초래되는 무역비용을 최소화하는 것을 목표로 한다. 대표적으로 한-EU, 한-호주, 한-중국 FTA가 해당 규정을 도입했는데 WTO TBT 협정 제2.2조에 따라 표시 또는 라벨링과 같은 기술규정이 국제무역에 불필요한 장벽이 되기 위한 목적으로 혹은 그러한 효과를 초래하도록 준비, 채택, 적용되지 않아야 한다는 의무를 기본적으로 확인한다.

그리고 구체적으로 4가지 정도의 의무사항을 규정한다. 첫째, 상품의 소비자 또는 사용자 관련 표시와 라벨링 이외의 요건을 최소화하기 위해 노력해야 한다는 점이다. 특히 재정상의 목적 등으로 표시·라벨링이 요구되는 경우, 정당한 목적을 달성하기 위해 필요한 수준으로만 무역을 제한해야 함을 확인하고

---

20   TBT규정상 '비밀유지'에 관한 자세한 논의는 이 책의 제10장을 참조한다.

있다. 가령 가정용과 영업용을 구분해서 조세징수를 하거나 면세품목 유통판매를 규제하는 등의 목적으로 제품표시를 요구한다면, 과도한 무역제한을 해서는 안 될 것이다.

둘째, 제조자의 고유확인번호를 제품에 표시하도록 요구하는 경우 그러한 번호를 과도한 지체없이 그리고 비차별적으로 발행해야 한다.

셋째, 규제 당사국이 라벨 정보를 특정 언어로 표시하도록 요구할 수 있는 자유가 있음을 확인하고 당사국의 국제상품분류체계를 수용하는 경우 그러한 체계를 사용할 수 있다고 규정한다. 다만, 추가언어로 표시된 정보와 기본언어의 정보와 동일하거나 추가언어의 정보가 허위정보가 아니라면 다른 언어를 추가적으로 사용하는 것을 금지하지 않아야 한다.

넷째, 라벨링방식에 있어, 비영구적이거나 탈부착가능한 라벨 혹은 상품에 부착하는 라벨 대신 동반서류에 표시·라벨링을 하는 것을 금지하지 않도록 노력해야 한다. 스티커형 라벨이나 동반서류를 통해 제품정보를 전달하는 방법은 유통판매 과정에서 라벨이 유실되는 등의 우려로 금지되기도 하지만, 영구적 라벨만을 허용했을 때 발생하는 경제적 비용을 고려하여 무역비용을 최소화하는 방안을 함께 고려하도록 하였다.

4 ___ 분야별 TBT 규정과 이행과제

FTA TBT 협상에서는 구체적인 분야별 협상을 통해 실질적인 기술장벽 제거를 도모한다. 우리나라 기체결 FTA에서는 전기·전자 및 통신기기, 자동차, 의약품·의료기기, 그리고 화학물질 분야에서 주로 구체적인 논의가 이루어졌는데 한－EU FTA가 도입한 이른바 분야별 접근(spectoral approach) 모델이 대표적이다. 여러 분야 중에서도 특히 전기·전자 분야와 자동차 분야 협상을 통해 실질적으로 TBT를 제거하는 결과가 도출되어 괄목할 만하다. 이하에서는 두 분야에서 진행된 협상 경과와 이행 과제를 논의한다. 그리고 한·미 FTA 개정 협상과 분쟁해결 메커니즘 쟁점도 살펴보도록 한다.

4.1 전기·전자 분야 한·EU TBT 협상과 이행

전기·전자 제품의 안전기준에 대한 적합성평가에 있어 한국은 유럽 강제 인증제도인 CE마킹 요건과의 조화(harmonization)를 합의했는데, 이는 곧 CE마 킹제도하에서 허용되는 공급자자가선언(SDoC)방식의 적합성평가를 우리나라에 서도 인정하는 것을 의미한다. 당시 우리나라는 SDoC를 법적으로 허용하지 않 았으므로 우리나라의 개정 없이는 결과적으로 무역이익의 불균형이 예상되었 다. 즉, 우리나라 수출자와 공급자는 CE규정에 적합한 제품은 자기선언하에 수 출할 수 있었지만, EU측 수출자와 공급자는 SDoC방식으로 우리나라 시장접근 이 불가했기 때문이다.

그러므로 우리나라는 SDoC를 허용하는 국내 입법이 필요했고, 우리나라가 입법절차를 밟는 동안은 소위 '과도기적 조치'가 필요했다. 양측은 한−EU 협정 발효 이후 3년간 과도기적인 조치를 적용하기로 합의했는데 주요 내용은 적합성 평가절차를 간소화하거나 국제인증제도를 적극 도입하는 것이었다. 가령, 전자 파 적합성(EMC)에 있어 EU측이 통보한 시험소의 시험결과를 예외품목 없이 그 대로 수용하기로 했고, 전기안전에 대해서는 자율안전확인제도에 따라 EU 적합 성평가기관과 한국의 적합성평가기관이 약정을 체결해서 EU측이 발행한 시험결 과를 우리 인증기관이 수용하거나, 국제전기기기 인증제도(IECEE CB Scheme)에 따른 시험소의 시험결과를 우리 인증기관이 수용하거나, 혹은 SDoC를 인정하 는 방식을 병행할 것에 합의하였다.[21]

이러한 입법 과정을 거쳐 2011년 개정 전파법과 2012년 전기용품안전관리 법에 따라 SDoC가 원칙적으로 인정되었다. 다만, 우리나라의 자율안전확인제 도(부속서 2−B−3)는 53개 예외품목을 두고 있었는데, 이에 대한 후속적인 이행 협의가 진행되었다.[22]

TBT 협상은 기본적으로 국내제도와 법규정에 의한 무역장벽 문제를 다루 므로 FTA 이행을 위해 관련 법규정을 개정하거나 제도개혁, 제도강화 등이 불 가피할 수 있다. 그리고 전기 제품 분야에서 예외품목을 두고 민감한 제품을 방

---

21 한−EU FTA 상세설명자료, pp.29−38.

22 상동.

어한 사례에서 나타난 바와 같이, 협상에 따른 국내대응과 협상이 후속적인 이행과제가 되고 협상에서 해소하지 못한 이슈가 계속 쟁점으로 남아 이행단계에서 후속 협상 내지 대응이 필요하였다. 그러므로 협상 전략과 이행 전략은 별개의 전략이 아니라 경우에 따라서는 함께 고려되어야 하며, 체계적으로 전략 수립이 뒷받침되어야 할 것이다.

4.2 자동차 분야 한·미 TBT 협상과 이행

한미 FTA 협상에서는 자동차 분야 기술장벽 문제가 특정 사안으로 논의되었다. 각 당사국 대표가 참여하는 자동차 작업반(automotive working group)이 설치되고 자동차표준과 적합성평가 관련 문제 해결, 협력 증대 및 모범규제관행 개발 등 제반사항이 논의되었다. 작업반 회의는 UN 산하 유럽경제위원회(UNECE)에서 자동차 분야 규제조화를 촉진하고 국제표준을 개발하기 위해 설립한 WP29 포럼과 연계되어 개최되었다.

통상적으로 자동차 분야 기술장벽은 안전기준과 배기가스 관련 환경기준으로 나누어 논의된다. 자동차 안전기준은 주요 생산국을 중심으로 표준과 규제가 제정되어 사용되는데, NAFTA 중심의 북미표준체계와 UNECE 중심의 유럽표준체계가 공존하고 있는 상황이다. 또한 적합성평가에 있어서도 두 지역 표준이 서로 다르게 형성되었는데, 우리나라와 북미는 자기인증제도를 시행하는 반면 유럽은 형식승인제도를 채택하고 있어, 우리나라는 미국, EU 양쪽과의 FTA 협상을 통해 두 형식의 적합성평가방식을 모두 수용하게 되었다.[23]

한미 FTA 자동차 안전기준 협상은 우리나라 시장에서 미국산 차량의 판매 규모가 적을 때는 한국과 미국의 안전기준을 모두 수용해줌으로써 기술장벽 문제를 해소해주었다. 즉, 한국에 판매되는 미국산 자동차가 25,000대 이하인 경우에는 그 제작사의 자동차에 대해 한국의 자동차안전기준(KMVSS) 또는 미국연

---

[23] 자동차 분야 미국 및 EU표준정책과 TBT 대응체계에 관한 자세한 논의는 다음을 참조한다. 김현정, "제5장 자동차산업 무역기술장벽의 현재와 미래", 안덕근, 김민정(2019), 『WTO 무역기술장벽 대응체제와 표준정책』, 서울대학교출판문화원.

방 자동차안전기준(FMVSS)을 모두 적용할 수 있도록 하고, 상기 기준을 초과하는 경우에는 한국 기준을 적용하기로 하였다. 그리고 한국규정에 따라 특정 수입자동차 모델에 리콜이 적용되는 경우, 그 모델에만 적용하기로 하였다. 일정 조건 즉, 수입량을 기준으로, 미국 안전기준의 동등성을 일부 허용함으로써 한국의 TBT를 낮춘 사례라 하겠다.

환경기준의 경우, 양국의 자동차 배기가스 기준이 서로 달라 무역기술장벽 문제가 제기되는데, 크게는 미국식 표준과 유럽식 표준이 중심이 되고 국가마다 규제 수준이 달라서 일률적으로 적용할 수 있는 국제표준을 개발하기가 어려운 상황이다. 그리고 과거에는 연비를 측정하는 방식이 주로 사용되었으나 기후변화 관련 국제적 논의가 진전되면서 2000년대부터 자동차 배출가스에 포함된 특정 온실가스 양을 규제하기 시작하였고, 이러한 규제방식에 따라 기술장벽 문제가 증가하였다.[24]

한미 FTA 협상을 통해 배기가스 측정 방법을 미국표준으로 조화하기로 합의하였다. 양측은 자동차 업체의 비메탄유기가스 평균배출량을 측정할 때 미국 캘리포니아규정(California Code Regulations Title 13, §1961(b)(1))의 계산방법을 적용하기로 합의함으로써, 한국이 미국 기준 일부를 수용하고 조화하기로 한 것이다. 이에 따라 제조사의 차량 판매 대수가 4,500대 이하인지, 4,501대에서 1만대 이하인지, 그리고 1만대를 초과하는지로 나누고, 해당 제작사 총판매차량의 비메탄유기가스 평균 배출량(FAS) 기준을 캘리포니아식 기준을 적용했을 때 어느 등급(LEV, ULEV/LEV, ULEV)에 해당하는지 판단해서 차등적인 기준을 적용하기로 합의하였다. 이 기준을 적용하면 1만대 이하 판매 제작사에 대해서는 한국의 초저배출차량기준(대기환경보전법 시행규칙 별표20)으로 규제하는 수준보다 완화된 기준을 적용하는 결과가 초래되는데, 이는 소량판매 제작사에 대해 생산라인 변경 등 적합성 부담을 일정 부분 덜어주기 위해 내려진 결정이었다.[25] 그러나 1만대 초과 판매 제작사에 대해서는 한국 규제와 동일한 수준을 적용하

---

24 김민정, "자동차 배출가스 규제의 글로벌 표준화 사례", 이희진 외(2020), 『표준화사례집』, 출판예정.

25 한미FTA평가위원회, 한미 FTA 협상결과 평가보고서: 제2권, 2007.

기로 합의함으로써 국내 배기가스 규제 시행에 지장이 없도록 협상하였다.

4.3 자동차 분야 한·미 TBT 개정 협상과 이행

2018년 한미 FTA 개정 협상을 거쳐 미국 배기가스 기준의 동등성 인정 범위가 확대되었고 2019년 1월부터 개정된 규정이 적용되었다. 자동차 안전기준 관련, 종전의 25,000대 기준이 50,000대 기준으로 확대되어, 연간 제작사의 한국 판매 대수가 이 기준 이하면 미국 자동차 안전기준을 한국 기준과 동등한 것으로 수용하기로 합의했다. 미국산 자동차 수리에 사용되는 자동차 교체부품에 대해서도 미국 기준의 동등성을 인정하기로 합의했으며, 다만 미국산 부품이라도 한국 KC마크 표시는 사용해야 한다. 미국 안전기준을 수용하는 범위가 확대된 것이다.

자동차 환경기준에 대해서는, 4,500대 이하 판매 업체에 대해 완화된 기준을 적용하던 종전의 '소규모 제작사'제도를 그대로 유지하기로 하였다. 그리고 연비와 온실가스 규제가 강화되고 있는 최신 경향에 맞추어 에코이노베이션 상한선을 확대하였다.[26]

동 개정 협상은 미국 트럼프 정권의 일방주의 조치가 몰아치던 상황에서 미국측 요구로 시작되었다. TBT 분야에서 미국에 대한 우리측 기술장벽 제거를 확대한 셈이며, 우리의 픽업트럭 수출에 대해 미국측 25% 관세가 당초 2021년 철폐에서 2041년 철폐로 늦춰지는 등 미국에게 유리한 협상이 이루어졌는데, 협상 당시 미국의 공세를 막아내는 것이 관건이었던 것으로 보인다.[27]

---

26 에코이노베이션 크레딧이란, 기존의 연비 및 온실가스 측정방법으로 측정할 수 없는 연비 및 온실가스 저감기술을 자동차에 적용할 경우 추가로 크레딧을 주는 제도다. 산업통상자원부, 한미FTA 개정 협상 결과 상세설명자료, 2019.

27 한미 FTA 개정 협상의 결과에 대해 농업과 철강을 지키고 자동차 특히 픽업트럭을 양보했다는 평가가 일반적이었다. 애초부터 동등한 무역이익의 균형을 목표로 한 협상이 아니었다.

4.4 자동차 분야 한·EU TBT 협상과 이행

한편, 한EU FTA 협상에서도 한미 협상과 마찬가지로 자동차 안전기준과 환경기준에 관한 두 가지 이슈가 논의되었다. 안전기준에 대해서는 UN ECE규정과 GTR규정에 대해 양측이 국내 기술규정을 수렴시키기로 합의하고 상기 규정을 준수하는 경우 자국 기준을 준수하는 것과 동등함을 인정하기로 합의하였다.[28] 결과적으로 유럽 기준 대부분이 UN ECE규정을 따르고 있어 EU 제품에 대해 우리나라 규제를 준수한 것과 동등한 인정을 하게 된다. 마찬가지로 우리나라 기준도 UN ECE규정을 따르면 우리나라 기술규정을 충족한 제품은 EU 시장 진입이 가능한데, 협상 당시 32개 기준이 상기 규정을 따르고 있어 이에 대해 EU측 기술장벽을 해소한 효과가 있었다.[29] 또한 양국은 동 협상에서 UN ECE와 GTR규정에 상응하는 국내 기준을 도입하는 경우, 협정 발효 5년 내에 상기 규정과 조화시키기로 합의했다.[30]

요컨대, 안전기준에 있어 두 국제표준을 인정하고 규제조화를 기본 의무로 규정하고 있어 국내 기준에 대한 검토가 필요하고 국내 기준을 개발해서 국제표준화를 활발하게 추진하는 것이 이행과제이자 근본적인 TBT해소 전략이 될 것이다.

자동차 배출가스 기준에 대한 기본 내용은, 한미 FTA와 마찬가지로 평균배출량 관리제도(FAS)[31]를 기준으로 한다. 협상 당시 한미 FTA가 먼저 타결되었음에도 불구하고 발효가 지연되자, 한미 협정을 기준으로 했던 한EU 협상에 차질이 예상되었다. 따라서 한미 FTA 기준인 1만대 이하 판매 제작자에 대한 배출기준이 도입될 때까지 한 EU 양측은 1~4,500대와 4,501~10,000대로 구분

---

28 한EU FTA 부속서 2-다 자동차 및 부품 제3조 시장접근.

29 한EU FTA 상세설명자료, pp.41-42.

30 한EU FTA 협정문 제4조 규제 수렴의 강화.

31 평균배출량 관리제도(FAS)란, 제작자가 자동차 배출량을 여러 등급(저배출차량(LEV), 초저배출차량(ULEV), 초저공해차량(SULEV), 무공해차량(ZEV)) 중에서 선택하고 등급기준에 맞춰서 출고할 수 있도록 허용하는 대신, 해당 제작자가 판매하는 모든 차종의 평균배출량(Fleet Average System: FAS)이 일정 기준을 초과하지 않도록 강제하는 제도를 의미한다.

하여 규제하는 방식과 1~250대, 251~4,000대, 그리고 4,001~10,000대로 나누는 한미 FTA보다 다소 높은 수준으로 배출가스 기준을 적용하는 다른 방식을 잠정적으로 허용했다.

자동차 배출가스 기준 문제와 함께 쟁점이 되었던 다른 중요한 사안은, EU가 2014년부터 도입하는 EURO 6 OBD 기준을 우리나라가 인정해 줄 수 있는지에 관한 것이었다. 이 EU 기준을 충족하면 우리나라 OEBD 기준을 충족한 것으로 인정하는 것이 최종적으로 합의되었다. 그리고 우리나라 차량은 주로 가솔린자동차이고 가솔린자동차에 대해서는 미국식 OBD 기준을 채택하고 있었지만 디젤자동차에 대해선 유럽식 기준을 적용하고 있었는데, 그 결과 유럽산 가솔린차량은 미국식 기준으로 맞춰서 우리나라에 수출해야 하는 중복적인 기술규제 문제가 있었다. 이러한 기술장벽 문제를 해결하기 위해서 결과적으로 2010년부터 수입을 허용하기로 했고, 과거 기간별 연평균 차량 판매 규모에 따라 해당 제작사에 대한 쿼터를 점진적으로 늘리는 방식으로 수입을 허용하기로 합의하였다.

자동차 분야 한EU FTA규범 중에서 주목할 또 다른 조항은, 당사국에게 최혜국대우를 부여하기로 합의한 조항이다. 즉, 내국세와 배출규정에 대해서, 제3국과의 FTA 등에 따라 부여하는 대우보다 불리한 대우를 부여하지 않기로 합의한 조항이다. 이는 특히 한미 FTA가 발효하면 국내조세 및 배출기준 관련 한미FTA 합의내용을 EU에도 동일하게 적용하기 위해서 도입한 규정이다. 당시, 앞으로 발효될 한미FTA에 따르면 우리나라 자동차 특별소비세를 3단계에서 2단계로 간소화하고 자동차 세제도 5단계에서 3단계로 간소화하기로 합의하였는데 우리나라 세제 개편이 마무리되면 EU에게 불리하게 작용하지 않도록 하기 위한 규정이라 하겠다.[32]

FTA는 기본적으로 최혜국대우의 예외적인 상황을 다루며, 원산지를 근거로 해서 다르고 차별적인 대우를 보장하기로 합의하는 것이다. 그러나 우리나라 시장에서의 경쟁력 유지와 한미 FTA 견제를 목적으로 시작된 한EU 협상에서는 EU측이 한미 협상 내용을 기본 수준으로 하고 최혜국 대우를 요구한 부분

---

32 한EU FTA 협정문 제5조 최혜국 대우.

은 FTA 협상에서 이례적인 상황에 해당한다.

끝으로, 자동차 기술이 계속해서 개발함에 따라 기술의 안전성 기준도 뒤따라 발전하는 경향이 있다. 때로는 기술규정 도입이 지연되거나 없어서 신기술 상용화가 지연될 수 있는데 국제무역 맥락에서 보면 이는 기술장벽 문제가 될 수 있다. 한EU FTA는 이 문제에 대해서, 신기술이나 새로운 특성에 대한 기술규정이 없다고 해서 그러한 신기술 또는 새로운 특성의 제품 출시를 방해하거나 과도하게 지체시키는 것을 금지한다는 규정을 도입했다.[33] 또한 신기술이나 새로운 특성을 지닌 제품이 인간의 건강, 안전 또는 환경에 위험을 초래한다는 이유로 해당 제품의 출시를 거절하거나 시장에서 회수하기로 결정하는 경우에는, 이 사실을 상대국에게 즉시 통보해야 하고 그 통보 내용에 모든 관련 과학적 또는 기술적 정보를 포함시키도록 하였다. 그리고 기본적으로 신기술이나 새로운 특성에 대한 기술규정을 시행하기 위해서는, 인간의 건강, 안전 또는 환경에 위험을 초래한다는 것을 과학적 또는 기술적 정보에 근거하여 증명할 수 있어야 한다는 규정을 도입했다.

종합하면 자동차 TBT 협상은 세계 주요 생산국 간의 규제조화가 핵심이다. 이행에 있어서도 자동차 안전 및 환경 기술에 관한 기술규제를 국제기준에 대해서, 그리고 FTA 당사국 간에 어떻게 일치시키고 동등성을 인정할 지를 논의하는 내용이 중심이 된다. 그러므로 기술 및 규제협력, 국제표준화 활동을 활발하게 전개하고 TBT 해소 측면보다 글로벌 기준 메이커로서 활약하기 위한 전략을 강화해야 할 것이다.

5 ___ 이행 검토와 분쟁해결

5.1 FTA 이행위원회

한국의 기체결 FTA는 이행위원회의 정기적인 검토를 통해 FTA 이행을 강

---

[33] 한EU FTA 협정문 제6조 신기술 또는 새로운 특성의 제품.

화하고 제반의 문제를 논의하고 해결해나가고 있다. 가령 한미 FTA는 TBT위원회를 두고 상대국가의 국내 기술규제에 대해 문제를 제기하여 해결하고 기술규제 개발에 있어 협력하는 한편, 적합성평가기관 간의 협력 증진과 적합성평가 결과에 대해 인정을 촉진하는 역할을 하도록 했다. 이를 위해서 양국이 합의하면 특정 사안에 대해 임시작업반을 두고 비정부 전문가, 이해당사자와 협의할 수 있도록 하고, 특정 국제활동에 대한 작업계획을 결정하도록 하였다. 한EU FTA도 분야별 작업반을 두고 문제사항을 검토하도록 했는데, 예를 들어서 자동차 및 부품 작업반은 원칙적으로 1년에 최소 1회 회합해서 WP29 작업 관련 상호 협력할 것을 준비하고 FTA규정 이행을 감독한다.

　　FTA 이행검토위원회는 정기적으로 개최되며 새로운 TBT 현안을 논의하고 해소방안을 모색하는 자리가 된다. 최근 개최된 한EU FTA 이행위원회에서는 자동차·부품 작업반의 이행 점검회의가 진행되었는데, EU의 형식승인을 완화하기 위한 논의가 이루어졌다.[34] 우리 측은 중대형 상용차를 소량 수출하는 경우 유연한 적용을 요구하였는데, 이처럼 이행위원회를 통해 양측이 기술장벽을 계속 발굴하고 해소 방안을 모색해나가고 있다. 이처럼, 비관세장벽 해소를 위한 FTA 전략에 있어, FTA에 의해 운영되는 위원회, 대화체, 작업반 등 협력과 대화 채널을 통한 후속 교섭과 협력이 중요한 역할을 하므로 이런 메커니즘을 적극 활용하는 것이 필요하다.

5.2 분쟁해결

　　일반적으로, FTA 분쟁해결은 WTO 분쟁해결절차 또는 FTA 분쟁해결절차를 통해서 이루어진다. 원칙적으로 둘 중 하나의 절차를 선택해서 사용할 수 있지만 하나의 절차를 적용하면 다른 절차는 사용할 수 없다. 한EU FTA는 자동차 분야 분쟁에 대해 별도의 신속절차를 적용하도록 규정하는데, 협의, 패널 검토, 중재 패널 검토, 합리적 이행 기간을 단축해서 무역장벽이 신속하게 제거될

---

34 산업통상자원부, 한-EU FTA 이행위원회 개최, 2020년 2월 3일자 보도자료.

수 있도록 하였다.

일부 FTA는 비관세장벽 분쟁에 대해 비사법적인 분쟁해결 방법인 중개, 중재, 주선 등의 절차를 활용할 수 있다는 관련 조항을 도입하고 있다. 이는 비관세장벽 분쟁을 해결하는 방법에 있어 패널 절차가 유일한 수단이 아니라는 것을 의미한다. 심지어 일부 FTA는 비관세장벽 또는 무역기술장벽 사안에 대해서는 FTA 분쟁해결절차를 적용하지 않는다고 명시적으로 규정한 사례가 있어 주목할 필요가 있다. 한중 FTA가 그 대표적인 예인데, TBT 사안이 한 국가의 기술규정 및 적합성평가절차를 다루는 민감한 사안이라는 인식에서 비롯된 것으로 이해할 수 있다. 그러므로 분쟁해결의 목표를 법률 검토를 통한 FTA 합치성 판정보다 시장접근과 실질적이고 신속한 무역장벽 해소에 두는 것이 FTA 분쟁해결에 필요한 전략이라 할 수 있다.

6 ___ 결론

본 장에서는 우리나라가 체결한 FTA에 도입된 주요 TBT규범을 상세하게 살펴보았다. 우리나라가 체결한 FTA를 파노라마처럼 펼쳐서 발전 양상을 요약한다면, FTA를 한 건씩 체결함에 따라 TBT규범이 구체화 되고 절차적 요소가 더해졌으며 한−미, 한−EU FTA 이후부터는 TBT 협상에 있어 일종의 표준양식이 반복적으로 도입되는 듯하다. 한미, 한EU 협상 이후 FTA 상대가 바뀌어도 TBT규범에 있어서는 우리나라가 상당히 높은 수준까지 이행할 수 있는 제도적, 정책적 역량을 갖추게 되었음을 시사하는 게 아닐까 한다.

그러나 무역환경은 계속 변하고 기술장벽도 끊임없이 만들어진다. FTA에 도입된 규범과 절차를 바탕으로 FTA 효과를 최대한 확보하기 위한 체계적인 노력이 필요한 때이다. FTA 이행에 필요한 국내 제도 개선과 역량강화도 계속되어야 할 것이다.

[표 2-1] 한국 FTA의 TBT 조항 비교

조항	한·칠레 (제9장)	한·싱가포르 (제8장)	한·EU (제4장)	한·페루 (제7장)	한·미 (제9장)	한·터키 (제5장)	한·호주 (제5장)	한·캐나다 (제6장)	한·중 (제6장)	한·뉴질랜드 (제6장)	한·베트남 (제6장)	한·콜롬비아 (제7장)
1	정의	목적	TBT 협정의 확인	목적	TBT 협정의 확인	TBT 협정의 확인	적용범위	적용범위	목적	목적	목적	목적
2	일반규정	적용범위 및 방식	적용범위 및 정의	TBT 협정과의 관계	적용범위	적용범위 및 정의	TBT 협정의 확인	의무의 범위	적용범위 및 정의	정의	TBT 협정의 확인	일반규정
3	적용범위	정의	공동협력	적용범위	국제표준	협력	국제 표준지침 권고	WTO TBT 협정과 그 밖의 국제 협정 확인	TBT 협정의 확인	적용범위	적용범위	적용범위
4	기본 권리 및 의무	원산지	기술규정	국제표준	공동협력	기술규정	기술규정	협력	소비자 제품 안전	권리 및 의무	국제표준	국제표준
5	양립성	적합성 평가의 상호인정	표준	기술 규정의 동등성	적합성 평가절차	표준	표시 및 라벨링	특정 분야 이니셔티브 관련 협력	이행 약정	국제표준	기술규정	기술 규정의 동등성
6	적합성 평가 절차	비밀유지	적합성 평가 및 인정	적합성 평가절차	투명성	적합성 평가 및 인정	적합성 평가절차	투명성	표시 및 라벨링	기술 규정의 동등성	적합성 평가절차	적합성 평가절차
7	인증절차	TBT 공동 위원회	시장감시	투명성	자동차 표준 및 기술 규정	시장감시	공동협력	자동차 표준 관련 조치	국경조치	적합성 평가절차	투명성	투명성
8	투명성	규제 권한의 보유	적합성 평가 비용	기술협력	TBT 위원회	조정 메커니즘	투명성	표준 관련 조치에 대한 위원회	TBT 위원회	공동협력	공동협력	공동협력

조항	한·칠레 (제9장)	한· 싱가포르 (제8장)	한·EU (제4장)	한·페루 (제7장)	한·미 (제9장)	한·터키 (제5장)	한·호주 (제5장)	한· 캐나다 (제6장)	한·중 (제6장)	한· 뉴질랜드 (제6장)	한· 베트남 (제6장)	한· 콜롬비아 (제7장)
9	정보제공의 제한	적용영역	표시 및 라벨링	TBT 위원회	정보교환	정보교환	조정 메커니즘	정의	정보교환	투명성	정보교환	TBT 위원회
10	표준관련 조치 위원회	언어	조정 메커니즘	정보교환	정의	투명성	정보교환	부속서	분쟁 해결의 비적용	TBT 위원회	TBT 위원회	정보교환
11	기술협력	분야별 부속서	부속서	정의	부속서		분쟁해결			정보교환	정의	정의
12							정의			부속서와 이행약정		국경통제 시장감시

* 한–EFTA, 한–ASEAN, 한–인도 FTA는 단일 TBT 조항을 두고 있으며 한·EFTA 협정 제2.8조, 한· ASEAN 협정 제8조, 한·인도협정 제2.28조가 이에 해당한다.

출처: 한국 기체결 FTA 협정문을 바탕으로 저자 작성.

[표 2-2] 한국 FTA의 TBT 주요 규정 현황

규정	한·칠레 (제9장)	한·싱가포르 (제8장)	한·EU (제4장)	한·페루 (제7장)	한·미국 (제9장)	한·터키 (제5장)	한·호주 (제5장)	한·캐나다 (제6장)	한·중국 (제6장)	한·뉴질랜드 (제6장)	한·베트남 (제6장)	한·콜롬비아 (제7장)
목적		O		O					O	O	O	O
정의	O	O	O	O	O	O	O	O	O	O	O	O
적용범위	O	O	O	O	O	O	O	O	O	O	O	O
WTO 협정과의 관계			O	O	O	O	O	O	O	O	O	O
기술규정동등성	O		O	O		O	O			O	O	O
국제표준 조화 (위원회결정 적용)	O		O	O	O	O	O		O	O	O	O
적합성평가절차	O	O	O	O	O	O			O	O	O	O
공동협력(기술협력)	O	O	O	O	O	O	O		O	O	O	O
정보교환			O	O	O	O	O	O		O	O	O
투명성	O			O	O	O	O	O		O	O	O
TBT위원회	O	O	조정 메커니즘	O	O	조정 메커니즘	조정 메커니즘	O	O	O	O	O
시장감시			O			O				O (협력 조항)		
표시 및 라벨링			O				O		O			
국경조치/국경통제									O			
소비자 제품 안전									O			
분쟁해결										FTA 절차 비적용		
부속서(특정 분야)		O	O		O			O		O		

출처: 한국 기체결 FTA 협정문을 바탕으로 저자 작성.

참고문헌
reference

김민정 (2018), "개도국의 무역기술장벽 대응을 위한 WTO TBT 위원회 역할 연구," 국제개발협력연구, 제10권 3호, 113−139.

김민정 (2020), "자동차 배출가스 규제의 글로벌 표준화 사례," 이희진 외, 『표준화 사례집』.

김민정, 박정준 (2015), "한국 FTA의 TBT 규범 비교분석에 따른 법적 쟁점 연구," 국제 · 지역연구, 제24권 제4호, 2015년 겨울호.

김현정 (2019), "제5장 자동차산업 무역기술장벽의 현재와 미래," 안덕근, 김민정, 『WTO 무역기술장벽 대응체제와 표준정책』, 서울대학교출판문화원.

장용준 (2019), 무역기술장벽(TBT)의 국제적 논의 동향과 경제적 효과 분석, KIEP 중장기통상전략연구, 19−05.

한미FTA평가위원회 (2007), 한미FTA 협상결과 평가보고서, 제2권.

WTO (2000), Triennial Review of the TBT Agreement, G/TBT/9.

Molina, Ana C. and Khoroshavina, Vira (2015), TBT Provisions in Regional Trade Agreements: To What Extent Do They Go Beyond the WTO TBT Agreement?, WTO Working Paper ERSD-2015-09.

산업통상자원부 국가기술표준원, WTO 및 FTA TBT(무역기술장벽) 협정문

산업통상자원부 국가기술표준원, 한−뉴질랜드 FTA 협정문(국문)

산업통상자원부 국가기술표준원, 한−미 FTA 개정협상 결과 상세설명자료.

산업통상자원부 국가기술표준원, 한−미 FTA 협정문(국문)

산업통상자원부 국가기술표준원, 한−베트남 FTA 협정문(국문)

산업통상자원부 국가기술표준원, 한−싱가포르 FTA 협정문(국문)

산업통상자원부 국가기술표준원, 한−인도 CEPA 협정문(국문)

산업통상자원부 국가기술표준원, 한-중 FTA 협정문(국문)

산업통상자원부 국가기술표준원, 한-중미 FTA 협정문(국문)

산업통상자원부 국가기술표준원, 한-칠레 FTA 협정문(국문)

산업통상자원부 국가기술표준원, 한-캐나다 FTA 협정문(국문)

산업통상자원부 국가기술표준원, 한-콜롬비아 FTA 협정문(국문)

산업통상자원부 국가기술표준원, 한-터키 FTA 협정문(국문)

산업통상자원부 국가기술표준원, 한-페루 FTA 협정문(국문)

산업통상자원부 국가기술표준원, 한-호주 FTA 협정문(국문)

산업통상자원부 국가기술표준원, 한-ASEAN FTA 협정문(국문)

산업통상자원부 국가기술표준원, 한-EFTA FTA 협정문(국문)

산업통상자원부 국가기술표준원, 한-EU FTA 상세설명자료.

산업통상자원부 국가기술표준원, 한-EU FTA 협정문(국문)

Comprehensive-Progressive Trans-Pacific Partnership 협정문(영문)

United States-Mexico-Canada Agreement 협정문(영문)

FTA TBT 규범상 비차별 원칙과 쟁점

1 ___ 개요: 국제통상질서상 비차별 원칙에 대한 기본 이해

'비차별(non-discrimination) 원칙'은 오랫동안 확립된 국제통상질서상의 기본 원칙으로 상품 원산지를 근거로 한 차별을 금지한다는 내용을 담고 있다. 동 원칙은 '최혜국대우(most-favoured nation treatment)' 의무와 '내국민대우(national treatment)' 의무를 이행함으로써 준수된다. 전자의 경우 외국 상호간의 비차별을 의미하며, 후자의 경우 자국과 외국 상호간의 비차별을 의미한다. 차별이 발생하면 소비자들은 가격이 더 비싸거나 질이 떨어지는 상품과 서비스를 제공받을 수 있다. 따라서 비차별 원칙은 이러한 시장질서의 왜곡을 막기 위해 반드시 준수되어야 한다. 비차별의 보장은 공정한 경쟁의 장을 제공하며, 궁극적으로 국가 간 교역체제의 안정을 가져다준다.

비차별 원칙과 관련한 대표적인 국제통상규범으로는 세계무역기구(World Trade Organization: WTO) '관세 및 무역에 관한 일반 협정(General Agreement on Tariffs and Trade: GATT)' 제I조와 제III조를 생각해 볼 수 있다.[1] GATT 협정 제I

---

1 WTO 설립 협정(Marrakesh Agreement Establishing the World Trade Organization)은 국제무역관계에 있어서 차별대우의 폐지를 WTO의 목적을 달성하기 위한 주요 수단 중 하나로 명시하고 있다. GATT 협정 제I조와 제III조는 '상품'무역에 관한 비차별 원칙을 규정하고 있는 반면, 서비스무역에 관한 일반 협정(General Agreement on Trade in Services) 제II조 1항과 제XVII조 1항은 '서비스'무역에 관한 비차별 원칙을 규정하고

조에서 규정하고 있는 최혜국대우 의무는 관세, 과징금, 수출입에 관한 규칙 및 절차 등과 관련된 통상관계에서 어떤 국가에게 부여한 편의나 호의를 그 밖의 다른 국가에게도 즉시 그리고 무조건적으로 부여해야 한다는 것을 말한다. 즉, 어떤 국가에게 부여한 가장 유리한 대우를 그 외의 다른 경쟁 국가들에게도 적용할 것을 요구하는 것이다.

제 I 조 일반적 최혜국대우

1. 수입 또는 수출에 대하여 또는 수입 또는 수출과 관련하여 부과되거나 수입 또는 수출에 대한 지급의 국제적 이전에 대하여 부과되는 관세 및 모든 종류의 과징금에 관하여, 동 관세 및 과징금의 부과방법에 관하여, 수입 또는 수출과 관련된 모든 규칙 및 절차에 관하여, 그리고 제3조 제2항 및 제4항에 언급된 모든 사항에 관하여 체약당사자가 타국을 원산지로 하거나 행선지로 하는 상품에 대하여 부여하는 제반 편의, 호의, 특권 또는 면제는 다른 모든 체약당사자의 영토를 원산지로 하거나 행선지로 하는 동종 상품에 대하여 즉시 그리고 무조건적으로 부여되어야 한다.

(이하 생략)

최혜국대우 의무는 WTO체제에서 가장 중요한 규범 중 하나로 다자무역체제의 근간을 이룬다.[2] 동 의무에 따라 모든 생산자들이 동등한 조건에서 경쟁할

있다.

2 WTO 상소기구는 최혜국대우 의무는 GATT체제의 초석이 되며, WTO통상체제의 기본축을 이룬다고 하였다. Appellate Body Report, Canada—Certain Measures Affecting the Automotive Industry, WT/DS139/AB/R, WT/DS142/AB/R(May 31, 2000), para. 69. 반면, 2004년 발간된 Sutherland 보고서에서는 FTA가 만연하는 오늘, 최혜국대우 의무는 WTO의 기본의무가 아닌 예외적인 조치(exceptional treatment)에 불과하다고 평가하였다. Sutherland, Peter et al.(2004), The Future of the WTO: Addressing Institutional Challenges in the New Millennium, World Trade Organization, para. 60, 〈http://www.wto.org/English/thewto_e/10anniv_e/future_wto_e.pdf〉.

수 있게 되므로 가장 효율적인 생산자의 제품이 경쟁력을 획득하게 되고, 시장 내 공급이 이루어지게 된다.

GATT 협정 제III조에서 규정하고 있는 내국민대우 의무는 조세 등의 재정조치나 법률과 규정 등의 비재정조치를 부과함에 있어 외국 상품에 대하여 동종의 국내 상품에 부여하는 대우보다 불리하지 않은 대우를 부여할 것을 요구한다. 외국 상품과 국내 상품 간 경쟁조건의 동등성을 확보하고, 궁극적으로 보호주의 무역을 방지하는 데 그 목적을 두는 것이다.

제III조 내국 과세 및 규정에 관한 내국민대우

1. 체약당사자들은 내국세 및 그 밖의 내국과징금과 상품의 국내판매, 판매를 위한 제공, 구매, 운송, 유통 또는 사용에 영향을 주는 법률·규정·요건과 특정 수량 또는 비율로 상품을 혼합하거나 가공 또는 사용하도록 요구하는 내국의 수량적 규정이 국내생산을 보호하기 위하여 수입 상품 또는 국내 상품에 적용되어서는 아니된다는 것을 인정한다.

(중략)

4. 다른 체약당사자의 영토 내로 수입되는 체약당사자 영토의 상품은 그 국내판매, 판매를 위한 제공, 구매, 운송, 유통 또는 사용에 영향을 주는 모든 법률, 규정, 요건에 관하여 국내원산의 동종 상품에 부여되는 대우보다 불리하지 않은 대우를 부여받아야 한다. 이 항의 규정은 상품의 국적에 기초하지 아니하고 전적으로 운송수단의 경제적 운영에 기초한 차등적 국내운임의 적용을 방해하지 아니한다.

(이하 생략)

최혜국대우 의무에 따른 균형은 여러 수입 상품에 대한 대우 간 균형을 맞추어야 한다는 점에서 '횡적 균형'이라 할 수 있다. 반면, 내국민대우 의무에 따른 균형은 국내 상품과 수입 상품에 대한 대우 간 균형을 맞추어야 한다는 점에서 '종적 균형'이라 할 수 있다. WTO는 이러한 양 균형을 유지하여 국제통

상질서상의 비차별 원칙을 실현하고자 한다.3

최혜국대우와 내국민대우 모두 제도나 법률로 명문화된 차별(*de jure* discri-mination)뿐만 아니라, 법제시행에 있어 발생하는 사실상의 차별(*de facto* discri-mination)까지 금지한다.4 오늘날 국가들은 법률로 명문화된 차별을 피해, 보다 정교한 조치를 도입하려 하기 때문에, 대개 사실상의 차별 여부가 문제된다.5

2 ___ FTA TBT 챕터상 비차별 원칙의 도입 형태

일반적으로 자유무역 협정(Free Trade Agreement: FTA)에서도 앞서 살펴본 WTO GATT 협정상의 비차별 원칙과 유사하거나 동일한 형태로 비차별 원칙에 대한 내용을 담고 있다.6 그리고 협정 내 무역기술장벽(Technical Barriers to Trade: TBT)과 관련한 챕터 또는 조항을 마련하여 기술규정의 특성을 반영한 동 원칙을 별도로 규정하고 있다.

우리나라가 체결하여 발효된 15건의 FTA에도 모두 TBT와 관련한 챕터 또는 조항을 마련하고 있는데, 이 중 14건의 협정에서 TBT에 관한 비차별 원칙을 도입하고 있다. 물론, 그 도입 형태는 협정별로 차이를 보인다.7 한국과 칠레가

---

3 고준성 외 16인(2007), 『국제경제법』, 박영사, p.120.
4 '사실상의 차별'은 표면상 중립적인 조치가 그 실질적인 효과에 있어 차별을 불러일으키는 경우를 말한다. Panel Report, Canada−Patent Protection of Pharmaceutical Products, WT/DS114/R(Mar. 17, 2000), para. 7.101.
5 물론, 양 의무로부터 예외가 인정되는 경우도 있는데, GATT 협정 제XX조 '일반적 예외'에 해당하는 사유가 그 대표적인 예라 할 수 있다. GATT 협정 제XX조는 '공중도덕의 보호', '인간·동식물 생명·건강의 보호' 등을 위해 필요한 경우, 일정한 요건을 갖춘 경우에 한하여 비차별 원칙 등 GATT 협정상의 기본의무로부터 예외가 허용된다고 규정하고 있다.
6 대표적으로 우리나라가 미국과 체결한 FTA 제2장에서는 상품에 대한 내국민대우 의무를 규정하고 있다. 한−미 FTA 제2.2.1조 참조.
7 우리나라와 상대국 간의 무역관계, 기술규제 능력 등에 따라 TBT규범의 내용과 의무수준이 다르다. 한·ASEAN FTA 또는 한·인도 FTA에서는 'TBT/SPS 통합 조항'을 통해 기술규제에 대한 의견 및 정보 교환 등 상호협력하자는 합의에 그친 반면, 한·미, 한·

체결한 FTA에서는 표준과 관련하여 타방 당사국의 상품에 대하여 "내국민대우"와 "자국이 어떠한 비당사국의 유사 상품에 대하여 부여한 최혜국대우보다 불리하지 않은 대우"를 부여할 것을 요구하는 등 비차별 원칙을 직접 규정하고 있으며, 한국과 싱가포르가 체결한 FTA에서는 WTO TBT 협정의 완전한 이행을 요구하고 있다.8 한편, 한국과 터키가 체결한 FTA, 한국과 미국이 체결한 FTA 등에서는 각 당사국이 WTO TBT 협정상 양국에 대한 기존의 권리와 의무를 '확인(affirm)'한다고 규정하고 있다.9 한국과 캐나다가 체결한 FTA, 한국과 중국이 체결한 FTA 등에서는 WTO TBT 협정에 "필요한 변경을 가하여(mutatis mutandis)" 해당 FTA에 '통합(incorporation)'되어 그 일부가 되도록 한다고도 규정하고 있다.10

이처럼 FTA에서 WTO 협정을 '확인'하거나 이와 '통합'되도록 하는 것은 FTA와 WTO 협정에 규정된 당사국들의 권리와 의무를 조화시키려는 의미로 이해된다.11 따라서 FTA TBT규범상 비차별 원칙에 대해 정확히 이해하기 위해서

EU FTA 등 선진국과의 FTA에서는 WTO 협정에서 요구하는 수준 이상으로 구체화된 의무와 절차를 도입하고 있다. 안덕근, 김민정(2018), 『국제통상체제와 무역기술장벽』, 박영사, p.86.

8 한-칠레 FTA 제9장; 한-싱가포르 FTA 제8장. 한-칠레 FTA 제9장 제9.4.3조 원문은 다음과 같다.
"Each Party shall, in respect of its standards-related measures, accord to goods of the other Party:
(a) national treatment; and
(b) treatment no less favourable than the most favorable treatment that the Party accords to similar goods of any other non-Party."

9 한-터키 FTA 제5.1조; 한-미국 FTA 제9.1조. 한-인도 FTA에서는 TBT 협정상의 권리와 의무에 대해 "재확인(reaffirm)"한다는 표현을 사용하고 있다. 한-인도 FTA 제2.28조 1항.

10 WTO TBT 협정 제2조~제9조까지 그리고 동 협정 부속서 1과 3은 필요한 변경을 가하여 FTA에 통합되어 그 일부가 되도록 하고 있다. 한-캐나다 FTA 제6.3조의 나; 한-중국 FTA 제6.3조.

11 Nedumpara, James J. & Laddha, Adity, "Affirmation and Incorporation of WTO Agreements in Preferential Trade Agreements: Congruence or Conflict?", 9(1) Trade L. & Dev. 97, 116-117(2017). 물론, FTA 내 WTO 협정을 확인하는 경우, FTA와 WTO 협정은 병존하게 되므로 양 협정사이 규범의 적용에 있어 충돌이 발생할 수 있다. 반면, WTO 협정을 FTA에 통합시키는 경우, 적용 가능한 규범이 WTO 협정이라는 점에서 양 협정 간 규범 충돌은 발생하지 않을 것으로 보인다. *Id.* at pp.101-106 &

는 WTO TBT 협정에서 제시하고 있는 비차별 원칙에 대한 이해가 반드시 필요하다 할 수 있다. FTA TBT규범상 비차별 원칙에 대한 내용이 구체적이지 않고, FTA 분쟁해결절차에서 동 원칙에 대한 검토가 거의 이루어지고 있지 않다는 점을 고려해 볼 때, WTO 분쟁해결절차에 회부된 여러 사건을 통하여 WTO 분쟁해결기구(Dispute Settlement Body)가 동 원칙과 관련하여 내놓은 분석과 입장은 FTA TBT규범상 비차별 원칙을 이해하는 데 있어 중요한 지침이 될 것으로 보인다. 다음 WTO TBT 협정에서 규정하고 있는 비차별 원칙에 대해 살펴보기로 한다.

[표 3-1] 우리나라 FTA TBT 발효 현황과 비차별 원칙의 도입 형태

FTA 체약상대국	발효일자	TBT 관련 장 (또는 조항)	비차별 원칙의 도입 형태
칠레	'04.04.01	제9장	직접 규정(표준 관련)
싱가포르	'06.03.02	제8장	WTO TBT 협정의 **완전한 이행**
EFTA*	'06.09.03	제2.8조	WTO TBT 협정 **통합**
ASEAN**	'07.06.01	제14조 (TBT/SPS 통합 조항)	·
인도	'10.01.01	제2.8조 (TBT/SPS 통합 조항)	WTO TBT 협정 **재확인**
유럽연합	'11.07.01	제4장	WTO TBT 협정 **통합**
페루	'11.08.01	제7장	WTO TBT 협정 **통합**

pp.116-117. 다만, 그 어떤 경우에 있어서도 협정의무의 위반이 발생하게 되면 독자적으로 분쟁해결절차를 구비하고 있는 FTA와 WTO의 관할권 경합은 불가피해 보인다. FTA에서는 이러한 WTO 분쟁해결절차와의 경합 가능성을 최소화하기 위해 제소국에게 WTO 협정이나 FTA에 따른 분쟁해결절차 중 하나를 선택할 수 있는 권한을 부여하고, 선택하지 않은 법정의 관할을 배제하도록 하는 이른바 '법정선택(choice of forum) 조항'을 두어 분쟁해결의 관할권 행사 범위를 명확히 하기도 한다. North America Free Trade Agreement (NAFTA) 제2005조 1항 & 6항; United States - Central America Free Trade Agreement 제20조 3항. 그러나 WTO 분쟁해결기구는 WTO 협정 의무위반에 대하여 DSU에 따른 분쟁해결에 의하지 않고는 분쟁을 해결할 수 없다는 이른바 '관할권 행사에 대한 배타성'을 부여하고 있어, 양 협정에 따른 분쟁해결절차의 관할권 경합은 현실적으로 불가피해 보인다. 이와 관련한 자세한 논의는 이길원(2014), "WTO 협정과 FTA에 따른 분쟁해결의 관할권 경합", 대한국제법학회논총, 제59권 제3호, pp. 177-193 참조.

FTA 체약상대국	발효일자	TBT 관련 장 (또는 조항)	비차별 원칙의 도입 형태
미국	'12.03.15	제9장	WTO TBT 협정 **확인**
터키	'13.05.01	제5장	WTO TBT 협정 **확인**
호주	'14.12.12	제6장	WTO TBT 협정 **확인**
캐나다	'15.01.01	제6장	WTO TBT 협정 **통합**
중국	'15.12.20	제6장	WTO TBT 협정 **통합**
뉴질랜드	'15.12.20	제6장	WTO TBT 협정 **통합**
베트남	'15.12.20	제6장	WTO TBT 협정 **통합**
콜롬비아	'16.07.15	제6장	WTO TBT 협정 **통합**

 * EFTA: 스위스, 노르웨이, 아이슬란드, 리히텐슈타인 등 4개국
** ASEAN: 싱가포르, 말레이시아, 태국, 필리핀, 인도네시아, 베트남, 라오스, 미얀마, 브루나이, 캄
   보디아 등 10개국
출처: 해외기술규제정보시스템(www.knowtbt.kr)에서 제시된 내용을 재구성

3 ___ WTO TBT 협정상 비차별 원칙의 내용

3.1 개관

WTO TBT 협정은 기술규제의 준비, 채택, 적용 등 모든 단계에서 비차별
원칙을 적용하고 있다. 이는 모든 기술규정, 표준, 적합성평가절차에 적용되며,
중앙정부뿐만 아니라 지방정부, 비정부기관이 이행해야 하는 핵심적인 의무사
항이라 할 수 있다. 앞서 언급한 GATT 협정 제I조 최혜국대우 의무규정과 제III
조 내국민대우 의무규정이 준용된다고 할 수 있다. 기술규정에 관한 비차별 원
칙 조항(제2조 1항)의 원문(국문)은 다음과 같다.

> 회원국은 기술규정과 관련하여 어떤 회원국의 영토로부터 수입되는 상품이 자기
> 나라 원산의 동종 상품 및 그 밖의 국가를 원산지로 하는 동종 상품보다 불리한
> 취급을 받지 아니하도록 보장한다.

따라서 기술규정은 내국민대우 의무와 최혜국대우 의무 준수의 대상이 된다. 예를 들어, A국산 가구의 경우 지속가능한 숲에서 나온 나무로 만들어져야 한다는 요건을 부과하는 반면, 그러한 요건을 B국산 가구에 부과하지 않는 것은 TBT 협정 제2조 1항에서 규정하고 있는 최혜국대우 의무 위반이 될 수 있다. 수입가구의 경우 내화성(耐火性)을 갖출 것을 요건으로 부과하는 한편, 자국산 가구에 대해서는 그러한 요건을 부과하지 않는 경우 TBT 협정 제2조 1항에서 규정하고 있는 내국민대우 의무 위반이 될 수도 있다.[12]

표준에 관한 비차별 원칙 조항(부속서 3 모범관행규약 4항)의 원문(국문)은 다음과 같다.

> 표준과 관련하여, 표준기관은 그 밖의 세계무역기구 회원국의 영토를 원산지로 하는 상품에 대하여 국내 원산의 동종 상품 또는 그 밖의 국가를 원산지로 하는 동종 상품에 대해서 보다 불리하지 아니한 대우를 부여한다.

그리고 적합성판정절차에 관한 비차별 원칙 조항(제5조 1항의 1)의 원문(국문)은 다음과 같다.

> 적합판정절차는 다른 회원국 영토를 원산지로 하는 동종 상품의 공급자가 비교가능한 상황에서, 자기나라 원산의 동종 상품 또는 그 밖의 국가를 원산지로 하는 동종 상품의 생산자에게 부여되는 것보다 불리하지 아니한 조건으로 접근할 수 있도록 준비, 채택 및 적용된다. 이러한 접근에는 이 절차에 의하여 예견되는 경우 시설현장에서 적합판정행위를 하고 이 제도의 표시를 획득할 수 있는 가능성을 포함하여, 절차규칙에 따라 적합판정을 받을 수 있는 공급자의 권리가 포함된다.

---

12 Van den Bossche, Peter & Zdouc, Werner(2013), The Law and Policy of the World Trade Organization(Cambridge), p.864.

A국으로부터 수입된 옥수수에 유전자 변형 생물(genetically modified organism) 함유 여부에 대한 심사를 엄격히 요구하는 반면, B국으로부터 수입된 옥수수에 대해 그러한 심사를 요구하지 않는 것은 TBT 협정 제5조 1항에 규정된 최혜국 대우 의무 위반이 될 수 있다.13

WTO TBT 협정에는 '동종 상품', '불리하지 않은 대우' 등 해당 규정에 나와 있는 문구에 대한 자세한 설명이 결여되어 있어 이를 이해하는 데 어려움이 있는 건 사실이다. 다만, 그동안 WTO 분쟁해결기구가 이들 규정과 관련하여 일관되게 밝혀온 견해와 입장으로 WTO TBT 협정상의 비차별 원칙을 이해해 볼 수 있다.

지금까지 WTO 분쟁해결기구는 '기술규정'과 '적합판정절차'와 관련하여 비차별 원칙규정에 대한 법리적 해석을 내놓은 반면, '표준'과 관련한 비차별 원칙규정에 대해서는 입장을 내놓을 기회가 없었다. 다음 WTO 분쟁해결기구의 입장을 바탕으로 '기술규정'과 '적합판정절차'와 관련한 비차별 원칙에 대해 차례대로 살펴보기로 한다.

3.2 기술규정과 관련한 비차별 원칙

WTO 분쟁해결기구는 다음의 세 가지 요건에 해당하는 경우, 문제된 조치가 TBT 협정 제2조 1항에 규정된 비차별 원칙에 위반되는 것으로 간주할 수 있다고 하였다.

① TBT 협정 부속서 1.1의 의미상 '기술규정'에 해당하여야 하며,
② 수입 상품이 국내 상품 및 다른 원산지 상품과 동종이어야 하고,
③ 수입 상품에 대한 대우가 동종의 국내 상품 및 다른 원산지의 상품에 대한 대우보다 불리하여야 한다.14

---

13 *Id.*
14 Appellate Body Report, United States—Measures Affecting the Production and Sale of Clove Cigarettes, WT/DS406/AB/R(Apr. 4, 2012), para. 87 [이하 'Appellate Body

(1) 기술규정

TBT 협정 부속서 1.1의 의미상, '기술규정'에 해당하기 위해서는 ① "식별 가능한(identifiable)" 상품에 적용되어야 하며, ② 한 개 또는 그 이상 상품의 특성을 규정하고 있어야 하고, ③ "의무적(mandatory)"으로 적용되어야 한다.[15]

2009년 유럽연합(European Union: EU)은 바다표범 제품의 판매와 관련하여 일정한 요건을 충족하지 못하는 경우, EU 시장 내에서 판매를 금지하는 조치를 단행하였다. 구체적으로 ① 이뉴잇(inuit)족 또는 토착민이 생존을 위해 사냥한 바다표범으로 만든 제품이 아닌 경우이거나 ② 해양자원관리 차원에서 사냥한 바다표범으로 만든 제품이 아닌 경우 또는 ③ 예외적인 상황에서 관광객이 개인용도로 반입한 바다표범으로 만든 제품이 아닌 경우, EU 시장 내 바다표범 제품의 판매는 금지되었다(이하 'EU – Seal Products 사건').[16] WTO 패널은 이러한 EU의 규제조치가 TBT 협정상의 '기술규정'에 해당하는지에 대해 검토하였는데, 동 조치가 ① 식별 가능한 상품에 적용되며, ② 바다표범을 함유하고 있는 모든 제품에 관해 그 제품의 특성을 기술하고 있을 뿐만 아니라 수입금지 대상에서 제외된 일부 바다표범 제품에도 적용 가능한 행정규정을 기술하고 있고, ③ 의무적으로 적용되고 있다는 점을 확인하였다. 그리고 이를 바탕으로 EU 규제조치의 일반적인 금지규정과 그 예외규정 모두 상품의 특성을 규정하

Report on US–Clove Cigarettes']; Appellate Body Report, United States–Measures Concerning the Importation, Marketing and Sale of Tuna and Tuna Products, WT/DS381/AB/R(May 16, 2012), para. 202 [이하 'Appellate Body Report on US–Tuna'].

15 Appellate Body Report, European Communities–Trade Description of Sardines, WT/DS231/AB/R(Sept. 26, 2002), paras. 176 [이하 'Appellate Body Report on EC–Sardines']. TBT 협정 부속서 1.1은 다음과 같이 기술규정을 정의하고 있다.
"적용가능한 행정규정을 포함하여 상품의 특성 또는 관련 공정 및 생산방법이 규정되어 있으며 그 준수가 강제적인 문서. 이는 또한 상품, 공정 및 생산방법에 적용되는 용어, 기호, 포장, 표시, 또는 상표부착요건을 포함하거나 전적으로 이들만을 취급할 수 있다."

16 이러한 EU의 바다표범 제품에 대한 규제조치(이하 'EU의 규제조치')는 원산지를 기준으로 하여 수입을 제한하지는 않았으나 주로 상업적으로 바다표범을 사냥하는 캐나다와 노르웨이의 경우 상기 요건을 충족하기 어려웠으며, 이에 캐나다와 노르웨이산 바다표범 제품의 판매가 사실상 제한되었다. 이길원(2016), "EU의 바다표범 제품의 수입금지에 관한 WTO 상소기구의 결정 검토", 국제경제법연구, 제14권 제2호, p.68.

고 있는 등 TBT 협정상의 '기술규정'에 해당한다고 결정하였다.17

하지만, 상소기구의 입장은 달랐다. EU 시장 내 특정 바다표범 제품의 유통 내지 판매는 바다표범을 사냥한 정체가 누구인지 또는 사냥의 목적이나 종류에 따라 결정되는 것으로 제품의 특성과는 무관한 것으로 보았다. 즉, 상소기구는 EU의 규제조치가 제품의 특성을 규정하지 않는 것으로 이해하고, 동 조치가 기술규정에 해당한다는 패널의 결정을 기각하였다.18

(2) 동종 상품

TBT 협정 제2조 1항 위반으로 성립되기 위한 두 번째 요건으로 문제의 수입 상품이 국내 상품 또는 다른 원산지 상품과 '동종'이어야 한다. 2009년 미국은 청소년 흡연율을 줄이기 위해 특정 맛으로 특징화된 담배의 제조 및 판매를 금지하는 규정을 도입하였다. 해당 규정의 도입 취지는 공중보건의 보호와 청소년들에게 관심을 끌 수 있는 특정 맛으로 특징화된 담배 제조 및 판매의 금지로 담배 상품에 멘솔(menthol)을 제외한 딸기, 정향(clove), 초콜릿, 커피 등과

---

17 Panel Report, European Communities—Measures Prohibiting the Importation and Marketing of Seal Products, WT/DS400/R & WT/DS401/R(Nov. 25, 2013), para. 7.2 [이하 'Panel Report on EU—Seal Products'], paras. 7.97—7.112.

18 Appellate Body Report, European Communities—Measures Prohibiting the Importation and Marketing of Seal Products, WT/DS400/AB/R & WT/DS401/AB/R(May 22, 2014), paras. 5.59 & 5.70. 그러나 이러한 해석은 TBT 협정 부속서 1.1의 '상품의 특성' 규정 여부에 대한 이전 상소기구의 입장과 배치된다고 할 수 있다. EC—Asbestos사건에서 상소기구는 TBT 협정 부속서 1.1에 따라 '상품 고유의 특징' 이외에 상품, 공정 및 생산 방법에 적용되는 용어, 기호, 포장, 표시 또는 상표부착요건 등 상품을 식별할 수 있는 수단도 '상품의 특성'에 해당한다고 보았기 때문이다. Appellate Body Report, European Communities—Measures Affecting Asbestos and Asbestos-Containing Products, WT/DS135/AB/R(Mar. 21, 2001), para. 67. 이를 바탕으로 EC—Sardines사건에서도 패널과 상소기구는 특정 어종으로만 보존 처리된 정어리를 가공할 것을 요구하는 EC 규정이 상품의 특성을 규정한 기술규정에 해당한다고 보았다. Appellate Body Report on EC—Sardines, paras. 189—190; Panel Report, European Communities—Trade Description of Sardines, WT/DS231/R(May 29, 2002), para. 6.4. 즉, '상품 고유의 특징이나 성질'뿐만 아니라 '상품을 식별하기 위한 수단과 관계된 요소들'까지도 '상품의 특성'의 개념으로 이해한다면, 바다표범을 사냥한 정체 또는 사냥의 목적이나 종류에 따라 제품을 식별한 EU의 규제조치는 기술규정에 해당한다고 충분히 볼 수 있는 여지가 있다는 것이다. 이길원(2016), *op. cit.*, pp.76—77.

같은 다른 맛으로 특징화될 수 있는 요소들을 함유하지 못하도록 하였다. 결과적으로 미국산 멘솔담배의 제조 및 판매는 허용되는 한편, 인도네시아산 정향담배의 제조 및 판매는 금지되었다(이하 'US-Clove Cigarettes 사건').[19] 이와 관련하여, WTO 분쟁해결절차에서 멘솔담배와 정향담배가 동종인지 여부가 문제되었다. WTO 패널과 상소기구는 모두 GATT의 확립된 판단기준에 따라 '동종 상품'인지 여부를 판단하였다. 구체적으로 상품의 '관세 분류(customs classification)'와 함께 '국경과세조정에 관한 보고서(Report of the Working Party on Border Tax Adjustments, 1970)'에 명시된 요소들인 상품의 '물리적 특성(physical characteristics)', '최종용도(end-uses)', '소비자 기호 및 습관(consumers tastes and habits)'에 따라 '동종성' 여부를 판단하였다.[20]

　패널과 상소기구는 검토과정에서 다소 입장 차이를 보였으나 모두 정향담배와 멘솔담배가 '동종 상품'이라고 결정하였다. 패널의 경우 '공중보건의 보호'라는 문제된 조치의 규제목적을 바탕으로 동종성을 검토한 반면, 상소기구의 경우 정향담배와 멘솔담배의 경쟁관계를 중심으로 검토하였다.[21] 특히, 상소기구는 정향담배와 멘솔담배 사이 최종용도와 소비자 기호 및 습관의 관점에 중점을 두고 검토하였으며, 청소년들에게 양 담배 모두 "흡연을 시작하기 위한 목적(purposes of starting to smoke)"으로 소비되는 것으로 인식된다는 점에서 충분히 대체가능하므로 '동종 상품'이라고 결정하였다.[22]

19　인도네시아는 이러한 미국의 조치가 인도네시아산 정향담배에 대하여 동종의 미국산 멘솔담배보다 '불리한 대우'를 제공하는 차별적 조치로 TBT 협정 제2조 1항을 위반하였다고 주장하며 WTO 분쟁해결절차에 제소하였다. 이길원(2014), "WTO TBT 협정상 기술규정에 대한 내국민대우에 관한 연구: '불리한 대우(less favourable treatment)' 요건의 해석을 중심으로", 강원법학, 제41권, pp.793-794.

20　Van den Bossche & Zdouc(2013), op. cit., pp.360-363; 박노형 외 27인(2013), 『신국제경제법』, 박영사, pp.135-137.

21　Panel Report, United States-Measures Affecting the Production and Sale of Clove Cigarettes, WT/DS406/R(Sept. 2, 2011), paras. 7.180, 7.199 & 7.232-7.239 [이하 'Panel Report on US-Clove Cigarettes']; Appellate Body Report on US-Clove Cigarettes, paras. 108-112.

22　Appellate Body Report on US-Clove Cigarettes, paras. 142-144.

(3) 불리한 대우

TBT 협정 제2조 1항 위반으로 성립되기 위한 세 번째 요건으로 수입 상품에 대한 대우가 동종의 국내 상품 및 다른 원산지의 상품에 대한 대우보다 불리하여야 한다.23

동 요건과 관련하여 첫째, 앞서 언급한 US-Clove Cigarettes사건에서의 패널은 GATT 협정 제III조 4항에서 의미하는 '불리한 대우' 요건에 대한 이전 WTO 분쟁해결기구의 해석을 바탕으로 검토되어야 한다고 하였다. 구체적으로 수입 상품이 동종의 국내 상품에 비해 '불리한 대우'를 받았는지는 "관련 시장에서 수입 상품에 유해하게 경쟁조건을 변경하였는지(whether a measure modifies the conditions of competition in the relevant market to the detriment of imported products)"를 검토하는 것이라고 하였다.24 그리고 이러한 수입 상품에 대한 '유해한 효과(detrimental effect)'의 발생여부는 수입 상품과 동종의 국내 상품 간 대우가 단순히 다르다는 것만으로 입증될 수 있다고 하였다.25

23　국제무역의 모든 장애가 TBT 협정 제2조 1항의 위반을 성립하기에 충분하다면, 무역제한 금지규정인 제2조 2항은 무의미해지기 때문에, 기술규정이 불필요한 무역장애를 초래하지 않는 한 제2조 1항은 모든 국제무역에 대한 장애를 금지시키는 방식으로 운용되지는 않는다고 하였다. Appellate Body Report on US-Clove Cigarettes, paras. 170-171. 그리고 협정문 전문 6번째 항목(recital)에서 이를 뒷받침하고 있다고 하였다. 즉, 기술규정이 자의적이거나 부당한 차별의 수단 혹은 국제무역에 위장된 제한을 구성하지 아니하는 방법으로 동 항목에 제시된 목적을 추구할 수 있다는 것을 명백히 하고 있다면서 제2조 1항상 '불리한 대우' 요건의 범위에 대하여 제시하고 있다고 하였다. Id. para. 172.

24　Panel Report on US-Clove Cigarettes, para. 7.264. Appellate Body Report, Korea-Measures Affecting Imports of Fresh, Chilled and Frozen Beef, WT/DS161/AB/R & WT/DS169/AB/R(Dec. 11, 2000), para. 137; Appellate Body Report on US-Clove Cigarettes, paras. 176-177; Appellate Body Report on US-Tuna, para. 214 참조. US-Clove Cigarettes사건과 US-Tuna사건과 관련하여 상소기구는 비록 TBT 협정 제2조 1항에 규정된 '불리한 대우' 요건이 동 협정에서 제시하고 있는 특별한 문맥에 비추어 해석되어야 한다는 점을 인정하면서도 GATT 협정 제III조 4항에 규정된 '불리한 대우' 요건에 대한 상소기구의 이전 판결을 검토하는 것이 매우 유용하다고 보았다. Appellate Body Report on US-Clove Cigarettes, para. 180; Appellate Body Report on US-Tuna, para. 214 참조.

25　Dominican Republic-Import and Sale of Cigarettes사건에서 상소기구는 수입 상품에 대한 '유해한 효과'의 존재는 "만약 그 유해한 효과가 외국을 원산으로 하는 상품과

US-Clove Cigarettes사건에서 상소기구는 멘솔담배와 정향담배 모두 맛으로 특징화되는 동종의 담배임에도 불구하고, 미국산 멘솔담배의 판매를 허용하는 한편, 인도네시아산 정향담배의 판매를 금지하는 것은 인도네시아산 정향담배에 대하여 유해하게 경쟁조건을 변경시킨 것으로 보았다.26 US-Tuna사건에서도 건착망을 이용하여 어획한 참치로 생산한 멕시코산 참치 제품에 대하여 다른 방식으로 어획한 참치로 생산한 미국산 참치 제품과 달리, "돌고래-안전(dolphin-safe)" 라벨을 사용하지 못하게 한 미국의 조치는 멕시코산 참치 제품에 대하여 유해하게 경쟁조건을 변경시킨 것으로 보았다.27

둘째, 상소기구는 TBT 협정의 목적과 취지가 무역자유화의 목적과 회원국의 국내적 규제의 자치권 사이에 균형을 유지하려는 데 있다는 점에서 이러한 협정의 취지에 따라 "수입품에 대한 유해한 효과가 정당한 규제적 구분(legitimate regulatory distinction)으로부터 온전히 기인하는 경우, 차별에 해당한다고 볼 수 없다"고 하였다.28 따라서 수입품의 경쟁기회에 대한 '유해한 효과'의 존재만으로 제2조 1항에 규정된 '불리한 대우'가 성립되는 것은 아니며, 이에 더 나아가 수입 상품에 대한 그러한 효과가 "정당한 규제적 구분"으로부터 온전히 기인하는지 분석하여야 한다고 하였다. 즉, 수입품에 대한 차별에 해당하는지 결정하기 위해 문제된 기술규정의 "형태, 양식, 드러난 구조, 운용과 적용(design, architecture, revealing structure, operation, and application)"이라는 사안의 특정한 상

무관한 요소 혹은 상황에 의한 것이라면(if the detrimental effect is explained by factors or circumstances unrelated to the foreign origin of the product)," 동 조치가 수입 상품에 대하여 '불리한 대우'를 하였다는 것을 반드시 의미하지는 않는다고 하였다. 즉, 유해한 효과가 원산지에 따른 차별에서 비롯된 것인지를 판단하였다. Appellate Body Report, Dominican Republic-Measures Affecting the Importation and Internal Sale of Cigarettes, WT/DS302/AB/R(Apr. 25, 2005), para. 96 참조. 그러나 이는 아주 예외적인 경우로 지금까지 동 해석방법을 따른 경우는 EC-Biotech Products 사건과 함께 두 사건뿐이다. Panel Report, European Communities-Measures Affecting the Approval and Marketing of Biotech Products, WT/DS291/R(Sept. 29, 2006), para. 7.2514.

26 Appellate Body Report on US-Clove Cigarettes, paras. 213-216.

27 Appellate Body Report on US-Tuna, paras. 235-239.

28 Appellate Body Report on US-Clove Cigarettes, para. 174 & 181.

황과 기술규정이 "공평(even-handed)"한지를 분석하여야 한다고 하였다.29

　　US-Clove Cigarettes사건에서 상소기구는 '멘솔담배를 제외한 맛으로 특징화된 담배의 판매를 금지하는 조치'의 규제 목적은 청소년 흡연을 줄여 인간 건강을 보호하기 위함으로 멘솔담배나 정향담배 모두 청소년들에게 담배의 독한 맛을 걸러주어 일반 담배보다 더 쉽게 접근할 수 있도록 하는 맛의 특성을 가지고 있다는 점에서 '규제의 동일한 대상'이 된다고 하였다. 이에 양 담배를 다르게 취급하는 규제적 구분은 정당하다고 볼 수 없다고 하였다.30 US-Tuna 사건에서도 "돌고래-안전" 라벨부착 조치의 규제 목적은 소비자들에게 돌고래에게 유해하지 않은 방법으로 참치어획이 이루어졌다는 정보를 제공하고, 궁극적으로 돌고래를 보호하여 "동물의 생명을 보호"하기 위함으로 동열대태평양 해역 밖의 다른 방법으로 어획한 참치로 생산한 참치 제품(미국산 참치 제품)도 돌고래에게 위험하다는 점에서 동열대태평양 해역에서 건착망을 이용한 방식으로 어획한 참치로 생산한 참치 제품(멕시코산 참치 제품)과 마찬가지로 '규제의 동일한 대상'이 된다고 보았다. 즉, 문제가 된 미국의 라벨부착 조치가 동열대태평양 해역에서의 건착망 이용방식뿐만 아니라 해당 해역 밖에서 다른 어획방법에 의한 돌고래의 위험 또한 방지할 수 있도록 조정되어 있어야 하는데 그러하지 못한 규제적 구분은 정당하다고 볼 수 없다고 하였다.31

　　종합적으로 WTO 분쟁해결기구는 기술규정에 대한 비차별 원칙 위반과 관련하여 '불리한 대우' 요건을 판단하는 데 있어 수입 상품에 대한 '유해한 효과'의 발생에 더하여 그러한 효과가 '정당한 규제적 구분'으로부터 온전히 기인하는지를 추가적으로 검토하였다. 문제된 기술규정의 적용에 따른 '효과'뿐만 아니라 적용하려는 '의도' 내지 '목적'까지 검토하여 수입 상품에 대한 '불리한 대우'가 있었는지를 판단한 것이다.32

29　Id. para. 182.

30　Id. paras. 225-226 & 234.

31　Appellate Body Report on US - Tuna, paras. 292 & 297.

32　TBT 협정 제2조 1항의 내국민대우 의무는 '기술규정'이라는 조치의 특성을 제외하고 GATT 협정 제III조 4항의 동 의무와 문언상 동일하다. 다만, 수입 상품이 국내 상품에 비하여 '불리한 대우'를 받았는지와 관련하여 GATT 협정 제III조 4항은 단순히 수입 상품

3.3 적합판정절차와 관련한 비차별 원칙

Russia－Railway Equipment사건에서 패널은 TBT 협정 제5조 1항의 1에서 의미하는 적합판정절차에 해당하기 위해서는 해당 절차가 ① 중앙정부기관에 의해 적용되어야 하며, ② 기술규정 또는 표준에 적합하다는 명확한 보증이 요구되는 상황(예를 들어, 의무적 적합판정절차)과 관련이 있어야 하는 등 두 가지 요건을 충족하여야 한다고 하였다.[33] 이어 다음의 세 가지 요건에 해당하는 경

에 대한 "유해한 효과" 발생 여부를 검토하는 반면, TBT 협정 제2조 1항은 그러한 효과가 "정당한 규제적 구분"으로부터 온전히 기인하는지에 대하여 검토한다는 점에서 문언해석상 차이를 보이고 있다. 그러나 '무역자유화'와 '국내적 규제 자치권' 사이의 균형을 유지하려는 점에서 TBT법제와 GATT법제는 일치한다고 볼 수 있다. 문제의 조치가 수입 상품에 대한 '유해한 효과'를 발생시킨다 하더라도 GATT 협정 제XX조의 '일반적 예외'에 해당하는 경우와 TBT 협정 제2조 1항의 해석에 따라 조치의 규제적 구분이 정당한 경우에는 비보호주의적 무역조치로서 양 협정상 허용될 수 있기 때문이다. Zhou, Weihuan, "US-Clove Cigarettes and US-Tuna II(Mexico): Implications for the Role of Regulatory Purpose under Article III:4 of the GATT", 15 J. Int'l Econ. L. 1075, 1111－1118(2012) 참조. TBT 협정에서는 동 의무와 이에 대한 예외 사이의 균형을 '불리한 대우' 요건 해석을 통하여 유지하며, GATT 협정 제XX조와 같은 예외 조항의 부재에 대한 문제점을 해소하고 있는 것으로 이해된다. 따라서 TBT 협정과 GATT 협정상 '내국민대우 의무(비차별 원칙)'에 대하여 문언해석상의 차이를 보이고 있지만, 양 협정상 모두 '무역자유화'와 '국내적 규제의 자치권' 사이의 균형을 유지하려고 한다는 점에서 동 의무에 대하여 동일하게 이해하고 있다고 평가할 수 있다. 이길원(2014), "EU의 바다표범 제품의 수입금지에 관한 WTO 판례 연구", 국제경제법연구, 제12권 제1호, pp.73－74. 여기서 흥미로운 점은 GATT 제XX조에서는 무역자유화에 대한 예외로서 국내적 규제의 자치권한이 행사될 수 있는 경우를 열 가지 사유로 한정하고 있지만, TBT 협정 제2조 1항에서는 이러한 사유를 나열하고 있지 않다는 것이다. 제소국은 '비차별 원칙' 위반에 대한 예외로 인정될 수 있는 사유가 한정적인 GATT법제 하에서 '비차별 원칙' 위반여부가 검토되기를 바랄 것이며, 반대로 피소국은 동 예외로 인정될 수 있는 사유가 정해져 있지 않아 상대적으로 그 범위가 넓은 TBT법제 하에서 '비차별 원칙' 위반여부가 검토되기를 바랄 것이다. 이러한 관점에서 EU－Seal Products사건에서의 피소국인 EU가 문제된 조치가 TBT 협정에서 규정하고 있는 기술규정에 해당하지 않음에도 불구하고 TBT 협정 제2조 1항의 '비차별 원칙'에 대한 법적기준을 적용하고자 한 것은 GATT법제에서 인정되는 무역자유화에 대한 예외사유뿐만 아니라 다른 예외사유에 대해서도 검토하여 조치 정당성의 확보 가능성을 높이려 한 것으로 이해할 수 있다. 이길원(2016), *op. cit.*, p.78.

33 Panel Report, Russia－Measures Affecting the Importation of Railway Equipment and Parts Thereof, WT/DS499/R(Jul. 30, 2018), para. 7.249 [이하 'Panel Report on Russia－Railway Equipment'].

우, 수입국은 제5조 1항의 1에 규정된 비차별 원칙을 위반하는 것으로 간주할 수 있다고 하였다.

---

① 불리한 조건으로 접근할 수 있게 된 다른 회원국 공급자는 더 호혜적인 조건으로 접근할 수 있게 된 국내 공급자 또는 그 밖의 다른 회원국 공급자의 상품과 '동종인 상품'을 생산하는 공급자를 의미하며,
② 적합판정절차를 준비, 채택 및 적용하는 과정에서 수입국이 다른 회원국 상품 공급자에게 자국 상품 공급자 또는 그 밖의 다른 국가 상품 공급자보다 '불리한 조건으로 접근'하도록 하고,
③ 수입국이 '비교 가능한 상황'에서 동종 상품 공급자에게 불리한 조건으로 접근하도록 하는 경우다.34

---

(1) 동종 상품

Russia-Railway Equipment사건에서 패널은 기술규정과 관련하여 비차별 원칙을 규정하고 있는 TBT 협정 제2조 1항 위반 여부를 판단하는 과정에서 검토되었던 동종성 판단기준이 제5조 1항의 1 위반 여부를 판단하는 과정에서도 적용된다고 하였다.35

(2) 불리하지 아니한 조건

Russia-Railway Equipment사건에서 패널은 제5조 1항의 1의 첫 번째 문장에 제시된 '접근(access)'의 의미가 동 규정 두 번째 문장에 의해 명확해 진다고 하였다. 구체적으로 '접근'의 의미는 적합판정절차의 관련 규칙에 따라 상품의 적합성 여부를 평가받을 수 있는 공급자의 권리에 따라 부여된 조건과 관련이 있다고 보았다.36 그리고 동 규정에 제시된 "불리한 조건"은 '제소국 상품의

---

34 Panel Report on Russia-Railway Equipment, para. 7.251.
35 Id. para. 7.254. 본 글의 3.2. (2) 참조.
36 Id. para. 7.257.

공급자'와 '동종의 국내 상품 공급자 또는 그 밖의 다른 국가 상품 공급자' 사이 부여된 접근 조건에 대한 비교 필요성이 요구된다고 보았다.[37]

제5조 1항의 1은 공급자와 그들의 적합성평가절차에 대한 접근 조건에 중점을 두며, 무엇보다 중요한 것은 제소국 공급자와 다른 공급자들에게 부여된 접근 조건의 단순한 차이가 존재한다는 사실만으로 해당 접근이 불리한 조건으로 부여되었다고 보기에는 충분치 않다고 하였다. 이러한 접근 조건의 차이가 관련 동종 상품 공급자들의 경쟁조건 또는 경쟁기회에 있어 제소국 공급자들에게 "유해한 방향으로(to the detriment of)" 변경시켜야지만 제5조 1항의 1 위반문제가 제기될 수 있다고 하였다.[38]

구체적으로 패널은 수입국이 '제소국 상품 공급자'의 적합판정절차 전부 또는 일부를 받을 수 있는 권리나 가능성을 부인 또는 제한하면서 '동종의 국내 상품 공급자 또는 그 밖의 다른 국가 상품 공급자'의 동 절차에 대한 접근 권리나 가능성을 부인 또는 제한하지 않는 경우, '불리한 조건'이 존재하는 것으로 이해될 수 있다고 보았다.

수입국이 절차를 공급자 간 상이한 방식으로 적용하여 경쟁우위가 발생하였는지도 검토할 필요가 있다고 보았다. 그리고 만약 그러한 경쟁이 발생한다면, 경쟁열위에 놓인 공급자는 불리한 조건에 따른 접근이 부여되었다는 것을 의미한다고 하였다.[39]

불리한 조건에 따라 접근이 부여되었는지 여부에 대한 최종결정을 내리기에 앞서, 패널은 접근의 차별적 조건이 '정당한 규제적 구분'로부터 기인한 것인지에 대한 추가적인 검토를 필요로 하지는 않는다고 하였다. 다만, 제5조 1항의 1에서 명시된 바와 같이, 불리한 접근 조건이 부여되었다는 결론이 내려져도 '비교 가능한 상황'에서 해당 접근이 부여되었는지 검토할 필요가 있다고 보았다.[40]

---

37 *Id.* para. 7.258.

38 *Id.* para. 7.260.

39 *Id.* para. 7.261.

40 *Id.* para. 7.274. 즉, 패널은 적합판정절차를 진행하는 과정에서 접근 조건의 차이가 정당한 규제적 구분으로부터 기인하는 것인지의 여부가 아닌 '비교 가능한 상황'에서 비

(3) 비교 가능한 상황

Russia－Railway Equipment사건에서 패널은 '비교 가능한 상황'이란 수입 국이 적절한 확신을 가지고 절차 규칙에 따라 적합판정활동을 수행할 수 있는 능력에 영향을 주는 상황과 관련이 있다고 보았다. 어떠한 경우에도 "사안에 따라(case by case)" 그리고 적합판정절차의 관련 규칙과 기록상의 기타 증거에 비추어 평가되어야 한다고 하였다.41

동 사건에서 패널은 당시 우크라이나에서의 '반(反) 러시아' 감정 등 제소 국과 피소국 사이의 관계를 고려하였을 때, 러시아(철도설비 수입국) 검사관이 우크라이나에 위치한 철도설비 시설현장에서 적합판정절차를 진행하는 것은 안전 또는 보안상 위험을 초래할 수 있다고 보았다.42 그리고 이러한 맥락에서 러시아가 러시아 철도설비 공급자와 그 밖의 다른 국가 철도설비 공급자에 대한 접근을 허가한 상황과 '비교 가능하지 않은 상황'에서 우크라이나 철도설비 공급자의 접근이 거부되었다고 최종적으로 보았다.43

4 ___ 요약 및 시사점

최혜국대우 의무와 내국민대우 의무를 이행함으로써 준수되는 비차별 원칙은 국제통상법체계를 지탱하는 가장 근본적이고 중요한 원칙이다. 비차별의 보장은 공정한 경쟁의 장을 제공하며, 국가 간 교역체제의 안정을 가져다준다. 그리고 궁극적으로 다자무역체제나 지역무역체제 등 그 형태를 불문하고 국제통상체제의 기본목표인 '무역 자유화(trade liberalization)'를 증진시키는 데 있어

롯된 것인지 여부를 검토하여야 한다며, TBT 협정 제2조 1항과 제5조 1항의 1의 문언 차이를 분명히 하고 있는 것으로 이해할 수 있다.

41   *Id.* para. 7.283.

42   *Id.* paras. 7.371, 7.379－7.380 & 7.384. 동 사건에서 패널은 수입국 이외의 다른 국가에 위치한 시설현장에서 적합판정행위를 할 수 있다는 점을 확인하였다. *Id.* para. 7.375.

43   *Id.* para. 7.387.

중추적인 역할을 한다.

　　FTA에서도 WTO 협정에서 규정하고 있는 비차별 원칙과 유사하거나 동일한 형태로 비차별 원칙에 대한 내용을 담고 있으며, TBT와 관련하여 별도의 챕터 또는 조항을 마련하여 기술규정의 특성을 반영한 동 원칙을 규정하고 있다. FTA TBT규범은 대체로 WTO규범을 수렴하고 있는 것으로 이해되기에 FTA TBT규범상 비차별 원칙에 대한 정확한 이해를 위해서는 WTO TBT 협정에서 제시하고 있는 비차별 원칙에 대해 정확히 이해하는 것이 무엇보다 중요하다 할 수 있다. FTA TBT규범상 비차별 원칙에 대한 내용이 구체적이지 않고, FTA 분쟁해결절차에서 동 원칙에 대한 검토가 거의 이루어지고 있지 않다는 점에서 WTO 분쟁해결절차에 회부된 여러 사건을 통하여 WTO 분쟁해결기구가 동 원칙과 관련하여 내놓은 분석과 입장은 FTA TBT규범상 비차별 원칙을 이행하고 운용하는 데 있어 중요한 지침이 되기도 할 것이다.

　　무역 협상에 난항을 겪고 있는 WTO체제의 보완책으로 FTA는 전 세계적으로 빠르게 확산되고 있으며, WTO체제 못지않게 관세철폐에 크게 기여하였다. 하지만, 오늘날 많은 국가들에 의한 비관세 형태의 보호주의적 무역조치는 여전히 이행되고 있다. 이에 FTA는 WTO의 일반규범을 바탕으로 하여 TBT를 포함한 비관세장벽을 효과적으로 제거하고, 체약국 간 상호협력을 강화하기 위한 구체적인 규칙과 절차를 마련하는 것이 무엇보다 필요하다고 본다.

참고문헌
reference

고준성 외 16인 (2007), 『국제경제법』 (박영사).

박노형 외 27인 (2013), 『신국제경제법』 (박영사).

안덕근, 김민정 (2018), 『국제통상체제와 무역기술장벽』, 박영사.

이길원 (2014), "EU의 바다표범 제품의 수입금지에 관한 WTO 판례 연구," 국제경제법연구, 제12권 제1호.

이길원 (2014), "WTO TBT협정상 기술규정에 대한 내국민대우에 관한 연구: '불리한 대우(less favourable treatment)' 요건의 해석을 중심으로," 강원법학, 제41권.

이길원 (2014), "WTO협정과 FTA에 따른 분쟁해결의 관할권 경합," 대한국제법학회 논총, 제59권 제3호.

이길원 (2016), "EU의 바다표범 제품의 수입금지에 관한 WTO 상소기구의 결정 검토," 국제경제법연구, 제14권 제2호.

Nedumpara, James J. & Laddha, Adity (2017), "Affirmation and Incorporation of WTO Agreements in Preferential Trade Agreements: Congruence or Conflict?," 9(1), Trade L. & Dev. 97.

Sutherland, Peter et al. (2004), The Future of the WTO: Addressing Institutional Challenges in the New Millennium, World Trade Organization.

Van den Bossche, Peter & Zdouc, Werner (2013), The Law and Policy of the World Trade Organization (Cambridge).

Zhou, Weihuan (2012), "US-Clove Cigarettes and US-Tuna II (Mexico): Implications for the Role of Regulatory Purpose under Article III:4 of the GATT", 15 J. Int'l Econ. L. 1075 .

Panel Report, Canada - Patent Protection of Pharmaceutical Products, WT/

DS114/R (Mar. 17, 2000).

Panel Report, European Communities - Measures Affecting the Approval and Marketing of Biotech Products, WT/DS291/R (Sept. 29, 2006).

Panel Report, European Communities - Measures Prohibiting the Importation and Marketing of Seal Products, WT/DS400/R & WT/DS401/R (Nov. 25, 2013).

Panel Report, European Communities - Trade Description of Sardines, WT/DS231/R (May 29, 2002).

Panel Report, Russia - Measures Affecting the Importation of Railway Equipment and Parts Thereof, WT/DS499/R (Jul. 30, 2018).

Panel Report, United States - Measures Affecting the Production and Sale of Clove Cigarettes, WT/DS406/R (Sept. 2, 2011).

Appellate Body Report, Canada - Certain Measures Affecting the Automotive Industry, WT/DS139/AB/R, WT/DS142/AB/R (May 31, 2000).

Appellate Body Report, Dominican Republic - Measures Affecting the Importation and Internal Sale of Cigarettes, WT/DS302/AB/R (Apr. 25, 2005).

Appellate Body Report, European Communities - Measures Affecting Asbestos and Asbestos-Containing Products, WT/DS135/AB/R (Mar. 21, 2001).

Appellate Body Report, European Communities - Measures Prohibiting the Importation and Marketing of Seal Products, WT/DS400/AB/R & WT/DS401/AB/R (May 22, 2014).

Appellate Body Report, European Communities - Trade Description of Sardines, WT/DS231/AB/R (Sept. 26, 2002).

Appellate Body Report, Korea - Measures Affecting Imports of Fresh, Chilled and Frozen Beef, WT/DS161/AB/R & WT/DS169/AB/R (Dec. 11, 2000).

Appellate Body Report, United States - Measures Affecting the Production and Sale of Clove Cigarettes, WT/DS406/AB/R (Apr. 4, 2012).

Appellate Body Report, United States - Measures Concerning the Importation, Marketing and Sale of Tuna and Tuna Products, WT/DS381/AB/R (May 16, 2012).

이동은

FTA 적합성평가절차의 규범과 쟁점

1 ___ 서론

GATT체제가 출범한 이후 비관세장벽 문제가 본격적으로 제기되기 시작한 시점에 가장 먼저 주목받기 시작한 분야는 기술표준과 규제 분야였다.[1] 1948년 GATT체제 형성 이후 8번의 라운드가 진행되었으며, 주로 관세인하를 목표로 협상이 진행되었던 6차까지의 라운드와 달리 1970년대 중반 진행된 제7차 동경 라운드 협상에서는 비관세장벽 철폐에 초점이 맞추어졌다.[2] 그러한 맥락에서 도입된 무역기술장벽(Technical Barriers to Trade: TBT) 협정은 자국의 기술 기준이나 표준 등 기술 관련 인증제도의 운영이 수입규제 장치로서 타국에 대한 불필요한 무역장벽이 되지 않도록 하고 상이한 기술기준 등을 상호 조화하여 국제무역을 촉진하기 위한 협정이다. TBT 협정은 세계무역체제상 최초로 도입된 기술규정 관련 통상규범이며, 최근 급증하고 있는 각종 FTA에서는 TBT 관련 규범들이 이전보다 심도 있게 다루어지고 있는 것으로 확인된다. 이는 WTO TBT

---

1 안덕근, "국제통상체제와 무역기술장벽", 안덕근, 김민정(2018), 『국제통상체제와 무역기술장벽』, 박영사, p.5.

2 이용규, 백종현(2007), "정보통신 분야 기술장벽 제거를 위한 국제적 논의동향과 지역무역 협정상 관련 조항 비교분석", 국제지역연구 제11권 제2호, pp.797-798; 김영호(2017), "일·EU FTA 상호인정협정(MRA)에 대한 수출기업의 대응방안 연구", 통상정보연구 제19권 제3호, p.27.

협정과의 합치성 문제라는 역기능에 대한 우려를 고조시키기도 하지만3 대체로 규범의 점진적 개선이라는 측면에서 순기능을 하고 있는 것으로 보인다.

TBT 협정상 기술장벽으로 분류되어 규제되는 유형으로는 기술규정 및 표준, 그리고 적합성평가절차가 있다. 적합성평가절차(conformity assessment procedure)는 기술규정 또는 표준의 관련 요건이 충족되었는지를 결정하기 위하여 직접적 또는 간접적으로 사용되는 모든 절차를 말한다.4 TBT 협정 부속서1의 적합성평가절차에 관한 주석(explanatory note)에 따르면 적합성평가절차에는 표본추출, 시험 및 검사, 평가, 검증 및 적합보증, 등록, 인증과 승인 등의 절차가 포함된다.5 적합성평가절차가 기술장벽으로 분류되는 이유는 가령 수출업자가 타국의 기술명세에 따라 상품을 제조 또는 개조하여 수출한 경우 그에 대한 증명을 위해 수입국인 타국의 검사기관을 통해 검사를 받아야 하는데, 그 과정에서 불필요한 무역장벽이 형성될 수 있기 때문이다. 투명하지 않고 차별적인 적합성평가절차는 각국의 무역기술장벽으로 작용하게 된다.

이에 TBT 협정은 기본적으로 국내 규제들에 관련되는 적합성평가절차와 관련하여 절차적 투명성을 통한 제도개선 뿐 아니라 상호인정협정(Mutual Recognition Arrangement: MRA) 확대 등을 통한 규제체계상의 일관성 확대를 규정하고 있다.6 MRA는 상대국에서 수행된 적합성평가결과를 자국에서 수용한다는 내용을 담은 협정으로 FTA 체결의 증가와 함께 그에 대한 확대 노력이 더욱 심화되고 있다.

이하에서는 WTO TBT 협정상 적합성평가절차에 관한 내용을 살펴보고 주요 FTA에서 확인되는 적합성평가절차의 규범화 현황과 비교 검토하도록 한다. 이어 FTA 체결과 함께 확대되고 있는 MRA의 유형 및 체결 성과 등을 검토하

---

3 안덕근, *supra* note 1, p.6.

4 TBT 협정 부속서 1.

5 적합성평가에 관련되는 일반적인 용어 및 정의를 구체화하고 있는 ISO/IEC 17000:2004 (Conformity Assessment−Vocabulary and General Principles)에 따르면 적합성평가절차는 '제품, 프로세스, 시스템, 사람 또는 기관과 관련하여 규정된 요구사항이 충족됨을 실증하는 것'이라고 정의하고 있다.

6 안덕근, *supra* note 1, p.17. 미국과 EU 등이 주도하는 최신 FTA에서는 규제조화 및 협력 쟁점이 별도의 장으로 다루어지고 있는데, 이러한 추세는 국내규제 절차의 개선 및 조화의 모색이 보다 중요하게 여겨지고 있음을 보여준다.

고 추후의 과제에 대해 논의하면서 장을 마치도록 한다.

2 ___ WTO TBT 협정상 적합성평가절차

TBT 협정 제5조 내지 제8조는 행위주체를 각기 중앙정부, 지방정부, 비정부기관으로 구분하여 각각에 적용되는 적합성평가절차의 의무를 규정하고 있다.7 그 구체적인 내용을 세분하면 다음과 같다.

2.1 주체에 따른 의무의 구분

TBT 협정은 중앙정부기관에 적용되는 적합성평가절차의 내용을 제5조 내지 제6조에서 규정한다. 그리고 제7조 내지 제8조에서 각기 지방정부기관과 비정부기관에 적용되는 의무를 규정하고 있다.

구체적으로 TBT 협정 제7.1조 및 제8.1조 전단은 중앙정부기관에 적용되는 제5조 및 제6조의 규정을 각각 지방정부기관과 비정부기관이 준수하도록 보장하기 위하여 회원국이 가능한 합리적인 조치를 취할 것(shall take such reasonable measures)을 의무화하고 있다. 또한 제7.4조 및 제8.1조 후단은 각각 지방정부기관과 비정부기관이 제5조 및 제6조의 규정과 일치하지 않는 방법으로 행동하는 것을 회원국이 요구 또는 장려하는 것을 금하고 있다(shall not take measures). 제7.5조는 제5조 및 제6조의 규정 준수에 대한 전적인 책임이 각 회원국에 있음을 명시하면서 각 회원국은 중앙정부기관이 아닌 기관이 이들 규정을 준수할 수 있도록 지원하기 위해 적극적인 조치를 취하고 관련 제도를 수립 및 이행할

---

7 TBT 협정 부속서 1의 용어 정의에 따르면, 중앙정부기관이란 중앙정부, 그 부처 또는 당해 활동에 대하여 중앙정부의 통제를 받는 모든 기관으로 정의되며, 지방정부기관은 중앙정부 이외의 정부, 그 부처 또는 당해 활동에 대하여 이러한 정부의 통제를 받는 모든 기관을 말한다. 비정부기관은 기술규정을 시행할 법적 권한을 가진 비정부기관을 포함하여 중앙정부기관 또는 지방정부기관 이외의 기관을 말한다.

것을 규정한다.

중앙정부기관에는 TBT 협정 제5조 내지 제6조의 구체적인 의무를 직접 부과하고, 지방정부기관이나 비정부기관과 같은 중앙정부 이외의 기관에 대해서는 이들 기관이 TBT 협정에서 부과되는 의무를 이행하도록 각 회원국이 요구 또는 장려토록 하는 방식을 사용하고 있다. 이로써 WTO 회원국 내의 모든 기관이 상호 합의를 통해 혹은 자발적 결정을 통해 자국의 상이한 적합성평가절차 결과를 수용하도록 의무화하고 있다. TBT 협정이 기술규정이나 표준 관련 의무에 대해 중앙정부기관과 지방정부기관, 비정부기관을 구분하여 각기 다른 의무를 부여하고 있는 것과도 일맥상통하는 접근방식이다. 이로써 의무의 실체적 측면에서 중요한 내용은 TBT 협정 제5조 내지 제6조에 규정된 사항임을 알 수 있으며, 이하에서는 그 구체적인 내용에 대해 살펴보도록 한다.

2.2 실체적 의무

(1) 비차별의무

TBT 협정 제5.1.1조는 적합성평가절차가 자국 또는 타국 원산의 동종 상품을 생산하는 생산자들 간 비차별적으로 접근될 수 있도록 준비, 채택, 적용되어야 한다고 규정하며, 협정 제5.2.1조는 타국 원산의 상품에 대한 적합성평가절차가 국내산 동종 상품보다 불리하지 아니한 순서로 완료되어야 한다고 규정한다. 전자는 일국의 상품 공급자가 다른 동종 상품 생산자들에 비해 불리하지 않은 조건으로 적합성평가절차에 접근할 수 있도록 각 회원국이 공급자의 권리 보장이라는 측면에서 비차별대우를 보장해야 한다는 규정이다. 그리고 후자는 각 동종 상품에 대한 적합성평가절차를 진행함에 있어 신속성과 비차별대우를 보장해야 한다는 내용으로 수입 상품에 대하여 내국민대우를 보장할 필요에 관한 회원국의 의무를 규정하고 있다. 이로써 GATT/WTO체제상 가장 중요한 원칙으로 손꼽히는 비차별 원칙에 관한 의무를 TBT 협정 자체에서 재차 강조하고 있다.

(2) 최소제한의무

TBT 협정 제5.1.2조는 적합성평가절차가 국제무역에 불필요한 장애를 초래하거나 그러한 효과를 갖도록 준비, 채택 또는 적용되지 않아야 한다고 규정한다. 2문의 규정에 따르면 이는 기술규정이나 표준에 부합하지 않는 경우 초래될 위험을 고려하여 상품에 적용 가능한 기술규정이나 표준 요건이 충족되었다는 사실을 수입 회원국에 확신시키는 정도에 필요한 이상으로 적합성평가절차가 엄격하거나 엄격하게 적용되지 않아야 할 것임을 의미한다. 다시 말해 정당한 목적 달성을 위하여 필요한 조치를 취할 수 있는 각 회원국의 재량을 인정하면서도 그러한 조치가 국제무역에 불필요한 장애가 되지 않도록 무역의 최소제한을 보장하기 위한 규정인 것이다.[8]

(3) 국제표준과의 조화 의무

TBT 협정 전문은 적합성평가제도가 생산능률 향상 및 국제무역 수행의 원활화를 통해 GATT의 목적 증진에 기여할 수 있음을 인정하며 각 회원국이 적합성평가제도의 발전을 장려할 것을 희망한다고 설명한다. 이에 국제표준과의 조화(harmonization) 원칙을 도입하였으며,[9] 같은 맥락에서 제5.4조는 기술규정이나 표준에 대한 합치성 보장이 요구되는 경우, 국제표준기구(international standardizing bodies)가 발표한 지침이나 권고가 존재하거나 그에 대한 발표가 임박한 경우라면 중앙정부기관이 적합성평가절차의 근거로서 그러한 지침이나 권고를 사용하도록 보장할 것을 회원국에 의무화하고 있다. 그리고 제5.5조는 적합성평가절차를 가능한 한 광범위하게 조화시키기 위하여 적절한 국제표준기관이 적합성평가절차에 대한 지침과 권고사항을 준비할 수 있도록 각 회원국들이 가능한 자원범위 내에서 최선을 다할 것을 규정하고 있다.

만약 국제표준기구가 발표한 지침이나 권고가 존재하지 않거나 회원국이 제안한 적합성평가절차의 기술적인 내용이 관련 지침이나 권고에 부합하지 않는 경우, 적합성평가절차가 다른 회원국의 무역에 중대한 영향을 미치는 상황

8　박노형 외(2018), 『新국제경제법』 전면개정판, 박영사, p.228.

9　*Ibid.*, p.230.

이라면 이 같은 절차를 제안하는 국가는 타국의 이해당사자들이 인지할 수 있도록 특정 적합성평가절차의 제안에 대한 사실을 소개하고, 요청이 있는 경우 국제표준기구가 발표한 관련 지침이나 권고에서 일탈하는 부분을 명시해야 한다(제5.6조). 이로써 국제표준기구의 지침이나 권고에 대한 각국의 조화를 의무시하면서도 일탈 가능성을 다소간 허용하고 있음을 확인할 수 있다.

(4) 동등성 인정 의무

국제표준기관의 적합성평가절차에 관한 지침 및 권고사항에 조화시키는 것이 적합성평가절차가 불필요한 무역장벽이 되는 것을 방지하기 위한 하나의 수단이라면 또 다른 수단은 국가들 상호간 혹은 국가 일방의 결정을 통해 타국의 적합성평가절차를 수용하는 것이라고 하겠다. 이러한 측면에서 적합성평가절차에 관한 동등성 인정은 중요한 의무사항이다. TBT 협정은 제2.7조에 기술규제의 동등성 인정 의무를 규정함으로써 다른 국가에서 채택한 기술규정과 자국의 기술규정 간 동등성 인정을 적극 고려하도록 하고 있다.10 뿐만 아니라 TBT 협정 제6조를 통해 타국의 적합성평가절차에 대한 동등성 인정에 관한 사항을 구체적으로 제시하고 있다.

제6조
중앙정부기관에 의한 적합판정의 인정

자기나라의 중앙정부기관과 관련하여,

6.1 제3항 및 제4항의 규정을 저해하지 아니하면서, 다른 회원국의 적합판정절차가 자기나라의 절차와 다르다 하더라도 회원국이 그러한 절차가 자기나라의 절차와 동등한 적용가능한 기술규정과 표준과의 적합을 보증한다고 <u>납득하는 경우, 회원국은 가능한 경우에는 언제나</u> 다른 회원국의 적합판정절차

---

10 TBT 협정 제2.7조. 회원국은 비록 그 밖의 회원국의 기술규정이 자기나라의 기술규정과 다를지라도 자기나라의 기술규정의 목적을 충분히 달성한다고 납득하는 경우 이러한 기술규정을 자기나라의 기술규정과 동등한 것으로 수용하는 것을 적극 고려한다.

의 결과를 수용하는 것을 보장한다. 특히 다음사항에 대하여 상호 만족할만한 양해에 도달하기 위하여 사전협의가 필요할 수 있다는 것이 인정된다.

6.1.1 수출 회원국의 관련 적합판정기관이 내린 적합판정결과의 계속적인 신뢰성에 대한 확신이 존재할 수 있도록 해주는 이러한 기관의 적절하고 지속적인 기술능력. 이와 관련, 국제표준기관에 의하여 발표된 관련지침 또는 권고사항의 준수가 예를 들어 인증을 통하여 입증될 경우 적절한 기술능력이 있는 것으로 고려된다.

6.1.2 적합판정결과의 수락을 수출 회원국내의 지정된 기관이 내린 적합판정결과로 국한하는 문제

6.2 회원국은 자기나라의 적합판정절차가 가능한 한 제1항의 규정의 이행을 허용하는 것을 보장한다.

6.3 회원국은 다른 회원국의 요청이 있는 경우 각자의 적합판정절차의 결과를 상호인정하기 위한 협정 체결을 위하여 협상을 개시할 용의를 갖도록 장려된다. 회원국은 이러한 협정이 제1항의 기준을 충족시키며 관련 상품의 무역촉진 잠재력에 대하여 상호 만족을 줄 것을 요구할 수 있다.

6.4 회원국은 다른 회원국의 영토내에 위치한 적합판정기관이 자기나라 또는 그 밖의 회원국 영토내에 위치한 기관보다 불리하지 아니한 조건으로 자국의 적합판정절차에 참여하는 것을 허용하도록 장려된다.

제6.1조에 따르면 회원국은 타국의 적합판정절차가 자국의 절차와 상이한 경우라 하더라도 가능한 경우 언제나 타국의 적합판정절차 결과가 수용될 수 있도록 보장하여야 한다(shall ensure). 그리고 제6.2조는 자국의 적합판정절차가 제6.1조의 이행을 허용하도록 보장하여야 한다(shall ensure)고 규정하고 있다. 다만 제6.1조의 의무가 언제나 강제되는 것은 아니고 타국의 절차가 자국의 절차에 따른 기술규정 또는 표준에의 적합성에 대한 확신을 제공하는 경우 즉, 타국의 절차에 따른 적합판정절차 결과가 자국의 절차에 따른 결과를 보장한다는 점을 납득할 수 있는 경우에 그러한 의무가 부과된다. TBT 협정 제6.1조는 '가능한 경우에는 언제나(whenever possible)'라는 표현을 통해 비교적 약한 의무를

설정하고 있으며11 제6.2조 또한 '가능한 한(as far as practicable)'이라는 표현을 통해 의무를 약화시키고 있는 것으로 이해된다.

자국의 절차와 상이한 타국의 적합판정절차를 수용함에 있어 국가들은 타국 내에서 실시된 적합판정 결과에 대한 신뢰성을 담보하기 위한 방편으로서 수출국 관련 적합판정기관의 기술능력에 관한 사항을 사전에 협의할 수 있으며, 국제표준기관이 발표한 지침이나 권고에 따라 인증 받은 기술능력은 그 결과를 인정하도록 하거나(제6.1.1조) 수출 회원국 내의 지정된 기관에 한정하여 적합판정결과를 수용하도록 하는 방안 등에 관하여 사전 협의를 할 수 있다(제6.1.2조). 또한 적합성평가절차 결과의 상호인정에 관한 협정(agreements for the mutual recognition of results of each other's conformity assessment procedures) 체결을 회원국에 장려(Members are encouraged [...])함으로써(제6.3조) 회원국 상호간의 상이한 적합판정절차 결과가 상호 동등성을 인정받을 수 있도록 하고 있다. 다만 장려라는 표현에서 볼 수 있듯이 해당 조항은 강제성은 결여된 임의 조항에 해당한다.

한편 WTO 무역기술위원회는 적합성평가절차의 수용을 촉진하기 위하여 다양한 접근방법을 제시하고 있다.12 구체적으로 특정 규제에 대한 적합성평가 상호인정협정, 국내 및 해외 적합성평가기관 간 (자발적) 협력 약속, 적합성평가기관의 자질에 대한 인정(accreditation)의 활용, 정부의 구체적 적합성평가기관 지정, 외국의 적합성평가결과에 대한 일방적 인정, 제조자/공급자의 선언 등이 그에 해당한다. 이 같은 WTO 차원의 노력에도 불구하고 각국이 직면하고 있는 무역기술장벽의 유형을 살펴보면 상대적으로 적합성평가절차와 관련된 기술규제조치의 비중이 높은 것으로 확인된다.13

---

11 김민정, "WTO TBT 협정 주요 규범과 FTA에서의 발전", 안덕근, 김민정, *supra* note 1, p.83.

12 INDICATIVE LIST OF APPROACHES TO FACILITATE ACCEPTANCE OF THE RESULTS OF CONFORMITY ASSESSMENT, in Committee on Technical Barriers to Trade, *DECISIONS AND RECOMMENDATIONS ADOPTED BY THE WTO COMMITTEE ON TECHNICAL BARRIERS TO TRADE SINCE 1 JANUARY 1995*, NOTE BY THE SECRETARIAT, Revision, ANNEXES TO PART 1, G/TBT/1/Rev.12, 8 March 2017.

13 남상열, "전기전자 및 정보통신 분야의 무역기술장벽(TBT) 동향과 시사점", 안덕근, 김민

따라서 각 국가들은 최근 확대되고 있는 FTA 협정을 통해 TBT 관련 규범을 보다 정교하게 만들어가고 있다. WTO TBT 협정이 적합성평가절차 결과의 상호인정을 국가들의 재량에 맡기고 원칙적인 차원에서 국가 간 적합성평가절차의 동등성 인정 가능성을 열어주었다면 최근 확대되고 있는 각국의 FTA 협정상 TBT 챕터는 관련 의무를 보다 구체화하여 실질적인 이행 담보 방안을 모색하는 과정에 있는 것으로 이해된다.

3 ___ 주요 FTA TBT 규범상 적합성평가절차

3.1 WTO TBT 협정과 FTA TBT 협정의 관계

WTO TBT 협정의 주요 규범들은 FTA 협상을 통해 계속 발전하고 있다.[14] 주지하듯 GATT 제24조는 WTO 회원국들 간 긴밀한 통합을 통해 무역자유화를 추진하는 것이 바람직하다는 점을 인정하면서 다른 회원국들에 대한 무역장벽을 구축하는 것이 아니라는 전제 하에 FTA 또는 관세동맹의 체결을 허용한다.[15] 따라서 FTA 협정은 WTO 협정의 틀 내에서 FTA 참여 국가들 간의 관세 및 비관세장벽을 제거하는 방향으로 양허를 추가하거나 관련 규범을 구체화함으로써 협력을 도모하기 위한 방향으로 추진된다.[16] FTA TBT 챕터는 기본적으

정, *supra* note 1, p.344.

14 김민정, *supra* note 11, p.86.

15 GATT 제24조 영토적 적용, 국경무역, 관세동맹 및 자유무역지역

　　4. 체약당사자들은 자발적인 협정을 통하여 동 협정 당사국 경제 간의 보다 긴밀한 통합을 발전시킴으로써 무역의 자유를 증진하는 것이 바람직하다는 것을 인정한다. 체약당사자는 관세동맹 또는 자유무역지역의 목적이 구성영토 간의 무역을 원활화하는 것이어야 하며 다른 체약당사자의 동 영토와의 무역에 대한 장벽을 세우는 것이어서는 아니 된다는 것을 또한 인정한다.

　　5. 따라서 이 협정의 규정은 체약당사자 영토 간에 관세동맹 또는 자유무역지역을 형성하거나 관세동맹 또는 자유무역지역의 형성을 위하여 필요한 잠정 협정을 채택하는 것을 방해하지 아니한다. 단, [...]

16 김민정, *supra* note 11, p.89.

로 WTO TBT 협정에서 보장되는 권리가 유지됨을 전제하면서[17] 그 적용범위가 WTO TBT 협정과 동일하게 기술규정, 표준 및 적합성평가절차 등을 포괄하는 것으로 규정한다.[18] 이에 WTO 플러스(+)라는 표현이 사용되기도 한다. SPS 조치에 대해서는 TBT 관련 내용이 적용되지 않는다는 점을 적시하여 기본적으로 WTO TBT 협정의 틀을 유지하고 있다는 사실은 주지할 점이다.

한편 FTA의 TBT규범에서도 적합성평가절차에 관한 사항은 주요 부분을 차지한다. 기본적으로 각각의 FTA들은 적합성평가절차가 불필요한 무역장벽으로 기능하는 것을 금지하고 가급적 각 회원국이 수행한 타국의 적합성평가결과를 수용하도록 권고하고 있다. 또한 수출국의 상품과 생산자가 수입국의 적합성평가절차를 이용할 때 접근 및 이용에 있어 차별받지 않도록 규정하고 있다. FTA라는 것이 상호간의 무역장벽을 제거하고 보다 원활한 무역 추진을 추구하는 가운데 체결되는 협정이라는 점에서 이처럼 내외국 생산자 간 차별금지 및 각국이 도출해낸 적합성평가결과의 수용을 규정하는 것은 FTA 체결의 논리적 귀결이라고 판단되기도 한다.

그럼에도 모든 FTA상의 적합성평가절차가 동일한 내용을 담고 있는 것은 아니다. 적합성평가 분야에서 상호 협력할 것을 합의하는 데 그친 경우도 있지만 WTO 협정상의 의무와 비교할 때 보다 강력하고 구체적인 의무와 절차를 도입해놓고 있는 경우도 존재한다. FTA 체결 상대국의 기술규제 상황이나 상호

---

17 예컨대 한-EU FTA 제4.1조 무역에 대한 기술장벽에 관한 협정의 확인
양 당사자는, 필요한 변경을 가하여 이 협정에 통합되어 이 협정의 일부가 되는, 세계무역기구 협정 부속서 1가에 포함된 무역에 대한 기술장벽에 관한 협정(이하 "무역에 대한 기술장벽에 관한 협정"이라 한다)상의 서로에 대한 당사자의 기존의 권리 및 의무를 확인한다.

18 예컨대 USMCA Article 11.2: Scope
1. This Chapter applies to the preparation, adoption and application of standards, technical regulations, and conformity assessment procedures, including any amendments, of central level of government bodies, which may affect trade in goods between the Parties.
2. Notwithstanding paragraph 1, this Chapter does not apply to:
   (a) technical specifications prepared by a governmental body for production or consumption requirements of a governmental body; or
   (b) sanitary or phytosanitary measures.

무역관계 등이 상이하여 TBT 조항의 내용과 의무수준이 상이하게 나타나는 상황인데 반해 적합성평가절차는 타국의 기술규정이나 표준의 관련 요건이 충족되었는지 여부를 결정하는 데 사용되는 중요한 절차라는 측면에서 그에 관한 FTA TBT규범은 각국이 체결한 FTA별로 상이하게 나타날 것임을 쉽게 예측할 수 있다. 이에 국가들은 FTA 체결 상대국의 기술적 발전 수준 및 현존하는 무역기술장벽의 수준 등을 고려하여 적합성평가결과에 관한 규정을 달리 채택하고 있다.

3.2 주요 FTA TBT 챕터의 적합성평가절차 관련 규범

대부분의 FTA 협정들은 TBT 조항을 두고 있다. 이에 기체결된 FTA들을 중심으로 적합성평가절차에 관한 내용을 구체적으로 살펴보고 최근 보다 진화된 형태의 FTA TBT 관련 조항과 비교 검토하도록 한다. 기체결된 FTA로는 〈그림 4-1〉에서 볼 수 있듯이 1995년부터 2018년까지 특정무역현안(Specific Trade Concerns: STC)[19]을 가장 많이 제기한 것으로 파악되는 유럽연합 및 미국과 우리나라가 체결한 FTA 즉, 한-EU 및 한-미 FTA의 TBT 챕터상 관련 조항을 비교 대상으로 한다. STC 제기가 많다는 것은 이들 국가가 자국 기업에 무역장벽이 되는 현안에 대하여 적극적으로 이의를 제기한다는 것이며, 이들 국가는 전 세계 수출비중이 커서 그만큼 무역 관련 현안이 다수 발생하는 것이라 해석할 수 있기 때문이다.[20] 이들 국가와 체결한 FTA TBT 챕터상의 관련 규범은 적합성평가절차에 관한 규제 양상의 기본적인 표본을 제공한다고 보아도 크게 틀리지 않을 것이다. 한편 보다 발전된 형태의 FTA로는 최근에 이슈가 되고 있는 CPTPP 및 USMCA의 관련 조항을 검토하는 것으로 한다.

19　WTO TBT 협정에 따라 각 회원국은 기술규정, 적합성평가절차 요건을 제정 또는 개정하는 경우 TBT위원회에 통보하여야 한다. 그리고 신규 또는 기 시행중인 표준, 기술규제, 적합성평가절차가 자국의 수출에 부정적인 영향을 미칠 경우 이를 특정무역현안(Specific Trade Concerns: STC)으로서 TBT위원회 정례회의에서 이의를 제기할 수 있도록 하고 있다.

20　국가기술표준원(2019), 『2018 무역기술장벽(TBT) 보고서』, p.39.

[그림 4-1] 1995~2018년 특정무역현안을 제기한 상위 10개국(중복불포함)

(단위: 건수)

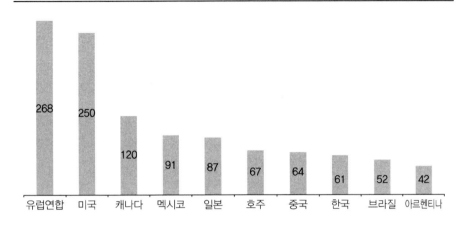

출처: 국가기술표준원 『2018 무역기술장벽(TBT) 보고서』(2019).

(1) 비차별의무

기본적으로 FTA의 TBT 챕터는 WTO TBT 협정상의 권리가 보전됨을 전제하는 바 WTO TBT 협정에서 인정되는 비차별의무가 적용된다. 따라서 적합판정절차가 자국 또는 타국의 동종 상품 생산자들 간 비차별적으로 접근될 수 있도록 준비, 채택, 적용되어야 하며(제5.1.1조), 타국 원산의 상품에 대한 적합판정절차가 국내산 동종 상품보다 불리하지 아니한 순서로 완료되어야 한다(제 5.2.1조)는 내국민대우 의무는 당연 적용의 대상이다. 특히 CPTPP와 USMCA는 "WTO TBT 협정 특정 조항의 편입"이라는 내용의 규정을 도입하여 비차별의무 규정이 FTA에도 동일하게 적용됨을 구체적으로 명시하고 있다.[21]

---

21 CPTPP Article 8.4 and USMCA Article 11.3: Incorporation of Certain Provisions of the TBT Agreement

1. The following provisions of the TBT Agreement are incorporated into and made part of this Agreement, *mutatis mutandis*:

(c) Articles 5.1, 5.2, 5.3, 5.4, 5.6, 5.7, 5.8, and 5.9.

CPTPP와 USMCA에 편입되는 것으로 명시된 WTO TBT 협정의 개별 조항이 정확히 일치하지는 아니한다. 다만 적합성평가절차에 관한 한 이처럼 동일한 내용을 편입 대상으로 명시하고 있다.

한－미 FTA는 TBT 챕터 제9.5조에서 "자국 영역의 적합성평가기관에게 부여하는 것보다 불리하지 아니한 조건으로 다른 쪽 당사국 영역의 적합성평가기관을 인정 또는 승인하거나 이러한 기관에게 면허를 부여하거나 이러한 기관을 달리 인정한다"라고 하여 타국 평가기관에 대한 내국민대우 의무를 규정하고 있다.[22] CPTPP와 USMCA도 유사한 규정을 도입하고 있으며, 타국 적합성평가기관의 인정이나 승인의 측면에서 WTO TBT 협정의 '장려(encourage)' 수준을 넘어 보다 강력한 의무를 설정한 것으로 이해된다.[23] 특히 USMCA는 특별히 '내국민대우'라는 소제목을 추가하여 관련 조항의 의무 내용을 구체적으로 명시하고 있다.[24]

(2) 당사국 간 적합성평가결과 수용 의무

FTA 협정은 타 체약국에서 수행된 적합성평가절차를 가능한 언제나 수용할 것을 규정하고 있다. 한－EU FTA는 제4.6조 제1항을 통해 "다른 쪽 당사자

---

[22] 한－미 FTA TBT 챕터는 타국의 적합성평가기관에 대한 인정, 승인 또는 면허 부여 시 자국이 공표한 기준에 기초하여 자격여부를 결정한다고 명시하고 있다(한－미 FTA 제9.5조 제4항). 따라서 자국 영역에 소재하는 적합성평가기관이 상대국으로부터 인정, 승인 또는 면허를 부여받기 위해서는 상대국의 요구조건에 부합하여야 한다.

[23] Ambassador Susan G. Esserman, et al., "USMCA Unlocked: Working Under the New NAFTA", Steptoe & Johnson LLP., March 2019, p.12.

[24] USMCA Article 11.6: Conformity Assessment
National Treatment
1. In addition to Article 6.4 of the TBT Agreement, each Party shall accord to conformity assessment bodies located in the territory of another Party treatment no less favorable than that it accords to conformity assessment bodies located in its own territory or in the territory of the other Party. Treatment under this paragraph includes procedures, criteria, fees, and other conditions relating to accrediting, approving, licensing, or otherwise recognizing conformity assessment bodies.
이처럼 USMCA는 각기 흩어져 있던 적합성평가절차 관련 내용들을 주제별로 묶어 소제목을 추가함으로써 적합성평가절차에 관한 내용적 측면에서뿐만 아니라 형식적 측면에서도 진화된 형태를 바탕으로 규범적 이해를 증진하고 있다. 예컨대 내국민대우(national treatment), 설명 및 정보(explanations and information), 하도계약(subcontracting), 인정(accreditation), 적합성평가의 선택(choice of confirmity assessment), 비용(fees), 예외(exceptions) 등으로 구분하여 관련 의무를 구체적으로 제시하고 있다.

의 영역에서 수행된 적합성평가절차 결과의 수용을 촉진하기 위한 광범위한 메커니즘이 존재함을 인정한다"고 규정하며 그러한 이행 메커니즘의 유형을 나열하고 있다. 이처럼 이행메커니즘을 나열하는 방식은 대부분의 FTA에서 확인되는데, 그 구체적인 내용은 WTO의 TBT위원회가 제시한 '적합성평가결과의 수용을 촉진하기 위한 접근방법'[25]과 사실상 동일하다. 한-EU FTA 제4.6조와 마찬가지로 한-미 FTA 제9.5조도 타 당사국 영역에서 수행된 적합성평가절차 결과의 수용 촉진을 위한 광범위한 이행 메커니즘의 존재를 인정한다는 내용과 함께 다음 표에 정리된 6가지 항목을 나열하고 있다. 다만 한-EU FTA상 "다음을 포함하여"라는 표현이나 한-미 FTA상 "다음은 그 예시이다"와 같은 표현을 통해 6가지 형태가 이행 메커니즘의 유형을 열거한 것은 아니며 다른 형태가 존재할 수 있음을 추정할 수 있다.

- FTA 체결 상호간 상대국 영토에 소재하는 기관이 수행한 적합성평가절차 결과를 수용하기로 당사국 간 합의
- 상대국 영토에 소재하는 적합성평가기관에 인가, 승인, 인정 등의 자격을 부여하는 절차를 채택
- 상대국 영토에 소재하는 적합성평가기관 지정
- 상대국 영토에서 수행된 적합성평가결과 인정
- FTA 체결당사국 영토 소재의 각 적합성평가기관들 간 상호 적합성평가결과를 인정하는 내용의 자발적 약정 체결
- FTA 체결당사국 상호간 적합성 선언을 신뢰

CPTPP와 USMCA에도 이행 메커니즘의 존재에 관한 동일한 내용의 규정이 존재한다. 그러나 적합성평가절차에 관한 구체적인 내용을 담고 있는 CPTPP 제8.6조 또는 USMCA 제11.6조가 아니라 "협력 및 무역촉진(cooperation and trade

---

25 INDICATIVE LIST OF APPROACHES TO FACILITATE ACCEPTANCE OF THE RESULTS OF CONFORMITY ASSESSMENT, *supra* note 12.

facilitation)"이라는 제목의 규정을 별도로 도입하여 이행 메커니즘의 존재에 관한 설명을 추가하고 있다.26 이로써 한－EU FTA와 한－미 FTA에서 규정하고 있는 적합성평가절차 관련 내용은 사실상 CPTPP나 USMCA의 "협력 및 무역촉진"에 관한 규정의 수준에 머물고 있음을 확인할 수 있다. 다시 말해 한－EU FTA나 한－미 FTA는 타 당사국의 적합성평가결과 수용과 관련하여 WTO의 TBT 무역위원회에서 제시하고 있는 적합성평가결과의 수용 촉진 방안을 나열하고 있음에 불과한 것이다.

그러나 한－미 FTA상의 적합성평가결과 수용 의무는 한－EU FTA보다 구체적이고 강화되어 있다. 이와 관련하여 주목할 사항은 한－EU FTA에는 보이지 않는 거부사유 제시요건이 한－미 FTA에는 추가되어 있다는 점이다. 한－미 FTA 제9.5조는 제2항은 "다른 쪽 당사국의 영역에서 수행된 적합성평가절차의 결과를 수용하지 아니하는 경우 그 결정의 이유를 설명한다"고 규정하고 있다. 물론 모든 경우에 거부의 사유를 설명해야 하는 것은 아니고 당사국의 요청이 있는 경우에 그러하다는 단서가 붙어 있기는 하다. 그럼에도 각 당사국에게 상대국의 적합성평가결과를 수용하도록 강제하는 효과는 한－EU FTA보다 강화되었음을 추정할 수 있다. 합리적인 이유 없이 상대국의 적합성평가결과에 대한 수용을 거부하기는 어려울 것이며, 특별한 이유가 없다면 상대국의 적합성평가결과를 수용하거나 상대국의 평가기관을 인정 또는 승인하게 될 것이기 때문이다.

거부사유 제시의무를 부과하는 조항은 CPTPP와 USMCA에서도 동일하게 확인된다.27 이로써 FTA 체결당사국들 간 적합성평가절차 결과를 수용하도록 하기 위한 FTA 협정의 관련 내용이 점차 구체적이고 정교해지고 있음을 확인할 수 있다. 다시 말해 FTA의 체결 사례가 증가함에 따라 관련 규범 또한 진화하는바 기체결 FTA의 체약 당사국들은 지속적 협의를 통해 부족한 부분을 보

---

26 CPTAA Article 8.9 and USMCA 11.9 Cooperation and Trade Facilitation
　　1. Further to Articles 5, 6 and 9 of the TBT Agreement, the Parties acknowledge that a broad range of mechanisms exist to facilitate the acceptance of conformity assessment results. In this regard, a Party may: [...]
27 CPTPP Article 8.6, para.13 and USMCA Article 11.6, para.4(c).

충하고 관련 규범을 발전시켜 나갈 필요가 있겠다.

(3) 타국의 적합성평가기관 승인 의무

다수의 FTA 협정은 다른 당사국의 적합성평가기관을 승인 또는 지정하여 자국 영역에 있는 적합성평가기관과 동일한 역할을 수행할 수 있도록 규정한다. 한-EU FTA에서는 전술한 이행메커니즘의 6가지 방안 중 하나로서 타 당사국 영역에 소재하는 적합성평가기관에 자격을 부여하거나 타 당사국 영역상의 적합성평가기관의 정부를 지정하는 방법을 제시하고 있을 뿐이지만 한-미 FTA 제9.5조 제3항은 각 체약 당사국이 자국 소재 적합성평가기관과 타 당사국 소재 적합성평가기관의 인정, 승인, 면허부여 등과 관련한 내국민대우 의무를 규정하고 있다. 특히 "다른 쪽 당사국 영역의 기관을 인정 또는 승인, 면허 부여를 거부하는 경우 그 결정의 이유를 설명한다"고 하여 관련 의무를 더욱 강화해놓고 있음을 확인할 수 있다.[28]

CPTPP는 타 회원국의 적합성평가기관을 인정 또는 승인하는 기관이 반드시 자국 영역 내에 소재하는 기관이어야만 하는 소위 '국내거소요건' 금지 조항을 도입하였으며,[29] USMCA도 유사한 규정을 도입하였다.[30] 그리하여 타 회원국의 적합성평가기관이 자국 소재 인정기관에 의해 인정, 승인 또는 면허를 부여받지 않더라도 가령 국제시험소인정기구협의체(ILAC)나 국제인정기구포럼(IAF)에서 추진하는 다자간 상호인정협정에 체결되어 있는 인정기관이라면 소재지와 관계없이 평가기관으로 인정, 승인 또는 면허 부여가 허용되어야 하는 것이다.[31] 이는 우리나라가 기체결한 FTA 이행을 통해서나 국제 제도적으로 시행된 바가 없는 새로운 규범이다.[32] 한편 USMCA는 "설명 및 정보"라는 항목을 도입하여

---

28 다만 한-미 FTA 제9.4조는 적합성평가기관의 인정 또는 승인, 면허부여와 관련하여 그 자격 여부에 대한 결정 기준을 자국이 공표한 기준으로 하도록 규정하고 있다.

29 CPTPP 제8.6조 제9항(c).

30 USMCA 제11.6조 제6항(c).

31 유새별(2016), 『Mega FTA 대응전략 연구: TBT 협정을 중심으로』, 대외경제정책연구원, pp.70-71.

32 *Ibid.*

다양한 항목에서 요구되는 승인 또는 인정 거부 시 그에 대한 사유를 설명하도
록 하고 있다.33

　　전술한 FTA TBT 챕터상의 적합성평가절차 관련 규범의 내용은 FTA 체약
당사국들 간 타국 소재 적합성평가기관을 인정하거나 타국 내에서 시행된 적합성
평가절차 또는 그 결과의 동등성을 인정하여 무역장벽을 해소하기 위한 노력의
산물이라고 할 것이다. 이러한 노력은 각국의 MRA 체결을 통해 더욱 구체화되고
있음을 확인할 수 있다.34 구체적인 내용을 장을 달리하여 살펴보도록 한다.

33　USMCA Article 11.6: Conformity Assessment
　　Explanations and Information
　　　3. If a Party undertakes conformity assessment procedures in relation to specific
　　　　products by specified government bodies located in its own territory or in
　　　　another Party's territory, the Party shall, on the request of another Party or if
　　　　practicable, an applicant of another Party, explain:
　　　　(a) how the information it requires is necessary to assess conformity;
　　　　(b) the sequence in which a conformity assessment procedure is undertaken and
　　　　　completed;
　　　　(c) how the Party ensures that confidential business information is protected; and
　　　　(d) the procedure to review complaints concerning the operation of the
　　　　　conformity assessment procedure and to take corrective action when a
　　　　　complaint is justified.
　　　4. Each Party shall explain, on the request of another Party, the reasons for its
　　　　decision, whenever it declines to:
　　　　(a) accredit, approve, license, or otherwise recognize a conformity assessment
　　　　　body;
　　　　(b) recognize the results from a conformity assessment body that is a signatory
　　　　　to a mutual recognition arrangement;
　　　　(c) accept the results of a conformity assessment procedure conducted in the
　　　　　territory of another Party; or
　　　　(d) continue negotiations for a mutual recognition agreement.
34　MRA 외에 공급자적합선언(Suppliers' Declaration of Conformity: SDoC)도 적합성평가
　　절차에 의한 무역기술장벽을 완화하기 위한 중요한 방법이다. SDoC는 제품생산과 관련
　　하여 공급자 스스로 자신의 제품이 해당 기준에 부합하는지 여부를 평가하여 보증하는
　　방식으로 시장에 진입하려는 제품의 의무적 기술규정 준수에 대한 책임을 규제당국이
　　아닌 제조자 또는 공급자가 부담하도록 하는 방식이다(See INDICATIVE LIST OF
　　APPROACHES TO FACILITATE ACCEPTANCE OF THE RESULTS OF CONFORMITY
　　ASSESSMENT, *supra* note 12). 우리나라도 "한-EU FTA 부속서 2-나 전자 제품 제3
　　조 적합성평가절차" 항목에서 SDoC를 수용한 바 있다.

4 ___ MRA의 유형 및 주요 내용

MRA는 국가 간 협의한 대상 제품에 대하여 상대국 적합성평가기관의 시험성적서 또는 인증서를 상호인정하는 협정이다. 흔히 국가로부터 적합성평가기관으로서의 능력을 인정(accreditation)받은 적합성평가기관은 시험, 검사, 교정, 시스템인증 등의 방식으로 제품이나 성능, 서비스, 품질, 시스템 등이 법규정의 표준 등에 부합하는지 여부를 인증한다. 그런데 국가마다 상이한 인증절차 및 인증마크를 사용하고 있어 수출자 입장에서는 중복시험이나 인증 요건으로 인해 시간이나 비용적으로 부담을 느낄 수밖에 없다. 따라서 MRA 체결을 통해 수출국과 수입국에서의 중복 시험이나 인증을 방지함으로써 제품의 시장 진입 시간을 단축하고 생산비용을 감소할 수 있다. 가령 MRA가 부재한 경우 수출국은 제조 상품의 샘플을 수입국에 송부하여 수입국 내에서 시험, 인증, 판매의 단계를 거치도록 해야 하나 MRA가 체결된 이후에는 그러한 절차가 보다 간소해진다. 따라서 적합성평가결과의 상호인정은 국가들 간 국제무역을 원활하게 해주는 수단이 되는 것이다.

MRA는 국가 간 기술규격을 일치시키는 것이 아니라 각국에 존재하는 규격의 상이함을 인정하면서 그것이 무역에 미치는 효과를 최소화하여 무역원활화를 촉진하고자 체결하는 협정이다.[35] WTO TBT 협정 제6.3조는 회원국 간 MRA 체결을 장려하고 있으며, 각국이 체결한 FTA TBT 챕터에서도 MRA를 장려하는 내용이 확인된다.

MRA의 유형은 체결 주체별, 적용 범위별 기준에 따라 다양한 형태로 나타나지만[36] MRA의 이행 단계는 APEC의 Tel MRA 가이드에 제시된 바와 같이 수출국 시험기관의 역할이 인정되는 수준에 따라 2단계로 구분할 수 있다.[37] 구체

---

35 전병호, 강병구(2015), "한중 FTA 체결에 따른 정부의 MRA 활용방안에 관한 연구: TBT 및 적합성평가를 중심으로", 통상정보연구 제17권 제3호, p.186.

36 *Ibid.*, pp.187-190; 김연숙, 은웅(2013), "한국과 FTA를 체결한 국가와의 상호인정협정 활성화 방안에 관한 연구", 무역연구 제9권 제1호, pp.224-227.

37 APEC, *A Guide for Conformity Assessment Bodies to the APEC Mutual Recognition Arrangement*, APEC Telecommunications and Information Working Group, 3rd Edition, 2015, p.5. APEC Tel MRA는 통신 관련 장비에 대한 적합성평가절차 간소화를

적으로 1단계는 제조를 마친 상품에 대해 수출국의 시험기관이 수입국의 기준에 따른 시험을 거쳐 '시험성적서'를 수입국에 송부하고, 수입국은 송부된 '시험성적서를 인정'하는 단계이다. 2단계는 제조, 시험 및 인증까지 수출국 내에서 진행하고 수출국이 '인증서'를 수입국에 송부하면 수입국은 그러한 '인증결과를 인정'하여 판매하기만 하면 되는 단계이다.38

———

통해 당사국 사이의 무역을 원활하게 하고자 1998년 6월 APEC 회원국의 정보통신장관들 간 합의하여 1999년 7월 발효한 MRA 분야 최초의 다자간 협정이다. 다만 APEC Tel MRA는 전문에서 볼 수 있는 것처럼 법적 구속력을 가지는 조약이 아니며 이행에 대한 강제성이 없는 정부 간 비강제 상호인정협정으로 각국은 필요한 경우 양해각서 교환 등의 합의를 통해 APEC Tel MRA의 이행을 강제하거나 FTA 협정 체결 시 활용하기도 한다. 가령 한-미 FTA 제9.5조는 제5항에 "각 당사국은 아시아 태평양 경제협력체의 통신장비 적합성평가를 위한 상호인정협정(1998)의 제2단계를 다른 쪽 당사국에 대하여 가능한 한 조속히 이행하기 위한 조치를 취한다."는 내용을 삽입하였다. APEC Tel MRA에 관한 보다 구체적인 설명은 이용규, 백종현, *supra* note 2, pp.799-803 참조.

38 최광호, 안형배, 김봉민(2018), "국가간 상호인정협정(MRA) 확대에 관한 연구", 국립전파연구원, p.3. 한편 "당초 체약국이 지정한 외국의 적합성평가기관의 시험성적서나 인증서를 상호인정하는 것이 MRA의 전통적인 개념이었다면, 오늘날에는 인정 대상범위를 당사국의 기술기준으로까지 확대하여 무역기술장벽을 최대한으로 해소하기 위한 수단이 되고 있다"라고 하여 보다 진화된 MRA의 형태가 수출국 시험기관 및 인증기관이 수입국의 기술기준이 아닌 수출국 자신의 기술기준에 따라 발행한 시험성적서 및 인증서를 수입국에서 인정하는 형태라고 설명하는 견해도 존재한다(김영호, *supra* note 2, p.28). 즉, MRA의 이행단계가 총 3단계로 이루어진다는 설명이다. 그러나 이러한 설명은 상대 국가의 기술규정과 자국의 기술규정 간 동등성 인정에 관한 내용을 적합성평가절차와 혼동하였거나 혹은 양자를 결부시킨 설명이라고 생각된다. FTA에서 확인되는 주요 TBT 규범으로서 체약국 간 기술규정의 "양립성 또는 동등성 인정 의무"가 존재하며, 기술규정의 동등성 의무가 이행되는 경우라면 수출국의 기술기준에 따라 시험성적서와 인증서를 발행하는 것이 가능해질 것이다. 그러나 MRA가 체결되지 않았다면 수입국 내에서 또다시 시험 또는 인증을 거쳐야 할 것인바 기술규정의 동등성 인정과 적합성평가절차는 엄밀히 말해 구분되는 개념이다. 따라서 MRA의 이행단계만 놓고 본다면 2단계로 구분하는 것이 타당하다고 생각된다.

[표 4-1] MRA 이행절차

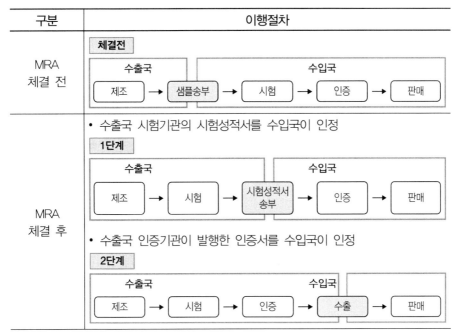

출처: 국립전파연구원(2018)

　　현재 상호인정 및 기술규제 협력이 가장 활발하게 이루어지고 있는 분야는 전기·전자·통신기기 분야이다.39 적합성평가제도가 특히 정보통신 분야에서 중시되는 이유는 기술혁신의 빠른 진전으로 인해 제품수명주기가 상대적으로 짧고 통신망과 주파수대역에의 혼간섭 가능성에 대한 대응 필요성이 요구되기 때문이다.40 따라서 정보통신기기의 글로벌 교역이 활성화되기 시작한 1980년대 후반부터 표준화기구들을 기반으로 표준화 활동이 활발하게 이루어졌으며, 주요 국가들은 적합성평가제도의 합리화와 효율화를 위한 방안을 모색해왔다.41

---

39 우리나라가 체결한 FTA TBT제도에서 가장 큰 특징은 분야별 접근에 따른 합의를 이루었다는 것이며, 특정 상품 또는 산업을 정하여 분야별로 각기 최대한의 무역기술장벽을 제거하였다는 점에서 새로운 협상모델을 제시하였다고 평가된다(김민정, *supra* note 11, p.92). 주요 협상 분야로는 전기·전자·통신 분야, 자동차 분야, 의약품·의료기기 분야, 화학물질 분야 등이 있다.

40 남상열, *supra* note 13, p.343.

41 *Ibid.*

한-EU FTA는 전기·전자 제품 품목과 관련해서는 상품무역 챕터에 부속서를
첨부하여 국제표준화기구(ISO), 국제전기기술위원회(IEC), 국제전기통신연합(ITU)
등을 국제표준제정기관으로 인정하고 이들이 제정한 관련 국제표준을 적합성평
가절차 등의 기초로 사용하기로 하였으며, 적합성평가절차가 무역에 대한 불필
요한 장애가 되어서는 아니 된다는 원칙을 재확인함과 동시에 일련의 공급자
적합성선언방식을 기초로 제품의 시장진입을 허용하기로 하였다.42 현재 우리
나라가 체결해 놓은 방송통신 분야 MRA 현황은 〈표 4-2〉와 같다.

[표 4-2] MRA 체결국가 현황

〈18.12월말 현재〉

구분	MRA 1단계				MRA 2단계
	미국	베트남	EU	칠레	캐나다
MRA 체결일자	'05.5월	'06.1월	'11.7월	'08.6월	'01.9월(1단계) '17.12월(2단계)
MRA 체결 분야	EMC, 유선, 무선, SAR	EMC, 유선, 무선	EMC	유선	EMC, 유선, 무선, SAR
MRA 시험기관(개)	국내(35)	국내(29)	국내(42)	국내(0)	국내(3)
	미국(82)	베트남(0)	EU(296)	칠레(0)	캐나다(11)

출처: 국립전파연구원(2018)

〈표 4-2〉에서 볼 수 있는 것처럼 전기·전자·통신기기 분야와 관련하여
현재 우리나라가 체결해 놓은 MRA의 유형은 주로 MRA 1단계에 해당하며
MRA 2단계 체결 사례는 캐나다와의 관계에서 뿐이다. 한-캐나다 FTA는 표준
관련조치에 관한 제6장에 "특정 분야 이니셔티브에 관한 협력"이라는 제목의
제6.5조를 도입하였고, APEC 통신장비 적합성평가를 위한 상호인정협정(1998)
2단계를 조속히 이행하기 위한 조치를 취하기로 합의해놓고 있었다. 그리하여
2001년 MRA 1단계를 체결한 이후 약 20년 만인 2017년 12월 15일에 방송통신
분야 최초로 MRA 2단계를 체결하였다. 이후 1년 6개월의 신뢰구축 기간 동안

---

42 한-EU FTA 부속서 2-나 전자 제품 제3조 적합성평가절차.

관련 국내법인 전파법 제58조와 전파법 시행령 제123조 등의 개정, 인력 및 소
요예산을 확보함으로써 2019년 6월 15일부터 MRA 2단계를 본격적으로 시행하
게 되었다.43 이로써 인증비용 절감 및 인증기간 단축 등의 효과가 나타나면서
수출기업의 부담을 완화하는 데 기여한 것으로 평가된다.44

한－미 FTA 제9.5조에도 APEC 통신장비 적합성평가를 위한 상호인정협정
(1998) 제2단계의 조속한 이행을 위한 조치를 취한다는 내용이 도입되어 있으며
현재 2단계 체결을 검토 중에 있다. 그리고 중국, 인도, 인도네시아 등 MRA 미
체결 국가와의 MRA 체결을 위한 노력 중에 있다. MRA 체결 효과가 상대국의
인증비용이나 인증처리기간 등 무역기술장벽의 수준이 높을수록 높게 나타날
것으로 분석된다는 점에서45 TBT가 높은 나라로 분류되는 중국이나 인도 등과
의 MRA 체결은 무역증진에 크게 기여할 것으로 전망된다.46

---

43 한－캐나다 MRA 2단계 체결 경과 및 효과 등과 관련하여 장병용, 안형배(2017), "한－
캐나다 상호인정협정(MRA 2단계) 체결 확대방안 연구", 국립전파연구원 참조.

44 *Ibid.* 그러나 MRA 체결을 통해 당사국 기업이 상대국 시장에서 경쟁력을 얻기도 하지
만 동시에 체결 상대방 국가의 기업에게도 자국 시장에 대한 진입의 문을 열어주는 것
이어서 자국 기업이 국내 시장에서의 경쟁력을 일정 부분 상실할 수 있으며, 자국 제조
업체에게는 긍·부정 요소가 동시에 존재하는바 경제적 효과를 정확히 측정하기가 용이
하지 않다는 견해도 존재한다(이용규, 2014). "정보통신부문에서의 국가 간 상호인정협
정(MRA)의 경제적 효과에 대한 실증적 분석: 한－미 간 협정사례를 중심으로", 국가정
책연구 제28권 제3호). 전병호, 강병구도 MRA의 효과분석을 위해서는 다양한 요인이
고려되어야 하며 거시경제적 관점에서 계량화를 통해 도출 가능한 부분은 상당히 제한
적이라는 측면 등을 지적하며 MRA가 산업에 미치는 영향에 관한 연구가 부족하다고
설명한다(전병호, 강병구, *supra* note 28, pp.183－185).

45 국립전파연구원(2018), *supra* note 28, p.7.

46 중국 정부는 자국 기업과 산업을 보호하기 위해 비관세장벽을 두텁게 하는 것으로 유명
하며, 대표적인 TBT 중 하나로는 중국강제인증제도(China Compulsory Certification:
CCC)가 있다. 제품이 국제적 인증을 받았더라도 중국 수출을 위해서는 별도의 CCC를
받아야 하는데 6개월~1년의 기간이 소요되는 것으로 알려져 있다. 중국의 TBT 관련 정
책 및 한중 간 무역기술장벽 현황 해소방안 등과 관련하여 전병호, 강병구, *Ibid.*; 김연
숙(2015), "한·중 FTA의 상호인정협정 활성화방안에 관한 연구", 관세학회지 제16권 제
4호, pp.139－143 참조. 한중 간 정보통신 분야 관련 MRA 추진현황과 관련해서는 안형
배(2016), "국가 간 상호인정협정(MRA) 확대에 관한 연구", 국립전파연구원, pp.15－17
참조.

5 ___ 시사점 및 결론

국가들은 국가 간 존재하는 기술규정의 차이가 자유무역에 대한 장애가 되는 것을 방지하고자 WTO체제 내에서 TBT 협정을 도입하였고 지향점이 비슷한 국가들과 FTA를 체결하는 과정에 TBT 협정을 도입하여 무역기술장벽을 완화하기 위한 보다 구체적인 방법들을 도입해 나가고 있다. 그리고 적합성평가절차의 무역기술 장벽화 방지의 차원에서 MRA를 체결하여 자유무역의 증진을 위해 노력하고 있다.

그러나 MRA 체결 여부뿐 아니라 MRA 체결의 양상 즉, 단계적으로 어디까지를 상호인정할 것인지에 따라 국가 간 자유무역의 정도에 있어 또 다른 격차가 발생할 수 있음을 쉽게 예상할 수 있다. 상호 MRA가 체결되지 않은 국가에 비한다면 MRA 체결국 간에는 보다 원활한 무역이 가능해지겠지만, MRA 체결 단계가 낮은 국가는 그보다 높은 단계의 MRA를 체결한 국가에 비해 상대적으로 높은 기술장벽에 직면하게 될 것이기 때문이다. 이 같은 차이가 자칫 선진국과 개도국 간, 혹은 기술격차가 존재하는 국가들 간의 격차를 더욱 심화하는 또 다른 장벽으로 기능하는 것은 아닌지 우려가 되는 지점이다. 〈표 4-3〉에서 볼 수 있는 것처럼 주요 국가에서 33건의 MRA를 체결하였으며, 특히 주요 선진국에서는 MRA 2단계 협정을 전략적으로 활용하고 있다. 반면 아직 선진국이라 분류하기는 어려운 우리나라의 경우 겨우 캐나다와의 관계에서 MRA 2단계 협정을 체결해놓고 있을 뿐이다. 이는 주요 선진국들에 비해 우리나라는 인증비용이나 인증기간 등의 측면에서 보다 두터운 장벽을 마주하고 있음을 의미하며 수출증진을 위해 보다 많은 에너지를 쏟아야 함을 의미한다.

그렇다면 이 같은 격차를 좁히기 위하여 우리는 어떠한 점에 주력해야 하는가? 이와 관련하여 주지할 점은 상호인정협정(MRA)의 성격이다. MRA는 자국 국민의 안전이나 환경보호와 같은 공익적 기능을 타국에 맡기는 것과 마찬가지인바 규제를 불합리하게 하거나 적합성평가기관에 대한 평가 및 지정, 관리업무를 부실하게 하는 국가와는 MRA 체결을 꺼릴 수밖에 없는 것이 현실이다.[47] 우리나라만 해도 MRA를 추진함에 있어 체결 상대국의 기술수준이나 기술기준, 적합

---

47 김연숙, *Ibid.*, p.148.

[표 4-3] 주요 국가별 MRA 체결현황 〈18.12월말 현재〉

구분	미국	EU	일본	캐나다	싱가포르	대만	홍콩	베트남	칠레	한국	뉴질랜드	호주	중국	말레이시아
미국	／	◎(98.5)	◎(07.2)	◎(01.3)	◎(03.10)	○(99.3)	○(05.4)	○(09.3)	○	○(05.5)		○(02.6)		○(16.6)
EU	◎(98.5)	／	◎(01.04)	◎(98.10)						○(11.7)	◎(98.7)		◎(99.1)	
일본	◎(07.2)	◎(01.4)	／		◎(02.1)									
캐나다	◎(01.3)	◎(98.10)		／	◎(99.8)	◎(07.4)	◎(02.3)	○(12.2)		○(01.9)		○(99.8)		
싱가포르	◎(03.10)		◎(02.1)	◎(99.8)	／	○(99.8)	○(99.8)	○(14.6)				○(99.8)		
대만	○(99.3)			◎(07.4)	○(99.8)	／	○(99.8)					○(99.8)		
홍콩	○(05.4)			◎(02.3)	○(99.8)	○(99.8)	／					○(99.8)		
베트남	○(09.3)			○(12.2)	○(14.6)			／		○(06.1)				
칠레									／	○(08.6)				
한국	○(05.5)	○(11.7)	◎(19.6)					○(06.1)	○(08.6)	／				
뉴질랜드		◎(98.7)									／	○(98.5)	○(08.4)	
호주	○(02.6)	◎(99.1)		○(99.8)	○(99.8)	○(99.8)	○(99.8)				○(98.5)	／		
중국											○(08.4)		／	
말레이시아	○(16.6)													／

※ MRA 1단계(○), MRA 2단계(◎)
출처: 국립전파연구원(2018)

성평가제도가 잘 정비된 국가와 기술수준 및 관련 제도가 미비한 국가를 구분하여 이원화된 상호협력 전략을 추진하고 있는 상황이다.48 그렇다면 우리나라의

---

48 국립전파연구원(2018), *supra* note 28, pp.7; 이용규, 백종현은 타국과의 MRA 추진시

기술수준을 높이고 관련 기준이나 적합성평가제도에 대한 제도적 정비작업을
완수하는 것만이 궁극적으로 주요 국가들과 동등한 수준에서 무역기술장벽 완
화 목적의 협상을 진행하기 위한 전제조건이라고 할 것이다.49

　무역기술장벽이 문제되는 분야는 앞서 살펴본 전기·전자·통신기기 분야
에 국한되는 것이 아니다. MRA의 적용 대상은 교역량이나 기술규제의 수준 등
다양한 요인을 고려하여 품목별로 결정된다. 가령 의약품이나 의료기기 등 의
약산업에서의 적합성평가절차도 MRA의 대상이며, 의약산업 분야에서의 MRA
체결은 부가가치 창출 효과가 크다는 점에서 국가 전략적 차원에서 적극적이고
장기적인 대처를 요하는 것으로 여겨진다.50 이미 유럽은 미국, 호주, 캐나다,
뉴질랜드 등과 의료기기 관련 MRA를 체결하였으며, 우리나라도 의료기기 관련
MRA 체결을 위해 노력을 기울여 오고 있는 상황이다.51 2016년 국가기술표준
원은 임상검사 결과의 상호인정협정에 가입하고자 관련 국제기구인 아시아태평
양시험기관인정협력체(APLAC)로부터 MRA평가를 받았고, 2016년 12월 1일 의료
분야 국제상호인정협정(APLAC-MRA)에 서명함으로써 임상검사 결과의 신뢰성 확
보 및 해외환자 유치 등 한국 의료서비스 세계화의 기틀을 확립하였다. 또한 신
약 개발 및 의료기기 수출과 관련하여 국내 공인의료기관을 활용하게 됨에 따
라 검사비용 절감이 가능하게 되었다.

　의료기기와 같이 인체에 직접 작용하여 안전성과 신뢰성이 무엇보다 중요
한 기술 분야에 있어서는 특히나 국내적 기술 및 제도상의 선진화가 선행되어
야 MRA의 추진을 통한 무역기술장벽 제거가 가능해질 것이나 이러한 요구가
비단 특정 기술 분야에만 관련되는 사항은 아니다. 무역기술장벽의 철폐가 요
구되는 제 분야에서 국제적인 표준화 기관들과의 협력을 추진하고 그에 준하는

　협상국가들 간 산업구조의 유사성 여부, 제품의 기술수준, 양국의 교역구조 등에 따른
경제적 파급 효과가 주요 검토 요소가 되며 우리나라도 그러한 검토를 통해 기술규제수
준과 범위의 동등성 여부를 결정하고 있다고 설명한다(이용규, 백종현, *supra* note 2,
pp.816−817).

49 同旨, 김연숙, 은웅, *supra* note 31, p.223.

50 신성균(2000), "국가간 MRA 협상 대응체계 연구: 의약품/의료기기 MRA 협상 대응체계
연구", 한국보건산업진흥원.

51 박순곤(2009), "의료기기 GMP 심사의 국가간 조화 연구", 식품의약품안전평가원.

국내기준을 도입하여 동등성 확보가 가능할 수 있는 환경을 만드는 것이 중요하다.

이제 무역기술장벽의 제거가 필수적이라는 원칙에 대해서는 국제사회의 합의가 이루어져 있다. 그러나 보다 실질적인 측면에서 무역기술장벽 제거를 담보하기 위하여 국내 수준에서의 기술적, 제도적 정비가 필수적이다. 그리하여 실질적 기술격차가 완화되는 시점에 전세계적 무역기술장벽의 제거가 가능해질 것이며, 그러한 지향점의 중간과정에 각국과 체결해놓은 혹은 체결하려고 하는 FTA를 디딤돌로 삼아 규범적 기틀을 다져나갈 필요가 있겠다.

[표 4-4] 주요 FTA TBT 챕터의 "적합성평가절차" 관련 조항 발췌 비교

한-EU FTA	한-미 FTA	CPTPP	USMCA
제4.6조 적합성평가 및 인정	제9.5조 적합성평가절차	Article 8.6: Conformity Assessment	Article 11.6: Conformity Assessment
1. 양 당사자는 다음을 포함하여 다른 쪽 당사자의 영역에서 수행된 적합성평가절차 결과의 수용을 촉진하기 위한 광범위한 메커니즘이 존재함을 인정한다. 가. 특정 기술규정에 대해서 다른 쪽 당사자의 영역에 소재하는 기관이 수행한 적합성평가절차의 결과를 상호 수용하기로 한 합의 나. 다른 쪽 당사자의 영역에 소재하는 적합성평가기관에 자격을 부여하는 인정 절차 다. 다른 쪽 당사자의 영역에 소재하는 적합성평가기관의 정부지정	1. 양 당사국은 다른 쪽 당사국의 영역에서 수행된 적합성평가절차 결과의 수용을 촉진하기 위한 광범위한 메커니즘이 존재함을 인정한다. 다음은 그 예시이다. 가. 당사국은 특정 기술규정에 대하여 다른 쪽 당사국의 영역에 소재하는 기관이 수행한 적합성평가절차의 결과를 수용하기로 다른 쪽 당사국과 합의할 수 있다. 나. 당사국은 다른 쪽 당사국의 영역에 소재하는 적합성평가기관에 자격을 부여하는 인정 절차를 채택할 수 있다.	1. Further to Article 6.4 of the TBT Agreement, each Party shall accord to conformity assessment bodies located in the territory of another Party treatment no less favourable than that it accords to conformity assessment bodies located in its own territory or in the territory of any other Party. In order to ensure that it accords such treatment, each Party shall apply the same or equivalent procedures, criteria and other conditions to accredit, approve, license or otherwise recognise conformity assessment bodies located in the territory of another Party that it may apply to conformity assessment bodies in its own territory.	*National Treatment* 1. In addition to Article 6.4 of the TBT Agreement, each Party shall accord to conformity assessment bodies located in the territory of another Party treatment no less favorable than that it accords to conformity assessment bodies located in its own territory or in the territory of the other Party. Treatment under this paragraph includes procedures, criteria, fees, and other conditions relating to accrediting, approving, licensing, or otherwise recognizing conformity assessment bodies. 2. In addition to Article 6.4 of the TBT Agreement, if a Party

한-EU FTA	한-미 FTA	CPTPP	USMCA
라. 다른 쪽 당사자의 영역에서 수행된 적합성평가절차의 결과에 대한 어느 한쪽 당사자의 인정 마. 각 당사자의 영역에 있는 적합성평가기관 간의 자발적 약정, 그리고 바. 공급자의 적합성 선언에 대한 수입 당사자의 수용 2. 특히 그러한 고려에 대해서, 양 당사자는 다음을 약속한다. 가. 적합성평가결과의 수용을 촉진할 목적으로 이들 및 유사한 메커니즘에 관하여 당사자의 정보 교환을 강화한다. 나. 적합성 평가절차, 그리고 특히 특정 제품에 대해서 적절한 적합성평가절차를 선택하는 데 이용되는 기준에 관한 정보를 교환한다. 다. 인정정책에 관한 정보를 교환하고, 인정에 관한 국제표준과 예를 들어 국제시험소인정협력체 및 국제인정포럼의 메커니즘을 통하여, 양 당사자의 인정기관이 관여된 국제 협정을 최대한 잘 이용하는 방법을 고려	다. 당사국은 다른 쪽 당사국의 영역에 소재하는 적합성평가기관을 지정할 수 있다. 라. 당사국은 다른 쪽 당사국의 영역에서 수행된 적합성평가절차의 결과를 인정할 수 있다. 마. 각 당사국의 영역에 소재하는 적합성평가기관은 상대방의 평가절차의 결과를 수용하는 자발적 약정을 체결할 수 있다. 그리고 바. 수입 당사국은 공급자의 적합성 선언을 신뢰할 수 있다. 양 당사국은 적합성평가결과의 수용을 촉진하기 위하여 이들 및 이와 유사한 메커니즘에 대한 정보 교환을 강화한다. 2. 당사국이 다른 쪽 당사국의 영역에서 수행된 적합성평가절차의 결과를 수용하지 아니하는 경우, 그 당사국은 다른 쪽 당사국의 요청에 따라, 그 결정의 이유를 설명한다. 3. 각 당사국은 자국 영역의 적합성평가기관에게 부여하는 것보다 불리하지 아니한	2. Further to Article 6.4 of the TBT Agreement, if a Party maintains procedures, criteria or other conditions as set out in paragraph 1 and requires test results, certifications or inspections as positive assurance that a product conforms to a technical regulation or standard, the Party: (a) shall not require the conformity assessment body that tests or certifies the product, or the conformity assessment body conducting an inspection, to be located within its territory; (b) shall not impose requirements on conformity assessment bodies located outside its territory that would effectively require those conformity assessment bodies to operate an office in that Party's territory; and (c) shall permit conformity assessment bodies in other Parties' territories to apply to the Party for a determination that they comply with any procedures, criteria and other conditions the Party requires to deem them competent or to otherwise approve them to test or certify the product or conduct an inspection. 3. Paragraphs 1 and 2 shall not preclude a Party from	maintains procedures, criteria or other conditions as set out in paragraph 1 and requires conformity assessment results, including test results, certifications, technical reports or inspections as positive assurance that a product conforms to a technical regulation or standard, it shall: (a) not require the conformity assessment body to be located within its territory; (b) not effectively require the conformity assessment body to operate an office within its territory; and (c) permit conformity assessment bodies in other Parties' territories to apply to the Party, or any body that it has recognized or approved for this purpose, for a determination that they comply with any procedures, criteria and other conditions the Party requires to deem them competent or to otherwise approve them to test or certify the product or conduct an inspection. *Explanations and Information* 3. If a Party undertakes conformity assessment procedures in relation to specific products by specified government bodies located in its own territory or

한-EU FTA	한-미 FTA	CPTPP	USMCA
한다. 그리고 라. 무역에 대한 기술장벽에 관한 협정 제5조제1항2호에 맞게, 필요한 것 이상으로 엄격하지 아니한 적합성평가절차를 요구한다. 3. 무역에 대한 불필요한 장애를 피하고 투명성 및 비차별성을 보장하기 위하여, 제4.4조에 따라 기술규정의 개발 및 채택에 관하여 설립한 원칙 및 절차는 강제 적합성평가절차에 대하여도 적용된다.	조건으로 다른 쪽 당사국 영역의 적합성평가기관을 인정 또는 승인하거나 이러한 기관에게 면허를 부여하거나 이러한 기관을 달리 인정한다. 당사국이 자국 영역에서의 특정 기술규정이나 표준에 대한 적합성을 평가하는 기관을 인정 또는 승인하거나 이러한 기관에게 면허를 부여하거나 이러한 기관을 달리 인정하면서, 그 기술규정이나 표준의 적합성을 평가하는 다른 쪽 당사국 영역의 기관을 인정 또는 승인하거나 이러한 기관에게 면허를 부여하거나 이러한 기관을 달리 인정하기를 거부하는 경우, 당사국은 다른 쪽 당사국의 요청이 있는 경우, 그 결정의 이유를 설명한다. 4. 적합성평가기관을 인정 또는 승인하거나 이러한 기관에게 면허를 부여 하거나 이러한 기관을 달리 인정하는 당사국은, 적합성평가기관이 인정·승인·면허부여를 받거나 달리 인정을 받을 자격이 있는지 여	undertaking conformity asse-ssment in relation to a specific product solely within specified government bodies located in its own territory or in another Party's territory, in a manner consistent with its obligations under the TBT Agreement. 4. If a Party undertakes con-formity assessment under paragraph 3, and further to Articles 5.2 and 5.4 of the TBT Agreement concerning limitation on information requi-rements, the protection of legitimate commercial interests and the adequacy of review procedures, the Party shall, on the request of another Party, explain: (a) how the information requi-red is necessary to assess conformity and determine fees; (b) how the Party ensures that the confidentiality of the information required is re-spected in a manner that ensures legitimate commercial interests are protected; and (c) the procedure to review complaints concerning the operation of the conformity assessment procedure and to take corrective action when a complaint is justified. 5. Paragraphs 1 and 2(c)	in another Party's territory, the Party shall, on the request of another Party or if practicable, an applicant of another Party, explain: (a) how the information it re-quires is necessary to assess conformity; (b) the sequence in which a conformity assessment pro-cedure is undertaken and completed; (c) how the Party ensures that confidential business in-formation is protected; and (d) the procedure to review complaints concerning the operation of the conformity assessment procedure and to take corrective action when a complaint is justified. 4. Each Party shall explain, on the request of another Party, the reasons for its decision, whenever it declines to: (a) accredit, approve, license, or otherwise recognize a con-formity assessment body; (b) recognize the results from a conformity assessment body that is a signatory to a mutual recognition arrangement; (c) accept the results of a conformity assessment pro-cedure conducted in the territory of another Party; or (d) continue negotiations for a

한-EU FTA	한-미 FTA	CPTPP	USMCA
	부를 결정하기 위하여 자국이 공표한 기준을 바탕으로 한다. 5. 각 당사국은 아시아 태평양 경제협력체의 통신장비 적합성평가를 위한 상호인정협정(1998)의 제2단계를 다른 쪽 당사국에 대하여 가능한 한 조속히 이행하기 위한 조치를 취한다. 이 협정의 발효일 후 1년 이내에 대한민국은 제2단계 이행을 위하여 자국의 법령 개정안의 공고를 공표할 것이다.	shall not preclude a Party from using mutual recognition agreements to accredit, approve, license or otherwise recognise conformity assessment bodies located outside its territory. 6. Nothing in paragraphs 1, 2 and 5 precludes a Party from verifying the results of conformity assessment procedures undertaken by conformity assessment bodies located outside its territory. 7. Further to paragraph 6, in order to enhance confidence in the continued reliability of conformity assessment results from the Parties' respective territories, a Party may request information on matters pertaining to conformity assessment bodies located outside its territory. 8. Further to Article 9.1 of the TBT Agreement, a Party shall consider adopting measures to approve conformity assessment bodies that have accreditation for the technical regulations or standards of the importing Party, by an accreditation body that is a signatory to an international or regional mutual recognition arrangement. The Parties recognise that these	mutual recognition agreement. *Subcontracting* 5. If a Party requires conformity assessment as a positive assurance that a product conforms with a technical regulation or standard, it shall not prohibit a conformity assessment body from using subcontractors, or refuse to accept the results of conformity assessment on account of the conformity assessment body using subcontractors, to perform testing or inspections in relation to the conformity assessment, including subcontractors located in the territory of another Party, provided that the subcontractors are accredited and approved in the Party's territory, when required. *Accreditation* 6. In addition to Article 9.2 of the TBT Agreement, no Party shall refuse to accept, or take actions that have the effect of, directly or indirectly, requiring or encouraging the refusal of acceptance of conformity assessment results performed by a conformity assessment body located in the territory of another Party

한-EU FTA	한-미 FTA	CPTPP	USMCA
		arrangements can address the key considerations in approving conformity assessment bodies, including technical competence, independence, and the avoidance of conflicts of interest.

9. Further to Article 9.2 of the TBT Agreement no Party shall refuse to accept conformity assessment results from a conformity assessment body or take actions that have the effect of, directly or indirectly, requiring or encouraging another Party or person to refuse to accept conformity assessment results from a conformity assessment body because the accreditation body that accredited the conformity assessment body:
(a) operates in the territory of a Party where there is more than one accreditation body;
(b) is a non-governmental body;
(c) is domiciled in the territory of a Party that does not maintain a procedure for recognising accreditation bodies, provided that the accreditation body is recognised internationally, consistent with the provisions in paragraph 8;
(d) does not operate an office in the Party's territory; or
(e) is a for-profit entity. | because the accreditation body that accredited the conformity assessment body:
(a) operates in the territory of a Party where there is more than one accreditation body;
(b) is a non-governmental body;
(c) is domiciled in the territory of a Party that does not maintain a procedure for recognizing accreditation bodies, provided that the accreditation body is recognized internationally, consistent with paragraph 7;
(d) does not operate an office in the Party's territory; or
(e) is a for-profit entity.

7. In addition to Article 9.1 of the TBT Agreement, each Party shall:
(a) adopt or maintain measures to facilitate and encourage its authorities to rely on mutual or multilateral recognition arrangements to accredit, approve, license or otherwise recognize conformity assessment bodies where effective and appropriate to fulfill the Party's legitimate objectives; and
(b) consider approving or recognizing accredited conformity assessment bodies for its technical regulations or standards, by an accreditation body that is a signatory to a |

한-EU FTA	한-미 FTA	CPTPP	USMCA
		10. Nothing in paragraph 9 prohibits a Party from refusing to accept conformity assessment results from a conformity assessment body on grounds other than those set out in paragraph 9 if that Party can substantiate those grounds for the refusal, and that refusal is not inconsistent with the TBT Agreement and this Chapter. 11. A Party shall publish, preferably by electronic means, any procedures, criteria and other conditions that it may use as the basis for determining whether conformity assessment bodies are competent to receive accreditation, approval, licensing or other recognition, including accreditation, approval, licensing or other recognition granted pursuant to a mutual recognition agreement. 12. If a Party: (a) accredits, approves, licenses or otherwise recognises a body assessing conformity with a particular technical regulation or standard in its territory, and refuses to accredit, approve, license or otherwise recognise a body assessing conformity with that technical regulation or standard in the territory of another Party; or	mutual or multilateral recognition arrangement, for example, the International Laboratory Accreditation Cooperation(ILAC) and the International Accreditation Forum(IAF). The Parties recognize that the arrangements referenced in sub-paragraph(b) can address considerations in approving conformity assessment bodies, including technical competence, independence, and the avoidance of conflicts of interest. *Choice of Conformity Assessment* 8. The Parties recognize that the choice of conformity assessment procedures in relation to a specific product covered by a technical regulation or standard should include an evaluation of the risks involved, the need to adopt procedures to address those risks, relevant scientific and technical information, incidence of non-compliant products, and possible alternative approaches for establishing that the technical regulation or standard has been met. *Fees*

한-EU FTA	한-미 FTA	CPTPP	USMCA
		(b) declines to use a mutual recognition arrangement, it shall, on request of the other Party, explain the reasons for its decision. 13. If a Party does not accept the results of a conformity assessment procedure conducted in the territory of another Party, it shall, on the request of the other Party, explain the reasons for its decision. 14. Further to Article 6.3 of the TBT Agreement, if a Party declines the request of another Party to enter into negotiations to conclude an agreement for mutual recognition of the results of each other's conformity assessment procedures, it shall, on request of that other Party, explain the reasons for its decision. 15. Further to Article 5.2.5 of the TBT Agreement any conformity assessment fees imposed by a Party shall be limited to the approximate cost of services rendered. 16. No Party shall require consular transactions, including related fees and charges, in connection with conformity assessment.	9. Nothing in this Article precludes a Party from requesting that conformity assessment procedures in relation to specific products are performed by specified government authorities of the Party. In those cases, the Party conducting the conformity assessment procedures shall: (a) limit any fees it imposes for conformity assessment procedures on products from the other Parties to the costs of services rendered; (b) not impose fees on an applicant of another Party to deliver conformity assessment services, except to recover costs incurred from services rendered; (c) make the amounts of any fees for conformity assessment procedures publicly available; (d) not apply a new or modified fee for conformity assessment procedures until the fee and the method for assessing the fee are published and, if practicable, the Party has provided an opportunity for interested persons to comment on the proposed introduction or modification of a conformity assessment fee. 10. On request of a Party, or an applicant's request if practicable, a Party shall

한-EU FTA	한-미 FTA	CPTPP	USMCA
			explain how: (a) any fees it imposes for such conformity assessment are no higher than the cost of services rendered; (b) fees for its conformity assessment procedures are calculated; and (c) any information it requires is necessary to calculate fees. *Exceptions* 11. For greater certainty, nothing in paragraphs 1 or 2 precludes a Party from taking actions to verify the results from a conformity assessment procedure, including requesting information from the conformity assessment or accreditation body. These actions shall not subject a product to duplicative conformity assessment procedures, except when necessary to address non-compliance. The verifying Party may share information it has requested with another Party, provided it protects confidential information. 12. Paragraphs 2(b) and 5 do not apply to any requirement a Party may have concerning the use of products, conformity assessment procedures or related services in the commercial maritime or civil aviation

한-EU FTA	한-미 FTA	CPTPP	USMCA
			sectors.
		Article 8.8: Compliance Period for Technical Regulations and Conformity Assessment Procedures	Article 11.8: Compliance Period for Technical Regulations and Conformity Assessment Procedures
		Article 8.9: Cooperation and Trade Facilitation	Article 11.9: Cooperation and Trade Facilitation

참고문헌
reference

강병구 (2011), "규제협력으로서 상호인정협정의 발전 방안에 대한 연구," 표준과 표
　　준화 연구, 제1권 제1호.

국가기술표준원 (2019), 『2018 무역기술장벽(TBT) 보고서』.

김연숙 (2015), "한·중 FTA의 상호인정협정 활성화방안에 관한 연구," 관세학회지,
　　제16권 제4호.

김연숙, 은웅 (2013), "한국과 FTA를 체결한 국가와의 상호인정협정 활성화 방안에
　　관한 연구," 무역연구, 제9권 제1호.

김영호 (2017), "일·EU FTA 상호인정협정(MRA)에 대한 수출기업의 대응방안 연구,"
　　통상정보연구 제19권 제3호.

박노형 외 (2018), 『新국제경제법』 전면개정판, 박영사.

박순곤 (2009), "의료기기 GMP 심사의 국가간 조화 연구," 식품의약품안전평가원.

백종현 (2014), "한국의 FTA TBT 분야 이행 10년의 평가와 과제," KSA 한국표준협회.

신성균 (2000), "국가간 MRA협상 대응체계 연구: 의약품/의료기기 MRA 협상 대응체
　　계 연구," 한국보건산업진흥원.

안덕근, 김민정 (2018), 『국제통상체제와 무역기술장벽』, 박영사.

안형배 (2016), "국가 간 상호인정협정(MRA) 확대에 관한 연구," 국립전파연구원.

유새별 (2016), 『Mega FTA 대응전략 연구: TBT 협정을 중심으로』, 대외경제정책연
　　구원.

윤인찬, 우태희 (2008), "국내 적합성평가제도 선진화 방안," 대한안전경영과학회지,
　　제10권 제2호.

이용규 (2014), "정보통신부문에서의 국가 간 상호인정협정(MRA)의 경제적 효과에 대
　　한 실증적 분석: 한−미 간 협정사례를 중심으로," 국가정책연구, 제28권 제3호.

이용규, 백종현 (2007), "정보통신분야 기술 장벽 제거를 위한 국제적 논의동향과 지
　　역무역협정상 관련 조항 비교분석," 국제지역연구 제11권 제2호.

장병용, 안형배 (2017), "한−캐나다 상호인정협정(MRA 2단계) 체결 확대방안 연구," 국립전파연구원.

전병호, 강병구 (2015), "한중 FTA체결에 따른 정부의 MRA 활용방안에 관한 연구: TBT 및 적합성평가를 중심으로," 통상정보연구, 제17권 제3호.

최광호, 안형배, 김봉민 (2018), "국가간 상호인정협정(MRA) 확대에 관한 연구," 국립전파연구원.

Ambassador Susan G. Esserman, Arun Venkataraman, Luke Tillman, and Lauren Shapiro (March. 2019), "USMCA Unlocked: Working Under the New NAFTA," Steptoe & Johnson LLP.

APEC (2015), *A Guide for Conformity Assessment Bodies to the APEC Mutual Recognition Arrangement*, APEC Telecommunications and Information Working Group, 3rd Edition.

APEC (2007), *A Guide for Industry to the APEC TEL Mutual Recognition Arrangement*, APEC Telecommunications and Information Working Group, 2nd Edition.

Anabela Correia de Brito, Céline Kauffmann, and Jacques Pelkmans (2016), "The Contribution of Mutual Recognition to International Regulatory Co-operation," OECD Regulatory Policy Working Papers No.2.

USITC (April 2019), "U.S.-Mexico-Canada Trade Agreement: Likely Impact on the U.S. Economy and on Specific Industry Sectors," Publication Number 4889.

지역무역체제에서의
주요 TBT 규범상 쟁점

FTA 디지털무역과 기술표준

1 ___ 디지털기술을 활용한 무역의 등장과 디지털무역규범

고성능 컴퓨터, 초고속 인터넷, 스마트폰의 등장으로 디지털기술이 빠르게 발전하면서 경제 활동의 상당부분이 디지털화되는 디지털전환(digital transformation)이 일어나고 있다. 특히 디지털기술의 발달로 전통적인 무역비용이 급격히 감소하고 서비스의 국가간 교역이 가능해지는 동시에 제조업의 서비스화가 이루어지면서 국제무역환경이 근본적인 변화를 겪고 있다.[1] 그러나 한편으로 다량의 데이터 확보가 중요해지고 전 세계가 정보통신망을 통해 하나로 연결되면서 온라인 개인정보 침해 우려, 사이버안보 위협, 글로벌 IT기업의 시장독점 등의 우려도 점증하는 상황이다. 이에 각국이 전자적으로 전송되는 데이터 또는 정보에 관세를 부과하거나 국경 간 데이터 이전을 금지하거나 특정 디지털기술의 사용을 강제하는 등 사이버공간에 무역장벽을 세우려는 시도도 빈번히 이루어지고 있다. 디지털기술을 활용한 무역자유화라는 경제적 가치와 개인정보보호 또는 국가안보라는 비경제적 가치 간에 균형을 이루는 무역규범을 마련하기 위

---

1 WTO는 국제무역의 패러다임을 바꿀 대표적인 디지털기술로 인공지능(Artificial Intelligence), 사물인터넷(Internet of Things), 3D 프린팅(3D printing), 블록체인(Blockchain)을 꼽았다. WTO, *World Trade Report 2018－The Future of World Trade: How Digital Technologies Are Transforming Global Commerce*(WTO Publications, 2018), 16.

한 논의가 현 국제통상체제 내에서 활발히 진행되고 있다.

인터넷을 통해 이루어지는 국제적인 상업적 거래활동에 어떠한 국제무역규범이 적용되어야할지에 대한 논의는 전자상거래(electronic commerce) 또는 디지털무역(digital trade)이라는 주제를 중심으로 이루어져 왔다.2 다자차원의 논의는 WTO가 1998년에 수립한 WTO 전자상거래 작업계획(WTO work programme on electronic commerce) 내에서 지속적으로 진행되고 있다. 아직 디지털기술의 발전이 본격적으로 이루어지지 않은 1990년대 후반에 WTO 전자상거래 작업계획은 전자상거래를 "전자적 수단에 의한 상품과 서비스의 생산, 유통, 마케팅, 판매 또는 공급3"으로 정의하고 아날로그 시대에 정립된 기존 국제통상체제 내에서 전자상거래의 활성화로 초래되는 법적 쟁점에 선제적으로 대응하려 하였다.4

디지털기술과 데이터를 활용한 디지털무역의 발전 가능성에 주목한 WTO 회원국들은 수년에 걸쳐 디지털무역 자유화를 위한 논의를 진행하였으나 각국의 이해관계가 첨예하게 대립하면서 아직까지 실질적인 결과를 도출하지 못하고 있다. 전자적으로 전송되는 영화, 게임, 음악, 드라마, 전자서적 등 디지털제품에 대한 관세부과를 금지하는 무관세 선언(duty-free moratorium)이 합의되었으나 이마저도 한시적으로만 인정되어 법적 불확실성이 남아있는 상황이다.5

---

2 전자상거래와 디지털무역이라는 용어가 조금씩 다르게 사용되기도 하나 여기서는 디지털무역이라는 좀더 포괄적인 용어를 사용하기로 한다.

3 WTO, *Work Programme on Electronic Commerce—Adopted by the General Council*, WT/L/274, 30 September 1998, para. 1.3.

4 WTO 전자상거래 작업계획에서 논의되었던 다양한 법적 쟁점에 대해서는 WTO, *Work Programme on Electronic Commerce—Interim Report to the General Council*, S/C/8, 31 March 1999; WTO, *Work Programme on Electronic Commerce—Progress Report to the General Council*, S/L/74, 27 July 1999 참조.

5 WTO, *Work Programme on Electronic Commerce—Ministerial Decision on 13 December 2017*, WT/MIN(17)/65, WT/L/1032, 18 December 2017, 1.

2 ___ 지역무역체제에서의 디지털무역규범 발전 동향

2.1 FTA 디지털무역규범 일반

다자무역체제 내에서 디지털무역규범을 제정하려는 WTO 전자상거래 작업계획이 가시적인 성과를 도출하지 못하자 각국은 새로운 방법을 모색하고 있다. 바로 양자간 혹은 지리적으로 인접한 국가와의 자유무역 협정(FTA) 협상을 활용하는 방법이다.[6]

WTO 보고서에 따르면, 디지털무역을 다루는 FTA가 꾸준히 증가하고 있으며 2017년 5월 현재 WTO에 통보된 279개의 FTA 중 75개의 FTA가 디지털무역에 관련된 구체적 조항을 포함하고 있다(〈그림 5−1〉 참고). 디지털무역은 이미 2000년대 초반부터 전자상거래 또는 종이없는 무역(paperless trading) 등에 관한 규범의 형태로 양자 FTA에서 다루어졌다. 2000년 체결된 뉴질랜드−싱가포르 FTA는 양자 FTA 최초로 디지털무역을 다루었으며 2000년 미국과 요르단은 FTA에 최초로 구체적인 디지털무역 조항을 삽입하였다. 디지털무역만을 다루는 독립된 챕터는 '전자상거래 챕터(electronic commerce chapter)'라는 이름으로 2003년 호주와 싱가포르와의 FTA에 처음 등장하였으며, 최근 타결된 미국−멕시코−캐나다 협정(USMCA)에서는 '디지털무역 챕터(digital trade chapter)'로 발전하였다.

디지털무역규범의 구체적인 내용과 그 적용범위는 각 FTA마다 상이한 형태로 나타난다. 〈그림 5−2〉에서 볼 수 있듯이, 2017년 5월 현재 전자상거래 촉진 및 협력을 규율하는 조항이 각각 66개 및 63개 FTA에 포함되어 있어 가장 일반적인 규범이라 볼 수 있다. 그 외에 디지털 제품에 대한 무관세를 규정하는 조항, 온라인 소비자보호 조항, 전자인증 및 전자서명 조항, 종이없는 무역 조항, WTO규범의 적용 조항, 투명성 조항 등이 다수 FTA에 공통적으로 포함되어 있다.

---

6 곽동철, 안덕근(2016), "아날로그 체제 하의 디지털무역−디지털무역 자유화와 무역 협정의 역할", 통상법률, 통권 제131호, 73.

[그림 5-1] 디지털무역 조항을 포함한 FTA의 발전 추이

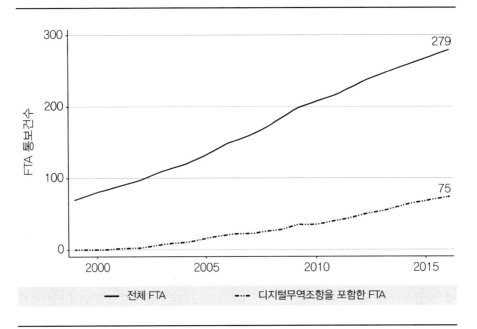

출처: Monteiro and Teh(2017), 6.

최근 체결되는 FTA에는 기존의 FTA에서 볼 수 없었던 새로운 차원의 디지털무역규범들이 혁신적으로 도입되고 있다. 특히 데이터의 저장, 활용, 전송이 디지털무역을 활성화하는 데 중요한 요소로 작용하면서, 국경 간 자유로운 정보 이전을 허용하는 조항과 전자적 전송의 특성을 규정하는 조항 및 데이터 현지화조치를 금지하는 조항 등이 FTA에 포함되는 추세이다. 그밖에 소스코드 공개 금지, 자유로운 인터넷 접속 및 이용, 기술중립성 보장, 온라인 플랫폼서비스공급자의 면책을 규정하는 조항 등 디지털기술의 발전을 촉진시키고 온라인을 통한 상품과 서비스의 교역을 활성화시키는 새로운 디지털무역규범들도 FTA 차원에서 논의되고 있다.

정보통신, 디지털서비스 분야에서 가장 앞서가는 미국이 양자무역 협정 또는 지역무역 협정을 통해 어떠한 디지털무역규범을 만들어가고 있는지는 좀더 구체적으로 살펴볼 필요가 있다. 미국의 의도에 따라 FTA에 반영된 디지털무역규범이 추후 WTO 다자간 무역 협상에서도 논의될 가능성이 크기 때문이다.

[그림 5-2] 유형별로 구분한 FTA 디지털무역규범

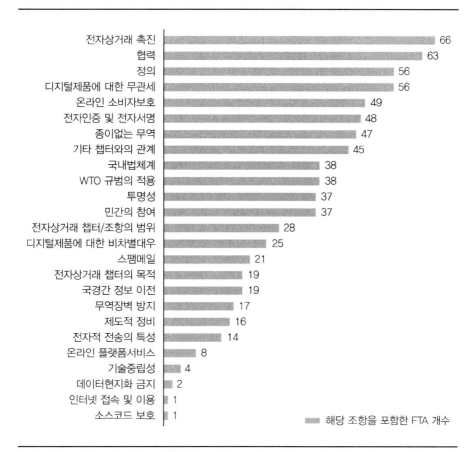

전자상거래 촉진	66
협력	63
정의	56
디지털제품에 대한 무관세	56
온라인 소비자보호	49
전자인증 및 전자서명	48
종이없는 무역	47
기타 챕터와의 관계	45
국내법체계	38
WTO 규범의 적용	38
투명성	37
민간의 참여	37
전자상거래 챕터/조항의 범위	28
디지털제품에 대한 비차별대우	25
스팸메일	21
전자상거래 챕터의 목적	19
국경간 정보 이전	19
무역장벽 방지	17
제도적 정비	16
전자적 전송의 특성	14
온라인 플랫폼서비스	8
기술중립성	4
데이터현지화 금지	2
인터넷 접속 및 이용	1
소스코드 보호	1

▨▨▨ 해당 조항을 포함한 FTA 개수

출처: Monteiro and Teh(2017)를 토대로 저자 작성.

2.2 미국이 체결한 FTA에 나타난 디지털무역규범

미국 정부는 다자차원에서 논의되는 WTO 전자상거래 작업계획에 비해 양
자간 FTA 협상이 더욱 효율적이라는 판단 하에 디지털무역을 규율할 새로운
국제규범을 만드는 수단으로 FTA를 적극 활용하고 있다. 실리콘밸리에 위치한
미국의 IT기업이 해외 시장에서 차별적인 대우를 받고 있지만 이를 규율할 국
제무역규범이 미비하여 국제적으로 합의된 디지털무역규범이 시급히 필요하다

는 국내여론도 무시할 수 없었다.[7]

2000년 요르단과 체결한 FTA에서 디지털무역 조항을 처음으로 도입한 미국은 이후 체결된 모든 FTA에서 디지털무역규범을 다루는 독립된 챕터를 유지하고 있다. FTA 상대국에 따라 규범의 내용이 조금씩 상이하긴 하지만 WTO규범의 적용, 디지털 제품에 대한 영구적 무관세 모라토리움, 디지털 제품에 대한 비차별대우와 방송 예외, 온라인 소비자보호, 전자서명, 종이없는 무역 등의 조항이 미국의 FTA 전자상거래 챕터에서 반복적으로 나타난다.

미국의 디지털무역정책은 한미 FTA를 계기로 데이터교역에 더욱 친화적인 형태로 발전했다.[8] 데이터의 저장, 이동, 활용이 디지털경제의 핵심요소로 등장하자 미국은 한미 FTA에서 미국이 체결한 무역 협정 최초로 국경 간 정보 이전을 다루는 규범을 마련하였다. 한미 FTA에서 한국과 미국은 정보의 자유로운 흐름의 중요성과 개인정보보호의 중요성을 인지하면서 국경 간 정보 흐름에 불필요한 장벽을 부과하지 않기로 합의하였다.[9] 그러나 해당 규범은 협력 조항에 불과하여 양국에 의무를 부과하는 선까지 나아가지는 못하였다. 이어 미국의 주도로 이루어진 점진적－포괄적 환태평양경제동반자 협정(CPTPP)[10]과 미국－멕시코－캐나다 협정(USMCA)에서는 해당 규범을 의무 조항으로 강화하였다. 또한 국경 간 정보 이전을 제한하는 조치가 자의적이거나 부당한 차별의 수단 또는 위장된 무역 제한의 형식으로 실행되지 않고 비례성 원칙을 준수한다는 조건 하에 정당한 공공정책 목적 달성을 위해 정보 이전을 제한할 수 있다는 예외조

---

7 글로벌 IT기업의 입장에서 제안된 디지털무역규범에 대해서는 Google, *Enabling Trade in the Era of Information Technologies－Breaking Down Barriers to the Free Flow of Information*(2009), https://static.googleusercontent.com/media/www.google. com/ko//googleblogs/pdfs/ trade_free_flow_of_information.pdf(최종접속일: 2019년 10월 13일) 참조.

8 R. F. Fefer, S. I. Akhtar, and W. M. Morrison, Digital Trade and U.S. Trade Policy, *CRS Report*, R44565(2017), 33.

9 한미 FTA 제15.8항.

10 당초 환태평양경제동반자 협정(TPP)은 미국의 주도로 태평양 연안 12개국이 참여하는 메가 FTA로 논의되었다. 그러나 미국의 탈퇴로 TPP는 미국을 제외한 11개국 간에 점진적－포괄적 환태평양경제동반자 협정(CPTPP)이라는 명칭으로 2018년 12월 30일 발효되었다. CPTPP 전자상거래 챕터는 TPP 전자상거래 챕터와 동일한 내용을 담고 있다.

[표 5-1] 한미 FTA, CPTPP, USMCA의 국경 간 정보이전규범 요약

	한미 FTA	CPTPP	USMCA
조항	제15.8조	제14.11조	제19.11조
성격	협력	의무	의무
정당한 공공정책 목적 예외	–	O	O

출처: 각 협정문을 토대로 저자 작성

항도 포함되었다.[11]

　　전자적 수단을 통한 국경 간 정보 이전을 제약하는 가장 대표적인 국내정책인 데이터현지화조치를 금지하는 규범은 CPTPP에서 무역 협정 최초로 도입되었다. 데이터현지화조치란 디지털서비스 수입국 정부가 자국 영토 내에 데이터의 저장 및 가공을 위한 데이터센터를 설치하거나 자국의 네트워크 서버를 이용하도록 해외 기업에 강제하는 조치를 말한다. 예외적으로 이러한 조치가 자의적이거나 부당한 차별의 수단 또는 위장된 무역 제한의 형식으로 실행되지 않고 비례성 원칙을 준수한다면 정당한 공공정책 목적 달성을 위해 국가들은 데이터를 현지화하는 조치를 취할 수 있다. USMCA도 CPTPP와 마찬가지로 데이터현지화조치를 의무적으로 금지한다. 단, CPTPP에서 명시적으로 인정되는 정당한 공공정책 목적상의 예외사유가 USMCA에서는 인정되지 않는다. CPTPP는 금융데이터를 데이터현지화조치 대상에서 제외한 반면, USMCA는 금융데이터에 대한 현지화조치도 금지하여 더욱 포괄적으로 데이터의 국경 간 이전을 허용한다.

[표 5-2] 한미 FTA, CPTPP, USMCA의 데이터현지화 금지규범 요약

	한미 FTA	CPTPP	USMCA
조항	–	제14.13조	제19.12조
성격	–	의무	의무
정당한 공공정책 목적 예외	–	O	–
금융데이터	–	적용 배제	적용

출처: 각 협정문을 토대로 저자 작성

11　CPTPP 제14.11조 및 USMCA 제19.11조.

CPTPP는 한미 FTA에는 규정되어 있지 않은 스팸메일, 사이버보안, 소스코드(source code) 등의 규범도 무역 협정 최초로 도입했다. CPTPP 회원국들은 소비자가 원치 않는 상업적 스팸메일을 최소화하거나 스팸메일 수신시 소비자의 동의를 얻도록 하는 국내조치를 취해야 하며,[12] 또한 사이버보안을 강화하기 위해 국제협력을 강화하기로 합의하였다.[13] 외국 기업에게 자국 영토 내에서 상업적 행위를 조건으로 소프트웨어에 포함된 소스코드의 이전이나 소스코드에의 접근을 요구해서도 안된다.[14]

FTA를 통해 디지털무역규범을 만들어가려는 미국 정부의 디지털무역정책은 USMCA에서 다시 한번 발전된 모습으로 나타난다. 우선, USMCA에서는 전자상거래 챕터를 '디지털무역 챕터'로 명칭을 변경하여 디지털무역규범을 다루고 있다. 또한 CPTPP에 규정된 디지털무역규범을 모두 포함하면서도 데이터현지화조치 금지대상에 금융데이터를 포함시키고 소스코드 내에 표현된 알고리즘(algorithm)까지도 공개금지대상으로 지정하여 협정의 적용대상을 크게 넓혔다.

기존 FTA에서는 찾아볼 수 없었던 새로운 무역규범도 USMCA에 등장했다. 양방향 컴퓨터 서비스(interactive computer services)에 대한 규범과 정부가 보유한 공공데이터에 대한 규범이 새롭게 추가되었다. 양방향 컴퓨터 서비스 또는 온라인 플랫폼 서비스의 경우, 플랫폼 서비스를 통해 제공되는 정보 및 콘텐츠로 인해 발생하는 피해에 대해 플랫폼 서비스 공급자는 책임을 지지 않기로 합의되었다.[15] 온라인 플랫폼을 활용한 디지털무역이 더욱 활성화될 법적 토대가 마련된 것으로 볼 수 있다.[16] USMCA 체약국들은 또한 정부가 보유한 공공데이터의 잠재적인 가치를 인정하고, 특히 이를 기계가 판독가능한 형태로 일

---

12   CPTPP 제14.14조.

13   CPTPP 제14.16조.

14   CPTPP 제14.17조.

15   USMCA 제19.17조.

16   A. Sternburg, "Crucial USMCA Intermediary Protections Are Consistent with U.S. Law", *Disruptive Competition Project*(2018), http://www.project-disco.org/21st-century-trade/120718-crucial-usmca-intermediary-protections-are-consistent-with-u-s-law/(최종접속일: 2019년 10월 13일).

반 대중에 공개하기로 합의했다.[17]

상기와 같이 디지털기술 분야에서 세계 최고의 경쟁력을 갖추고 다수의 글로벌 IT기업을 보유한 미국은 FTA를 활용하여 디지털무역규범 형성에도 적극적으로 나서고 있다. 전통적인 전자상거래를 규율하던 디지털무역규범이 한미 FTA, CPTPP, USMCA를 거치면서 데이터의 자유로운 이동과 활용에 중점을 두는 방향으로 발전하고 있다는 사실도 [표 5-3]을 통해 확인할 수 있다.

[표 5-3] 미국이 체결한 FTA에 나타나는 디지털무역규범의 발전 과정

	미-요르단 FTA	미-칠레 FTA	미-싱가포르 FTA	미-호주 FTA	미-페루 FTA	미-콜롬비아 FTA	한미 FTA	CPTPP	USMCA
체결년도	2000	2003	2003	2004	2006	2006	2007	2016	2018
WTO규범의 적용	●	–	●	●	●	●	●	–	–
디지털 제품 무관세 모라토리움	●	●	●	●	●	●	●	●	●
디지털 제품에 대한 비차별	–	●	●	●	●	●	●	●	●
방송 예외	–	●	●	●	●	●	●	●	–
온라인 소비자보호	●	–	–	●	●	●	●	●	●
전자인증, 전자서명	●	–	–	●	●	●	●	●	●
종이없는 무역 및 통관원활화	●	–	–	●	●	●	●	●	●
개인정보보호	●	–	–	–	–	–	●	●	●
인터넷 접속과 이용 원칙	–	–	–	–	–	–	●	●	●
국경 간 정보 이전	–	–	–	–	–	–	●	●	●
데이터현지화	–	–	–	–	–	–	–	●	●
데이터현지화조치 금지대상	–	–	–	–	–	–	–	금융데이터 제외	금융데이터 포함
스팸메일	–	–	–	–	–	–	–	●	●
사이버보안	–	–	–	–	–	–	–	●	●

17 USMCA 제19.18조.

	마 요르단 FTA	마 칠레 FTA	마 싱가포르 FTA	마 호주 FTA	마 페루 FTA	마 콜롬비아 FTA	한미 FTA	CPTPP	USMCA
소스코드	–	–	–	–	–	–	–	●	●
온라인 플랫폼 서비스	–	–	–	–	–	–	–	–	●
정부데이터	–	–	–	–	–	–	–	–	●

출처: 각 협정문을 토대로 저자 작성

3 ___ 디지털무역과 기술표준 쟁점

디지털기술의 발전으로 기하급수적으로 생산되는 데이터를 효과적으로 활용하고 혁신적인 디지털서비스를 만들어내기 위해서는 기술표준을 통한 상호운용성 확보가 필수적이다. 이하에서는 디지털무역과 관련된 기술표준 쟁점에 대해 살펴본다.

3.1   기술표준과 디지털무역장벽

국제적으로 확립된 기술표준에 근거하여 상품과 서비스의 생산 및 교역이 이루어진다면 상호운용성과 상호호환성이 보장되기 때문에 경제·기술·규제환경이 상이한 국가 간에도 교역이 활성화된다. 그러나 국제표준이 제정되어 있지 않거나 국제표준이 존재함에도 불구하고 각국이 ICT 제품 및 디지털서비스에 특정기술의 사용을 강제한다면 이는 디지털시대에 새로운 형태의 무역기술장벽으로 작용할 가능성이 크다.

현재 디지털무역장벽의 가장 대표적인 유형으로 언급되는 기술표준조치는 특정 암호화기술을 강제하는 조치와 정보통신망을 활용하는 제품 및 서비스에 대해 수입국 정부가 사이버보안 안전성 심사를 자의적으로 취하는 조치이다. 온라인으로 전송되는 디지털서비스의 품질을 보증하고 서비스 이용자의 개인정보와 금융정보 등을 보호하기 위해서는 거래과정에서 첨단 기술을 활용한 암호화가 필수적이다. 그러나 이를 위해 정부가 보호주의적 목적으로 토착기술을 활용한 특정 암호화기술의 사용을 ICT 제품 및 디지털서비스 등에 강제한다면 새로운 기술혁신을 저해할 뿐만 아니라 국제표준을 사용하는 외국 기업의 시장접근을 사실상 차단하는 디지털무역장벽으로 작용한다.[18] 최근 미국과 일본 양자 간 타결된 디지털무역 협정(U.S.-Japan Digital Trade Agreement)은 외국 ICT 제품에 포함된 암호화기술 공개나 특정 암호화 알고리즘의 사용을 강제하는 조치를 금지함으로써 암호화 관련 조치가 국제무역을 저해하지 않도록 규정하고 있다.[19]

한편, ICT 기기를 통해 소비자, 기업, 정부기관 등이 정보통신망으로 더욱 긴밀히 연결될수록 사이버해킹 및 사이버공격에 취약해질 가능성이 커진다. 이에 사이버보안에 대한 관심이 전세계적으로 확산되면서 각국 정부는 ICT 제품 및 서비스에 대한 사이버보안 안전성 심사 등을 강화하고 있다. 그러나 불투명한 심사절차와 국제표준에 합치하지 않는 과도한 사이버보안 요건 등은 외국 기업에 차별적으로 적용될 여지가 많아 새로운 형태의 무역기술장벽이라는 우려를 낳고 있다. 이미 미국, EU, 일본, 캐나다 등 주요국들은 중국 정부가 ICT 제품에 부과하는 "보안성 및 통제가능성(secure and controllable)" 요건이 모호하고 자의적이기 때문에 외국 기술과 외국 기업에 차별적으로 적용되어 내국민대우 의무에 합치하지 않는다는 견해를 밝힌 바 있다.[20]

---

18 WTO, *Joint Statement on Electronic Commerce Initiative-Proposal for the Exploratory Work by Japan*, INF/ECOM/4, 25 March 2019, 4 참조. ICT 제품 및 서비스에 대해 중국 정부가 추진 중인 까다로운 암호화정책이 사실상 무역기술장벽으로 작용한다는 주요국의 우려에 대해서는 WTO, *Minutes of the Meeting of 14-15 June 2017 - Note by Secretariat*, G/TBT/M/72, 25 September 2017, 4-5; WTO, *Minutes of the Meeting of 6-7 March 2019 - Note by Secretariat*, G/TBT/M/77, 15 May 2019, 20-21; USTR, *2019 National Trade Estimates Report on Foreign Trade Barriers*(2019), 101-102 참조.

19 미-일 디지털무역 협정, 제21조 3항. 미-일 디지털무역 협정은 미-일 무역 협정 (U.S.-Japan Trade Agreement)과 더불어 2019년 10월 7일 정식 서명되었다.

20 WTO(2017), *supra* note 18, 2-4; WTO(2019), *supra* note 18, 20 참조.

3.2   기술표준과 사실표준화기구

(1) 사실표준화기구의 역할

기술표준은 다양한 IT 기기 간에 데이터와 정보 공유를 가능케 해줌으로써 상호운용성을 촉진하는 역할을 하기 때문에 디지털시대에 그 중요성이 더욱 커지고 있다.[21] 우리 일상에서 손쉽게 살펴볼 수 있는 ICT 기술표준으로는 전기전자기술자협회(IEEE)의 802.11표준에 기반한 Wi-Fi, USB 사용자 포럼(USB Implementers Forum)이 확립한 USB표준 및 월드와이드웹 컨소시엄(W3C)이 제정한 HTML표준 등이 있다. 이들 ICT 기술표준 중 상당 부분이 전통적인 공식표준화기구[22]가 아닌 기업, 기관, 또는 개인으로 이루어진 기업연합 또는 산업 컨소시엄(consortium)을 통해 제정된다는 점에서 기타 산업 분야의 표준화과정과 대비된다. 공식표준화기구에서 최종 표준문서가 채택되기 위해서는 엄격한 내부검토와 까다로운 승인과정을 거쳐야하기 때문에 표준제정에 수년이 소요된다. 반면, 산업 컨소시엄 등은 기술발전에 유연하게 대응할 수 있고 내부의사결정도 효율적으로 이루어지기 때문에 하루가 다르게 기술이 발전하는 ICT 산업 분야에서 사실상 표준화기구로 기능하며 공식표준화기구보다 더욱 막강한 영향력을 발휘하기도 한다.

[표 5-4] ICT 기술표준과 사실표준화기구 예시

대표 기술표준	Wi-Fi	USB	HTML
용도	무선인터넷	컴퓨터 주변장치	웹 문서
표준제정기관	IEEE	USB Enabling Connections™	W3C®
공식사이트	www.ieee.org	www.usb.org	www.w3.org

---

21 H. Liu(2014), "International Standards in Flux: A Balkanized ICT Standard-Setting Paradigm and Its Implications for the WTO," *Journal of International Economic Law*, Vol. 17, no. 3, 552.

22 국제전기통신연합(ITU), 국제표준화기구(ISO), 국제전기기술위원회(IEC)가 대표적이다.

유럽표준화기구(CEN/CENELEC)의 조사에 따르면 2012년 8월 현재, 전 세계
적으로 산업 컨소시엄 형태로 이루어진 230개 이상의 표준제정기구가 존재하며
157개 컨소시엄이 미국에 소재하고 있다.[23] 디지털기술 및 디지털서비스와 관
련된 기술표준을 제정하는 대표적인 사실표준화기구는 아래와 같다.

- 전기전자기술자협회(IEEE)[24]: 1963년 미국 뉴욕주에 설립된 비영리기구
  로서 세계 최대의 전문기술자단체이다. 인류의 이익을 위한 기술혁신과
  기술적 탁월성 제고를 비전으로 삼고 있으며 이를 위해 전기 · 전자 · 컴
  퓨터 · 기타 과학기술 분야에 전문성을 갖춘 학생, 기술자, 과학자, 전문
  가에게 참여가 개방되어 있다. IEEE표준협회(IEEE-SA)를 통해 수천 건의
  ICT표준을 개발하였으며, Wi-Fi의 기반이 되는 802.11 계열 기술표준이
  가장 대표적이다.
- 인터넷기술작업반(IETF)[25]: 인터넷 표준화 작업을 담당하는 전 세계 네트
  워크 설계자, 네트워크 사업자, 관리자, 연구자 등이 참여하는 개방형
  공동체이다. IEEE와 달리 IETF는 법인형태가 아니며 누구든 참여할 수
  있도록 개방된 포럼으로 운영된다. 인터넷 네트워크의 핵심 프로토콜인
  TCP/IP를 비롯하여 라우팅, 암호화 프로토콜 등 인터넷과 관련된 다양
  한 기술표준을 개발하였다.
- 월드와이드웹 컨소시엄(W3C)[26]: 미국의 매사추세츠공대 컴퓨터과학 및
  인공지능 연구소(CSAIL), 프랑스에 위치한 유럽 정보수학 연구컨소시엄
  (ERCIM), 일본의 게이오대학교, 중국의 베이항대학교가 공동으로 운영하
  는 계약 컨소시엄의 형태로 1994년 설립되었다. 국제적인 단체로 역할

---

23 H. Liu, *supra* note 21, 570.

24 *About IEEE*, IEEE 공식 웹사이트, https://www.ieee.org/about/index.html(최종접속
    일: 2019년 10월 13일).

25 *About IETF*, IETF 공식 웹사이트, https://www.ietf.org/about/(최종접속일: 2019년 10월
    13일).

26 *About W3C*, W3C 공식 웹사이트, https://www.w3.org/Consortium/(최종접속일: 2019년
    10월 13일).

하기 위해 세계 각지에 지역사무소를 운영하고 있다. 회원 협정을 체결할 수 있는 실체라면 어떠한 형태의 조직이나 개인도 참여할 수 있으며 인터넷의 장기간 성장을 보장하는 프로토콜과 가이드라인을 개발함으로써 인터넷의 잠재력을 최대한으로 이끌어낸다는 비전을 갖고 활동 중이다. 대표적으로 웹 문서 작성표준인 HTML 기술표준을 개발하였다.

- 구조화정보표준개발기구(OASIS)[27]: 정보화사회에 필요한 공개표준의 개발·융합·채택을 촉진하기 위해 만들어진 비영리 컨소시엄이다. 1993년 표준일반화마크업언어 공개모임(SGML Open)이라는 이름으로 미국 펜실베이니아주에 설립되었으며 1998년 OASIS로 명칭을 변경했다. 현재 본사는 미국 보스턴에 위치하고 있다. 기업, 단체뿐만 아니라 개인도 OASIA의 회원이 될 수 있으며 65개국을 대표하는 2,000명 이상의 회원을 보유하고 있다. 사물인터넷, 클라우드 컴퓨팅, 사이버보안, 웹서비스, 기타 인터넷 및 디지털기술과 관련된 분야에서 전 세계적으로 통용되는 기술표준을 개발하는 가장 대표적인 사실표준화기구이다.

- 제3세대협력사업(3GPP)[28]: ICT 분야의 공인된 일부 국가·지역 표준화단체가 제3세대 이동통신(3G)의 세부 기술규격을 개발하고 이를 국제표준화하기 위한 공동 작업을 추진하고자 결성한 협력사업이다. 1998년 12월 ARIB(일본), ETSI(유럽), T1(미국), TTA(한국), TTC(일본) 등 5개 개방형 표준화단체가 3GPP협약을 체결하면서 시작되었고 현재는 중국과 인도의 단체가 추가되어 7개 표준화단체가 3GPP 내의 표준화활동을 주도하고 있다. 제4세대 이동통신(4G) 기술인 LTE 최초 규격을 완성한 이후 3G 이후의 새로운 이동통신 기술규격을 선도하는 핵심적인 사실표준화기구로 활동하고 있다. 현재 ITU의 IMT−2020이 요구하는 제5세대 이동통신(5G) 기술표준을 개발하는 사실상 유일한 표준화기구이다.[29]

---

27 *About OASIA*, OASIS 공식 웹사이트, https://www.oasis-open.org/org(최종접속일: 2019년 10월 13일).

28 *About 3GPP*, 3GPP 공식 웹사이트, https://www.3gpp.org/about−3gpp(최종접속일: 2019년 10월 13일).

29 조용호(2018), "5G 이동통신 표준화 동향", 주간기술동향, 제1838호, 2.

이외에도 공식표준화기구가 효율적으로 대응하지 못하는 디지털기술 분야에서 다양한 사실표준화기구가 포럼(forum) 및 컨소시엄의 형태로 활동하고 있다.[30] 기술표준 제정을 둘러싸고 기존 공식표준화기구와 사실표준화기구의 대립이 나타나기도 하지만 ICT 분야에서는 공식표준화기구와 사실표준화기구가 서로의 전문성을 인정하고 상호협력을 통해 국제표준을 공동으로 제정하는 추세이다.[31]

(2) 국제표준과 사실표준화기구와의 관계[32]

세계무역기구(WTO)의 출범과 동시에 무역에 대한 기술장벽에 관한 협정 (TBT 협정)이 제정되면서 각국 정부의 표준 및 기술규정과 관련된 정책은 TBT 협정의 규율을 받게 되었다. 특히 TBT 협정 제2.4조에 따라 '관련 국제표준 (relevant international standards)'이 이미 존재하거나 완성이 임박한 경우에는 WTO 회원국은 이에 기초하여 기술규정을 마련해야 한다. 그러나 관련 국제표준이란 무엇인지, 어떤 표준화기구가 국제표준을 제정할 수 있는지에 대한 명확한 규정이 제시되어 있지 않아 혼란스럽다. 특히 ICT 분야의 표준화활동은 공식표준화기구가 아닌 사실표준화기구에 의해 주로 수행되는 만큼 국제통상체제 내에서 국제표준과 사실표준화기구의 관계에 대한 논란이 지속되고 있다.[33]

디지털기술 분야에서 기업 간 연합, 포럼, 컨소시엄의 형태로 표준을 제정

---

30 인공지능, 블록체인, 클라우드 컴퓨팅, 사물인터넷, 사이버보안, 인터넷 네트워크, 무선통신과 이동통신 등 디지털무역과 관련된 디지털기술 분야에서 활동하는 구체적인 사실표준화기구에 대해서는 다음을 참고. *Standard Setting Organizations and Standards List*, ConsortiumInfo.org, https://www.consortiuminfo.org/links/#.XZlXpUb7SUm(최종접속일: 2019년 10월 13일).

31 한국정보통신기술협회(2005), 정보통신표준화백서, 34.

32 이하의 내용은 곽동철(2019), "5G 시대의 사실표준화기구와 TBT 협정과의 관계 – 3GPP와 TBT 협정 제2.4조 해석을 중심으로", 국제경제법연구, 제17권 제1호를 수정·요약한 것임.

33 WTO체제 하에서 ICT 분야 사실표준화기구의 법적 성격에 대한 일반적 논의는 H. Liu, *supra* note 21; B. Hazucha, "Technical Barriers to Trade in Information and Communication Technologies," in T. Epps and M. J. Trebilcock(Eds.), *Research Handbook on the WTO and Technical Barriers to Trade*(Edward Elgar, 2013), pp.525–565 참조.

하는 사실표준화기구가 WTO TBT 협정의 목적상 국제표준화기구에 해당하는
가는 국제통상법적으로 중요한 의미를 갖는다. WTO 회원국은 기술규정을 마
련할 경우 관련 국제표준에 기초해야 하는데 WTO 판례법상 기술규격(technical
specification)이 국제표준으로 인정받기 위해서는 국제표준화기구에 의해 채택되
어야 하기 때문이다.34 앞에서 언급된 IEEE, IETF, W3C, OASIS, 3GPP 등 사실
표준화기구들이 WTO TBT 협정의 목적상 국제표준화기구에 해당한다면 이들
단체가 채택한 기술규격이 국제표준으로 인정되는 것이다.

  WTO 분쟁해결기구는 국제표준의 존재유무를 판단하기 위해 표준의 실질
적인 내용을 평가하기보다 표준을 개발·채택하는 표준화단체가 TBT 협정이 인
정하는 국제표준화기구인지를 검토하였다. 대표적으로 US−Tuna II사건에서
WTO 상소기구는 문제의 표준이 국제표준인지는 표준 자체의 내용이 아니라
"표준을 승인하는 실체의 성격"에 달려있다고 판단했다.35 표준의 내용에 중점
을 두기보다는 표준화 과정을 강조하여 문서가 (공식표준화기구인지 사실표준화기구
인지 여부에 관계없이) 국제표준화기구에 의해 채택되기만 하면 TBT 협정상의 국
제표준에 해당한다고 보았다.36 따라서 어떠한 단체 또는 기구가 TBT 협정상
표준을 국제표준으로 승인할 수 있는 권한을 가진 적법한 국제표준화단체인지
가 주요 쟁점으로 부각되었다.

  상소기구는 표준 관련 문서를 생산하는 표준화단체가 국제표준화기구로
인정받기 위해서는 '제2차 TBT 협정의 운영과 이행에 관한 검토'37의 부속서
4에 포함된 'TBT위원회 결정(Annex 4 Decision of the Committee on Principles for
the Development of International Standards, Guides and Recommendations with Relation
to Articles 2, 5 and Annex 3 of the Agreement)'38이 제시하는 국제표준 제정의 원

---

34 Appellate Body Report, *United States−Measures Concerning the Importation, Marketing
    and Sale of Tuna and Tuna Products*(이하 *US-Tuna II*), WT/DS381/ AB/R, 13 June
    2012, para. 359.
35 *Ibid.*, para. 353.
36 *Ibid.*, para. 356.
37 WTO, *Second Triennial Review of the Operation and Implementation of the
    Agreement on Technical Barriers to Trade*, G/TBT/9, 13 November 2000.
38 *Ibid.*, pp.24−26.

칙과 절차를 준수해야 한다고 판정했다.39 이에 따르면 모든 이해당사자가 핵심
정보에 쉽게 접근할 수 있어야 하고(투명성), 회원자격은 모든 단체에 비차별적으
로 개방되어야 하며(개방성), 모든 관련 단체가 국제표준 제정에 기여할 수 있도
록 총의 절차가 마련되어 있어야 하고(공정성 및 총의), 표준이 과학적·기술적 발
전에 효율적으로 대응할 수 있어야 하며(효율성 및 관련성), 표준화단체는 기타 표
준화단체와 협력하여 중복표준을 방지해야 하고(일관성), 개발도상국의 어려움을
충분히 고려하여야 한다(개발 차원).40 TBT위원회 결정에 명시된 국제표준 제정
의 6가지 원칙을 사실표준화기구가 모두 준수하면서 표준을 개발하고 표준화활
동을 확인하였다면 그러한 사실표준화기구는 국제표준화기구로 활동할 수 있고
해당 사실표준화기구가 제정한 표준은 국제표준으로 인정받을 가능성이 크다.

[표 5-5] TBT위원회 결정에 제시된 국제표준 제정의 원칙

원칙	주요 내용
투명성 (transparency)	• 모든 관련 이해당사자가 현재 진행 중인 작업계획, 고려 중인 표준·지침·추천에 관한 제안 그리고 최종 결과에 관한 모든 핵심 정보에 쉽게 접근할 수 있어야 함
개방성 (openness)	• 국제표준화단체의 회원자격이 적어도 모든 WTO 회원국의 관련 단체에 비차별적으로 개방되어야 함 • 정책 수립단계와 모든 표준 제정단계에 차별없이 참여할 수 있어야 함
공정성 및 총의 (impartiality and consensus)	• WTO 회원국의 모든 관련 단체가 국제표준의 제정에 기여할 수 있도록 의미있는 기회가 제공되어야 함 • 모든 이해당사자의 견해가 반영될 수 있도록 총의 절차가 마련되어야 함
효율성 및 관련성 (effectiveness and relevance)	• 국제표준은 규제당국·시장의 수요뿐만 아니라 다양한 국가의 과학적·기술적 발전에 관련되어야 하고 효율적으로 이에 대응해야 함 • 국제표준은 성능에 기반하여야 함
일관성 (coherence)	• 타 국제표준화단체와의 협력·조정을 통해 표준의 중복을 방지해야 함

---

39 Appellate Body Report, *US-Tuna II*, *supra* note 34, para. 371-372.
40 TBT위원회 결정이 제시한 국제표준 제정의 6가지 원칙의 주요 내용에 대해서는 [표 5-5] 참조.

원칙	주요 내용
개발 차원 (development dimension)	• 표준제정과정에 효율적으로 참여하기 힘든 개발도상국의 어려움이 고려되야 함 • 국제표준화단체 내에서 개발도상국을 위한 기술지원, 역량강화지원 등이 이루어져야 함

출처: WTO(2000), pp.24-26.

4 ___ 결론

　　인터넷과 스마트폰의 등장으로 전자적 수단을 사용하여 상품과 서비스를 국경을 넘어 거래하는 전자상거래 또는 디지털무역이 활발히 이루어지고 있다. 디지털기술이 한층 더 발전하고 대규모 데이터 또는 정보의 수집·저장·가공·활용이 가능해진다면 디지털무역은 더욱 빠르게 성장할 것이고 새로운 성장동력으로 각광받을 전망이다. 그러나 다른 한편으로는 개인정보보호, 사이버안보, 소비자보호, 데이터 독점, 국내산업보호 등을 이유로 사이버 공간에 무역장벽을 세우려는 각국 정부의 디지털무역정책도 빈번히 나타나고 있다.

　　다자차원의 디지털무역규범을 형성하기 위해 마련된 WTO 전자상거래 작업계획이 가시적인 성과를 내지 못하자 주요국들은 FTA를 통해 디지털무역규범을 만들어가고 있다. 특히 디지털무역 자유화를 강력히 주장하는 미국은 한미 FTA, CPTPP, USMCA 등을 통해 국경 간 데이터 이전 자유화, 데이터현지화 금지, 소스코드 및 알고리즘 공개 금지, 온라인 플랫폼서비스 공급자 면책, 공공데이터 개방 등 혁신적인 디지털무역규범을 마련하였다. 현재 이루어지고 있는 WTO 복수국간 전자상거래 협상에서도 해당 규범들이 논의될 가능성이 큰 만큼 이에 대한 연구가 지속적으로 이루어져야 한다.

　　디지털무역은 데이터와 정보의 신속한 교환을 핵심으로 하기 때문에 서로 다른 기기 간 상호운용성과 상호호환성을 보장하는 기술표준이 필수적이다. 그러나 국제표준이 존재하지 않거나 국제표준이 제정되어 있음에도 불구하고 ICT 분야에서 일국이 특정 기술의 사용을 강제한다면 이는 디지털무역을 저해할 가능성이 크다. 특히, 중국 정부의 특정 암호화기술 사용 요건 및 사이버보안 안전성 심사 요건 등이 외국 기업에 차별적으로 적용되어 무역기술장벽으로 작용한다는 우려가 점증하고 있다.

한편 디지털무역과 관련된 기술표준을 제정하는 사실표준화기구의 역할과 법적 성격에 대해서도 주목해야 한다. 기술발전 속도가 빠른 ICT 분야에서 공식표준화기구의 한계를 사실표준화기구가 보완하는 만큼 공식표준화기구와 사실표준화기구와의 관계, 개별 사실표준화기구의 국제표준화기구 인정 가능성 등에 대해 심도있는 연구가 필요하다.

참고문헌
reference

곽동철 (2019), "5G 시대의 사실표준화기구와 TBT협정과의 관계 ─ 3GPP와 TBT협정 제2.4조 해석을 중심으로,"『국제경제법연구』, 제17권 제1호, 2019.

곽동철, 안덕근 (2016), "아날로그 체제 하의 디지털무역 ─ 디지털무역 자유화와 무역협정의 역할,"『통상법률』, 통권 제131호.

조용호 (2018), "5G 이동통신 표준화 동향,"『주간기술동향』, 제1838호.

한국정보통신기술협회 (2005),『정보통신표준화백서』.

Fefer, R. F., S. I. Akhtar, and W. M. Morrison (2017), Digital Trade and U.S. Trade Policy, *CRS Report*, R44565.

Hazucha, B. (2013), "Technical Barriers to Trade in Information and Communication Technologies," in T. Epps and M. J. Trebilcock (Eds.), *Research Handbook on the WTO and Technical Barriers to Trade*, Edward Elgar Publishing.

Liu, H. (2014), "International Standards in Flux: A Balkanized ICT Standard-Setting Paradigm and Its Implications for the WTO," *Journal of International Economic Law*, Vol.17, no.3.

Monteiro, J. and R. (2017), The Provisions on Electronic Commerce in Regional Trade Agreements, *WTO Working Paper*, ERSD-2017-11.

USTR (2019), *2019 National Trade Estimates Report on Foreign Trade Barriers*.

WTO, *United States ─ Measures Concerning the Importation, Marketing and Sale of Tuna and Tuna Products*, WT/DS381/AB/R, 13 June 2012.

WTO, *Joint Statement on Electronic Commerce Initiative ─ Proposal for the Exploratory Work by Japan*, INF/ECOM/4, 25 March 2019.

WTO, *Minutes of the Meeting of 14─15 June 2017 ─ Note by Secretariat*,

G/TBT/M/72, 25 September 2017.

WTO, *Minutes of the Meeting of 6－7 March 2019 - Note by Secretariat*, G/TBT/M/77, 15 May 2019.

WTO, *World Trade Report 2018 - The Future of World Trade: How Digital Technologies Are Transforming Global Commerce*, WTO Publications, 2018.

WTO, *Work Programme on Electronic Commerce - Adopted by the General Council*, WT/L/274, 30 September 1998.

WTO, *Work Programme on Electronic Commerce - Interim Report to the General Council*, S/C/8, 31 March 1999.

WTO, *Work Programme on Electronic Commerce - Progress Report to the General Council*, S/L/74, 27 July 1999.

WTO, *Work Programme on Electronic Commerce -* Ministerial Decision on 13 December 2017, WT/MIN(17)/65, WT/L/1032, 18 December 2017.

WTO, *Second Triennial Review of the Operation and Implementation of the Agreement on Technical Barriers to Trade*, G/TBT/9, 13 November 2000.

3GPP, *About 3GPP*, https://www.3gpp.org/about-3gpp (최종접속일: 2019년 10월 13일).

ConsortiumInfo.org, *Standard Setting Organizations and Standards List*, https://www.consortiuminfo.org/links/#.XZlXpUb7SUm (최종접속일: 2019년 10월 13일).

Google, *Enabling Trade in the Era of Information Technologies - Breaking Down Barriers to the Free Flow of Information*, 2009, https://static.googleusercontent.com/media/www.google.com/ko//googleblogs/pdfs/trade_free_flow_of_information.pdf (최종접속일: 2019년 10월 13일).

IEEE, *About IEEE*, https://www.ieee.org/about/index.html (최종접속일: 2019년 10월 13일).

IETF, *About IETF*, https://www.ietf.org/about/ (최종접속일: 2019년 10월 13일).

OASIS, *About OASIS*, https://www.oasis-open.org/org (최종접속일: 2019년 10월 13일).

Sternburg, A., "Crucial USMCA Intermediary Protections Are Consistent with U.S. Law", *Disruptive Competition Project*, 2018, http://www.project-disco.org/21st-century-trade/120718-crucial-usmca-intermediary-protections-are-consistent-with-u-s-law/ (최종접속일: 2019년 10월 13일).

W3C, *About W3C*, https://www.w3.org/Consortium/ (최종접속일: 2019년 10월 13일).

FTA 투명성 원칙과 협력 과제

1 ___ 서론

세계무역기구(World Trade Organization: WTO)의 협정문은 'WTO 설립을 위한 마라케쉬 협정(Marrakesh Agreement Establishing the World Trade Organization)'을 시작으로 이하에 크게 4개의 부속서(Annex)와 양허표를 그 구성으로 하고 있는데, 이를 도표화하면 〈표 6−1〉과 같다. WTO 무역기술장벽 협정(Agreement on Technical Barriers to Trade: TBT 협정)은 아래 〈표 6−1〉을 기준으로 '상품(부속서 1A)의 추가사항'으로써 '여타 상품 협정'에 해당하게 된다.

WTO 설립에 크게 기여한 다자간 무역 협상인 우루과이라운드(Uruguay Round, 1986~1994)에서 논의되었던 WTO 협정의 기본 원칙은 크게 다음의 다섯 가지로 요약이 가능한데 이는 ① 비차별 원칙(non-discrimination principle), ② 불필요한 무역장벽 방지(avoidance of unnecessary barriers to trade), ③ 국제표준의 사용(use of international standards), ④ 개발도상국에 대한 기술적 지원, 특별 및 차등대우(technical assistance and special and different treatment for developing countries), 그리고 ⑤ 투명성(transparency)을 말한다.[1] 이러한 기본 원칙들은 비단 TBT 협정에 국한되어 적용되는 것은 아니고 기타 협정들까지 모두 포함하

---

1 유새별(2016), 『Mega FTA 대응전략 연구: TBT 협정을 중심으로』, 대외경제정책연구원, p.18.

[표 6-1] WTO 협정 구조

총괄(umbrella)		WTO 설립을 위한 마라케쉬 협정		
		상품 (부속서1A)	서비스 (부속서1B)	지식재산권 (부속서1C)
기본 원칙 (basic principles)	부속서 1	관세와 무역에 관한 일반 협정 (General Agreement on Tariffs and Trade: GATT)	서비스 무역에 대한 일반 협정 (General Agreement on Trade in Services: GATS)	무역 관련 지식재산권에 관한 협정 (Trade-Related Aspects of Intellectual Property Rights: TRIPS)
추가 사항 (additional details)		여타 상품 협정 및 부속서	서비스 부속서	
시장접근 약속 (market access commitments)		국가별 양허표	국가별 양허표 (및 MFN 면제)	
분쟁해결 (dispute settlement)	부속서 2	분쟁해결규칙 및 절차에 관한 양해(Understanding on Rules and Procedures Governing the Settlement of Disputes: DSU)		
투명성 (transparency)	부속서 3	무역정책검토제도(Trade Policy Review Mechanism: TPRM)		
	부속서 4	복수국간 무역 협정(Plurilateral Trade Agreements)		

출처: 산업통상자원부(2015.5). 저자 재작성.

여 WTO 전체의 기본 정신이자 철학으로써 투영되어 있다고 볼 수 있다. 하지만 상기 다섯 가지의 원칙에서 국제표준 사용에 대한 의무를 언급하였다는 점은 이러한 원칙들이 위생 및 식물위생조치의 적용에 관한 협정(Agreement on the Application of Sanitary and Phytosanitary measures: SPS 협정)과 함께 TBT 협정에서 가장 고르게 그리고 우선 반영되어야 한다는 점을 간접적으로 의미하기도 한다.

그럼에도 불구하고 WTO의 투명성에 대해서는 서로 상반되는 평가가 존재한다. 그 중에서도 특히 비판적인 의견은 WTO의 운영이 폐쇄적인 방식으로 위원회와 패널 중심 하에 이루어지며 다른 국내 법원 및 국제 협정체계들과 비교

했을 때 공표나 공공의무 이행 노력이 부족하다고 주장한다.[2] 국내외적 차원에서 투명성과 회원국의 참여도 제고가 결국엔 WTO라는 기구 전체의 신용도에 도움이 될 것이라는 고언(苦言)으로 이해해야 할 것이다.

2 ___ 국제무역질서와 투명성 원칙

투명성 원칙과 관련된 국제차원의 규범에 대한 논의의 초석은 1923년 국제연맹(League of Nations)에서 작성한 '관세절차의 간소에 관한 국제 조약(International Convention Relating to the Simplification of Customs Formalities)'에서[3] 다져진 것으로 볼 수 있는데, 이는 국내 검토를 포함한 투명성규범을 다루고 있다. 예를 들면, 이해관계자들이 관세행정에서 정보의 불충분으로 겪을 수 있는 소모적 낭비를 줄여줄 국가 단위의 관련 내용 신속 고시 등이다.[4] 투명성 원칙에 대한 국제규범이 다른 체제가 아닌 국제무역체제에서 시작되었다는[5] 것은 매우 유의미하다.

이러한 국제무역질서에서의 투명성 원칙은 1948년 GATT가 발효되면서 다시 한 번 규범화 과정을 겪게 되는데, 그 대표적인 성과가 제10조(무역규정의 공표 및 시행)라고 할 수 있다. GATT 체약국의 투명성 차원에서 무역관련 규정의 신속하고 적절한 공표와 시행을 골자로 하고 있는 해당 조항을 발췌하면 아래와 같다.

---

2 Charnovitz, Steve(2004), "Transparency and Participation in the World Trade Organization," p.927. 원문은 다음과 같다: "WTO business is conducted by committees and panels that meet behind closed doors in Geneva, Switzerland. [...] In sharp contrast to domestic courts and even other international agreements, at the WTO there is a startling lack of transparency, public disclosure or accountability. [...] [T]he WTO is intentionally designed to insulate against democratic pressure for change."

3 이진면 외(2013), "한중 FTA 협상준비를 위한 HS코드의 연계 및 관세율 DB구축", 산업연구원, p.24.

4 Charnovitz, Steve(2004), "Transparency and Participation in the World Trade Organization", p.929.

5 Ibid., p.931.

제10조 무역규정의 공표 및 시행[6]

1. 체약당사자가 시행하고 있는 법률·규정·사법판결 및 일반적으로 적용되는 행정결정으로서 관세목적을 위한 상품의 분류 또는 평가, 관세, 조세 또는 그밖의 과징금의 율, 수입 또는 수출, 또는 이를 위한 지급이전에 대한 요건, 제한 또는 금지에 관한 것이거나 상품의 판매, 유통, 운송, 보험, 창고보관, 검사, 전시, 가공, 혼합 또는 그밖의 사용에 영향을 주는 것은 각 정부 및 무역업자가 알 수 있도록 하는 방식으로 신속히 공표되어야 한다. 체약당사자 정부 또는 정부기관과 다른 체약당사자 정부 또는 정부기관 간에 유효한, 국제무역정책에 영향을 주는 협정 또한 공표되어야 한다. 이 항의 규정은 체약당사자가 법률의 시행을 방해하거나 달리 공익에 반하거나 공사를 불문한 특정기업의 정당한 상업적 이익을 저해할 수 있는 비밀정보를 공개하도록 요구하는 것은 아니다.

2. 체약당사자가 취하는 일반적으로 적용되는 어떠한 조치도, 확립되고 일관된 관행 하에서 수입에 부과되는 관세 또는 그밖의 과징금의 율을 증가시키는 것이거나 수입 또는 수입을 위한 지급이전에 대하여 새롭거나 더 부담이 되는 요건, 제한 또는 금지를 부과하는 것은 동 조치가 공식적으로 공표되기 이전에 시행되어서는 아니된다.

3. (a) 각 체약당사자는 이 조 제1항에 기재된 종류의 자신의 모든 법률, 규정, 판결 및 결정을 일관되고 공평하며 합리적인 방식으로 시행한다.

   (b) 각 체약당사자는 특히 관세와 관련된 행정적 조치의 신속한 검토 및 시정의 목적을 위하여 사법, 중재 또는 행정 재판소 또는 절차를 유지하거나 실행가능한 한 조속히 설치한다. 동 재판소 또는 절차는 행정적 시행을 담당하는 기관으로부터 독립되어야 하며, 그 판결은 상소가 수입자에 의하여 제기되도록 정하여진 기간 내에 상위관할권의 법원 또는 재판소에 상소가 제기되는 경우가 아니면 동 기관에 의하여 이행되고 또한 동 기관의 행위를 규율한다. 단, 동 기관의 중앙행정관청은 그 판결이 확립된 법 원칙이나 실제사실과 일치하지 아니한다고 믿을만한 충분한 이유가 있는 경우 다른 심의과정에서 동 문제에 관한 검토를 받기 위한 조치를 취할 수 있다.

   (c) 이 항 (b)호의 규정은 이 협정일자에 체약당사자의 영토에서 유효한 절차로서, 행정적 시행을 담당하는 기관으로부터 충분히 또는 정식으로 독립되어 있지 아니하다 하더라도 행정조치의 객관적이고 공평한 검토를 제시하는 절차의 철폐 또는 대체를 요구하는 것은 아니다. 동 절차를 채용하는 체약당사자는, 요청이 있을 경우, 동 절차가 이 호의 요건에 합치하는지 여부를 체약당사자단이 결정할 수 있도록 동 절차에 관한 충분한 정보를 체약당사자단에 제공한다.

---

6 박응용(2006), 『영한대역 WTO협정』, 법문사, pp.67-69.

1923년 '관세절차의 간소에 관한 국제 조약'을 통해 국제무역질서에서의 투명성 원칙이 규범화 되었고, 이후 1948년 GATT에서 상기 제10조로 재차 명문화되었으나 관련하여 무역 마찰이 발생한 경우는 1995년 12월 31일 GATT가 종료될 때까지 단 한 차례에 불과했다.7 당시 GATT 체약국이던 유럽경제공동체(European Economic Community: EEC)가 1988년 수입 사과에 대한 쿼터(quota)를 운용하는 과정에서 그에 대한 공표를 약 2개월 여 늦게 했다는 것이 해당 분쟁의 요지였다.

GATT체제하에 제10조를 중심으로 지켜져 오던 국제무역질서에서의 투명성 원칙은 1986년부터 1994년까지의 우루과이라운드(Uruguay Round: UR)에서도 주요 의제로 논의되었을 뿐만 아니라 기존의 상품 무역과 더불어 서비스 무역 및 지식재산권 분야에서도 함께 협상이 진행되었다. 그리고 이러한 투명성 논의는 실제 1995년 발효된 WTO 협정의 '여타 상품 협정'이나 GATS(부속서 1B), TRIPS(부속서 1C)에서도 찾아볼 수 있다. 그리고 이는 앞서 말한 투명성 원칙이 WTO 전체의 기본 정신이자 철학이라는 주장을 뒷받침한다.

SPS 협정의 제7조(투명성)나 TBT 협정의 제10조(기술규정, 표준 및 적합판정절차에 관한 정보), 관세평가 협정(Agreement on Implementation of Article VII of the General Agreement on Tariffs and Trade 1994, Customs Valuation Agreement: CV)의 제12조, 그리고 무역구제조치와 관련한 '긴급수입제한조치에 관한 협정(Agreement on Safeguards: SG)'의 제12조(통보 및 협의), '보조금 및 상계조치에 관한 협정(Agreement on Subsidies and Countervailing Measures: SCM)' 제25조(통보), '반덤핑 협정(Agreement on Implementation of Article VI of the General Agreement on Tariffs and Trade 1994, Anti-Dumping Agreement: ADA)' 제12조(판정에 관한 공고 및 설명)는 전언한 '여타 상품 협정'에 포함된 투명성 관련 조항의 좋은 예시이다. 추가로 앞서 말한 GATS와 TRIPS 역시도 각각 제3조(투명성)와 제63조(투명성)에서 이러한 원칙들을 명문화하고 있다. WTO체제 전체에 투명성 원칙이 편재(遍在)하고 있는 것으로 이해할 수 있다.

---

7 Ibid., p.933. *European Economic Community － Restrictions on Imports of Apples.*

3 ___ WTO TBT 협정상 투명성 의무와 한계

수치상 확인이 용이하고 조치의 차별적·비차별적 적용이 명백한 관세장벽 (Tariff Barriers)과 달리 비관세장벽(Non-Tariff Barriers: NTBs)의 경우는 투명성 원칙을 준수하도록 동기를 제공하고 이 원칙을 지속해서 발전시켜 나가는 것이 특히 중요하다. 그렇기 때문에 국제무역체제에서 NTBs를 다루는 가장 주요한 방법 중 하나가 바로 관련 통보 원칙 등을 강화해 해당 국가정책이나 제도의 투명성을 강화시키고[8] 교역상대국들로 하여금 특정 조치에 대한 이해도를 제고시켜 무역상 불이익을 방지하는 것이다. WTO체제에서는 무역정책검토제도 (Trade Policy Review Mechanism: TPRM)를 통해 회원국들이 시행하는 통상정책 및 규제를 WTO 사무국(WTO Secretariat)에 통보할 의무를 부여하고 이를 통해 기타 회원국들에게 정확한 정보를 제공하는 것은 물론[9] 이 과정에서 불필요하거나 과도한 조치를 사전에 방지하도록 하는 일종의 집단압력(peer pressure)도 촉진한다. 뿐만 아니라 앞서 본 바와 같이 특정 협정별로도 이러한 의무를 별도 조항으로 도입한 상태다. 대표적인 예가 SPS 협정과 TBT 협정에서의 통보제도이다.[10]

특히 TBT로 인한 어려움의 대표적 유형은 위와 같은 맥락으로 수입국의 기술규제에 대한 정보의 정확성과 확보까지의 소요 시간, 그 중에서도 신규 기술규제에 대한 준비 기간 부족 등이다.[11] 따라서 TBT 협정은 이에 대응하기 위한 투명성 원칙 관련된 내용들을 협정문 전반에 걸쳐 기술해두고 있는데 기술규정(technical regulations)에 대한 내용은 제2.9조와 제2.10조에, 표준(standards)과 관련된 투명성 조항은 부속서3 모범관행규약(Code of Good Practice) 제10항부터 제16항, 적합성평가절차(Procedures for Assessment of Conformity)에서의 동 원칙은 제5.6조와 제5.7조에서 다루고 있다.[12] 또한, 기술규정과 표준, 적합성평가절차라는 TBT 협정 내 세 가지 핵심 영역을 총괄하는 정보의 투명성에 대해서는 별

---

8 안덕근, 김민정(2017), 『국제통상체제와 무역기술장벽』, 박영사, p.84.

9 *Ibid.*

10 *Ibid.*

11 *Ibid.*

12 *Ibid.*

도의 제10조, 최종 조항인 제15조 제2항부터 제4항(검토)에서도 추가적으로 명문화해두고 있어 여타 협정들과 비교해도 그 투명성 의무가 강한 편에 속한다고 할 수 있다. 이 중에서도 특히 제10조는 다음과 같다:

정보 및 지원
제10조 기술규정, 표준 및 적합판정절차에 관한 정보[13]

10.1 각 회원국은 다른 회원국 및 다른 회원국내의 이해당사자로부터의 모든 합리적인 문의에 응답할 수 있고 아래에 관한 문서를 제공할 수 있는 하나의 문의처가 존재하도록 보장한다.

    10.1.1 중앙 또는 지방정부기관, 기술규정시행의 법적 권한을 가진 비정부기관 또는 이러한 기관이 회원이거나 참가자인 지역표준기관에 의하여 자기나라 영토내에서 채택되거나 제안된 모든 기술규정,

    10.1.2 중앙 또는 지방정부기관, 또는 동 기관이 회원이거나 참가자인 지역표준기관에 의하여 자기나라 영토내에서 채택되거나 제안된 모든 표준,

    10.1.3 중앙 또는 지방정부기관, 또는 기술규정시행의 법적 권한을 가진 비정부기관 또는 이러한 기관이 회원이거나 참가자인 지역기관에 의하여 자기나라 영토내에서 운영되고 있는 모든 적합판정 절차 또는 제안된 적합판정절차,

    10.1.4 국제 및 지역표준기관과 적합판정체제, 그리고 이 협정의 범위내의 양자 및 다자간 약정에 대한 회원국 또는 회원국 영토내의 관련 중앙 또는 지방정부기관의 회원지위 및 참가. 문의처는 또한 이러한 체제 및 약정의 규정에 관한 합리적인 정보를 제공할 수 있어야 한다.

    10.1.5 이 협정에 따라 공표된 통보의 소재지 또는 이러한 정보의 입수가 가능한 장소에 관한 정보의 제공, 그리고

    10.1.6 제3항에 언급된 문의처의 소재지

10.2 그러나 법적 또는 행정적 이유로 인하여 회원국이 둘 이상의 문의처를 설치하는 경우, 이 회원국은 다른 회원국에게 각 문의처의 책임의 범위에 관하여 완전하고 분명한 정보를 제공한다. 또한 잘못 송부되어진 모든 문의가 정확한 문의처로 신속히 전달되는 것을 보장한다.

10.3 각 회원국은 다른 회원국과 다른 회원국내의 이해당사자로부터의 모든 합리적인 문의에 응답할 수 있고 다음 사항에 대한 관련문서 또는 이러한 문서의 입수가 가능한 장소에 관한 정보를 제공할 수 있는 하나 또는 그 이상

---

13 박웅용(2006), 『영한대역 WTO협정』, 법문사, pp.224-227.

의 문의처가 존재하도록 보장하기 위하여 가능한 합리적인 조치를 취한다.

10.3.1 비정부표준기관 또는 이러한 기관이 회원이거나 참가자인 지역표준기관에 의하여 자기나라 영토내에서 채택되거나 제안된 표준, 그리고

10.3.2 비정부기관 또는 이러한 기관이 회원이거나 참가자인 지역기관에 의하여 자기나라 영토내에서 운영되고 있는 적합판정절차, 또는 제안된 적합판정절차

10.3.3 국제 및 지역표준기관과 적합판정제도, 그리고 이 협정의 범위내의 양자 및 다자간 약정에 대한 자기나라 영토내의 관련 비정부기관의 회원지위 및 참가, 이들 문의처는 또한 이러한 체제 및 약정의 규정에 관한 합리적인 정보를 제공할 수 있어야 한다.

10.4 다른 회원국 또는 다른 회원국의 이해당사자가 문서의 사본을 요청할 경우, 회원국은 이 협정의 규정에 따라 실제 송부비용을 제외하고는 관련 회원국 국민 또는 그 밖의 회원국 국민(Re.1)에게14 부과하는 가격과 동일한 공평한 가격(만일 있다면)으로 제공하는 것을 보장하기 위하여 가능한 합리적인 조치를 취한다.

10.5 선진국 회원국은 다른 회원국의 요청이 있는 경우 특정 통보의 대상이 되는 문서 또는 분량이 많은 경우 동 문서의 요약본을 영어, 불어 또는 스페인어 번역본으로 제공한다.

10.6 사무국은 이 협정의 규정에 따라 통보를 접수하는 경우 이러한 통보의 사본을 모든 회원국 및 이해관계가 있는 국제표준기관과 적합판정기관에 배포하며, 개발도상 회원국의 특별한 관심품목과 관련되어있는 모든 통보에 대하여 이들의 주의를 환기한다.

10.7 회원국이 무역에 중대한 영향을 미칠 수 있는 기술규정, 표준 또는 적합판정절차와 관련한 문제에 대하여 다른 국가와 합의를 한 때에는 언제나 합의 당사국중 적어도 한 회원국은 합의 내용의 간단한 설명과 함께 합의의 대상품목을 사무국을 통하여 다른 회원국에게 통보한다. 요청이 있는 경우 관련 회원국은 유사한 합의를 체결하거나 또는 이러한 합의에 참가할 수 있도록 할 목적으로 다른 회원국과 협의를 개시하는 것이 장려된다.

10.8 이 협정의 어떠한 규정도 다음 사항을 요구하는 것으로 해석되지 아니한다.

10.8.1 회원국의 자국어 이외의 언어로 본문 공표,

10.8.2 제5항에 기술된 경우를 제외하고는 회원국의 자국어 이외의 언어로

---

14 (Remark 1)이 항의 "국민"이란 세계무역기구의 독자적 관세영역 회원국의 경우 이러한 관세영역에 거주하거나 실질적이고 유효한 산업 또는 상업적 사업장을 갖는 자연인 또는 법인을 의미한다.

된 초안의 상세한 내용 또는 사본의 제공, 또는

10.8.3 공개시 자신의 본질적인 안보이익에 반하는 것으로 회원국이 간주하는 정보의 제공

10.9   사무국에 대한 통보는 영어, 불어 또는 스페인어로 한다.

10.10 회원국은 부속서 3에 포함된 통보절차를 제외한 이 협정의 통보절차에 관한 규정을 국가차원에서 시행할 책임이 있는 단일의 중앙정부당국을 지정한다.

10.11 그러나 법적 또는 행정적 이유로 인하여 통보절차에 관한 책임이 둘 또는 그 이상의 중앙 정부 당국간에 분산되는 경우, 관련 회원국은 다른 회원국에게 이들 각 기관의 책임의 범위에 관한 완전하고 분명한 정보를 제공한다.

WTO TBT 협정상 투명성 원칙과 관련된 조항상 목표를 두 가지 정도로 설정하고 있는데, 이는 첫째, 통보를 통한 정보접근성 제공과[15] 둘째, 조치에

───────

15 1995년 1월 1일 WTO 설립 이후 2012년 12월 31일까지 통보된 TBT 관련 조치는 총 15,754건에 달하는데 이 중에서도 2012년 한 해동안 통보문(1,560건)의 구성을 살펴보면 인간의 보건이나 안전보호와 관련된 것이 1,023건, 환경보호가 253건, 품질 요건은 238건, 기만 관행 방지 및 소비자보호, 소비자 정보 및 라벨링 관련이 각각 211건과 81건이었다. 이를 통보국의 경제수준에 따른 구분으로 보면 개발도상국이 식품 분야 라벨링, 포장 규격 관련 등 80%(1,250건)이고 선진국의 경우는 에너지 효율, 환경보호, 안전기준 등 20%(310건) 정도에 불과했다. 류경임(2015), 『기술규제와 무역』, 한국표준협회미디어, pp.152-153.

[표 6-2] 규제 목적별 통보문의 수

목적과 사유	2012년 통보문에서 제1, 제2 또는 제3 목적으로 언급된 통보문 수
인간의 건강과 안전보호	1,023
환경보호	253
품질 요구 사항	238
기만적 관행 방지와 소비자보호	211
소비자 정보, 라벨링	81
조화(harmonization)	51
무역장벽 감축 또는 제거	39
신규 국내법 및 기술 채택	30
동·식물 생명이나 건강보호	25
무역 원활화	24
기타	9
생산 비용 감축과 생산성 향상	5
기재되지 않음	4
전체	1993

대한 의견제시 기회 제공 및 수렴이다. 그리고 특히 이는 해당 조치에 대한 국 제표준이 부재한 경우 및 조치가 무역에 중대한 영향을 줄 수 있는 경우 더욱 더 엄격하게 적용될 수 있다.[16] 이에 따라 기술규정, 표준, 적합성평가절차 각 각 및 전체에 대한 투명성 관련 조항은 이러한 지향을 적절히 담고 있고 각 조 항의 내용들이 대동소이하다. 보통, 공표 및 통보, 설명의 의무와 필요한 경우 관련 자료의 (사본) 제공, 의견 제시 및 논의 기회 제공 등이 골자이다. 이를 위 해 제10조에서는 각 회원국으로 하여금 TBT와 관련한 문의처(enquiry point)를 적어도 한 곳 이상 운영하도록 하고 있다.

이렇게 상세하게 서술되고 명문화 되어 있음에도 불구하고 WTO TBT 협 정에는 여전히 많은 정책구멍(loophole)들과 그로 인한 한계들이 상존한다. 특히 회원국들의 협정 이행에 있어서의 불성실성이 가장 우려되는 대목이다.[17] TBT 협정은 회원국들로 하여금 통보의 의무를 부여하면서 이에 대한 기타 회원국들 의 의견을 초기 단계에 적절히 수렴하고 반영하도록 하고 있지만 그에 대한 별 도의 세부 절차가 명시되어 있지 않을뿐더러[18] 앞서 말한 '적절한 초기 단계'가 언제인지도 설명이 부재하다. 따라서 TBT와 관련된 여러 가지 투명성 원칙과 관련된 문제들 중에서도 특히 이처럼 시기와 관련된 문제가 다반사로 발생하는 데, 대표적으로 회원국들이 통보문을 작성하고 이를 회람하는 절차에 지나치게 많은 시간이 소요된다는 것이 문제이다. 여기에 더해 그 내용이 완전하지 못하 고 오류 가능성도 있다는 점은 추가적 우려를 야기한다.[19]

따라서 협정문상 법적 공백을 메꾸어주는 역할을 수행할 TBT위원회의 존 재는 매우 중요하다. 실제 TBT위원회 2000년 제2차 3년 주기 검토보고서에 따 르면 기술규정(안) 또는 적합성평가절차(안)을 통보할 때 코멘트 기간은 최소 60

---

16 *Ibid.*, p.147. 무역에 대한 영향의 중대성 개념에 대해 TBT위원회를 따르면 중대한 영 향이란 기본적으로 수입 증진 및 감소 효과 모두를 포함한다. 수출국과 수입국 관점 모 두에서 수입의 가치 또는 다른 중요성, 수입의 성장 잠재성 및 생산자가 제안된 조치를 준수하는 과정에서 겪을 수 있는 어려움까지 고려해야한다고 권고한다(WTO, TBT위원 회-제6차 3년 주기 검토보고서, G/TBT/32, 29, November 2012). *Ibid.*, p.148.

17 왕상한(2003), 『WTO 뉴라운드와 기술무역장벽』, 새문사, p.119.

18 류경임(2015), 『기술규제와 무역』, 한국표준협회미디어, pp.147-148.

19 왕상한, *Ibid.*, p.121.

[그림 6-1] WTO TBT 통보문 현황(1995~2019)

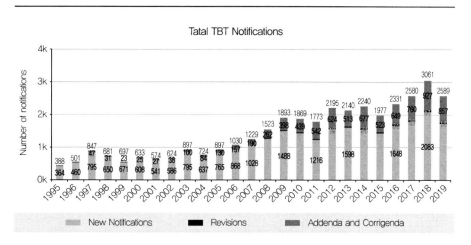

출처: http://tbtims.wto.org/en/PredefinedReports/NotificationReport(2019.10.23. 방문)

일을 허용하고 가능한 경우에는 90일까지 줄 수 있도록 장려한다고 결정했고,[20] 2001년 WTO 제4차 각료회의(Ministerial Conference: MC4)에서는 TBT 협정 제 2.12조에서 명시하고 있는 기술규정의 공표와 발효 사이 '합리적인 시간간격 (reasonable interval)'에 대해 통상 6개월 이상으로 정의 내리고 정당한 목적을 실 현하는 데 비효과적인 경우는 예외로 둘 수 있도록 하였다.[21]

협정문 외 TBT 투명성 원칙 강화 노력으로 TBT 정보 관리 시스템(TBT Information Management System: IMS)도[22] 빼놓을 수 없다. WTO에서 운영하는 본 웹사이트는 각종 TBT 통보문과 개별 무역 현안에 대한 정보들을 제공하는데, 특히 자체 웹사이트 운영이 어려운 개발도상 회원국들에게 도움을 준다. TBT

---

20 류경임, *Ibid.*, pp.150−152. 이와 같은 위원회 결정에도 불구하고 실제 통보문에 주어 지는 기타 회원국들의 평균 코멘트 기간은 2012년 56.6일로 짧게 나타나 여전히 협정 상 투명성 원칙의 완벽한 이행에 대해서는 한계가 존재함이 증명됐다.

21 왕상한, *Ibid.*, p.122.

22 WTO TBT IMS의 웹사이트는 다음과 같다: ⟨http://tbtims.wto.org/⟩ 우리나라 역시도 TBT와 관련된 해외기술규제나 수출애로, 해외의 기술규제 통보문 정보 등을 '해외기술 규제정보시스템 knowtbt' 웹사이트에서 일괄 제공하고 있으며 그 주소 역시 다음과 같 다: ⟨https://www.knowtbt.kr/⟩

IMS 시스템의 지속적인 관리와 발전 역시 TBT위원회 논의 의제로 포함된다.[23] 이처럼 협정과 위원회, 그 외 온라인체계를 통해 WTO TBT의 투명성 원칙 의무 준수를 강화시켜 나가고 있음에도 불구하고 2019년 9월 기준 WTO 분쟁 중 TBT와 관련된 사례는 총 54건인데, 그 중에서도 투명성 원칙이 주요 쟁점으로 언급된 예시는 아래와 같다.

[표 6-3] 투명성 원칙과 관련된 주요 WTO TBT 분쟁 사례 예시[24]

DS#	분쟁명	제소국	피소국	주요 투명성 쟁점
72	Measures Affecting Butter Products	뉴질랜드	EU	제2.9조
291	Measures Affecting the Approval and Marketing of Biotech Products	미국	EU	제2.9조, 제5.6조
292	상동	캐나다	EU	상동
293	상동	아르헨티나	상동	상동
400	Measures Prohibiting the Importation and Marketing of Seal Products	캐나다	EU	제5.6조
401	상동	노르웨이	상동	상동
406	Measures Affecting the Production and Sale of Clove Cigarettes	인도네시아	미국	제2.9조, 제2.10조
532	Measures Concerning the Importation and Transit of Certain Ukrainian Products	우크라이나	러시아	제10.1조

출처: WTO. 저자 재작성.

상기 〈표 6-3〉에 근거하면 WTO TBT 분쟁 사례 중 투명성 원칙이 주요 쟁점으로 포함된 분쟁에 EU가 최다 피소국으로 확인되었지만, 우리나라 역시 WTO TBT 협정상 투명성 의무를 이행해 오는 것에 최선을 다해왔다. 사실 WTO 설립 초반 10년(1995~2004년)간 TBT 협정과 관련된 분쟁 사례는 총 29건 인데 그 중 우리나라의 기술규제가 문제가 된 것만 4건으로[25] 우리가 TBT 협

---

23 류경임, *Ibid.*, p.158.

24 WTO, https://www.wto.org/

25 당시 4건의 우리나라 관련 TBT 분쟁은 다음과 같다: (DS3) Korea, Republic of—

정 이행과 관련해 어려움이 없지 않았음을 시사한다. 특히 같은 시기 후반부 (2001~2004년) 우리나라 기술규제 관련 통보문 81건 가운데 TBT위원회가 결정한 의견제시 기간 60일 이상을 부여한 경우 역시 5건에 불과했기 때문에26 투명성 제고를 위한 노력은 국제무역체계에서 우리에게 당면한 과제 중 하나였다. 2017년 미국 트럼프 대통령 취임 이후 미국의 무역대표부(United States Trade Representative: USTR)가 매년 3월 발표하는 '국별 무역장벽 보고서(National Trade Estimate Report on Foreign Trade Barriers)'에서 2년 연속 우리나라의 주류 라벨링 제도 개정 관련 통보 및 시행 절차 등에 대해 투명성 원칙 문제를 거론하고 있어 그 합치성 여부를 떠나 TBT 협정상 투명성 의무는 여전히 우리가 주목해야 할 과제임을 재확인할 수 있다.27

4 ___ FTA TBT 협정상 투명성 의무와 주요 내용

위에 서술한 바와 같이 WTO TBT 협정에서의 투명성 원칙은 자세히 명문화된 조항들에도 불구하고 여러 가지 한계에 직면해 있음을 확인할 수 있었으며, 이에 대한 위원회의 적극적인 결정 등을 통해 법적 공백을 최소화해왔던 것역시 알 수 있었다. 그러나 기본적으로 WTO의 다자간 무역 협상인 도하개발어젠다(Doha Development Agenda: DDA)가 2001년 공식 출범한 이후 20년 가까운 시간 동안 합의되지 못하고 표류하면서 WTO TBT 협정체제에서의 투명성 원

Measures Concerning the Testing and Inspection of Agricultural Products(미국, 협의요청: 1995.4.4.), (DS5) Korea, Republic of—Measures Concerning the Shelf-Life of Products(미국, 협의요청: 1995.5.3.), (DS20) Korea, Republic of—Measures Concerning Bottled Water(캐나다, 협의요청: 1995.11.8.), (DS41) Korea, Republic of—Measures Concerning Inspection of Agricultural Products(미국, 협의요청: 1996.5.24.)

26 남상열(2005), "무역상 기술장벽 분야의 WTO 논의동향과 대응," 대외경제정책연구원, pp.148-149.

27 한국 주류 라벨링에 대한 미국의 이의제기와 관련 WTO 협정상 법적 검토에 대한 보다 자세한 내용은 박정준, 김연수(2019), "한국 주류 라벨링의 WTO TBT 협정 합치성에 대한 연구", 국제경제법연구, 제17권 제1호, pp.209-241 참고.

칙도 함께 정체되어 있는 현실이다.

　　세계통상체제는 WTO 다자체제의 이러한 공백을 FTA라는 복수체제를 통해 지속 발전시켜왔는데, 이하에서는 FTA TBT 협정상 투명성 원칙이 다루어져온 방향과 그 주요 내용을 우리나라 FTA 사례를 중심으로 일별한다. 이러한 연구범위 설정의 타당성은 앞서 말한 바와 같이 우리나라가 WTO TBT 협정 이행초기부터 여러 가지 어려움을 겪어왔다는 점, 그리고 이후 FTA를 중심으로 한통상정책기치 속에서 TBT와 관련한 과제들을 효과적으로 개선시켜 왔다는 점으로 확보할 수 있을 것이다.

　　우리나라는 2019년 10월 기준 현재까지 총 16개의 FTA를 발효시켰으며, 이미 이스라엘, 그리고 영국의 유럽연합(European Union: EU) 탈퇴인 '브렉시트(Brexit)'를 대비한 영국과의 FTA도 정식서명을 마친 상태이다. 이어 필리핀, 말레이시아, 인도네시아, 에콰도르, 메르코수르(브라질, 아르헨티나, 파라과이, 우루과이), 러시아 등과도 양자 협상이 진행 중에 있다.[28]

　　일반적으로 모든 FTA에 TBT 조항이 도입된 것은 2009년 이후부터로 알려져 있으며, FTA TBT규범은 기존의 WTO 수준을 그대로 유지하는 것 뿐이 아니라 그보다 더 진보되고 구체적인 법적 논의를 명문화하는 것으로 알려져 있다.[29] 특히 FTA에 도입된 TBT제도는 WTO TBT 협정의 기본 원칙이나, 적용범위, 정의와 더불어 투명성 절차를 강화하는 추세를 보이며 이를 통해 FTA 당사국들 간 정보 공개 및 공유, 의사 개진 절차를 별도 마련하고 있다.[30]

28　FTA 강국, KOREA, https://www.fta.go.kr/

29　김민정, 박정준(2015), "한국 FTA의 TBT규범 비교분석에 따른 법적 쟁점 연구", 국제·지역연구 제24권 제4호, p.32.

30　*Ibid.*, pp.32−33.

[표 6-4] 우리나라 FTA 협정상 TBT 챕터 도입 현황과 구성

순번	협정상대국 (발효년도)	TBT 관련 챕터 및 기타 부속서	투명성 관련 내용포함 주요 조항
1	칠레(2004)	제9장 표준관련 조치	제9.8조 투명성 제9.5조 양립성 제9.6조 적합성평가절차 제9.11조 기술협력
2	싱가포르(2006)	제8장 무역에 대한 기술장벽 및 상호인정	제8.5조 적합성평가의 상호인정 제8.7조 TBT 공동위원회 제8.8조 규제권한의 보유 제8.11조 분야별 부속서 부속서8B: 전기 및 전자장비에 관 한 분야별 부속서
3	EFTA(2006)	제2장 상품무역	제2.8조 기술규정
4	ASEAN(2007)	제3장 경제협력 부속서 경제 협력	제8조 수량제한, 비관세장벽 및 위 생 및 식물위생 조치 제14조 표준 및 적합성 판정과 위 생 및 식물위생 조치
5	인도(2010)	제2장 상품무역	제2.28조 기술규정 및 위생 및 식 물위생 조치
6	EU(2011)	제4장 무역에 대한 기술장벽 제2장 상품에 대한 내국민대 우 및 시장접근(부속서 2-나, 다, 라, 마)	제4.4조 기술규정 제4.5조 표준 제4.6조 적합성평가 및 인정 제4.10조 조정메커니즘 부속서4 무역에 대한 기술장벽 조 정자 부속서2-나 전자 제품 부록2-나-1 부속서2-다 자동차 및 부품 부속서2-라 의약품 및 의료기기 부속서2-마 화학물질
7	페루(2011)	제7장 무역에 대한 기술장벽	제7.5조 기술규정의 동등성 제7.6조 적합성평가절차 제7.7조 투명성 제7.8조 기술협력 제7.9조 위원회 제7.10조 정보교환

순번	협정상대국 (발효년도)	TBT 관련 챕터 및 기타 부속서	투명성 관련 내용포함 주요 조항
8	미국(2012)	제9장 무역에 대한 기술장벽 제5장 의약품 및 의료기기	제9.4조 공동협력 제9.5조 적합성평가절차 제9.6조 투명성 제9.8조 무역에 대한 기술장벽위원회 제9.9조 정보교환 부속서9-나 자동차 작업반 제5.2조 투명성 제5.4조 정보전파 제5.7조 의약품 및 의료기기위원회
9	터키(2013)	제5장 무역에 대한 기술장벽	제5.3조 협력 제5.4조 기술규정 제5.5조 표준 제5.6조 적합성평가 및 인정 제5.7조 시장감시 제5.8조 조정메커니즘 제5.9조 정보교환 제5.10조 투명성
10	호주(2014)	제5장 무역에 대한 기술장벽 과 위생 및 식물위생 조치	제5.3조 국제표준, 지침 및 권고 제5.4조 기술규정 제5.6조 적합성평가절차 제5.7조 공동협력 제5.8조 투명성 제5.9조 조정메커니즘 제5.10조 정보교환
11	캐나다(2015)	제6장 표준 관련 조치	제6.2조 의무의 범위 제6.4조 협력 제6.5조 특정 분야 이니셔티브에 관 한 협력 제6.6조 투명성 제6.7조 자동차표준 관련 조치 제6.8조 표준 관련 조치에 대한 위 원회
12	중국(2015)	제6장 무역에 대한 기술장벽	제6.5조 기술규정 제6.6조 적합성평가절차 제6.7조 투명성 제6.8조 협력 제6.9조 소비자 제품 안전

순번	협정상대국 (발효년도)	TBT 관련 챕터 및 기타 부속서	투명성 관련 내용포함 주요 조항
			제6.12조 국경조치 제6.13조 무역에 대한 기술장벽위 원회 제6.14조 정보교환
13	뉴질랜드(2015)	제6장 무역에 대한 기술장벽	제6.6조 기술규정의 동등성 제6.7조 적합성평가절차 제6.8조 공동협력 제6.9조 투명성 제6.10조 무역에 대한 기술장벽위 원회 제6.11조 정보교환
14	베트남(2015)	제6장 무역에 대한 기술장벽	제6.5조 기술규정 제6.6조 적합성평가절차 제6.7조 투명성 제6.8조 공동협력 제6.9조 정보교환 제6.10조 무역에 대한 기술장벽위 원회
15	콜롬비아(2016)	제6장 무역에 대한 기술장벽	제6.5조 기술규정의 동등성 제6.6조 적합성평가절차 제6.7조 투명성 제6.9조 무역에 대한 기술장벽위원회 제6.10조 정보교환 제6.12조 국경통제 및 시장감시 부속서6-가 무역에 대한 기술장벽 위원회 및 조정자

출처: FTA 협정문 참고, 저자 재작성.

우리나라 역시도 2004년 칠레와의 FTA에서부터 가장 최근 발효한 중미와의 FTA까지 총 16개의 FTA 모두에 TBT규범을 도입하고 있는데, 그 형태나 명칭은 조금씩 다르다. 칠레, 싱가포르나 EU, 페루, 미국, 터키, 캐나다, 중국, 뉴질랜드, 베트남, 콜롬비아, 중미와의 FTA에서는 별도의 TBT 챕터(표준 관련 조치 또는 무역에 대한 기술장벽)를 도입하고 있다. FTA내 TBT규범을 다루는 가장 일반적인 형태라고 할 것이다. 하지만, 그 외 EFTA나 인도와의 FTA에서는 관련 내용을 상품무역 챕터의 조항 수준으로, 또 ASEAN과의 FTA에서는 경제협력 챕터의 부속서 수준으로 다루고 있기도 하다. 호주의 경우는 특이하게도 SPS와 TBT 규범을 하나의 챕터에서 같이 명문화하고 있다. 이러한 경우 당연히 별도의 챕터로써 TBT규범을 명문화하고 있는 전자의 경우에 비해 그 내용의 적용범위나 수준이 후자에선 상대적으로 작을 수밖에 없다. 투명성 원칙 역시 마찬가지이다.

4.1   초기 FTA의 투명성 원칙

실제 한-EFTA FTA의 경우 TBT규범을 다룬 내용이 제2장 상품 협정의 제2.8조 기술규정에 불과한데, 3항에서 당사국들 간 정보 교환을 신속히 확대하고 서면 협의 요청에 대해서 우호적으로 고려해야한다는 수준의 투명성 원칙만을 다루고 있다. 이어 5항에서는 당사국 간 TBT 관련 장애가 발생할 경우 WTO TBT 협정에 합치하는 해결책 모색을 위해 정보를 교환하고 전문가 협의를 가질 것을 합의하며, 이러한 협의를 공동위원회에 통보할 것을 명문화하고 있다. WTO TBT 협정상 투명성 의무와 크게 다르지 않은 수준이라고 할 수 있다.

제2.8조 기술규정[31]

(중략)

3. 당사국들은, 이 조의 맥락에서, 정보의 교환을 신속히 확대하고 서면의 협의 요청에 대하여 우호적으로 고려한다.

(중략)

5. 제1항을 저해함이 없이, 당사국들은 특정 기술규정, 표준 및 적합성평가절차의 적용으로부터 발생할 수 있고, 대한민국 또는 하나 이상의 유럽자유무역연합 회원국에 의하여 당사국들 간 무역에 장애를 초래하였거나 초래할 가능성이 있는 사안을 다루고, TBT 협정에 합치하는 적절한 해결책을 마련하기 위하여 정보를 교환하고 전문가 협의를 가질 것을 합의한다. 이러한 협의는 공동위원회에 통보된다.

한-ASEAN FTA 역시도 별도의 TBT 챕터는 존재하지 않고, WTO규범상

---

31   한-EFTA FTA

SPS 협정의 내용과 함께 제3장 경제협력 부속서 14조에서 우선 다루고 있다. 조치 자체에 대한 상호 규범 준수보다는 당사국 간 다른 경제수준을 고려한 것인지 협력의 목표를 지향하고 있어 투명성 원칙에 대한 내용 역시 일부에 불과하다. 정보의 교환에 방점을 두고 있다.

제3장 경제협력
부속서 경제협력
14조: 표준 및 적합성 판정과 위생 및 식물위생 조치[32]

1. 당사국들은 무역의 촉진에 있어서의 산업, 농업 및 작물에 대한 기술규제, 표준 및 적합성 판정절차의 중요한 역할을 인식하여, 다음과 같은 분야에서 협력한다.
   가. 상호 이익이 되는 분야에서 표준, 기술규제 및 적합성 판정 절차에 대한 의견 및 정보의 교환
   나. 상호 합의에 따라 표준 및 적합성 판정 절차에 대한 법률 및 규정의 교환
(중략)

그 외 동 협정에서는 상품 협정을 다룬 챕터에서 제8조를 통해 TBT와 관련된 투명성 원칙을 명문화하고 있는데, 그 내용은 아래와 같다.

대한민국과 ASEAN 정부 간의 포괄적 경제협력에 관한
기본 협정하 상품무역에 관한 협정
제8조: 수량제한, 비관세장벽 및 위생 및 식물위생 조치[33]

(중략)

2. 각 당사국은, 당사국들 사이의 무역에 불필요한 장애를 초래할 목적으로 또는 그러한 효과를 갖는 비관세장벽을 준비, 채택 또는 적용하지 아니하도록 당사국의 비관세장벽의 투명성을 보장한다. 당사국은 이 협정이 발효하고 최대한 이른 시점에 철폐되어야 할 수량제한 이외의 비관세장벽을 확인한다. 비관세장벽 철폐를 위한 일정은 모든 당사국들에 의하여 상호 합의된다.
3. 당사국들은 무역에 대한 기술장벽과 위생 및 식물위생 조치에 대한 WTO 협정상 동 조치 관련 규제의 투명성이 중요함을 인식한다. 그러한 WTO 협정은 무역에 대한 기술장벽과 위생 및 식물위생 조치가 무역에 미치는 부정적 영향을

---

32 한-ASEAN FTA
33 한-ASEAN FTA

줄이고 인간, 동물 또는 식물의 생명 또는 건강을 보호하기 위해, 무역에 대한 기술장벽에 관한 규제와 표준의 준비에 대한 통고 절차, 위생 및 식물위생 조치의 발동에 대한 통고 절차를 포함한다. 각 당사국은 이 조항과 관련된 질의에 응답할 목적으로 연락처를 지정한다.

(중략)

한-ASEAN FTA에서 경제협력 챕터를 통해 TBT 투명성 원칙 중 의견 및 정보 교환을 강조했다면, 이하 상품 협정상 TBT 투명성 원칙은 관련 질의응답을 위한 연락처 지정 내용이 주요하다고 할 수 있다. WTO TBT 협정상 제10조와 같은 내용이지만 역시 WTO TBT 투명성 원칙보다 발전된 형태라고 보기는 어렵다.

한-인도 포괄적경제동반자 협정(Comprehensive Economic Partnership Agreement: CEPA)은 앞서 한-EFTA FTA나 한-ASEAN FTA와 마찬가지로 상품 협정(제2장) 챕터 내에 제2.28조 기술규정 및 위생 및 식물위생 조치로 TBT규범을 다루고 있다. 그러나 그 내용 역시 양 당사국 간 기술규정이나 표준, 그리고 적합성평가절차에 대한 정보 교환에 제한되어 있어 FTA 투명성 원칙으로써의 발전된 모습을 보여주고 있지는 못하다.

제2장 상품무역
제3절: 기술규정 및 위생 및 식물위생 조치
제2.28조: 기술규정 및 위생 및 식물위생 조치[34]
(중략)
2. 양 당사국은 양자간 교역을 촉진시키기 위한 정보교환·양자협의 및 상호협력을 위하여 인간, 동물 그리고 식물의 생명 혹은 건강을 보호하기 위한 조치를 취할 당사국의 합법적인 권리를 존중하면서,
  가. 무역에 대한 기술장벽 사안에 대하여
    1) 양 당사국의 기술규정·표준 및 적합성평가절차에 대한 정보를 교환한다.
(중략)

위에서 살펴 본 한-EFTA, 한-ASEAN FTA나 한-인도 CEPA에 포함된 TBT 투명성 원칙은 우리나라의 FTA 초기에 협상이 되고 실제 규범으로 명문화

---

34 한-인도 CEPA

되었던 내용들로 규범이 도입된 것으로써의 성과는 인정할 수 있겠으나 실제 WTO TBT 협정의 투명성 원칙과 비교하여 가시적인 발전을 이뤘다고 평가하기는 어렵다. 오히려 WTO TBT 협정의 내용이 보다 세분화 되어 있어 FTA TBT 규범이 전자에 의존하는 형태로, 이는 기존 연구에서 설명한 바와 같이 FTA상 TBT규범이 WTO TBT 협정의 기본 원칙과 의무를 그대로 도입하고 WTO규범 이행의 확대에만 초점을 맞추었기 때문으로 짐작해 볼 수 있다.[35]

그렇지만 WTO DDA 표류로 다자통상체제에서의 규범 논의와 발전이 정체되어 있는 상황에서 FTA가 규범 설립을 선도하는 역전 현상이 발생함에 따라, 규범 일부에서는 오히려 WTO 수준 이상의 구체성과 추가적 법적 요소를 도입하게 되는데,[36] 바로 이러한 현상이 이후의 우리나라 FTA TBT규범 내 투명성 원칙에서도 발견된다.

4.2 FTA 투명성 원칙의 발전

위에서 설명한 세 가지 FTA(한-EFTA, 한-ASEAN, 한-인도)외 나머지 FTA의 TBT 협정상 투명성 의무와 그 주요 내용들은 주목할 만하다. 상기 FTA의 가장 기초적인 수준 혹은 WTO TBT 투명성 원칙을 하회(下廻)하는 조항들과는 달리 나머지 협정들에서는 별도의 독립 TBT 챕터를 도입하여 보다 형식적으로 완성에 가까운 형태의 조항들을 명문화해두고 있으며 그 내용상 발전도 유의미한 대목들이 발견되기 때문이다.

기본적으로 FTA 투명성 원칙은 기술규정, 표준, 적합성평가와 정보접근성 및 의견수렴을 축으로 하는 WTO 투명성 원칙에서 더 나아가 산업과 연계한 TBT 투명성 원칙에의 접근(한-EU, 한-미, 한-캐나다 FTA)이나, 기술 및 공동협력(한-칠레, 한-페루, 한-호주, 한-캐나다, 한-중, 한-뉴질랜드, 한-베트남 FTA), 시장감시(한-터키, 한-콜롬비아, 한-중미 FTA), 그리고 소비자 제품 안전(한-중 FTA), 국경조치 및 통제(한-중, 한-콜롬비아, 한-중미 FTA) 등 특정 품목이나 분

---

35 김민정, 박정준, p.38.

36 *Ibid.*, p.32.

야, 성격과 관련된 TBT 조항에서의 투명성 원칙도 명문화하여 지향하고 있다. 이하에서는 TBT와 관련된 FTA의 투명성 원칙을 몇 가지로 요약하고 정리하여 살펴보도록 한다.

(1) 독립된 투명성 조항의 도입

우선 주목할 부분은 FTA TBT규범 내 투명성 조항의 별도 도입이다. 참고로 WTO TBT 협정에서는 정보 및 지원의 투명성과 관련해 제10조(기술규정, 표준 및 적합판정절차에 관한 정보)를 도입하여 일부 역할을 갈음하고 있으나 투명성이라는 명칭의 별도 조항을 마련해두고 있지는 않다. 그렇지만 한－칠레 FTA를 시작으로, 한국은 대부분의 FTA에서 TBT 챕터 내 투명성 조항을 단독으로 포함했고 이를 도표화 하면 아래와 같다.

[표 6-5] 우리나라 FTA TBT규범 내 투명성 조항 별도 도입 여부

순번	협정상대국(발효년도)	별도 조항 유무	조항
1	칠레(2004)	○	제9.8조 투명성
2	싱가포르(2006)	×	
3	EFTA(2006)	×	
4	ASEAN(2007)	×	
5	인도(2010)	×	
6	EU(2011)	○	부속서2-라 제3조 투명성
7	페루(2011)	○	제7.7조 투명성
8	미국(2012)	○	제9.6조 투명성 제5장 제5.2조 투명성
9	터키(2013)	○	제5.10조 투명성
10	호주(2014)	○	제5.8조 투명성
11	캐나다(2015)	○	제6.6조 투명성
12	중국(2015)	○	제6.7조 투명성
13	뉴질랜드(2015)	○	제6.9조 투명성
14	베트남(2015)	○	제6.7조 투명성
15	콜롬비아(2016)	○	제6.7조 투명성
16	중미(2019)	○	제6.8조 투명성

출처: FTA 협정문 참고, 저자 재작성

이러한 FTA들은 기존 WTO방식과 마찬가지로 기술규정, 표준, 적합성평가절차에 대한 투명성에 대해서도 각각 명문화하는 동시에 별도의 투명성 조항을 추가로 도입함으로써 한 차원 진일보했다고 평가할 수 있고 동시에 TBT체제 차원에서 투명성 원칙을 준수하는 것이 무역의 자유화와 원활화 관점에서 비관세장벽으로써의 TBT를 사전에 방지하는 것이 얼마나 중요한지를 방증하는 것으로 이해할 수 있다.

이러한 단독의 투명성 조항 역시 모든 FTA에 동일한 내용으로 들어간 것은 아니며 점진적으로 그 내용이 세분화되고 발전되어 가는 양상을 보인다. 대표적으로 2004년 발효된 한-칠레 FTA의 투명성 조항(제9.8조)과 이후 2015년 발효된 한-캐나다 FTA의 투명성 조항(제6.6조)만 비교해도 그 차이를 발견할 수 있는데 이를 정리 비교하면 아래와 같다.

[표 6-6] 한-칠레 FTA와 한-캐나다 FTA의 투명성 조항 비교

한-칠레 FTA 제9.8조 투명성	한-캐나다 FTA 제6.6조 투명성
1. 각 당사국은 표준관련 조치의 목록을 유지하고 타방 당사국이 요청하면 이용할 수 있도록 하며, 타방 당사국이나 타방 당사국의 이해관계인이 문서 전체의 사본을 요청하는 경우 실제 배달비용은 별도로 하되 국내에서 구입하는 가격과 동일한 가격으로 제공되도록 보장한다.	1. 한쪽 당사국이 '무역에 대한 기술장벽에 관한 협정'에 따라, 제안된 기술규정 또는 적합성평가절차를 세계무역기구 회원국에 통보하는 경우, 그 당사국은 그 제안된 기술규정 또는 적합성평가절차를 다른 쪽 당사국에게 동시에 전자적으로 전달한다.
2. 일방 당사국이 표준관련 조치의 준비과정에 자국 영역내의 비정부 인의 참여를 허용하는 경우 타방 당사국의 영역으로부터의 비정부인의 참여도 허용한다. 이러한 참여시 타방 당사국의 비정부인은 표준관련 조치의 준비에 관하여 의견과 논평을 제시하는 것이 허용된다.	2. 요청이 있는 경우, 각 당사국은 자국이 채택하였거나 채택하기로 제안한 기술규정에 대한 규제적 영향 분석서를 다른 쪽 당사국에게 신속하게 제공한다. 다만, 그 분석서는 공개적으로 이용 가능하여야 한다.
	3. 각 당사국은 안전, 보건, 환경보호 또는 국가 안보에 관한 긴급한 문제가 발생하거나 발생할 위협이 있는 경우를 제외하고, 기술규정 및 적합성평가절차의 개발에 관한 투명성 절차에서, 여전히 개정이 추가되고 의견이 고려될 수 있는 적

한-칠레 FTA 제9.8조 투명성	한-캐나다 FTA 제6.6조 투명성
	절한 초기 단계에 이해당사자들이 참여할 수 있도록 보장한다. 기술규정과 적합성평가절차의 개발에 관한 협의가 대중에 공개되는 경우, 각 당사국은 다른 쪽 당사국의 인이 자국의 인에게 부여된 것보다 불리하지 아니한 조건으로 참여하도록 허용한다.
	4. 각 당사국은 자국 영역의 비정부기관이 표준과 자발적인 적합성평가절차의 개발을 위한 협의 과정에서 제3항을 준수하도록 권고한다.
	5. 각 당사국은 안전, 보건, 환경보호 또는 국가 안보에 관한 긴급한 문제가 발생하거나 발생할 위협이 있는 경우를 제외하고, 제안된 표준 관련 조치에 대한 의견을 서면으로 제시할 수 있도록 대중과 다른 쪽 당사국을 위하여 최소 60일의 기간을 부여한다.
	6. 제1항, 제2항 및 제5항의 목적상, 한쪽 당사국은 자국의 제안된 기술규정 및 적합성평가절차, 기술규정에 대한 자국의 영향 분석서 및 다른 쪽 당사국의 제안된 표준 관련 조치에 관한 의견을 '무역에 대한 기술장벽에 관한 협정' 제10조에 따라 수립된 다른 쪽 당사국의 문의처에 전송할 수 있다.
	7. 적절한 경우, 각 당사국은 자국이 접수한 중요한 의견에 대한 자국의 답변 또는 답변의 요약을, 자국이 최종 기술규정 또는 적합성평가절차를 공표한 날보다 늦지 않게 서면 또는 전자적으로 공표하거나 달리 공개한다.

출처: 한-칠레 FTA, 한-캐나다 FTA

위 〈표 6−6〉에서 볼 수 있는 것과 같이 FTA 투명성 조항은 초기에 비해 양적으로나 질적으로 많이 발전했다. 특히 한−칠레 FTA에서의 투명성 조항이 표준에 집중하고 있는 것과 비교하면 한-캐나다 FTA에서의 투명성 조항은 기술규정과 적합성평가절차에 대한 내용까지 포함하고 있다.

기본적으로 WTO 투명성 원칙이 정보의 제공과 문의처 지정에 집중하고 있는 수준이라면 한-캐나다 FTA의 투명성 조항에서 명문화한 바와 같이 FTA 투명성 원칙은 정보의 제공에 있어 구체적인 방식(서면 또는 전자)과 통보 후 의견 수렴에 필요한 최소기간(60일)을 명시해두고 있다. 그 외 특히 주목할 부분은 한-캐나다 FTA 투명성 조항의 제3항에서 명시하고 있는 대목으로, FTA 참여 당사국 중 하나가 기술규정이나 적합성평가절차를 개발하는 과정에서 상대국가도 참여할 수 있도록 보장해야한다는 내용이다. 이는 다시 말해 FTA 당사국 간 TBT조치의 투명성 제고와 비관세장벽화 방지를 위해 공동으로 조치를 개발해 나갈 수 있도록 한 것으로 국가의 재량과 자주권의 관점에서 굉장히 파격적인 내용이라고 할 수 있다. 이와 유사한 내용은 한-미 FTA의 투명성 조항(제9.6조)에도 명문화되어 있으며 그 내용은 다음과 같다.

제9.6조 투명성[37]
1. 각 당사국은 표준, 기술규정 및 적합성평가절차의 개발에 다른 쪽 당사국의 인이 참여하도록 허용한다. 각 당사국은 자국인에게 부여하는 것보다 불리하지 아니한 조건으로 다른 쪽 당사국의 인이 이러한 조치의 개발과정에 참여할 수 있도록 허용한다.
2. 각 당사국은 자국 영역의 비정부기관이 표준과 자발적인 적합성평가절차의 개발에 있어서 제1항을 준수하도록 권고한다.

(중략)

(2) 특정 산업별 TBT 투명성 원칙 강화

FTA는 일반적으로 일대일 양자방식의 협상이기 때문에 협정 상대국에 대한 이해도가 높고 따라서 특정 해당국가의 산업에 대한 이해관계 및 관심 역시 제고될 수 밖에 없다. 이러한 배경에서 특정 FTA들은 TBT규범의 투명성이 특히 중요한 산업군을 선별하여 그에 대한 원칙 강화를 조항으로 도입하기도 한다.

---

37 한-미 FTA

한국의 경우는 EU, 미국, 그리고 캐나다와의 FTA에서 이러한 형태의 발전을 찾아볼 수 있다. 보다 구체적으로는 EU와 전자 제품, 자동차 및 부품, 의약품 및 의료기기, 화학물질 등이 이에 해당하고, 미국과는 역시 의약품 및 의료기기, 그리고 캐나다와는 자동차표준과 관련된 조치가 이에 해당한다.

특히 한-EU FTA와 한-미 FTA의 의약품 및 의료기기와 관련된 투명성 원칙은 대동소이하다고 평가할 수 있는데, 기본적으로 당사국의 의약품과 의료기기 가격산정 및 급여, 규제와 관련된 내용들을 신속하게 공표하여 상대국가가 인지할 수 있도록 하는 것이 골자다. 또한, 그 공표와 발효일간 합리적인 시간을 허용하여 상대국이 관련된 의견을 제출할 수 있도록 하거나 적응할 수 있는 기회를 제공해야 한다. 예를 들어, 한-EU FTA가 의약품 및 의료기기에 관한 부속서(부속서 2-라)의 투명성 조항(제3조) 4항을 통해 당사국의 보건의료 당국으로 하여금 공공의료보험제도와 관련해 급여제외목록이 있을 경우 이를 6개월마다 공표하도록 한 부분이나38 한-미 FTA에서 마찬가지로 의약품 및 의료기기에 대한 별도의 챕터(제5장)에서 투명성 조항(제5.2조)의 3항을 활용해 의약품 또는 의료기기의 가격산정이나 급여 및 규제와 관련한 모든 사안에 대해 60일의 기간을 상대국이 의견제출할 수 있는 기간으로 주도록 한 내용이다.39 그리고 이는 한국이라는 국가에 의약품 및 의료기기를 수출하는 것에 비교우위를 가지고 있다는 EU와 미국의 판단이 반영된 결과라고 볼 수 있을 것이다.

한-캐나다 FTA의 경우는 표준 관련 조치 챕터(제6장)에 자동차표준 관련 조치(제6.7조)라는 조항을 별도로 도입하였다. 그 중에서도 적합조사(Compliance

---

38 해당 조항은 다음과 같다: 4. 각 당사자의 보건의료 당국이 보건의료 프로그램에 따라 가격산정 및 급여의 개정과 관련된 모든 조치를 포함하여, 의약품 또는 의료기기의 등재, 급여자격이 있는 적응증, 또는 의약품이나 의료기기를 위한 급여액 설정을 위한 절차를 운영하거나 유지하는 한도에서, 그 당사자는(중략) 아. 정당한 상업적 이해를 가진 이해당사자를 위해 연도별로 발행되는 각각의 공공 의료 보험제도의 적용대상이 되는 제품의 선별등재목록을 포함하여 가격산정 및 급여에 관한 각 당사자의 국가제도에 대한 접근성을 제공한다. 급여제외목록은, 있을 경우, 6개월마다 공표된다.(중략)

39 해당 조항은 다음과 같다: 3. 의약품 또는 의료기기의 가격산정·급여 또는 규제와 관련된 모든 사안에 대한 것으로서 제2항 가호에 따라 공표되는 일반적으로 적용되는 자국 중앙정부의 제안된 규정에 대하여, 각 당사국은(중략) 나. 대부분의 경우, 의견제출 마감일로부터 60일 이전에 제안된 규정을 공표하여야 할 것이다.(중략)

Testing)에서의 신속한 정보 전달(제6항)이나[40] 신기술(New Technologies)에 대한 결정의 즉시 통보(제9항)[41]를 의무화한 내용이 TBT규범과 관련해 FTA에서 특정 산업별로 투명성 원칙을 강화한 예시라고 이해할 수 있다.

(3) 특정 분야별 TBT 투명성 원칙 강화

TBT규범에 대한 FTA 투명성 원칙에서 찾아볼 수 있는 또 다른 특징 중 하나는 분야별 접근이다. 앞서 말한 산업별 접근이 전자 제품이나 화학물질, 자동차 및 부품과 의약품 또는 의료기기에 대한 투명성 원칙의 강화 사례를 보여줬다면 몇몇 FTA에서는 시장감시(한-터키, 한-콜롬비아, 한-중미 FTA), 그리고 소비자 제품 안전(한-중 FTA), 국경조치 및 통제(한-중, 한-콜롬비아, 한-중미 FTA)과 같이 분야별 접근 사례도 존재한다.

우선 한-중 FTA는 양국 간 소비재 무역이 많은 것을 염두한 것인지 소비자 안전과 관련된 TBT 투명성 원칙 강화노력을 별도 조항 도입이라는 성과로 이뤄냈다. 해당 내용은 제6.9조에서 다루고 있는데 이하와 같다.

제6.9조 소비자 제품 안전[42]

(중략)

2. 양 당사국은 관련 규제체계, 사고 분석, 유해 경보, 제품 금지, 제품 리콜 그리고 시장감시 활동에 대한 정보를 교환한다.
3. 양 당사국은 모범규제관행, 제품안전감시를 포함한 위험 관리 원칙의 개발 및 이행 그리고 규제집행에 협력하기로 합의한다.

---

40 해당 조항은 다음과 같다: *적합조사* 6. 각 당사국은 권한 있는 국가 당국에 의하여 제작사 또는 수입자가 관련 법 또는 규정을 준수하지 아니하였다고 간주되는 경우 적합조사에 관한 결정과 그러한 결정의 근거 및 이용 가능한 법적 구제조치에 관한 정보를 해당 제작사 또는 수입자에게 신속하게 전달한다.

41 해당 조항은 다음과 같다: *신기술* 9. 한쪽 당사국이 자동차 상품이 인간의 건강, 안전 또는 환경에 위험을 초래하는 신기술이나 새로운 특성을 포함하고 있음을 이유로 그 상품의 출시를 거절하거나 자국 시장에서 회수할 것을 요구하기로 결정하는 경우, 그 당사국은 다른 쪽 당사국과 그 제품의 수입자에게 자국의 결정을 즉시 통보한다. 그 통보는 과학적 또는 기술적인 모든 관련 정보를 포함한다.

42 한-중 FTA

양국 간 소비자 제품 안전과 관련해 각종 정보를 긴밀하게 교환하고 관련된 원칙의 개발이나 이행, 집행 과정에서 협력하자는 것이 골자이다. 2019년 발효된 한－중미 FTA의 경우는 국경 통제 및 시장감시 차원에서의 TBT 투명성 원칙을 강화하기 위해 제6.11조를 아래와 같이 도입하고 있다.

제6.11조 국경통제 및 시장감시[43]

1. 당사국들은 다음을 약속한다.
   가. 문서가 기밀인 경우를 제외하고, 자국의 국경통제 및 시장감시 활동에 대한 정보 및 경험을 교환한다. 그리고
   나. 국경 통제 및 시장감시 활동이 권한 있는 당국에 의하여 행해지도록 보장하고, 그 목적을 위하여 이러한 당국이 인정, 지정 또는 위임된 기관과 통제 또는 감시의 대상인 경제 주체 간의 이해 충돌을 피하면서 그 인정, 지정 또는 위임된 기관을 이용할 수 있다.
2. 한쪽 당사국이, 기술규정 또는 적합성평가절차를 준수하지 못하였음을 알게 되어 적합성평가 시험 샘플을 포함하여 다른 쪽 당사국으로부터 수출된 상품을 입국항에서 억류하는 경우, 억류 사유를 수입자 또는 그 대리인에게 신속하게 통보한다.

역시 다른 FTA TBT규범의 투명성 원칙과 마찬가지로 정보 및 경험의 공유, 불수용이나 거절의 사유를 신속하게 통보하도록 하는 내용을 요지로 포함하고 있다.

5 ___ 최근 FTA 투명성 원칙과 주요 내용

미국과 일본이 주도하여 서명까지 끝난 환태평양경제동반자 협정(Trans-Pacific Partnership: TPP)은 2017년 트럼프 행정부가 출범하면서 미국의 탈퇴로 포괄적·점진적 환태평양경제동반자 협정(Comprehensive and Progressive Trans-Pacific

---

43　한－중미 FTA

Partnership: CPTPP)으로 재탄생하여 2018년 발효되었다. 그리고 이후 미국은 양자 협상방식을 통해 캐나다 및 멕시코와 기존의 북미자유무역 협정(North American Free Trade Agreement: NAFTA)을 재협상했고 이를 미국·멕시코·캐나다 협정(United States·Mexico·Canada Agreement: USMCA)으로 개정하는 데 성공했다. CPTPP와 USMCA는 시기적으로도, 그리고 미국이라는 국제무역규범의 선도국가가 협상을 주도했다는 면에서도 FTA TBT 투명성 원칙의 발전에 대해 시사하는 바가 크다고 할 것이다. 이하에서는 각 협정별로 간단히 FTA 투명성 원칙이 어떻게 명문화되었는지를 요약 및 정리한다.

5.1 CPTPP

CPTPP의 경우는 TBT 챕터의 제2항 목적(objective)에 투명성 강화를 언급하고 있다.[44] 다시 말해 CPTPP TBT 챕터의 주요 목적으로 관련 투명성 원칙의 준수를 지향하고 있는 것이다. 이어 독립적인 투명성 조항 역시 제8.7조에 도입하였는데, 앞서 설명했던 한－미 FTA방식과 마찬가지로 기술규정이나 표준, 적합성평가절차의 개발과정에 당사국이 적극 참여할 수 있도록 했다.[45] 또한 새로운 기술규정 및 적합성평가절차에 대한 공표를 의무화하고, 특정 내용에 대해 이해당사국이 의견을 제출할 수 있는 기간으로 60일을 줄 것 역시 조항으로 도입했다.

주목할 부분은 기술규정과 적합성평가절차에 대한 적응기간에 대한 별도의 조항이 도입되었다는 것이다. 제8.8조에 담긴 해당 내용은 당사국의 기술규정이나 적합성평가절차에 대한 공표 이후 실제 실행까지 6개월 여의 적응기간을 주는 것에 대한 노력의 필요성을 언급하고 있다.[46] 이어 제8.9조 협력과 무역원활화 조항을 통해 불필요한 TBT 무역장벽 해소를 위한 포괄적인 소통과 협력을

---

44 해당 조항의 원문은 다음과 같다: The objective of this Chapter is to facilitate trade, including by eliminating unnecessary technical barriers to trade, enhancing transparency, and promoting greater regulatory cooperation and good regulatory practice.

45 Article 8.7: Transparency.

46 Article 8.8: Compliance Period for Technical Regulations and Conformity Assessment Procedures.

명문화하고,47 제8.10조에서 정보의 교환 및 기술 논의를 조항으로 도입한 점이
나,48 제8.11조 무역에 대한 기술장벽위원회의 역할을 크게 확대 및 강화한 것은
FTA 투명성 원칙의 발전적 관점에서 가시적인 변화이다.49 제8.12조에서는 문의
처를 지정토록 해 TBT와 관련한 당사국 간 소통 원활화 역시도 모색했다.50

본 조항 뒤에는 품목별 부속서를 도입하는데, 와인과 증류주, 정보통신기술
(Information and Communication Technology: ICT) 상품, 의약품, 화장품, 의료기기,
식품포장 및 첨가물, 유기농 상품과 관련된 투명성 원칙들을 포함하고 있다.51
기존 WTO방식의 기술규정, 표준, 적합성평가절차 및 정보와 의견 소통의 중요
성 외에, 앞서 한국의 FTA 사례에서 목격했던 독립 투명성 조항과 산업별 투명
성 원칙이 폭넓게 강화된 사례로 이해할 수 있다.

5.2   USMCA

비록 CPTPP에 미국이 참여하고 있지는 않지만 그 전신(前身)인 TPP 협상
을 미국이 주도했고, 또 이어 USMCA 역시도 미국이 협상을 주도한 협정이라는
관점에서 TBT에 대해 두 협정 간 FTA 투명성 원칙은 큰 차이가 있다고 보기는
어려울 것이다. 그럼에도 불구하고 우선 USMCA는 CPTPP와는 달리 제11.5조
에 기술규정에 대한 조항들을 별도로 도입하고 있는데, 하부 조항으로써 정보
교환(information exchange)을 도입했고 이어 제6항과 7항을 통해 관련 정보 및
이유를 당사국들과 소통하도록 하고 있다.52 역시 제11.6조 적합성평가와 관련

---

47   Article 8.9: Cooperation and Trade Facilitation.
48   Article 8.10: Information Exchange and Technical Discussions.
49   Article 8.11: Committee on Technical Barriers to Trade.
50   Article 8.12: Contact Points.
51   해당 부속서의 원문 제목은 다음과 같다: Annex 8−A Wine and Distilled Spirits,
     Annex 8−B Information and Communication Technology Products, Annex 8−C
     Pharmaceuticals, Annex 8−D Cosmetics, Annex 8−E Medical Devices, Annex 8−F
     Proprietary Formulas for Prepackaged Foods and Food Additives, Annex 8−G
     Organic Products.
52   Article 11.5: Technical Regulations.

된 조항에서도 설명과 정보(explanations and information)라는 하부 조항을 두어 투명성을 강화하고 있다.[53]

제11.7조에 독립된 투명성 조항을 마련하였는데,[54] 역시 하부 조항으로 기술규정 및 의무적 적합성평가절차의 개발과 관련해 이해당사국이 참여할 수 있도록 한 부분이나[55] 기술규정과 적합성평가의 공표에 대한 규범을 도입한 것은 CPTPP와는 또 다른 부분이라고 할 수 있다.[56]

USMCA 역시 CPTPP와 마찬가지로 제11.8조와 제11.9조에 당사국의 기술규정과 적합성평가절차에 대한 적응기간 부여 노력을 의무화하고 협력과 무역원활화 조항을 포함하였으며, 그 내용도 상호간에 거의 유사하다.[57] 역시 정보의 교환과 기술논의, 무역에 대한 기술장벽위원회 및 문의처에 관한 내용은 제11.10조부터 제11.12조에 걸쳐 명문화해두고 있으나 CPTPP와 달리 별도의 산업별 부속서 및 관련 투명성 조항은 포함하고 있지 않다.[58] CPTPP와 비교해 참여국 수가 적다는 점이 작용했을 것으로 이해된다.

6 ___ 결론

GATT체제가 WTO체제로 발전하며 다자무역체제에서 관세장벽이 크게 낮아지고 이 과정에서 TBT조치를 포함한 비관세장벽이 제고되는 일종의 기현상이 발생한 것은 무역자유화와 무역원활화의 관점에서 큰 고민을 야기했다. 더

---

53 Article 11.6: Conformity Assessment.

54 Article 11.7: Transparency.

55 *Stakeholder Participartion in Developing Technical Regulations and Mandatory Conformity Assessment Procedures.*

56 *Notification of Technical Regulations and Conformity Assessment.*

57 Article 11.8: Compliance Period for Technical Regulations and Conformity Assessment Procedures, Article 11.9: Cooperation and Trade Facilitation.

58 Article 11.10: Information Exchange and Technical Discussions, Article 11.11: Committee on Technical Barriers to Trade, Article 11.12: Contact Points.

욱이 기존 WTO TBT 협정의 투명성 원칙으로는 이러한 문제점들을 해결하는데 있어 한계가 뚜렷했고 이러한 정책구멍들은 각 국의 보호무역정책을 위해 오용되고 남용되어 왔다. 이에 WTO TBT위원회 및 IMS와 같은 정보관리 시스템은 TBT에 대한 WTO 투명성 원칙을 강화시키는 데 많은 노력을 기울였으며, 이에 일부 성과를 보기도 했다.

FTA체제에서는 관세장벽이 기존 GATT 및 WTO체제와 비교해서 더욱 더 공격적으로 낮아지고 철폐되기 때문에 비관세장벽에 대한 해소 및 투명성 강화에 대한 중요성이 훨씬 커지게 된다. 따라서 TBT 관점에서의 투명성 원칙은 FTA체제에서 더욱 발전되고 정교해진 규범을 통해 강화되어 왔으며 이는 WTO DDA 장기표류와 함께 국제통상규범의 발전이라는 측면에서도 매우 유의미하다고 할 수 있다.

기본적으로 TBT에 관련된 FTA 투명성 원칙은 기존 WTO TBT 투명성 원칙의 맹점들을 잘 보완해 온 것으로 평가할 수 있다. 각 국의 공표와 정보 전달에 대한 책임을 강화하는 물론, 동시에 그 기간 및 방식에 대해서 구체적으로 조항들을 도입했고, 단순히 기술규정, 표준, 적합성평가의 삼축에 대해서 투명성 원칙을 우선 도입하고 있는 WTO방식과 비교하여 그 외 기술 및 공동협력, 조정 메커니즘, 각종 산업별·분야별 투명성 강화, 위원회의 역할 확대 등 보다 넓은 범위에서 투명성 원칙을 제고시켜왔다. 특히 가장 최근의 CPTPP나 USMCA에서는 TBT 챕터의 대부분이 투명성과 관련된 내용들로 구성된 것이 주목할 만하다.

WTO가 전례없는 위기감에 놓여있어 향후 통상규범의 발전과 도입은 FTA를 중심으로 한 지역무역체제가 주도할 가능성이 매우 높다. 이는 TBT규범에서도 예외일 수 없다. 한국의 FTA 사례나 CPTPP, USMCA를 바탕으로 지역무역체제에서 TBT 투명성 원칙은 괄목할 만한 성과를 이뤄냈다고 평가할 수 있을 것이다. 그러나 이러한 조항들이 아직 일부 FTA 참여국에게만 제한적으로 적용되고 있다는 점은 아쉬운 대목이다. 향후 이러한 발전된 투명성 원칙이 WTO 회원국 전체로 다자화되어가야 한다는 필요성을 인식하고 이에 대해 노력하는 것이 중요하다. 또한, 발전된 투명성규범들이 조항에서 그치지 않고 실제 이행되고 이를 통해 무역자유화와 무역원활화가 현실화될 수 있도록 FTA 당사국들의 적극적인 규범준수와 모니터링은 필수적이라고 할 것이다.

참고문헌
reference

김민정, 박정준 (2015), "한국 FTA의 TBT 규범 비교분석에 따른 법적 쟁점 연구," 국제·지역연구, 제24권 제4호, 2015년 겨울호.

남상열 (2005), 『무역상 기술장벽 분야의 WTO 논의동향과 대응』, 대외경제정책연구원.

류경임 (2015), 『기술규제와 무역』, 한국표준협회미디어.

박정준, 김연수 (2019), "한국 주류 라벨링의 WTO TBT 협정 합치성에 대한 연구," 국제경제법연구, 제17권 제1호, 2019년 3월.

산업통상자원부 (2015), WTO 현황.

안덕근, 김민정 (2017), 『국제통상체제와 무역기술장벽』, 박영사.

왕상한 (2003), 『WTO 뉴라운드와 기술무역장벽』, 새문사.

유새별 (2016), 『Mega FTA 대응전략 연구: TBT 협정을 중심으로』, 대외경제정책연구원.

이진면 외 (2013), 『한중FTA 협상준비를 위한 HS코드의 연계 및 관세율 DB구축』, 산업연구원.

Charnovitz, Steve (2004), "Transparency and Participation in the World Trade Organization," Rutgers Law Review, 56, 4.

Rudiger Wolfrum (2007), Peter-Tobias Stoll, Anja Seibert-Fohr, 『WTO-Technical Barriers to and SPS Measures』, Martinus Nijhoff Publishers.

산업통상자원부 국가기술표준원, WTO 및 FTA TBT(무역기술장벽) 협정문
산업통상자원부, 한-ASEAN FTA 협정문(국문)
산업통상자원부, 한-EFTA FTA 협정문(국문)
산업통상자원부, 한-EU FTA 협정문(국문)
산업통상자원부, 한-뉴질랜드 FTA 협정문(국문)

산업통상자원부, 한－미 FTA 협정문(국문)

산업통상자원부, 한－베트남 FTA 협정문(국문)

산업통상자원부, 한－싱가포르 FTA 협정문(국문)

산업통상자원부, 한－인도 CEPA 협정문(국문)

산업통상자원부, 한－중 FTA 협정문(국문)

산업통상자원부, 한－중미 FTA 협정문(국문)

산업통상자원부, 한－칠레 FTA 협정문(국문)

산업통상자원부, 한－캐나다 FTA 협정문(국문)

산업통상자원부, 한－콜롬비아 FTA 협정문(국문)

산업통상자원부, 한－터키 FTA 협정문(국문)

산업통상자원부, 한－페루 FTA 협정문(국문)

산업통상자원부, 한－호주 FTA 협정문(국문)

Comprehensive-Progressive Trans-Pacific Partnership 협정문(영문)

United States-Mexico-Canada Agreement 협정문(영문)

FTA 강국 KOREA, https://www.fta.go.kr/

WTO, https://www.wto.org/

WTO Technical Barriers to Trade Information Management System, http://tbtims.
    wto.org/

국별 FTA 특징과 TBT 전략 시사점

미국 무역기술장벽(TBT) 정책과 시사점*

1 ___ 서론

미국은 지난 2018년 10월 서명한 미국－멕시코－캐나다 간 자유무역 협정
(USMCA)[1]이 기존의 어떤 무역 협정보다도 최신의 무역기술장벽(Technical Barrier
to Trades: TBT)규범을 포함하고 있다고 설명하고 있다.[2] 기존의 북미자유무역
협정(NAFTA)[3]을 25년만에 개정한 USMCA는 2010년대 미국이 주도적으로 추진
했던 환태평양경제동반자 협정(TPP)[4]에 기반하고 있으면서도 미국의 이해를 좀
더 충실하게 반영한 것으로 평가된다. 미국이 주도한 최근 자유무역 협정(이하
'FTA')은 특히 TBT규범들은 구체화하고 있는데, 이는 그간 미국이 추진해온 무

---

* 본 글은 연구자의 개인적인 의견이며 소속 기관의 공식적인 견해가 아니다.
1 미국－멕시코－캐나다 협정(United States-Mexico-Canada Agreement: USMCA)은 13
개월간 협상을 거쳐 2018년 11월 30일 서명되었으며, 2020년 7월 1일 발효했다.
2 USTR, https://ustr.gov/usmca(2020.4.20. 검색).
3 북미자유무역 협정(North American Free Trade Agreement: NAFTA)은 미국, 멕시코,
캐나다간 자유무역 협정으로서 1994년 1월 1일 발효했다.
4 환태평양경제동반자 협정(Trans-Pacific Partnership: TPP)은 원래 브루나이, 칠레, 뉴질
랜드 및 싱가포르가 2005년 개시한 Trans-Pacific Strategic Economic Partnership
Agreement의 확대 협상에 미국, 호주, 캐나다, 일본, 말레이시아, 멕시코, 페루, 베트남
이 참여하면서 12개국으로 확대되어 2016년 2월 4일 서명하기에 이르렀으나, 2017년
1월 미국이 탈퇴하면서 발효되지 못했다.

역정책이 반영된 결과로 볼 수 있다.

미국에서 TBT와 같은 비관세장벽이 문제가 된다는 인식은 1960년대부터 시작되었으며 1970년대 본격적으로 대외 무역정책을 추진하던 때부터 이미 중요한 부분을 차지해왔다. 최근까지도 미 상무부가 WTO 통보문 분석을 통해 미국 상품 수출의 92%가 해외 기술규정과 잠재적으로 관련되어 있다고 발표한 점을 고려해보면, TBT 분야는 최근에도 관심의 대상이었으며, 이는 적극적으로 무역정책에 반영되었다.[5]

미국의 무역정책은 의회, 행정부, 업계 등 다양한 이해관계자가 참여하여 형성되며, 이를 위한 법제도가 구축되어 있다. 기본적으로 WTO나 FTA와 같은 무역 협상을 추진할 수 있는 대외 협상권한이 대통령에게 있으면서도 무역관련 입법권한은 의회에 주어져 무역정책에 대한 권한이 분배되어 있는 독특한 체제로 구성되어 있다. 따라서, 본 글은 먼저 미국의 통상정책에서 의회가 대통령에게 부여한 무역촉진권한의 배경과 변화를 살펴봄으로써 TBT를 포함한 비관세장벽과 관련하여 의회가 요구한 협상목표와 협상결과 체결된 무역 협정을 검토해본다. 특히 이러한 무역 협정에서 드러난 TBT규범의 변화에 기초하여 무역 협상에서 미국이 주도하는 TBT정책 방향을 알아보고, 시사점을 도출해본다.

2 ___ 미국 무역정책의 형성과 TBT 협상목표

TBT는 전통적인 비관세장벽으로서 무역정책의 일부를 구성한다. 미국에서 무역정책이 어떻게 만들어지고 이행되는지 이해하기 위해서는 필연적으로 관련 법제도에 대한 이해가 선행되어야 한다. 미국의 관련 법제도와 그에 따라 미국이 그간 추구했던 TBT 분야 협상목표를 검토해본다.

---

5 Jeff Okun-Kozlowicki, Standards and Regulations: Measuring the Link to Goods Trade, Department of Commerce, June 2016(https://legacy.trade.gov/td/osip/documents/osip_standards_trade_full_paper.pdf, 2020.4.20. 검색) 미 상무부 국제무역국은 2006~2015년간 WTO 통보문을 바탕으로 분석했으며, 92%는 상품액 기준이며 상품분류 기준(HS 4단위)으로는 약 77%이다.

2.1 미국 무역정책의 형성 구조와 참여자

미국 연방헌법은 의회에 '외국과의 무역을 규율'하고 관세율 설정, 세금 등을 부과하고 징수하는 폭넓은 권한을 부여하고 있다.6 의회는 대외무역에 대한 입법권한과 감시권한을 갖고 있으며, 무역관련 입법은 일반적인 입법과 마찬가지로 미국 의회에서 승인받고 대통령이 재가해야 한다. 대통령은 행정부의 수반으로써 다른 국가와 FTA와 같은 국제 협정을 협상할 권한을 부여받았으나 비준을 위해 여전히 의회의 동의가 필요하므로 행정부의 권한은 제한되어 있었다. 그러나 점차 국내법 개정이 필요한 비관세장벽도 무역 협정의 대상이 되면서 좀 더 현실적이고 실용적인 방안이 요구되었고, 그 결과 의회와 행정부 간 논쟁과 협의를 통해 만들어진 타협안이 오늘날까지 활용되고 있는 '무역촉진권한(TPA)'이다. 한때 '신속처리권한(fast-track authority)'으로도 불리운 무역촉진권한은 의회가 설정한 무역정책의 우선순위와 협상목적을 충족시키는 것을 조건으로 무역 협정을 신속하게 비준해주는 절차를 의미한다.

의회는 무역촉진권한(이하 'TPA')를 통해 무역 협정에 대한 권한을 조건부로 위임하는 대신 의회가 설정한 우선순위와 목적에 따라 행정부가 협상했는지를 감시·감독하는 체제를 마련했다. 동시에 의회는 행정부가 무역 협상을 진행하면서 이해관계자들에게 의무적으로 자문을 받고 검토받도록 규정함으로써 민간부분의 참여도 법제화했다. 이러한 무역촉진권한은 1970년대부터 본격적으로 사용되기 시작하면서 현재에 이르기까지 무역 협정을 체결하는 중요한 수단이 되고 있다.

기본적으로 TPA는 무역 협정을 효율적으로 체결하기 위해 한시적으로 권한을 행정부에 위임했기 때문에 1970년대부터 필요에 따라 한시적으로 적용되었고, 총 5차례 관련 법이 제정되었다. TPA는 무역환경이 변함에 따라 일부 변화가 있었으나 기본적인 요소는 거의 변화가 없었다. 예컨대, 현재 적용되는 TPA가 규정된 '2015년 양당 무역우선순위·책임법'7은 기존의 의회 비준절차를

---

6 연방 헌법 제1조 8항.

7 Bipartisan Congressional Trade Priorities and Accountability Act of 2015, P.L. 114–26.

그대로 규정하면서도 투명성 제고를 위해 행정부의 통보 및 보고의무를 추가함
으로써 의회 권한을 강화한 것으로 보인다.

미국 무역정책은 아래 〈그림 7−1〉처럼 행정부와 의회 간 협의에 의해 형
성된다. 의회는 상원과 하원에 각각 무역정책 담당 위원회로 구성된 '의회자문
그룹(CAG)'을 설치해두고 있다. 구체적으로 하원 세입세출위원회 의장이 이끄
는 하원협상자문그룹(HAG)과 상원 재무위원회 의장이 이끄는 상원협상자문그
룹(SAG)이 구성되어 있으며, 무역 협정을 체결하기 위한 협상이 개시되기 이전
부터 진행되는 기간 동안에도 보고받고 협의를 할 수 있다.

[그림 7−1] 미국 무역정책 형성

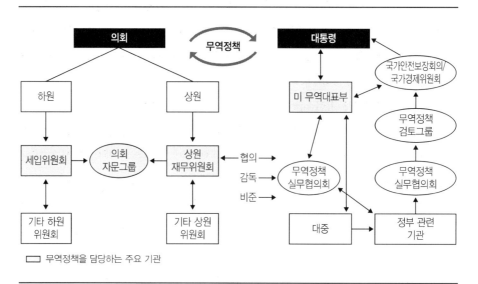

출처: 재인용(고준성 외, 미국의 신보호주의 부상에 대한 대응 연구, p.63)

무역대표부는 대통령 직속기관으로서 무역정책과 관련하여 우선적인 책임
을 갖는 대표적인 기관이다. 대외적으로 미국을 대표하여 외국 정부와 무역 협
상을 주도하는 권한을 갖고 있으며 대내적으로 각 부처 및 이해단체 간 무역정
책을 조율하는 기능을 수행한다. 무역대표는 각 부처에 실무자를 파견하거나
서신을 통해 의견을 조율하며, 필요시 부처 간 실무자급 회의를 소집한다. 여기

서 해결되지 못한 사안은 초기 단계의 조정그룹인 무역정책실무위원회(Trade Policy Staff Committee: TPSC)로 제출된다. 무역정책실무위원회는 주로 각 부처 국장급 관리로 구성된 조정기구로서, 영역별 전문가집단인 소위원회와 테스크포스의 자문을 받는다. 무역정책실무위원회에서 해결되지 못하거나 중대한 정책 문제가 고려되는 경우 상위기관인 무역정책검토그룹(Trade Policy Review Group: TPRG)으로 제출된다. 무역정책검토그룹은 미 무역대표부의 부대표 주재로 각 부처 차관급들이 참여하는 조정회의이다. 여기에서도 해결되지 못한 안건은 정책조정의 마지막 단계로서 대통령이 주재하고 각 장관이 참여하는 국가경제위원회(National Economic Council: NEC)로 전달된다.[8]

　　의회는 행정부가 무역 협정의 협상을 추진하고 검토하는 과정에서 민간부문과도 협의하고 이해당사자의 의견을 원활히 수렴하는 절차를 제도화했다.[9] 1974년 무역법에 따라 민간자문위원회제도가 설립되어 있으며, 전체적인 위원회 숫자의 변동은 있었으나 기본 체제는 현재까지 유지되어 오고 있다.[10] 다만, 구조적으로 20년이 지난 체제가 유지되면서 국제경제 환경을 제대로 반영하지 못하고 있다는 지적을 받아 조정이 이루어져 2004년 3월부터 오늘날의 체제로 운영되기 시작했다.

　　민간자문위원회는 무역대표부 주도의 미국무역정책의 수립과 시행에 대한 공공 및 민간 부문의 의견을 수렴한다. 민간자문시스템에는 ① 대통령의 무역정책및협상자문위원회(ACTPN); ② 농업, 아프리카, 주 및 지방 정부, 노동 및 환경에 관한 정책 문제를 다루는 5개 정책자문위원회; ③ 농업기술 및 산업 분야 22개 분야별 자문위원회로 이루어지는 체제이다. 상무부, 농무부, 환경청 등 분야별로 유관 부처가 함께 자문위원회를 주관한다.

8　USTR, https://ustr.gov/about-us/interagency-role 및 https://ustr.gov/about-us/about-ustr(2019.12.20. 검색)

9　USTR, https://ustr.gov/about-us/advisory-committees(2020.3.2. 검색)

10　예컨대, 산업무역 자문위원회는 이전 정권에서는 16개였으나 트럼프 행정부에서는 기존의 유통서비스, 금융서비스, 임산물, 건축자재 관련 4개 자문위원회를 통폐합하여 현재 14개의 위원회가 운영되고 있다.

[그림 7-2] 미국의 무역정책관련 민간자문 구조

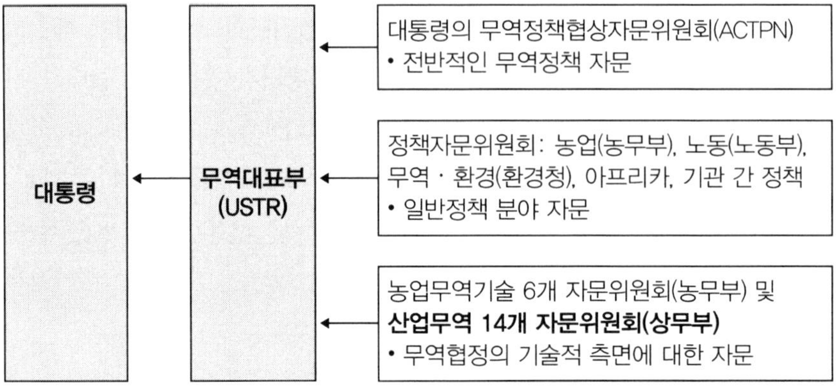

출처: USTR의 하원 소위원회 증언자료(2009) 및 USTR 홈페이지 참고하여 저자 요약

특히 농업기술/산업 분야의 22개 자문위원회는 각각 USTR과 농무부/상무부 주관으로 50인의 자문위원으로 구성되며, TBT와 관련하여 '표준 및 무역기술장벽' 분과가 마련되어 있다.[11] 자문위원회는 미국의 교역 목표, 무역 협정의 운영 및 미국 무역정책의 개발, 실행 및 관리와 관련하여 발생하는 기타 문제에 대한 정보와 조언을 제공한다. 각 자문위원회는 각 무역 협정을 위한 협상이 끝나면 보고서를 작성해야하며 보고서는 해당 협정별로 무역대표부 웹사이트에 공개된다.

2.2 무역촉진권한에 명시된 TBT관련 협상목표

의회는 원래 주요 무역정책이자 수입원이었던 관세율을 설정함으로서 대외무역을 규율해왔으나, 세계대공황 이후 대통령이 다른 국가와 협상할 수 있도록 권한을 위임하기 시작했다. '1934년 호혜무역 협정법'[12]을 통해 의회가 사

---

11 USTR, Mission of the USTR, https://ustr.gov/about-us/about-ustr(2020.3.21. 검색).
12 Reciprocal Trade Agreement Act of 1934.

전적으로 관세인하율을 설정함으로써 효율적으로 협상을 추진하고 이후 추가적
인 입법없이도 무역 협정을 이행할 수 있도록 규정했다. 그러나, 당시 유럽의
경제통합이 진행되면서 미국의 수출이 감소될 우려가 제기되었고, 해외 비관세
장벽으로 인해 관세 인하의 효과가 낮아지면서 이에 대응할 수 있는 보다 적극
적인 통상정책이 요구되었다. 이러한 문제의식이 반영된 1962년 무역확장법13
은 대통령에게 폭넓은 관세인하 권한을 허용하고 적극적인 무역 협상이 가능하
도록 협상을 총괄하는 '특별무역대표(Special Trade Representative)'14를 설치했다.
이에 따라 다자간 협상인 케네디 라운드(1964~1967)에서 폭넓은 관세인하와 함
께 행정부가 위임범위를 벗어나 일부 비관세장벽에 대한 협정이 체결되자 위임
권한은 회수되었다. 다만, 당시 비관세장벽은 관세 이외의 모든 장벽을 포괄하
고 있었으므로 TBT 분야는 구체적으로 논의되지 않았다.

　　1970년대 지속적으로 국제수지와 무역수지가 악화되고 미국 산업이 경쟁
에서 밀려나면서 '국제무역투자정책위원회(Commission on International Trade and
Investment Policy)'를 통해 새로운 무역정책이 재고되기 시작했다.15 일명 Williams
Commission이라 불리우는 이 위원회는 해외 비관세장벽으로 인해 미국이 관세
인하의 혜택을 누리지 못하고 있는 데 대한 우려가 커지고 있다고 지적했다.16
나아가 미 행정부는 비관세조치에 대한 소극적인 권한으로 한계가 있다는 점을

13　Trade Expansion Act of 1962. '1962년 무역확장법'은 트럼프 미 대통령이 취임 직후
　　국가안보를 이유로 자동차와 알루미늄에 대한 관세인상을 지시한 근거법이기도 하다.
　　이 법의 입법과정에서 의회의 요청으로 제232조에 근거하여 공산주의 국가에 대한 최
　　혜국대우가 제한된 바 있다.

14　현재 미무역대표부(USTR)의 전신으로서 1974년 무역법에 따라 대통령 직속 통상전문
　　기관으로 격상되었으며, 지미 카터 대통령 임기 중 미국무역대표부로서 권한이 한층 강
　　화되었다.

15　예컨대 일본과 독일의 철강생산능력이 지속적으로 증가하면서 1950년 세계철강생산의
　　약 53%가 미국이었던 반면, 1970년 21%를 기록하는 등 국내 산업이 해외 기업과의 경쟁
　　에서 뒤처지고 있었다고 한다. Douglas A. Irwin, Clashing over Commerce: A History
　　of U.S. Trade Policy, University of Chicago Press, November 2017, pp.537－539.

16　보고서의 원문은 다음과 같다: "a growing concern in this country that the United
　　States has not received full value for the tariff concessions made over the years
　　because foreign countries have found other ways, besides tariffs, of impeding our
　　access to their markets."

인지하고, 비관세장벽을 효과적으로 제거하고 비교적 제한없는 관세인하를 추진할 수 있는 폭넓은 협상권한이 포함된 법안을 제시했다. 의회와 행정부가 3여년 동안 타협한 결과 '1974년 무역법'[17]이 승인되었다. 이 법은 협상목표, 대통령과 의회 간 통지 및 협의절차 등 당시 신속처리권한이라고 불리운 TPA의 기본적인 요소들을 도입하고 동시에 대통령에게 비관세장벽의 제거를 위해 협상할 수 있는 권한을 부여했다. 구체적으로 제102조 (b)항은 무역장벽으로 인해 미국 경제에 부정적인 영향이 미치거나 그러할 우려가 있는 경우 대통령은 교역상대국과 이러한 장벽을 감소 또는 제거하거나, 이러한 장벽의 부과를 금지 또는 제한하는 무역 협정을 체결할 수 있다고 규정했다. 이에 근거하여 미국은 도쿄라운드 협상에 적극적으로 참여할 수 있었으며, 1979년 4월 관세인하 이외에도 비관세장벽 문제를 다루는 6가지의 협정에 합의할 수 있었고, 그 중 하나가 표준코드(standard code)였다.[18]

도쿄라운드에서 합의된 비관세장벽 협정들은 1979년 무역 협정법[19]을 통해 국내적으로 이행되었는데, 이 법은 동시에 기존의 협상권한을 변화없이 8년 더 연장시켰다. 그러나 도쿄라운드 협상결과 처음으로 비관세장벽에 대한 다자간 국제규범이 마련되었음에도 GATT체제에 대한 불만은 지속되었다. 그 가운데 1986년 9월 GATT 체약국 통상장관들은 각료선언으로 범위를 크게 확대한 새로운 다자 협상을 개시할 것을 선언하면서 통상정책의 범위가 크게 확대되었다.

우루과이라운드 협상은 처음으로 서비스와 지식재산권까지 협상대상을 확대하고, TBT 등 비관세조치 관련 기존 규칙을 강화하는 등의 목적으로 1986년 개시되어 1995년 WTO라는 다자무역체제의 출범으로 이어졌다. 이보다 1년 먼저 미국은 인접국인 캐나다, 멕시코와 북미자유무역 협정(NAFTA)을 체결하였는데, 이러한 협상은 '1988년 종합무역경쟁법'[20]에 근거하고 있었다. 이 법은 무역정책의 범위를 광범위하게 확대한 법으로서 전체적인 협상 원칙과 함께 16개

---

17 Trade Act of 1974, P.L. 93−618.

18 도쿄라운드에서 합의된 협정들은 Code라고 불리우며, 정부조달, 무역기술장벽, 보조금 및상계관세, 관세평가, 수입허가절차, 반덤핑의 6가지 Code가 합의된 바 있다.

19 Trade Agreement Act of 1979, P.L. 96−39.

20 Omnibus Trade and Competitiveness Act of 1988, P.L. 100−418.

분야별 협상목표도 제시하고, 협상권한도 더욱 구체적으로 규정했다.[21] WTO를 앞두고 거의 모든 분야가 협상대상으로 포함되면서 비관세장벽도 분야별로 협상목표가 제시되었으나, TBT에 대한 별도의 협상목표나 권한은 구체적으로 명시되지는 않았다.

[표 7-1] 무역촉진권한에 따라 체결된 무역 협정

무역촉진권한 관련 법	비관세장벽 관련	대상 무역 협정
1974년 무역법 (1975~1980)	• '비관세무역장벽 및 기타 왜곡' 조항에서 5년간 비관세장벽에 대한 협상권한 위임	GATT 도쿄라운드
1979년 무역 협정법 (1979~1988)	• '비관세장벽 협상권한 연장' 조항을 통해 기존의 1974년 무역법 제102조 (b)항을 8년 더 연장	미-이스라엘 FTA, 미-캐나다 FTA
1988년 종합무역·경쟁법 (1988~1994)	• 전체 및 주요 협상목표를 구분하고, 16개 분야별 협상목표를 제시 • 기존보다 협상권한을 구체적으로 적시	GATT/WTO 우루과이라운드, NAFTA
2002년 무역법 (2002~2007)	• 전체 협상목표를 구체적으로 적시하고, 17개 분야별 협상목표(투명성 강화 및 규제관행 추가) 제시 • 진전시켜야 할 우선순위 중의 일부로서 건강, 안전, 소비자 이익의 정당한 보호 명시	미-싱가포르 FTA, 미-칠레 FTA, DR-CAFTA FTA*, 미-모로코 FTA, 미-호주 FTA, 미-바레인 FTA, 미-파나마 FTA, 미-페루 FTA, 미-콜롬비아 FTA, 미-오만 FTA, **한-미 FTA**
2015년 무역우선순위·책임법 (2015~현재)	• 전체 협상목표 확대 및 21개 분야별 협상목표(규제관행 확대) 제시 • 규제관행관련 규제호환성 및 국제표준 사용 촉진 명시	TPP(탈퇴), USMCA(일본, EU, 영국과 무역 협정을 위한 협상 진행중)

* 중미 5개국 및 도미니카 공화국과 체결한 FTA
** 도하개발의제(Doha Development Agenda: DDA)는 2015년 사실상 중단된 것으로 관측

---

21 Omnibus Trade and Competitiveness Act of 1988 제1101조 및 제1102조.

　　오늘날의 무역촉진권한의 내용과 구조는 2002년 무역법의 체제가 거의 그
대로 유지되고 있다. 2002년 무역법은 간략하게만 명시되었던 기존의 협상목표
를 9가지로 구체화하였으며, 분야별 협상목표를 일부 변경하고 우선순위를 명
시했다. 여전히 TBT를 별도로 명시하지는 않았으나, 분야별 협상목표 부분에서
투명성이 강화되고, 해외 시장접근에 영향을 미치는 규제관행이 처음으로 포함
되었다.22 이 법에 의해 대부분의 한미 FTA를 포함한 11건의 양자 FTA가 체결
되었다.

　　미국은 금융위기 이후 적극적으로 추진해온 TPP의 타결을 앞두고 '2015년
양당 무역우선순위·책임법'을 통해 무역촉진권한을 재도입했다. 이 법은 전반
적으로 2002년 무역법과 유사하면서도 협상목표를 업데이트하고 의회의 감독권
한과 행정부의 투명성을 강화했다. 특히 전체 협상목표와 분야별 협상목표가
확대되고 구체화되었는데, 특히 규제관행과 관련하여 표준준비절차의 개방성,
투명성, 전환성을 확대하고 표준에 대한 국제적 협력을 강화하는 목표와 규제
호환성과 국제표준사용을 촉진하는 목표가 추가됨으로서 처음으로 TBT규범과
관련한 구체적인 협상목표가 명시되었다.23

3 ___ 미국이 체결한 무역 협정에서의 TBT 규범

　　미국의 TBT정책과 법제도는 과거 국제무역의 근간이 되었던 관세와 무역
에 관한 일반 협정(GATT)체제에서 관세인하의 효과가 해외 비관세장벽으로 인해
무력화되었다는 인식에서 시작되었는바, 아래에서는 GATT체제에서 처음으로
마련된 TBT 국제규범인 표준코드, WTO의 TBT 협정, 2000년대 확산된 FTA,
전면적인 방향전환을 가져온 TPP와 USMCA을 중심으로 살펴본다.

---

22 Trade Act of 2002 Sec. 2102(b)(5) & (8).

23 Bipartisan Congressional Trade Priorities and Accountability Act of 2015, Sec.
　　102(b)(7)(D) & (E).

3.1 GATT체제에서의 TBT 규범

도쿄라운드에는 TBT규범이 포함된 표준코드(standard code)로서 15개 조항과 3개의 부속서가 있었으며, 인증제도에서의 비차별 원칙, 기술규정과 표준의 공개성 보장 및 국제적 조화 추진, 시험검사자료의 상호인정 추진 등의 내용을 담고 있다. 도쿄라운드의 표준코드는 1980년 1월 발효되었으나, ① 당시 114개 GATT 체약국 중에서 38개국만 가입함으로써 참여국 수가 미미했고, ② 지방정부 및 비정부기관의 이행의무가 확보되지 않았으며, ③ 적용범위와 관할범위가 모호하여 보완필요성이 대두되었다.

특히 미국은 선진국의 공산품 관세인하가 충실하게 이루어지고 있는 반면 1970년대 확산된 비관세장벽이 지속적으로 확산되고 있다고 보았다. 구체적으로 1966년에서 1986년 사이 미국에서 비관세장벽 범위에 포함된 수입 규모가 34%에서 45%로 증가했으며, 유럽(당시 EEC)의 경우 36%에서 54%까지 증가한 것으로 드러났다.24 특히 무역적자가 발생하는 이유를 상대국에서의 비관세장벽 때문이라고 보고 있었는데, 1983년 당시 미무역대표인 William Brock는 일본 시장보다 미국 시장이 더 개방적이라는 것은 선입견이 아니라 현실이라고 언급하면서, 일본 시장에서 제품표준, 시험인증요건, 상품 안전요건과 같은 비관세장벽을 미국 제품의 수출의 장벽으로 지적하기도 했다.

[표 7-2] 미국-캐나다 FTA 및 NAFTA에서의 TBT 조항비교

CUFTA 제6장 기술표준 (9개 조항)	NAFTA 제9장 표준관련 조치 (15개 조항, 4개 부속서)
601조 범위 602조 GATT 협정 확인 603조 무역에 대한 위장된 장벽 금지 604조 호환성 605조 인증(accreditation)	901조 범위 902조 의무의 범위 903조 TBT 협정 및 기타 협정의 확인 904조 기본 권리 및 의무 905조 국제표준의 사용

---

24 Douglas A. Irwin, Clashing over Commerce: A History of U.S. Trade Policy, pp. 613-614.

CUFTA 제6장 기술표준 (9개 조항)	NAFTA 제9장 표준관련 조치 (15개 조항, 4개 부속서)
606조 시험자료의 수용 607조 정보교환 908조 후속 이행 609저 정의	906조 호환성 및 동등성 907조 위해성평가 908조 적합성평가 909조 통고, 공지 및 정보제공 910조 문의처 911조 기술협력 912조 정보제공의 제한 913조 표준관련 조치 914조 기술협의 915조 정의 부속서 908.2 적합성평가절차 전환규정 부속서 913.5-a.1 육로운송표준 소위원회 부속서 913.5-a.2 통신표준 소위원회 부속서 913.5-a.3 자동차표준 이사회 부속서 913.5-a.4 섬유및의류 라벨링 소위 　　　　　　원회

　　GA체제에서 체결되고 1985년 발효된 이스라엘과의 FTA는 무역기술장벽에 대한 특정한 규정이 없었으나 1989년 발효된 캐나다와의 FTA에서 처음으로 독립적인 TBT규범이 포함되었다. 미국-캐나다 FTA 제6장은 별도로 기술표준(technical standards)을 규정하고 있었다. 구체적으로 GATT 협정인 표준코드에 따른 권리 의무를 확인하면서 기술표준이 무역에 대한 위장된 장벽이 되지 않도록 보장하고, 호환성과 인증요건, 시험검사료의 사용인정, 정보교환 등 9개의 비교적 간략한 규정을 추가하고 있었다. 미국-캐나다 간 FTA는 멕시코가 포함된 북미자유무역 협정(이하 'NAFTA')으로 발전했으며, 기존보다 확대되고 구체화된 규범은 물론 분야별 부속서도 별도 추가되었다.

　　시기적으로 NAFTA와 우루과이라운드 협상은 같은 시기에 이루어졌기 때문에 비록 NAFTA는 WTO 협정보다 먼저 체결되었으나, 실질적인 규정내용을 사실상 큰 차이는 거의 없는 것으로 평가된다.[25] 대부분 WTO TBT 협정의 권

---

25 Michael Trebilcock, et.al, The Regulation of International Trade: 4th Edition, pp. 324-325.

리·의무를 그대로 반복하고 있다. 예컨대 당사국들은 '안전이나 인간·동식물의 건강 또는 생명, 환경, 소비자의 보호'와 관련된 조치를 취할 수 있는 권리가 유사하게 규정되어 있다. 또한, 규정과 표준의 호환성을 장려하기 위해 조화를 강조하면서도 보호 수준에 대한 각 당사국의 권한을 인정하고 있다.

3.2 WTO TBT 협정

우루과이라운드 결과의 일부로서 합의된 TBT 협정은 기존 도쿄라운드 표준코드의 운용과정에서 얻은 경험에 기반하고 있다. 사실상 TBT 협정의 많은 특징이 기존 표준코드에 포함된 규범들의 수정, 명확화 또는 확장이라고 볼 수 있으며, 여러 부분에서 개선이 이루어졌다. 무엇보다도 ① 농산물의 특성을 고려하여 농산물 관련 표준 및 기술규정을 새롭게 제정된 '위생 및 식물위생 조치의 적용에 관한 협정'으로 이관시킴으로써 범위를 보다 명확히 했고, ② 최종제품뿐만 아니라 생산공정과정도 적용대상으로 포함시켰고, ③ 비차별 원칙을 모든 형태의 적합성평가에도 적용시켰고, ④ '모범관행규약'의 도입을 통해 지방정부 및 비정부기관의 표준제정시에도 TBT 협정 이행의무가 확보되었고, ⑤ 단일한 분쟁해결제도가 적용될 수 있게 하는 등 기존에 제기된 문제들이 해소되었다.

도쿄라운드 표준코드와 달리 TBT 협정에서 진전이 있었으나, 근본적인 협정의 성격은 변하지 않았다. 즉, TBT 협정은 무역기술장벽을 철폐하는 것이 아닌 통보 및 감시 등 투명성 제고를 통해 기술규정 및 표준의 남용을 자제하는 방식을 지속하고 있다. 그러나 도쿄라운드에서의 표준코드가 복수국 간 협정으로서 참여국이 제한되어 있었던 반면, WTO TBT 협정은 WTO 회원국 모두에게 적용되어 적용범위가 확대되었다는 측면에서 기존 표준코드보다 개선되었다고 볼 수 있다.

[표 7-3] 도쿄라운드 표준코드와 WTO TBT 협정

도쿄라운드 표준코드 (15개 조항 및 3개 부속서)	WTO TBT 협정 (5개 조항 및 3개 부속서)
1조 일반 조항	1조 일반 조항
기술규정 및 표준	**기술규정 및 표준**
2조 중앙정부기관의 기술규정 및 표준의 준비·채택·적용 3조 지방정부기관의 기술규정 및 표준의 준비·채택·적용 4조 비정부기관의 기술규정 및 표준의 준비·채택·적용	2조 중앙정부기관의 기술규정 준비·채택·적용 3조 지방정부 및 비정부기관의 기술규정 준비·채택·적용 4조 표준의 준비·채택·적용
기술규정과 표준의 적합성	**기술규정과 표준의 적합성**
5조 중앙정부기관의 기술규정 및 표준의 적합성 결정 6조 지방정부 및 비정부기관의 기술규정 및 표준의 적합성 결정	5조 중앙정부기관의 적합성평가절차 6조 중앙정부기관의 적합성평가 인정 7조 지방정부기관의 적합성평가절차 8조 비정부기관의 적합성평가절차 9조 국제 및 지역 시스템
인증체제	
7조 중앙정부기관이 운영하는 인증체제 8조 지방 및 비정부기관이 운영하는 인증체제 9조 국제 및 지역 인증 시스템	
정보 및 지원	**정보 및 지원**
10조 기술규정, 표준 및 인증체제에 대한 정보 11조 타 회원국에 대한 기술지원 12조 개도국에 대한 특별차등대우	10조 기술규정, 표준, 적합성평가절차에 대한 정보 11조 타 회원국에 대한 기술지원 12조 개도국에 대한 특별차등대우 13조 TBT위원회 14조 협의 및 분쟁절차 15조 종결 조항
제도, 협의 및 분쟁해결	
13조 TBT위원회 14조 협의 및 분쟁해결 15조 종결 조항	
부속서 1. 협정의 특정한 목적상 용어 및 정의 2. 기술전문가 그룹 3. 패널	부속서 1. 협정의 목적상 용어 및 정의 2. 기술전문가 그룹 3. 표준의 준비·채택·적용을 위한 모범관행

3.3 FTA에서 TBT에 대한 추가적 규범 도입 노력

미국은 NAFTA를 체결한 이래 한미 FTA까지 12개의 FTA를 체결해왔으며 이들은 모두 2000년대 체결된 협정이다. 이들 협정들은 일부 WTO 협정에 없던 새로운 규범을 도입하거나 기존의 협정에서 진전된 규범을 포함하고 있으며, 특히 FTA에서 TBT규범에 대한 미국의 접근방식은 일반적으로 "TBT+"로 불리운다.26 예컨대, 최근 FTA들은 각 당사국이 표준, 기술규정, 적합성평가절차의 개발과정에 참여할 수 있도록 요구하고 있을 뿐만 아니라 그 과정에 참여하는 상대국가의 이해당사자들에게도 내국인과 같은 대우를 허용하도록 요구한다.

기본적으로 미국의 FTA에서 TBT규범은 WTO TBT 협정을 인정하면서도 일부 규정을 구체화하고 있다고 볼 수 있는데, 이는 7가지로 분류해볼 수 있다: ① TBT 협정 인정, ② 국제표준, ③ 적합성평가절차, ④ 투명성, ⑤ 협력, ⑥ 정보교환, ⑦ 운영규정. 이를 구체적으로 살펴보면 아래와 같다.27

① TBT 협정 인정: 기존 FTA들은 TBT 협정에 따른 의무를 재확인하고, TBT 협정의 주요 용어들―기술규정, 표준, 적합성평가절차―을 그대로 사용

② 국제표준: FTA 체결국 간 국제표준, 지침 또는 권고 여부를 결정하기 위한 WTO TBT위원회의 결정에 적시된 원칙을 적용하도록 요구

③ 적합성평가절차: 각 국의 적합성평가절차를 원활하게 수용할 수 있는 다양한 메커니즘을 인정하고 구체적인 예시 목록을 제시. 또한, FTA 상대국들과 이러한 메커니즘에 대한 정보교환을 강화, 다른 회원국의 적합성평가결과를 수락하지 않을 시 이에 대해 설명하거나, 수락하도록 협상, 상대국 영토에 있는 적합성평가기관을 내국기관과 동등하게 인정(내국민대우), 상대국의 적합성평가기관을 인정하지 않는 경우 이를 설명하도록 규정

---

26 USTR, 2014 Report on Technical Barrier to Trade, 2015, https://ustr.gov/sites/default/files/2014%20TBT%20Report.pdf(2020.1.20. 검색)

27 *Ibid.*

④ 투명성: FTA에서는 TBT 협정의 투명성 의무를 확대하고 있음. 예컨대, 콜롬비아, 페루 및 한국과 체결한 FTA에서 각 당사국은 상대국 인이 내국인과 동일하게 표준관련 조치 개발에 참여하도록 허용. 또한, 당사국들은 ⅰ) 기술규정이 관련 국제표준에 근거하더라도 제안된 기술규정을 통고, ⅱ) 기술규정과 적합성평가절차에 대한 제안을 상대국에게 직접적으로 통고, ⅲ) 제안된 조치의 목적 및 조치의 논리(rationale) 또는 당해 조치가 목적을 달성하는 방법을 제안된 기술규정 및 적합성평가절차 통고문에 포함, ⅳ) FTA 당사국 및 이해당사자들에게 제안된 조치에 대해 의견을 개진할 의미있는 기회를 제공, ⅴ) 적어도 60일간의 의견제출기간 허용, ⅵ) 최종 조치가 공고되기 전에 수렴된 중요 의견들에 대해 회신 제공, ⅶ) 요청시 목적에 대한 추가 정보 제공

⑤ 협력: FTA 상대국들과 기술규정, 표준 및 적합성평가절차에 대한 공동작업을 강화하도록 규정하고 상대국들이 특정한 이슈나 분야에서 양자 의제를 확인하도록 촉구

⑥ 정보교환: 정보교환과 관련하여 각 체결국들이 상대국의 요청에 대해 합리적인 기간 내에 제안된 조치에 대한 정보와 설명을 제공하도록 요구

⑦ 운영규정: 각 FTA는 협정의 적용을 감독하고 협정에서 발생하는 특정한 문제를 처리하고 협력 및 정보교환을 강화할 수 있도록 소관 위원회 또는 소위원회를 설립하도록 규정

전체적으로 NAFTA 이후 미국이 체결한 FTA에서 TBT규범은 WTO체제를 보완하는 정도로 규정되어 온 것으로 보인다. NAFTA를 제외한 모든 FTA가 WTO TBT 협정을 통합 또는 인정하고 있으며,[28] 싱가포르와 체결한 FTA를 제외한 11개 FTA에서 상기 언급된 ①~⑦ 내용을 공통으로 포함하고 있는데, WTO 수준을 넘어서기보다는 기존 의무를 확대하거나 강화하는 수준인 것으로 보인다. 예컨대, 동일한 내용의 규제이나 시간이 지나면서 조항이 더욱 구체화

---

28 이는 WTO TBT 협정 이전에 NAFTA가 체결되었기 때문이며, 대신 당시 다자규범인 도쿄라운드 표준코드를 인정한다고 규정하고 있다. NAFTA 제903조 참고.

[표 7-4] 미국이 체결한 FTAs 및 TBT규범 비교*

FTA 상대국	서명(발효)	주요 TBT규범								
		TBT 협정 인정	기술 규정	국제 표준	적합성 평가 절차	무역 원활화	투명성	협력	정보 교환	운영 규정
싱가포르	'03.5.6('04.1.1.)	O	X	X	X	X	X	O	X	X
칠레	'03.6.6('04.1.1)	O	O	O	O	O	O	O	O	O
호주	'04.5.18('05.1.1.)	O	O	O	O	O	O	O	O	O
모로코	'04.6.15('06.1.1)	O	X	O	O	O	O	O	O	O
DR-CAFTA	'04.8.5('06.3.1)	O	O	O	O	O	O	O	O	O
바레인	'04.9.14('06.1.1)	O	X	O	O	O	O	O	O	O
오만	'06.1.19('09.1.1.)	O	X	O	O	O	O	O	O	O
페루	'06.4.12('09.2.1)	O	O	O	O	O	O	O	O	O
콜롬비아	'06.11.22('12.5.15)	O	O	O	O	O	O	O	O	O
파나마	'07.6.28('07.10.31)	O	O	O	O	O	O	O	O	O
한국	'07.6.30('12.3.15)	O	X	O	O	O	O	O	O	O

* WTO 출범 이전에 체결된 NAFTA(1992) 및 미국-이스라엘 FTA(1985)는 제외

되는 경우도 있다. 예컨대, 투명성 조항은 미국이 체결한 FTA들에 포함되어 있으나 한미 FTA에서 더욱 구체적으로 규정되어 있다. 미국-칠레 FTA 제7.7조 투명성 조항은 WTO TBT 협정에 따라 관련 조치를 통지할 때 추가적인 내용과 전자적 전달방식 등을 규정한다. 한미 FTA 제6.9조 투명성 조항은 구조와 내용은 유사하지만, 각 당사국이 신규 또는 개정된 기술규정을 관련 국제표준과 함께 공개하고 상대국에 통지하도록 규정하고, 지방정부의 기술규정도 동일하게 공개되고 통지되도록 합리적인 조치를 취해야한다는 내용을 추가하고 있어 미국-칠레 FTA에 비해 기존 의무를 확대하고 구체화하고 있다.29

---

29 한미 FTA 제9.6조 3항 및 4항.

3.4 TBT 규범의 현대화를 시도한 TPP와 USMCA

WTO의 규범을 전체적으로 개선하기 위한 다자간 협상이 2001년 합의되었으나, 사실상 TBT 분야는 제외되어 있었다. 미국은 일련의 FTA를 체결하면서 WTO TBT 협정을 기초로 투명성과 협력을 강화하는 방향으로 추가 규범들을 마련해왔다. 그러나, 경기침체 속에서 2009년 집권한 오바마 정권은 비관세장벽에 관심을 기울이기 시작했다. USTR이 매년 발간하는 국별무역장벽보고서와 함께 2010~2014년간 TBT 분야에 특정한 별도 보고서가 발간되었고, 2016년 미 상무부는 미국 수출의 92%가 무역기술장벽의 영향을 받는다는 보고서를 발표했는데, 이 시기는 미국이 TPP 협상에 참여하던 시기와 맞물린다.

TPP는 미국을 포함한 12개국이 참여하면서 소위 Mega FTA로 불리웠을뿐만 아니라 WTO 등 기존 규범을 구체화하고 새로운 분야의 규범을 도입하면서 차세대 21세기 FTA로 불리우기도 했다.[30] 비록 2017년 트럼프 대통령이 취임하면서 미국은 탈퇴했으나, 11개국간 일부 수정을 통해 CPTPP[31]로 발효되는데, TBT 분야는 실질적인 변화없이 유지되고 있다.

TPP 협정의 적용 범위는 WTO 협정과 마찬가지로 중앙정부기관 및 산하직속기관들이 제공하는 모든 기술규정, 표준 및 적합성평가절차의 준비, 채택 및 적용에 해당한다. 대체로 TPP 협정은 한미 FTA를 포함한 기존 FTA의 TBT 규정과 크게 다르지 않으며, 대체로 수준이 유사하다는 평가를 받고 있다.[32] 그러나, 기체결 FTA에 기반하고 TBT 조항들을 상세히 규정하고 있으면서도 새로운 요소를 도입하기도 했다. 예컨대, 한미 FTA 제9.3.5조는 적합성평가기관의

---

30 USTR, https://ustr.gov/about−us/policy−offices/press-office/press-releases/2015/October/summary-trans-pacific-partnership(2020.3.10. 검색)

31 포괄적·점진적 환태평양동반자 협정(Comprehensive and Progressive Agreement for Trans-Pacific Partnership: CPTPP)은 미국을 제외한 11개 TPP 참여국들 간 합의로 TPP 일부를 개정하여 체결된 자유무역 협정으로서 2018년 12월 30일 발효되었다(비준한 캐나다, 일본, 뉴질랜드, 호주, 멕시코, 싱가포르, 베트남에 대하여 발효).

32 김민정, 박정준(2015), "한국 FTA의 TBT규범 비교분석에 따른 법적 쟁점 연구", 국제·지역연구, 24권 4호, p.67.

인정·승인·면허에 대하여 자국민과 동등하게 외국인에게도 내국민대우를 부과
하도록 규정하고 상대국의 적합성평가기간의 인정·승인·면허가 거부되는 경
우, 요청시 그 이유를 설명하도록 규정하고 있다. 이는 TPP 제8.6.1조에도 동일
하게 규정되어 있으나, 내국민대우와 관련하여 '동일 또는 동등한 절차, 기준
및 조건'을 적용하는 의무를 추가하고 있다. 무엇보다 TPP에서는 특정한 제품
분야에 대해 부속서를 두고 특정한 규정을 도입했다는 점에서 기존 FTA와 구
분된다. 즉, 와인·증류주, 정보통신 제품, 화장품, 의약품, 의료기기, 포장식품
및 식품첨가물, 유기농 제품 등 체결국 간 수출입 비중이 높은 주요 관심 산업
(품목) 또는 과도한 규제부과가 우려되는 특정 품목에 한해 TBT를 완화하기 위
한 조항들이 도입되었다.

　　비록 미국은 TPP에서 탈퇴하였으나, 이를 기반으로 USMCA가 합의되면서
미국의 정책방향은 더욱 미국 중심적으로 강화된 것으로 보인다. 즉, 사실상 대
부분 유사하면서도 미세하게 다른 구분이 있거나 일부는 새로운 규정이 도입되
기도 했다. 앞서 언급한 자국내 적합성평가기관이 위치해야한다는 요건은 TPP
에서 금지되고 있고 이는 USMCA에서도 거의 그대로 유지되었다. 다만 비차별
원칙인 내국민대우와 관련한 '동일 또는 동등한' 요건은 삭제되고, 각주를 통해
적합성평가기관에 대한 인정·승인·면허 요청 시 신청하는 회원국이 동등하다
고 고려하는 기술규정을 정확하게 확인하고 이를 이와 관련한 데이터와 증거를
제출하도록 규정하고 있어 일견 내국민대우 의무가 완화된 것으로 보인다.

[표 7-5] TPP 및 USMCA TBT 조항*

TPP 제8장 TBT (12개 조항, 7개 부속서)	USMCA 제11장 TBT (12개 조항, 6개 부속서)	비고
8.1조 정의	11.1조 정의	
8.2조 목적	–	
8.3조 범위	11.2조 범위	
8.4조 TBT 협정의 특정 조항 통합	11.3조 TBT 협정 통합	
8.5조 국제표준, 지침 및 권고	11.4조 국제표준, 지침 및 권고	
–	**11.5조 기술규정**	**신규규정**

TPP 제8장 TBT (12개 조항, 7개 부속서)	USMCA 제11장 TBT (12개 조항, 6개 부속서)	비고
8.6조 적합성평가	11.6조 적합성평가	
8.7조 투명성	11.7조 투명성	
8.8조 기술규정 및 적합성평가절차를 위한 이행기간	11.8조 기술규정 및 적합성평가절차 를 위한 이행기간	
8.9조 협력 및 무역원활화	11.9조 협력 및 무역원활화	
8.10조 정보교환 및 기술협의	11.10조 정보교환 및 기술협의	
8.11조 무역기술장벽위원회	11.11조 무역기술장벽위원회	
8.12조 문의처	11.12조 문의처	
8.13조 부속서	**제12장 분야별 부속서**	
	부속서 12-A 화학물질	
부속서 8-A 와인 및 증류주		
부속서 8-B 정보통신기술 제품	부속서 12-C 정보통신기술	
부속서 8-C 의약품	부속서 12-F 의약품	
부속서 8-D 화장품	부속서 12-B 화장품	
부속서 8-E 의료기기	부속서 12-E 의료기기	
부속서 8-F 사전포장식품 및 식품첨 가제에 대한 전매조제법		
부속서 8-G 유기농 제품		
	부속서 12-D 에너지 효율 기준	

* 단순비교로서 면밀한 후속검토 필요

    상기 표에서 볼 수 있는 바와 같이 USMCA의 TBT규범의 구조는 TPP와 거의 동일하나, 신규로 기술규정 조항을 도입된 점은 다르다고 볼 수 있다. 구체적으로 USMCA 제11.5조에 규정된 기술규정 조항은 먼저 회원국이 채택하려고 제안하는 주요 기술규정에 대해 적절한 평가를 수행하도록 규정하고 있다. 이러한 평가에는 동 규정의 잠재적 영향에 대한 규제 영향분석이나 대안적 조치의 평가를 요구하는 분석이 포함될 수 있다. 다만, 제안된 기술규정이 주요한 규정인지 아닌지 여부는 각 회원국의 재량에 달려 있다. 또한, 각 회원국은 기술규정과 적합성평가절차를 정기적으로 검토해야하며, 이때 검토의 목적은 관련 국제표준에 부합시키거나 관련 국제표준에서 벗어나게될 만한 상황이 존재하는지 여부를 검토하거나 덜 무역제한적인 접근의 존재를 고려하기 위해서이다. 나아가 회원국은 상대국 인이 직접적으로 규제기관에 검토를 요청할 수 있는 절차를 마련해야 한다. 즉, 기술규정의 내용과 관련한 상황이 변화했거나 기술규정의 목적을 달성하는 데 덜 무역제한적인 방법이 있는 경우 이를 근거로 상대국 인은 검토를 요청할 수 있다. 이러한 규정은 기존에 이해관계자들이 기술규정이나 적합성평가절차의 준비단계에서 주로 의견을 개진하고 관련 기관으로부터 답변이나 설명을 받는 체제와 달리, 이미 채택된 기술규정에 대해서도 상황 변화 등의 이유로 규제기관이 직접 요청할 수 있다는 점에서 지속적으로 이해관계자의 참여와 감시가 가능해졌다고 볼 수 있다.

또한 TPP와 구분되는 또 다른 특징으로는 분야별 TBT 부속서가 USMCA에서는 '제12장 분야별 부속서'라는 별도의 장(Chapter)로 구성되어 있다는 점이다. 다만, TPP에서와 달리 와인·증류주와 식품에 대한 3개 부속서는 제외되었고, 화학물질과 에너지효율기준에 대한 부속서가 각각 추가되어 있다는 점에서 다른데 이는 당사국이 3개국으로 작아지면서 관심 분야도 작아졌을 가능성도 있다. 같은 주제의 부속서들이라도 TPP의 부속서와 내용상 다른 점이 존재한다는 점도 유의할 필요가 있다. 즉, 부속서들은 당사국 간 규제조화와 불필요한 규제의 감소와 같이 기존 규범과 유사한 조항들이 있으면서도 동시에 미국의 국내정책이나 규제와 일치시키는 방향의 규정들이 도입되어 있다.[33] 예컨대, 의약품, 의료기기, 화장품의 범위와 시판허가 절차와 관련하여서도 미국 국내법을 따른 것으로 보이는 조항들이 포함되어 있다. 결론적으로 TPP는 기존 규범을 현대화하면서도 상대국가와의 협상을 통해 합의가능한 부분을 공략했다면 USMCA는 미국의 이해가 적극적으로 반영된 것으로 보인다.

---

[33] Ronald Labonté, Eric Crosbie, Deborah Gleeson and Courtney McNamara, "USMCA (NAFTA 2.0): tightening the constraints on the right to regulate for public health", Globalization and Health, 2019.5.14. https://globalizationandhealth.biomedcentral.com/track/pdf/10.1186/s12992−019−0476−8(2019.11.9. 검색)

4 ___ 미국의 TBT 규범의 국내 이행체제

미국이 가입하거나 체결한 무역 협정의 TBT규범은 결국 미국 국내에서 이행되어야 한다. 미국에서 TBT를 포함한 국제 상품무역에 대한 미국 법과 정책은 대체로 연방정부의 책임이다. 미국의 TBT관련 제도는 기본적으로 WTO TBT 협정에 기반하고 있으며, FTA에서 추가적인 규정을 따르고 있다. 이를 집행하는 국내 체제는 다소 분권화되어 있는데, 규제를 제정하는 기본틀이 되는 법은 '1947년 행정절차법'[34]과 '1979년 무역 협정법'[35]이다. 전자는 미 행정기관이 규정을 제정할 때 공개하고 의견 제출기회를 보장하는 절차를 규정하고 있으며, 후자는 연방기관이 무역에 불필요한 장애물을 초래하는 표준관련 활동을 금지하고 규정 제정 시 국제표준의 사용을 고려하도록 지시하는 규정이다. 또한, '1979년 무역 협정법'에 따라 미국의 무역정책을 총괄하고 대외적인 대표권한을 갖고 있는 행정기관은 무역대표부(USTR)이며, 따라서 표준과 관련한 국제무역정책을 조정·개발하고 다른 국가와 표준관련 사안을 논의하고 협상하는 대표적인 권한은 무역대표부에게 있다.

연방기관들은 '1995년 국가기술이전·발전법'(NTTAA)[36]에 따라 민간표준화기구에서 채택된 자발적 합의표준을 사용해야 한다. 또한, 미국 대통령실 산하의 예산관리국(OMB)[37] Circular A-119에서는 정부기관이 자발적 합의표준의 개발, 활용, 적합성평가 활동에 참여할 때 준수해야할 지침을 규정하고, 연방 규제기관들이 민간표준개발기구의 활동에 참여하도록 장려한다. 이 지침에 따라 연방기관은 기술규정을 마련 시 또는 조달 시 정부의 고유표준보다는 자발적 합의표준을 사용하도록 규정하고 있으며, 이를 따르지 않을 경우에는 그 사유서를 예산관리국에 제출해야한다. 즉, 정부 고유표준보다는 민간표준에 의존하도록

---

34 Administrative Procedure Act of 1947.

35 U.S.C. Title 19, Chapter 13, Subchapter Ⅱ. Technical Barrier to Trade(Standards).

36 National Technology Transfer and Advancement Act(NTTAA)

37 예산관리국(Office of Management and Budget: OMB)은 1970년에 설치된 대통령실 소속기관으로서 미국 연방 행정부의 예산관리를 담당하고 있다.

규정하고 있는데, 이는 위법하거나 실용적이지 않는 한 적용되어야 한다.[38] 이외에도 아래 〈표 7-6〉에서 볼 수 있는 바와 같이 규제의 계획, 운용 및 개혁과 관련하여 다양한 행정명령들이 제정되어 있다.

[표 7-6] 미국 표준관련 기본 법제

1947년 행정절차법		규정 제정 시 민간 참여 보장(공지 및 의견 제출)
1979년 무역 협정법(개정)		• 무역에 불필요한 장애물을 초래하는 표준관련 활동을 금지 • 규정제정 시 국제표준의 사용을 고려
1995년 국가기술이전·발전법		연방기관은 표준화기구가 채택한 표준을 사용할 의무
OMB Circular A-119		• 자발적 합의표준의 개발, 활용, 적합성평가 활동에 대한 정부참여 지침 • 연방기관의 민간부문의 전문성 활용
행정명령	제12866호(1993.9.30.)	규제계획 및 검토
	제13563호(2011.1.18.)	규정·규제 검토 개선
	제13609호(2015.6.26.)	국제규제협력 촉진
	제13610호(2012.5.10.)	규제부담 확인·완화
	제13771호(2017.1.30.)	규제완화 및 비용관리
	제13777호(2017.2.24.)	규제개혁의제 집행

1947년 행정절차법은 규정을 준비 또는 채택하는 경우 표준을 참조하거나 적용하도록 규정하고 최종 규정을 제정하는 경우 사전에 이를 공개하고 의견을 조회함으로써 민간이 참여할 수 있는 기회를 제공한다. 즉, 동 법에 따라 연방기관들은 규정 제정 시 사전공지하고 의견조회 절차를 실시해야하며, 국내외를 막론하고 민간으로부터 접수받은 실질적인 의견을 고려해야 한다. 또한, 행정명령 제12866호는 대부분의 연방기관들이 대중에게 규제를 공고하기 이전에 초안을 예산관리국 산하의 규제정보관리실(OIRA)[39]에 제출해야하며, 이때 규제조치의

---

38 2016년 기준, 25개 연방기관은 자발적 합의표준 대신 정부 고유의 표준을 사용하고 있다고 미 상무부에 보고하고 있으며, 미 상무부는 이에 대한 요약을 예산관리국에 제출해오고 있다. https://nvlpubs.nist.gov/nistpubs/ir/2017/NIST.IR.8189.pdf.(2019.6.20. 검색)

39 규제정보관리실(Office of Information and Regulatory Affairs: OIRA)은 예산관리국

비용편익에 대한 분석도 첨부되어야 한다. 특히 제출기관이나 예산관리국의 관점에서 경제적으로 중요하다고 간주하는 규정에 대해서는 대안적인 규제접근에 대한 상세한 비용편익 분석이 요구된다.[40] 이때 경제적으로 중요한 것으로 간주되는 규제조치는 연간 미화 1억달러 또는 그 이상으로 경제에 영향을 미칠 수 있거나, 생산성, 경쟁, 일자리, 환경, 공중보건 또는 안전, 주·지방·지역사회에 실질적으로 부정적인 영향을 미칠 수 있는 조치를 의미한다.

표준과 관련된 주요 행정기관은 미국 상무부 산하의 국가표준연구원(NIST)[41]으로서 이 기관은 경제안보와 삶의 질을 향상시키는 방식으로 측량과학, 표준 및 기술을 발전시킴으로서 혁신과 산업경쟁력을 촉진하는 연방기관이다. 국가표준연구원은 1995년 국가기술이전·발전법에 따라 표준 및 적합성평가 활동에서 민간 분야의 조정자 역할을 수행하며 그 결과는 예산관리국으로 보고하고 의회에 제출된다. 적합성평가기관의 인증절차는 특정한 표준이나 기술규정에 따라 다양하나, 일반적으로 미국에서는 ISO 적합성평가회원회의 표준을 따르고 있다.

미국에서는 표준 개발도 분권화되어 있으며 수요 중심으로 이루어진다. 즉, 표준과 관련하여 업계, 정부, 소비자가 필요하거나 우려하는 사항은 정부기관이 아닌 민간부문에서 자발적 협의표준을 통해 해결된다. 이러한 자발적 협의표준을 개발하는 실질적인 업무는 표준개발기관(SDO)이 하고 있으며 대표적인 기구가 미국표준협회(ANSI)[42]이다. 미국표준협회는 표준화 적합성 여부에 따라 미국의 국가표준(ANS)의 승인여부를 결정하는 민간 비영리단체로서 대내적으로 자발적 협의표준체제를 조정하고 운영하는 역할을 하고 있으며, 대외적으로 국제표준화기구인 ISO와 IEC의 회원기관으로서 참여하고 있다.

미국표준협회가 국가표준을 개발하지는 않으나, 동 협회가 인정한 표준개발기관들이 작성한 표준안을 국가표준으로 승인하고 조정하는 역할을 하며, 표준개발기관이 표준 개발 시 준수해야 하는 지침을 제공한다. 대외적으로 미국

(Office of Management and Budget: OMB)에 속해있는 보조기관.

40 http://www.archives.gov/federal-register/executive-orders/pdf/12866.pdf.(2020.4.1. 검색)

41 National Institute of Standards and Technology.

42 American National Standard Institute(ANSI)

표준협회는 미국의 국가표준이 국제표준으로 제정되도록 노력하고, 국제표준기구 참여를 위한 제반활동을 관리 조정한다.

[그림 7–3] 미국 국가표준 제정절차

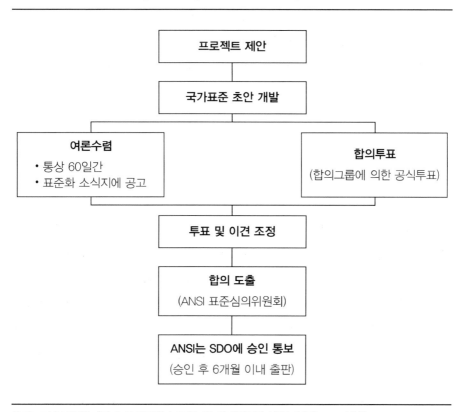

출처: 기술표준원, '국가 주요정책과 표준 간 연계활성화 방안 연구' p.47 발췌.

미국표준협회가 인증한 표준개발기관들은 약 240여개로서 이들은 일명 'ANSI 핵심요건(ANSI's essential requirements)'이라고 불리우는 지침에 따라 국가표준의 준비, 승인, 개정, 재확인 또는 철회를 위한 적법절차요건을 준수해야하며, 이는 표준협회로부터 받은 인증을 유지하는 요건이기도 하다.[43] 핵심요건은

---

43 상세 내용은 ANSI Essential Requirements: Due process requirements for American
     National Standards 참고. https://share.ansi.org/Shared%20Documents/Standards%20
     Activities/American%20National%20Standards/Procedures,%20Guides,%20and%20For

2000년 WTO TBT위원회 결정에 포함된 원칙 등 국제적으로 수용되는 표준화 원칙을 반영하고 있다. 표준개발절차에서 개방성, 합의, 적법절차, 실질적으로 영향을 받는 이해당사자들의 참여가 보장되어야 하며, 구체적으로 광범위한 참여를 촉진하기 위해 적절한 매체를 사용해야하고, 표준 개발과 관련하여 직접적이고 실질적으로 영향을 받는 모든 사람들에게 개방되어 있어야 하고, 이해관계자의 이익 균형을 유지하고, 잠재적 갈등을 해결하기 위한 조정과 조화를 시행하고, 즉시 이용가능한 절차적 이의제기 메커니즘과 합의에 의한 결정방식을 갖추고 있어야 한다.

5 ___ 결론

미국은 제2차 세계대전 이후 지속적으로 인하되어온 관세의 효과를 무력화시키는 수출의 장애 요인을 비관세장벽이라고 보고, 1970년대부터 국제규범을 마련고자 노력했다. 특히 도쿄라운드의 결과 비관세장벽의 일부인 표준관련 조치가 합의됨으로서 일부분 성과가 있었으나, 참여국가와 적용범위의 한계로 제대로 활용되지 못했다. TBT규범은 NAFTA와 우루과이라운드 협상을 거치면서 마침내 WTO TBT 협정으로 발전했다. TBT 협정을 근간으로 12건의 FTA를 체결하면서 미국은 추가적인 TBT규범을 발전시켜나갔으며, 특히 TPP를 통해 TBT규범의 현대화를 시도하고, USMCA에서 미국 주도의 TBT규범을 마련했다. 이러한 일련의 과정에서 일관된 흐름이 드러난다.

앞서 미국이 무역 협정을 추진할 때 의회가 설정한 협상목표에서 TBT는 비관세장벽 또는 GATT/WTO 이행의 대상으로서 다뤄지다가 2015년에 와서야 규제관행의 일부로서 언급되었고 이는 고스란히 TPP에 잘 반영되어 있다. 과거 미국은 관세인하 중심에서 TBT이 자유로운 무역흐름을 저해하지 않도록 보장하는 목적의 TBT정책을 추진했다고 한다면 TPP를 기점으로 비관세장벽과 규

———
ms/2020_ANSI_Essential_Requirements.pdf(2020.4.10. 검색)

제문제로 확대되었다고 볼 수 있다. FTA에서의 TBT규범은 기존의 체제를 보완하는 것이 아니라 보다 새로운 방향으로 전환된 것이다. 이러한 정책방향은 '미국 우선주의'를 표방하는 트럼프 정부가 집권하면서 더욱 강화되고 미국 중심의 요소가 반영되는 계기가 되었다. 트럼프 대통령의 6대 국정기조 중 하나는 '모든 미국인을 위한 무역 협정'이었으며,44 TPP가 미국의 이익을 제대로 반영하지 못하고 있다고 주장하면서 탈퇴한 바 있다. 그 이후 추진된 것이 일명 NAFTA 2.0이라고 불리우는 USMCA이다.

USMCA에서 일반적인 TBT규범은 크게 변화하지는 않았으나, 분야별 부속서에서 미국법과 유사한 규범들이 포함됨으로써 미국 중심적인 요소가 확인된다. 이는 '모범규제관행(good regulatory practice)'에서도 확인된다. 원래 TPP에서는 규제일관성이라는 표제 하에서 당사국간 '모범규제관행'의 이행뿐만 아니라 기관 간 효과적인 협의와 조정을 위한 메커니즘을 증진하는 것에 초점을 맞추었다.45 반면, USMCA는 '규제일관성'이라는 용어대신 규제의 '호환성 및 일관성'을 언급하며, 이를 더욱 확대시켰다. USMCA 제28.2조는 '당사국들은 투명성 강화, 객관적 분석, 책임 및 예측가능성을 통해 규제품질을 향상'시키고, "모범규제관행을 적용하여 당사자간 호환가능한 규제 접근방식의 개발을 지원하고 불필요하게 부담되거나 중복적이거나 일탈되는 규제요건들을 감소 또는 철폐할 수 있다"46고 규정함으로서 규제 분야를 더욱 강조했다. 규제관행은 여러 분야에 영향을 미칠 수 있으나, 미국은 특히 TBT 분야를 중점적으로 염두해둔 것으로 보인다.

표준·무역기술장벽 자문위원회는 USMCA 협상 결과에 대해 다음과 같이 평가한 바 있다. "TBT와 모범규제관행은 무역 협정의 현대화의 훌륭한 예이다. WTO TBT 협정의 핵심을 강화하고 TPP에서 성취된 것 이상으로 확대하고 있다.47

---

44 https://www.whitehouse.gov/trade-deals-working-all-americans.

45 USTR, "TPP Chapter 25 Summary: Regulatory Coherence", 2016, https:// ustr.gov/sites/default/files/TPP-Chapter-Summary-Regulatory-Coherence.pdf.(2020.4.10. 검색)

46 USMCA, 28.2조.

47 USTR, "Report of the Industry Trade Advisory Committee on Standards and Technical Trade Barriers", September 27, 2018, https://ustr.gov/sites/default/files/files/agreements/

다만, 특정 산업에 대한 부속서들이 TBT에만 연계된다고 명시하고, 에너지나 디지털무역같이 표준 문제에 직접적으로 영향을 미친다는 점을 고려해볼 때, USTR의 협상에 한계가 있다고 본다"고 언급했다.[48] 민간자문위원회는 표준과 규제를 중심으로 평가하고 있으며, 6개 분야별 부속서를 WTO를 중심으로 하는 다른 분야로도 연계하여 적용할 것을 요구하고 있는 것이다.

다자무역체제가 흔들리고 있는 동안 미국 주도로 TBT규범의 현대화가 시도되었고, 미국 중심의 규정들이 무역 협정에 반영되고 있으며, TBT에 영향을 미칠 수 있는 규제관행과 관련한 국제규범들이 형성되어 가고 있다. 또한, TBT 규범의 현대화 과정에는 민간 주도의 표준체제가 고려되고 자문제도가 활용됨으로서 미국의 이익을 적극적으로 반영되고 있는 것으로 보인다. 아직까지 우리나라는 이러한 국제규범의 변화에는 참여하고 있지 않으나, 이에 대비하기 위해서는 민간부문의 적극적인 참여를 보장하고, 규제기관의 전문성·투명성 제고 노력이 필요할 것으로 보인다.

FTA/AdvisoryCommitteeReports/ITAC%2014%20REPORT%20-%20Standards%20and%20Technical%20Trade%20Barriers.pdf.(2020.4.10. 검색)

48 *Ibid.*

참고문헌
reference

법무부 (2018), 『최신 미국통상법』.

고준성 외 (2017), "미국의 신보호주의 부상에 대한 대응 연구," 경제 · 인문사회연구회 미래사회 협동연구총서, 17−09−01.

기술표준원 (2012), "국가 주요정책과 표준간 연계활성화 방안 연구".

Michael Trebilcock, Robert Howse, Antonia Eliason, The Regulation of International Trade: 4th Edition, Routledge, 2012.

NEBR e-book, Clashing over Commerce: A History of U.S. Trade Policy, https://www.nber.org/books/irwi-2 (2020.3.30. 검색)

WTO, US Trade Policy Review, Report by the Secretariat, WT/TPR/S/382/Rev.1, 27 March 2019.

USTR, Reports on Technical Barrier to Trade (2010−2014), (2020.4.2. 검색)

USTR, Press Release, (2020.4.2. 검색)

Congressional Research Service, Trade Promotion Authority (TPA) and the Role of Congress in Trade Policy, 2015.7.2.

Congressional Research Service, Trade Promotion Authority (TPA): Frequently Asked Questions, 2019.6.21.

GAO, Prior Updates of the Trade Advisory System Offer Insights for Current Review, Testimony Before the Subcommittee on Trade, Committee on Ways and Means, House of Representatives, GAO-09-842T, 2009.7.21.

WTO Agreement on Technical Barrier to Trade

Tokyo Round Standard Code (LT/TR/A/5)

US-Canada FTA

US-Australia FTA

US-Bahrain FTA

US-Morroco FTA

US-Oman FTA

US-Panama FTA

US-Peru FTA

US-Chile FTA

US-Colombia FTA

US-Singapore FTA

DR-CAFTA

Korea-US FTA

North American Free Trade Agreement

Trans-Pacific Partnership

United States-Mexico-Canada Agreement

U.S. Constitution

Reciprocal Trade Agreement Act of 1934

Trade Expansion Act of 1962

Trade Act of 1974

Trade Agreement Act of 1979

Omnibus Trade and Competitiveness Act of 1988

Trade Act of 2002

Bipartisan Congressional Trade Priorities and Accountability Act of 2015

https://www.wto.org/

https://ustr.gov/

http://www.sice.oas.org/

https://crsreports.congress.gov/

https://www.congress.gov/

Chapter

08

EU FTA의 TBT 전략과 시사점

1 ___ 서론

유럽연합(European Union: EU)은 미국에 이어 세계 2위 경제 규모를 갖고 있으며 한국의 중요한 무역 상대국이다. 한국의 상품무역에서 EU는 중국과 미국에 이어 세 번째로 큰 비중을 차지하고 있다. EU의 경제정책은 경제성장이 환경에 미치는 부정적인 영향을 최소화하면서 교통, 에너지, 기술 개발 등에 대한 투자를 통해 지속가능한 성장을 추구하는 경향이 강하다. 특히 자동차와 제조물 안전, 화학물질 신규제정책, 에너지 효율 및 환경규제의 사회적 책임, 개인정보보호 등 다양한 분야의 규제 조치를 가장 선도적으로 도입하고 있는 지역이기도 하다. 이러한 측면에서 미국은 WTO TBT위원회와 미 무역대표부(USTR)의 연간 무역장벽영향보고서를 통하여, EU의 기술규제로 인해 미국 기업의 EU 시장진입이 저해되고 있다며 무역현안을 지속적으로 제기하고 있다. 즉, EU의 각종 기술규제정책은 무역 상대국에게 새로운 무역장벽이 되고 있는 현실이다.

현재 EU는 72개 국가와 41개 무역 협정을 체결하여 전세계에서 가장 광범위한 무역 네트워크를 형성하고 있다. EU는 무역 협정을 그 내용과 목적에 따라 다음과 같이 4개의 유형으로 구분하고 있다.[1]

---

1   European Commission, EU trade agreements: delivering new opportunities in time of global economic uncertainties, 14 October 2019, ⟨https://ec.europa.eu/commission/

[표 8-1] EU 무역 협정의 유형2

유형	내용
1세대 자유무역 협정 (1st generation FTA)	• 주로 2006년 이전에 협상이 이루어졌고 관세 철폐에 중점을 둔 협정 • 이스라엘, 모로코, 요르단, 이집트, 알제리, 멕시코, 칠레와의 FTA 등이 이에 해당됨
신세대 자유무역 협정 (New generation FTA)	• 상품무역의 자유화와 함께 서비스 및 투자, 공공조달, 경쟁법과 보조금, 규제적 이슈에 관한 내용이 포함된 협정 • 무역상대국과 규범 기반 및 가치 기반의 무역체제를 발전시키고자 하며, 지식재산권, 지속가능한 개발, 정보통신서비스, 전자상거래 등 조항이 도입됨 • 한국, 중앙아메리카, 캐나다, 일본과의 FTA 등이 이에 해당함
심화적·포괄적 자유무역지대 (Deep and Comprehensive Free Trade Areas: DCFTAs)	• EU와 인접국가 간에 보다 견고한 경제적 관계를 수립하고 상대국가의 무역관련 분야 법제를 EU와 조화시키는 데 중점을 둔 협정 • 조지아, 몰도바, 우크라이나와 DCFTAs를 체결하였고 튀니지와 협상이 진행중임
경제동반자 협정 (Economic Partnership Agreements: EPA)	• 아프리카, 카리브연안 및 태평양(ACP)지역과 국가들의 개발 필요성에 중점을 둔 협정 • 이들 협정은 비대칭 협정으로서, ACP의 경우 15~20년의 기간동안 약 80%의 무역자유화를 추구하는 반면, EU는 협정 발효일로부터 무관세, 무쿼터 시장접근을 부여하고, 상품무역과 개발협력을 함께 규정함 • EU는 상대국의 협정 이행과 수출경쟁력 강화 및 경제적 기반시설 구축을 위해 실질적인 무역관련 지원을 제공함

한편, 규제협력(regulatory cooperation)은 유럽연합의 확대와 파트너십, 그리고 무역 협정의 핵심적인 요소가 되고 있다. 규제협력은 비관세장벽을 낮추고

---

presscorner/detail/en/ip_19_6074〉.

2 European Commission, Report from the Commission to the European Parliament, the Council, the European Economic and Social Committee and the Committee of the Regions on Implementation of Free Trade Agreements, 1 January 2018 − 31 December 2018, (14.10.2019), COM(2019) 455 final, pp.4−5.

무역과 경제 성장을 증대시키기 위한 것으로서, WTO TBT 협정은 무역에 대한 비차별적인 비관세장벽의 감소를 목표로 한다는 점에서 EU의 규제협력 조치와 그 맥락을 같이 한다. 이 점에서 TBT 협정은 EU가 1990년대 후반 및 2000년대 초반에 상호인정협정을 적극적으로 체결하도록 촉구하는 계기가 되었다. 또한 다른 국가들의 기술표준이 자국의 정책 목표 달성에 적합하다고 간주하는 경우에, 국가들은 일방적으로 다른 국가들의 기술표준을 채택할 수 있다는 인식이 대두되었다.[3] 이 장에서는 EU가 체결한 FTA에서 무역기술장벽에 관하여 어떠한 규정을 두고 있는지 살펴보고, 해당 규정들의 의의와 시사점을 검토하기로 한다.

[그림 8-1] 2019년 EU 무역 협정 현황

출처: European Commission, Management Plan 2019−Director General for Trade, p.4.

---

3 Elizabeth Golberg, Regulatory Cooperation−A Reality Check, Mossavar-Rahmani Center for Business & Government, Harvard Kennedy School(April 2019), p.7.

2 ___ EU 자유무역 협정의 TBT 규정

2.1 EU-멕시코 협정

1997년 멕시코는 라틴아메리카 국가 중 EU와 최초로 '경제동반자, 정치적 조정 및 협력 협정(Economic Partnership, Political Coordination and Cooperation Agreement, Global Agreement)'을 체결한 국가가 되었다. 이 글로벌 협정은 2000년에 발효되어 당사국 간 무역관계와 협력을 다루는 기반이 되었고, 협정 내 무역관련 조항은 이후 포괄적인 자유무역 협정으로 발전하였다. 멕시코와의 무역기술장벽에 관한 규정은, EU-멕시코 무역 협정에 기초한 'EC-멕시코 공동이사회 결정 2/2000(Decision no 2/2000 of the EC/Mexico Joint Council of 23 March 2000)' 제19조(표준, 기술규정 및 적합성평가절차)에서 규정하였다. 이 조항은 일반적으로 WTO TBT 협정을 참조하고 있으며, 정보 교환과 국제표준 사용을 통하여 표준과 기술규정 및 적합성평가절차의 통일을 촉진하고 있다. 나아가 양자협력의 이행과 기술 지원 제공을 강조하고 있으며, 이러한 통일 과정을 모니터하고 증진시키기 위해 공동위원회 설립을 규정하고 있다.[4]

양 당사국은 2016년 5월 글로벌 협정의 포괄적인 개정을 위한 협상을 개시하였고, 무역관련 조항에 대하여 2018년 4월 '원칙적 협정(agreement in principle)'에 합의하였다. 이 협정에 의해 EU와 멕시코 간 농산품 분야를 포함하여 실질적으로 모든 무역이 무관세가 될 전망이다. 의약품, 기계, 교통장비 등 많은 분야에서 세관절차도 간소화되고, 기후변화에 관한 파리 협정상 의무를 효과적으로 이행하는 내용도 포함되었다. 이 협정이 비준되면 기존 EU-멕시코 글로벌 협정을 대체하는 협정이 될 예정이다.[5]

새로운 협정에서 TBT규정은 제8장에서 규정하였는데, 당사국들의 기술규정을 국제표준에 기반하여 이행할 것임을 강조하고, 국제표준 수립기관의 공개

---

4 EU, Decision no 2/2000 of the EC/Mexico Joint Council of 23 March 2000(2000/415/EC), 30 June 2000, Article 19.

5 European Commission, News Archive, EU and Mexico reach new agreement on trade(21 April 2018), 〈https://trade.ec.europa.eu/doclib/press/index.cfm?id=1830〉.

적 목록 작성에 합의하였다. 적합성평가 및 이와 관련된 무역촉진 조치에 관해서는 당사국 간 접근방식이 다르다는 점을 인정하여, EU는 공급자의 적합성 선언(declaration of conformity)을 이용하고, 멕시코는 EU에서 발행된 상품 증명서(product certificate)를 인증하기로 하였다.

또한 적합성평가에 대한 일반 원칙을 수립하였다. 동 원칙에는 위험평가에 관한 적합성평가절차의 선택에 기반하여 적합성평가를 위한 국제제도 활용 권장, 적합성평가절차의 투명성, 절차 및 승인된 적합성평가기관의 공개가 포함되었다. 투명성에 관해서 양 당사국은 WTO TBT 협정을 바탕으로 TBT위원회의 결정과 권고의 이행을 약속하였다. 여기에는 기술규정, 표준, 적합성평가절차의 통보 이후 상대국의 의견 수렴을 위한 기간 연장, 채택 후 발효까지 걸리는 기간 단축 등이 포함되어 있다. 또한 공개협의(public consultation)에 관한 의무, 규제기관 담당자가 무역현안(trade concerns)에 대한 논의에 참여할 의무, 추가적 정보제공에 대한 의무 등도 규정하였다. 정보 교환과 기술적 논의 조항, 당사국의 보건과 안전 요건을 존중하는 동시에 효과적인 경제운영을 위한 라벨링을 촉진하는 표시(marking)와 라벨링 조항도 규정되었다.6

2.2 EU-칠레 협정

EU와 칠레는 2002년 포괄적 자유무역 협정을 포함하는 연합 협정(association agreement)을 체결하였다. 2003년 2월 발효된 이 협정 제83조~제88조에서는, WTO 협정의 규정을 바탕으로 TBT 이슈를 다루고 있다.7 동 협정에서는 양 당사국이 모범적인 규제관행, 정보 교환, 경험과 데이터 교환, 과학·기술적 협력에 대한 공통의 견해를 발전시킴으로써, 협력을 증진하고자 한다. 또한 양 당사국의 관련 기술규정, 표준 및 적합성평가절차의 양립성과 동등성, 국제표준 수

---

6 European Commission, New EU-Mexico agreement—The agreement in principle, 23 April 2018, 〈https://trade.ec.europa.eu/doclib/docs/2018/april/tradoc_156791.pdf〉.

7 EU-Chile Association Agreement, Chapter II Non Tariff Measures, Section 4 Standards, technical regulations and conformity assessment procedures.

립기관에의 전면적인 참여 증대와, 기술규정의 근거로서 국제표준의 역할 강화, 그리고 관련 국제기구에서 양자협력 증진을 촉구하고 있다. 그리고 표준 통일 절차를 촉진시키기 위해 '표준, 기술규정 및 적합성평가위원회'의 설립을 제안하고 있다.8

　　EU−칠레 연합 협정은 2017년부터 무역관련 내용의 개정을 위한 협상을 시작하여 현재까지 협상을 진행중이며, 동 협상에서는 무역기술장벽에 관한 포괄적 규정을 포함하는 방향으로 논의하고 있다. 이러한 포괄적 규정은 국제표준의 적용을 통하여 기술규정의 조화와 융합, 적합성평가에 대한 위험기반 접근 도입방식 등 시험과 인증 요건 개선, 인증 활용의 증대, 투명성 강화, 양자적 TBT 이슈 논의를 위한 대화와 협력 증진 메커니즘 수립, 수입업자와 수출업자에게 정보 제공 증진을 추구하고 있다.9 2019년 7월 15일~19일 개최된 EU−칠레 협정 개정을 위한 제5차 라운드에서는 기술규정, 투명성, 기술적 논의 및 협의에 관하여 진전이 있었고, 적합성평가, 표시와 라벨링, 제도 조항에 관하여 추가적 논의가 필요한 것으로 보고되었다.10

2.3 EU-한국 협정

(1) 개관

　　EU−한국 FTA는 2011년 7월 1일 잠정 발효되었고, EU 전 회원국의 비준이 완료된 2015년 12월 13일에 전면 발효되었다. 이 FTA는 EU가 처음으로 체

8　EU-Chile Association Agreement, Articles 83−88.

9　European Commission, Joint Recommendation for a Council Decision authorising the European Commission and the High Representative of the Union for Foreign Affairs and Security Policy to open negotiations and negotiate a modernised Association Agreement with the Republic of Chile, Annex, Direction for the Negotiation of a Mordenised Association Agreement with Chile, JOIN(2017) 19 final(24.5.2017).

10　European Commission, Report on the 5th round of negotiations between the EU and Chile for modernising the trade part of the EU-Chile Association Agreement (26.07.2019).

결한 포괄적 신세대 FTA로 분류되며, 아시아국가와 진행한 최초의 무역 협상이
었다. 2017년 5월 유럽의회는 EU-한국 FTA의 시행 5년간의 성과와 우려에 대
한 이행 보고서를 채택하였다.[11] 2018년 11월 브뤼셀에서 전자 제품에 관한 제
4차 양자회의가 개최되었는데, 적합성평가절차 간소화에 대한 검토, 새로운 표
준 개발에 대한 협력, 전자 제품에 대한 EU 환경디자인 규칙 수정, EU 에너지
라벨링 요건 등에 대한 개선 논의가 진행되었다.[12]

[그림 8-2] 2010~2018 EU-한국 상품무역 현황[13]

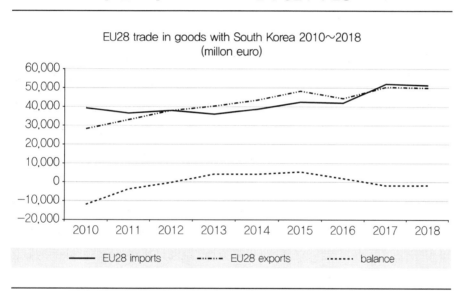

EU28 trade in goods with South Korea 2010~2018
(millon euro)

EU28 imports ······ EU28 exports ········ balance

---

11 European Commission, Commission Staff Working Document, Individual reports
and info sheets on implementation of EU Free Trade Agreements(31.10.2018),
SWD(2018) 454 final, p.22.

12 European Commission, Commission Staff Working Document, Individual reports
and info sheets on implementation of EU Free Trade Agreements(14.10.2019),
SWD(2019) 370 final, p.35.

13 Id., p.32.

(2) TBT규정

가. 적용범위

이 협정은 양 당사국간 상품무역에 영향을 미칠 수 있는 WTO TBT 협정에서 정의된 표준, 기술규정 및 적합성평가절차의 준비, 채택 및 적용에 적용된다. 다만 정부조달, WTO SPS 협정에 정의된 위생 및 검역조치에는 적용되지 않는다.[14]

나. 기술규정

원칙적으로 기술규정 또는 적합성평가절차 등에 관한 규정을 신설하거나 개정할 때 국제표준을 기반으로 한다. 다만, 이에 대한 국제표준이 존재하지 않거나, 제·개정되는 규정이 국제표준과 일치하지 않고 동시에 상대국의 무역에 중대한 영향을 미칠 수 있다고 판단되는 경우에는, 이를 상대국에게 통보하고 의견을 제출할 기회를 보장해야 한다. 또한 기술규정 및 적합성평가절차의 제·개정 시, 입법예고와 공청회 등 일반 국민에게 공개와 참여가 허용되는 경우에는 상대국 국민의 비차별적 참여를 허용함으로써, 상대국 이해관계자의 참여를 보장해야 한다.

양 당사국은 기술규정 및 적합성평가절차의 제·개정안에 대하여 적절한 정보를 제공하기 위한 메커니즘을 설치해야 한다. 상대국의 요청이 있는 경우, 표준, 기술규정 또는 적합성평가절차의 목적, 법적근거 및 취지에 관한 정보를 제공해야 한다. 또한 기술규정의 준수에 관한 서면 정보, 또는 가능한 경우에는 서면 지침을 지체없이 제공해야 한다.[15] 이때 최소 60일간의 의견 제시 기간을 허용하고 상대국의 기간연장 요청이 있는 경우에는 우호적으로 고려해야 한다.

다. 표준

양 당사국은 당사국의 표준화기관이 TBT 협정의 표준 준비와 채택에 관한 모범관행규약을 수용하고 준수하도록 보장하기 위해 TBT 협정상의 당사국의 의무를 재확인하고, TBT위원회가 채택한 결정 및 권고사항 등에 규정된 원칙을

14　EU-한국 FTA 제4.2조.
15　EU-한국 FTA 제4.4조.

고려해야 한다는 점에 합의하였다.

당사국들은 이 협정을 이행하기 위해 다음의 정보를 교환하기로 약속하였다. ① 기술규정과 관련한 표준의 사용; ② 각국의 표준화 과정, 그리고 당사국의 국가 및 지역표준에 대한 기초로서 국제표준의 사용 정도; ③ 당사국이 표준화에 관하여 이행한 협력 협정16

라. 적합성평가 및 인정

양 당사국은 상대국의 역내에서 수행된 적합성평가결과의 상호 수용을 촉진하기 위한 메커니즘을 인정하고, 평가기준에 관한 정보 교환을 강화할 것을 약속하였다. 상호인정정책에 관한 정보를 교환하고, 인정에 관한 국제표준 및 양국의 인정기관이 관여한 국제 협정을 최대한 이용하는 방법을 고려하도록 하였다. 또한 적합성평가절차가 필요 이상으로 엄격하거나 무역에 대한 불필요한 장애가 되지 않고, 투명성 및 비차별성을 보장하도록 규정하였다.17

마. 표시 및 라벨링

양국은 기술규정이 강제적 표시(marking) 및 라벨링 요건을 포함하는 경우, 이러한 요건이 양국간 통상장벽 또는 불필요한 규제가 되지 않도록 해야 한다. 재원확보(fiscal purpose)를 위한 라벨링 등과 같은 정당한 목적을 위하여 라벨링이 요구되는 경우에도, 정당한 목적 수행에 필요한 이상으로 무역에 제한적인 영향을 주지 않도록 해야 한다. 또한 라벨 또는 표시의 형식을 명시할 수 있으나 이와 관련하여 사전 승인, 등록 또는 인증을 요구해서는 안 된다. 표시 또는 라벨상의 정보를 표기하는 특정 언어에 대해서는 자유롭게 요구할 수 있고, 당사국들이 수용한 국제명칭체계가 있는 경우에도 이를 사용할 수 있다. 당사국들은 TBT 협정상의 정당한 목적에 부합하는 한, 비영구적 또는 탈부착 가능한 라벨을 수용하거나, 그 상품에 물리적으로 부착되지 않더라도 동봉 서류에 표시 또는 라벨링하는 것을 수용하도록 노력하기로 하였다.18

---

16 EU−한국 FTA 제4.5조.
17 EU−한국 FTA 제4.6조.
18 EU−한국 FTA 제4.9조.

바. 조정 메커니즘

당사국들은 양국간 제기되는 TBT 이슈에 대해 신속하게 처리하고 협정의 이행상황을 모니터링하기 위해 TBT 코디네이터를 설치하는 데 합의하였다. 양국은 매년 정기적인 회의 개최 및 운영을 의무화하는 TBT위원회 대신 코디네이터를 지정하고 필요시 작업반을 구성하기로 한 것이다. 코디네이터가 변경되는 경우에는 이에 따른 적절한 정보를 제공해야 한다. 코디네이터는 TBT규정의 이행과 운영을 점검하고, 당사국들이 동의하는 경우 비정부 전문가 및 이해당사자를 포함하거나 이들과 협의할 수 있는 작업반 설치를 준비하며, 표준, 기술규정 및 적합성평가절차의 개발과 개선에 대하여 협력하고 국제사회에서의 진전사항에 대해 정보를 교환하도록 하였다. 또한 적절한 경우 표준, 기술규정 및 적합성평가 분야의 협력강화를 위해 규제기관 간 규제협의체(regulatory dialogue)를 설치할 수 있도록 하였는데,[19] 동 협의체의 준비를 코디네이터가 담당하게 되었다.[20]

사. 부속서

전자 제품, 자동차 및 부품, 의약품과 의료기기, 화학 제품에 대해서는 각각 부속서를 두어 국제표준의 적용과 국제표준 설립과정에의 참여, 적합성평가절차, 경과규정, 예외와 비상조치, 이행 및 협력과 준수, 규제협력, 시장접근, 대상품목의 HS코드 등 분야별 추가적인 규정을 두고, 이를 이행하기로 약정하였다.[21]

(3) 시사점

EU-한국 FTA에서는 무역기술장벽에 관하여 표준 및 규제이슈에 대한 협력, 투명성, 표시와 라벨링 등 WTO TBT 협정상의 의무에 더하여 많은 일반적인 약속을 규정하였다. 특히 4개 분야의 부속서 -전자 제품, 자동차 및 부품, 의약품·의료기기, 화학 제품- 에서는 실무적으로 중요한 약정들이 포함되었다. 또한 구체적이지는 않지만 시장감시와 집행활동에 관한 규정이 도입되어, 당사

---

19 EU-한국 FTA 제4.3조.

20 EU-한국 FTA 제4.10조.

21 Annex 2-B(Electronics), Annex 2-C(Motor vehicles and parts), Annex 2-D (Pharmaceutical products and medical devices), Annex 2-E(Chemicals).

국들의 의견 교환을 추진하게 되었고, 수입된 상품에 대한 의무적인 적합성평가비용은 국내 또는 제3국의 동종 상품과 동등하게 부과되도록 규정한 점, 문제제기에 대응하고 이행을 모니터링하도록 코디네이터를 선정하여 조정 메커니즘을 도입한 점 등도 주목할 만하다.

2.4 EU-캐나다 협정[22]

(1) 개관

EU는 캐나다와 2014년 포괄적 경제무역 협정(Comprehensive Economic and Trade Agreement: CETA)을 체결하였다. CETA는 7년간의 협상 끝에 2014년 체결된 후 최종서명이 지연되어 마지막까지 난항을 겪다가, 2016년 10월 30일 서명, 2017년 9월 21일에 발효되었다. 협상을 위한 공청회 과정에서 유럽의회 및 개별국가 의회, EU 정보 무역연합, 소비자단체, 환경단체, 기타 시민단체들은 유럽 내 소비자보호, 안전, 환경기준 등 여러 측면에서 캐나다와의 포괄적 무역협정 체결에 대해 많은 우려를 표시하였다. 이러한 EU의 이해관계를 고려하여, CEPA에서는 협정과 함께 공동해석문서(joint interpretive instrument)를 발표하여 이러한 우려를 설명하고, 양 당사국은 CEPA를 이행함에 있어 동 문서를 법적 문서의 일부로서 존중하기로 하였다.

무역기술장벽은 CEPA 제4장에서 7개의 조항을 두어 규정하고 있으며, EU와 캐나다는 테스트 및 인증 제품에 관한 기술규정에 대해 보다 긴밀하게 협력하기로 약속하였다. 양 당사국은 이러한 협력을 통하여 자국의 경험과 정보를 상호 교환하고, 보다 긴밀하게 협력할 수 있는 분야가 있는지 확인하고자 하였다. 다만, 이들 협력은 자발적인 것으로서, 양 당사자가 자국의 표준을 하향조정하도록 강제하는 것은 아니다. 이러한 협력을 통하여 CEPA는 캐나다와 EU에 제품을 수출하는 양국의 기업들, 특히 중소기업의 비용을 절감하는 데 도움이

---

22 Comprehensive Economic and Trade Agreement(CETA) between Canada, of the one part, and the European Union and its Member States, of the other part, OJ L 11, 14.1.2017, pp.23 – 1079.

될 것으로 기대하고 있다.

한편, CETA는 '적합성평가증명서(conformity assessment certificates)'를 포함하였다. 이는 제품이 시험을 거쳐 관련 기술규칙과 규정에 합치하고, 관련 보건·안전, 소비자보호 또는 환경기준 등 요건을 충족하였다는 것을 증명하게 된다. 별도의 TBT위원회는 구성하지 않고, 상품무역위원회에서 무역기술장벽 이슈를 같이 다루도록 규정하였다.23

(2) TBT규정

가. 대상과 범위

CETA는 당사국간의 상품무역에 영향을 미칠 수 있는 기술규정, 표준 및 적합성평가절차의 제정, 채택 및 적용에 적용된다.24 그러나 정부조달 즉, 정부기관에 의한 생산 또는 소비에 관하여 제정된 구매 특정요건에는 적용되지 않으며, WTO SPS 협정 부속서A에 정의된 위생 또는 검역조치에 대해서도 적용되지 않는다.

나. 협력

당사국들은 기술규정, 표준, 측량, 적합성평가절차, 시장감시 또는 모니터링과 집행 분야에서 양국간 무역을 촉진하기 위해 협력을 강화하여야 한다. 이러한 협력은 당사국의 측량, 표준화, 시험, 인증, 시장감시 또는 모니터링과 집행을 담당하는 공공 또는 민간기관 간의 협력 증대와 촉진을 포함한다. 특히 인증 및 적합성평가기관이 적합성평가결과의 승인을 증진하는 협력 약정에의 참여를 권장하는 것도 이에 포함된다.25

---

23 EU−캐나다 CETA 제4.7조 1항.
24 EU−캐나다 CETA 제4.1조.
25 EU−캐나다 CETA 제4.3조.

다. 기술규정

① 기술규정의 양립 보장을 위한 정보제공

당사국들은 가능한 한 기술규정이 상호 양립하도록 보장하기 위해 협력하여야 한다. 만약 일방 당사국이 상대국에서 이미 제정되었거나 제정을 준비 중인 기술규정을 도입할 의사가 있는 경우, 상대국은 당사국의 요청에 따라 해당 기술규정의 마련에 필요한 관련 정보, 연구 및 데이터를 제공하여야 한다. 이때 당사국들은 특정한 요청의 범위에 관하여 이를 명확히 하고 합의할 필요가 있음을 인정하며, 기밀정보는 제공에서 보류될 수 있다.[26]

② 기술규정의 동등성 인정

적용 목적과 대상 상품의 범위가 상대국의 기술규정과 동등하다고 간주되는 기술규정을 도입한 당사국은, 상대국에게 해당 기술규정을 동등한 것으로 인정하도록 요청할 수 있다. 이때 해당 기술규정이 동등하다고 인정되어야 하는 상세한 이유와 대상 상품의 범위를 제시하여 서면으로 요청해야 한다. 요청을 받은 당사국이 기술규정의 동등성을 인정하지 않는 경우, 당사국의 요청에 따라 그 결정의 이유를 제공하여야 한다.[27]

라. 적합성평가

당사국들은 적합성평가의 결과를 상호인정하는 의정서와, 의약품의 모범제조관행에 관한 준수 및 집행 프로그램의 상호인정에 관한 의정서를 준수하여야 한다.[28] 당사국들은 전자 제품이나 부품 등 특정 분야에 관한 시험 및 인증 요건이 시장진입 비용을 증가시키고 무역에 장애가 될 수 있다는 점을 인식하며, 이러한 요건이 주는 영향을 감소시키는 방안으로 CETA 의정서에 합의하였다.[29] 이는 EU 내에서 지정된 적합성평가기관이 의정서가 적용되는 상품에 대해 적

---

26 EU-캐나다 CETA 제4.4조 1항.

27 EU-캐나다 CETA 제4.4조 2항.

28 EU-캐나다 CETA 제4.5조.

29 Council of the European Union, Protocol on the mutual acceptance of the results of conformity assessment, 14 September 2016, 10973/16 ADD 7.

합성평가증명서를 발행하면, 이를 통하여 캐나다 기술요건의 준수 사실을 증명할 수 있도록 하고, 마찬가지로 캐나다 소재의 평가기관이 발행한 증명서에 대해서도 같은 효력을 부여하는 것이다. 이 제도는 EU와 캐나다의 인증기관 간 긴밀한 협력관계에 따른 것이며, 적합성평가기관의 기술적 역량에 대한 상호신뢰를 보장하는 것이다.[30]

마. 투명성

각 당사국은 기술규정과 적합성평가의 발전에 관한 투명성 절차에 당사국 내 이해관계자들의 견해를 반영하여 수정할 수 있도록, 그리고 이해관계자들이 적절한 단계에서 참여할 수 있도록 보장해야 한다. 다만 안전, 보건, 환경보호, 국가안보에 관하여 긴급한 문제가 발생하거나 또는 발생할 우려가 있는 경우는 예외로 한다. 기술규정이나 적합성평가절차 도입에 관한 협의과정에 일반대중의 참여가 가능한 경우에는, 각 당사국은 자국민에 비추어 불리한 대우를 받지 않도록 상대국 국민의 참여도 허용해야 한다.[31]

(3) 시사점

EU-캐나다 무역 협정은 양 당사국 모두 상품에 대해 높은 수준의 표준을 적용하고 있었고, 소비자보호를 모범적으로 보장하는 등 많은 부분에서 유사한 입장을 갖고 있었던 것이 협상 타결에 긍정적으로 작용한 것으로 평가되고 있다.

CETA를 통하여 EU와 캐나다는 테스트 및 인증 제품에 관한 기술규정에 대해 자국의 경험과 정보를 상호 교환하는 등 보다 긴밀하게 협력하기로 약속하였다. 양 당사국은 이러한 협력을 통하여, 캐나다와 EU에 제품을 수출하는 EU 및 캐나다 기업들, 특히 중소기업의 비용을 절감하는 데 도움이 될 것으로 기대하고 있다.

한편 EU와 캐나다는 전자 제품에서 완구류에 이르기까지 제품에 대한 보건·안전과 환경 등 특정 기준과 요건을 충족하는 것을 증명하는 양국의 적합성평

---

30   EU, Guide to the Comprehensive Economic and Trade Agreement(CETA). July 2017, p.18.

31   EU-캐나다 CETA 제4.6조.

가증명서를 상호인정하기로 합의하였다. 예컨대 캐나다에 완구류를 판매하려는
EU 기업은 유럽에서 한차례 제품 테스트를 받으면 그것만으로 이미 캐나다에
서 유효한 인증을 받게 되는 것이다. 이는 기업으로서 비용과 시간을 절약할 수
있게 한다.[32] 또한 이는 EU에서 생산 당시에 시험과 인증을 거침과 동시에 캐
나다의 표준을 충족하도록 함으로써 비용 절감을 원하는 소비자의 요구도 충족
할 수 있게 되어, 특히 중소기업에게 규제장벽을 감소시키는 혜택을 주게 될 것
으로 전망되고 있다.[33]

2.5 EU-일본 협정

(1) 개관

EU는 일본과 2017년 12월 8일 경제동반자 협정(Economic Partnership Agreement:
EPA) 협상을 타결하였고, EPA는 2018년 7월 17일에 서명을 거쳐 2019년 2월
1일에 발효되었다.[34] EU-일본 EPA는 2013년 4월 협상 개시를 선언한 이후 4
년만에 비준까지 완료하여, 최근 EU가 체결한 FTA 중 진행 속도가 가장 빠른
사례이다. 양 당사국 모두 브렉시트가 예정되었던 2019년 3월 29일 이전에 발
효를 원했던 상황이었기에 이와 같은 신속한 협상 종료가 가능했던 것이다.
EPA는 관세의 대규모 감축뿐만 아니라 장기간 지속되었던 비관세장벽도 제거
하게 되는데, 여기에는 자동차에 관한 국제표준 인정 등이 포함되어, EU와 일
본 간의 연간 무역규모가 상당량 증가할 것으로 기대되고 있다. 무역기술장벽

32 European Commission, The Benefits of CETA, 2016, p.6.
33 Council of the European Union, Joint Interpretative Instrument on the Comprehensive
    Economic and Trade Agreement(CETA) between Canada and the European Union
    and its Member States, 27 October 2016, 13541/16.
34 European Commission-Press release, EU-Japan trade agreement enters into force,
    31 January 2019; 경제동반자 협정(EPA)은 기존 FTA에 협력, 비즈니스 환경 정비, 국
    가 간 협력 확대, 중소기업 육성 등 협력적 측면을 강조한 무역 협정의 형태로서, 일본
    은 오랜 경기침체 이후 장기적 경제발전 전략의 일환으로 EPA를 새로운 대외정책으로
    추진하고 있다.

은 제7장에서 규정하고 있다.

(2) TBT규정

가. 적용범위

TBT 협정에서 규정하는 중앙정부기관에 의한 기술규정, 표준, 및 적합성 평가절차로서 양 당사국의 상품무역에 영향을 미칠 수 있는 제도의 도입, 제정 및 적용에 대하여 적용한다. 다만, 정부조달 즉, 정부기관이 직접 생산 또는 소비할 목적으로 작성하는 구매 형태 및 SPS 협정 부속서A에 정의된 위생 및 식물검역조치에는 적용되지 않는다.[35]

나. 기술규정[36]

① 기술규정의 정당한 목적과 필요성

양 당사국은 기술규정을 입안, 제정 및 적용함에 있어서, 제안된 기술규정이 국내법규정과 행정규칙에 따라 가능한 규제적 또는 비규제적 대안이 있는지 평가해야 한다. 이들 기술규정이 정당한 목적에 부합하도록, 제안된 기술규정이 정당한 목적을 위해 필요한 한도 이상으로 무역제한적이 되지 않도록 하여야 한다.

이 조항은 각 당사국이 안전, 보건, 환경보호, 또는 국가안보와 관련된 긴급한 문제가 발생하거나 발생할 우려가 있는 경우, 지체없이 조치를 마련하고 채택하며 적용하는 권리에 영향을 미치지 않는다.

② 기술규정의 영향평가

당사국들은 무역에 관련된 중요한 효과에 대한 영향평가를 포함하여 기술규정의 영향평가를 체계적으로 수행하도록 노력해야 한다. 적절한 경우, 디자인 또는 기술적/서술적 특성보다는 수행 측면에서 제품요건에 기초한 기술규정을 특정하여야 한다.[37]

---

35 EU-일본 EPA 제7.2조.
36 EU-일본 EPA 제7.5조.
37 EU-일본 EPA 제7.5조 2항.

③ 기술규정의 정기적 검토

당사국들은 채택된 기술규정을 정기적으로 검토해야 한다. 검토 기간은 가능하면 5년을 넘지 않도록 하고, 특히 관련 국제표준과의 상호 호환성을 고려해야 한다. 이 검토를 수행할 때 각 당사국은 관련 국제표준의 발전을 고려해야 하며, 이 검토의 결과는 요청이 있는 경우, 상대국에게 전달하여 설명해야 한다.

④ 기술규정의 동등성 인정

자국의 기술규정과 시행목적이 동일하고 대상 제품이 같은 다른 당사국의 기술규정을 고려하여, 해당 당사국은 서면으로 상세한 이유를 첨부하여 상대국이 이들 기술규정을 동등한 것으로 인정하도록 요청할 수 있다. 요청당사국의 기술규정이 요청받은 당사국의 기술규정의 목적을 적절하게 충족한다면, 당사국은 이들 기술규정이 비록 다르더라도 동등한 것으로 간주될 수 있도록 긍정적으로 고려해야 한다.[38]

⑤ 기술규정 제정 지원

당사국이 상대국의 기술규정과 유사한 기술규정 개발에 관심이 있어서 지원을 요청하는 경우, 요청받은 당사국은 시행 가능한 범위에서, 요청당사국에게 자국이 기술규정을 개발할 당시 활용했던 연구결과 또는 문서 등을 포함하여 관련 정보를 제공해야 한다. 다만 기밀정보는 예외로 한다.

⑥ 동일하고 일관된 요건 적용

당사국들은 기술규정이 적용되는 상품이 역내 시장에서 유통되는 경우, 동일하고 일관된 요건을 적용해야 한다. 만약 한 당사국이 이들 요건이 상대국의 역내에서 동일하고 일관되게 적용되지 않고, 이러한 상황이 양자 무역에 중요한 영향을 미친다고 믿을만한 실체적인 이유가 있는 경우에는, 상대국에게 이러한 실체적인 이유를 통지하고, 적절한 경우, 연락기관 또는 다른 적절한 기관에게 이 문제를 명확히 하고 설명하도록 해야 한다.[39]

---

38 EU-일본 EPA 제7.5조 3항.
39 EU-일본 EPA 제7.5조 4항.

다. 국제표준

국제표준화기구, 국제전자기술위원회, 국제통신연합, 국제식품규격위원회 (Codex Alimentarius Commission), 국제민간항공기기구, 유엔 유럽경제위원회 산하의 자동차규제통일을 위한 세계포럼, 인체에 대한 의약품 사용에 관한 기술요건 통일을 위한 국제이사회와 같은 국제기구가 발행한 표준은, 이 협정에서 말하는 관련 국제표준으로 간주된다. 이 경우, 국제기구의 표준 개발과정이 '국제표준, 지침 및 권고의 개발을 위한 원칙에 관한 WTO TBT위원회 결정'[40]에 정한 원칙과 절차를 준수해야 한다.[41] 또한 광범위한 근거에 기반한 표준 통일을 위해, 당사국들은 역내에 지역 또는 국가표준화 기관의 설치를 권장해야 한다.

기술규정 또는 적합성평가절차를 개발할 때, 각 당사국은, 관련 정보 및 가능한 과학적·기술적 증거에 근거하여 해당 국제표준이 정당한 목적 달성에 효과적이지 않거나 부적절하다는 것을 입증하지 않는 한, 관련 국제표준, 지침 또는 권고를 활용해야 한다. 만약 당사국이 기술규정 또는 적합성평가절차의 근거로서 관련 국제표준, 지침 또는 권고를 활용하지 않는 경우, 해당 당사국은 다른 당사국의 요청에 따라 왜 그러한 국제표준이 정당한 목적 달성에 효과적이지 않거나 부적절하다고 간주하는지 그 이유를 설명해야 한다. 그리고 이 평가의 근거가 되는 과학적·기술적 증거 등 관련 정보를 제공해야 한다.[42]

당사국은 국제표준화 활동에서 상대국의 관련 표준화기관과 협력하기 위해, 자국 역내에 지역 또는 국가표준화기관의 설치를 권장해야 한다. 그러한 협력은 양 당사국 또는 양당사국의 표준화기관이 당사자로 활동하는 국제표준화기구에서 이루어질 수 있다. 이러한 양자협력을 통하여 양 당사국은 공통 표준 개발과 정보교환 증진을 촉진할 수 있을 것으로 기대하고 있다.

---

40 WTO, Decision of the WTO Committee on Technical Barriers to Trade on Principles for the Development of International Standards, Guides and Recommendations with Relation to Articles 2 and 5 of the TBT Agreement and Annex 3 to the TBT Agreement, Annex 4 to WTO Document G/TBT/9(13 November 2000).

41 EU-일본 EPA 제7.6조 1항.

42 EU-일본 EPA 제7.6조 3항.

라. 표준

당사국들은 자국 역내의 지역 또는 국가표준화기관이, WTO TBT 협정상의 표준 준비·채택·적용에 관한 모범관행규약을 채택하고 준수하도록 보장해야 한다. 기술규정 또는 적합성평가절차에 있는 표준을 참조 또는 도입하여 당사국에서 표준을 준수하도록 요구되는 경우, 당사국은 해당 기술규정 또는 적합성평가절차 개발단계부터 투명성 의무를 준수해야 한다.

정보 교환에 관하여 당사국들은 기술규정을 준수한 표준을 사용했다는 점, 표준 수립과정 특히 국제 또는 지역표준이 자국의 지역 또는 국가표준의 기초로써 사용되었다는 점, 표준에 관하여 제3국 또는 국제기구와 체결한 협력 협정이나 약정에 대해 정보를 교환하도록 규정하였다.43

마. 적합성평가절차

당사국들은 적정성평가절차가 상품과 관련한 위험을 고려하여, 수입당사국에게 상품이 기술규정이나 표준을 준수하였다는 적절한 신뢰를 부여하는 데 필요한 이상으로 엄격하지 않도록 보장해야 한다.

당사국들은 적정성평가절차의 결과 수용을 촉진하기 위해 다양한 메커니즘이 이용되고 있다는 점을 인식하여, 이러한 메커니즘에 관한 정보를 교환하기로 합의하였다. 이에 따라 당사국은 적합성평가절차의 결과 수용을 위한 유사한 절차가 있는지, 위험평가와 관리 등 특정 상품에 적절한 평가절차를 선정하기 위한 판단 요소가 있는지, 인증정책 및 인증 분야에 관한 국제 협정이나 약정에 대하여 상대국의 요청이 있는 경우 정보를 공유해야 한다. 이러한 메커니즘에 따라 각 당사국은, 가능한 경우 기술규정에 합치하였음을 보증하는 공급자의 적합성 선언을 활용하고, 기술적격 입증 방법으로 정부 및 관할당국의 인증을 활용하며, 적합성평가기관과 별도의 절차로서 법에서 인증절차가 요구되는 경우에는 해당 인증절차가 적합성평가와 독립적으로 운영된다는 점을 보장하고, 당사국이 인정한 적합성평가기관이 둘 이상인 경우 사업자가 평가기관을 선택할 수 있도록 보장해야 한다.44

---

43 EU-일본 EPA 제7.7조.
44 EU-일본 EPA 제7.8조.

바. 투명성

무역에 중대한 영향을 미치는 기술규정 또는 적합성평가절차를 개발할 때 당사국은 협의절차를 거쳐야 하고, 당사국에게 공개된 협의절차인 경우에는 상대국 국민도 비차별적으로 참여할 수 있도록 하며 상대국의 견해를 고려해야 한다. 제안된 기술규정 또는 적합성평가절차의 영향평가결과와 무역에 미치는 영향에 대해서도 이를 공개하고 상대국에게 제공할 수 있도록 노력해야 한다.

기술규정 또는 적합성평가절차 도입에 관하여 WTO TBT 협정에 따른 통보를 하는 경우, 당사국은 통보 후 최소 60일의 기간을 두어 상대국의 서면 의견을 받을 수 있도록 해야 한다. 다만, 안전, 보건, 환경보호 또는 국가안보에 긴급한 문제가 발생하거나 발생할 우려가 있는 경우에는 예외로 할 수 있다. 그리고, 의견기간 연장에 대해 상대국의 합리적인 요청이 있는 경우 이를 적절히 고려한다.

당사국의 제안에 대한 상대국의 서면 의견에 대해서는, 기술규정 또는 적합성평가절차의 최종 공표일 이전에 서면으로 회신하여야 한다. 또한 상대국의 사업자가 이를 적용할 수 있도록 기술규정의 최종 공표와 발효 사이에 합리적인 기간을 두어야 한다. 이때 합리적인 기간이란, 일반적으로 최소 6개월 이상을 의미한다.[45]

상대국의 요청이 있는 경우 당사국은 자국이 채택하거나 제안한 기술규정 또는 적합성평가절차의 목적과 근거에 대한 정보를 제공해야 하며, 채택된 모든 기술규정과 적합성평가절차를 공개하고 웹사이트를 통해 자유롭게 이용할 수 있도록 보장해야 한다.[46]

사. 시장감시

'시장감시(market surveillance)'란, 적합성평가절차와는 별도로 수행되는 공공당국의 기능으로서, 상품이 당사국의 법규정에 규정된 요건에 합치하는지를 감독하는 것을 의미한다.

---

45 EU-일본 EPA 제7.9조 2항(f) footnote 1.
46 EU-일본 EPA 제7.9조.

당사국은 시장감시와 집행 활동에 관한 정보를 상대국과 교환해야 하고, 시장감시 기능이 적합성평가절차로부터 독립성을 갖도록 보장해야 하며, 시장감시당국과 제조업자·수출업자 등 관련자들 사이에 이해관계의 충돌이 없도록 해야 한다. 당사국들은 시장감시당국과 적합성평가기관을 분리 운영함으로써 이러한 의무를 준수할 수 있을 것이다.47

아. 표시와 라벨링

당사국들은 기술규정이 표시 또는 라벨링 요건을 포함하거나 독점적으로 다룰 수 있다고 하였는데, 이에 따르면, 당사국이 표시 또는 라벨링 요건을 기술규정의 형태로 규정하는 경우, 해당 당사국은 그러한 요건이 국제무역에 불필요한 장벽을 형성하는 방식으로 준비 또는 채택되거나 적용되지 않도록 해야 한다. 또한 정당한 목적 달성에 필요한 것보다 무역제한적이어서는 안 된다.48

표시와 라벨링이 기술규정의 형태로 요구되는 경우, 당사국들은 특히 다음의 사항에 합의하였다.

- 상품의 표시 또는 라벨링에 요구되는 정보는, 상품의 규제요건 준수를 나타내기 위해, 소비자, 상품 이용자, 관할당국 등 해당되는 자에 관련된 정보로 제한되어야 한다.
- 당사국은 다른 의무적인 기술요건을 준수한 상품에 대해, 상품의 시장진입을 위한 전제조건으로써 상품 표시 또는 라벨의 사전승인, 등록 또는 증명서를 요구해서는 안 된다.
- 당사국이 표시 또는 라벨링을 위해 식별번호 사용을 요구하는 경우에는, 그 당사국이 제조업자, 수입업자, 공급업자 등 관련 당사자에게 과도한 지체없이 비차별적으로 식별번호를 발급해야 한다.
- 당사국은 상품을 수입하는 상대국이 요구하는 정보에 관하여, 해당 정보가 오도, 모순, 혼동을 가져오지 않고, 당사국의 정당한 목적이 손상되

---

47 EU-일본 EPA 제7.10조.
48 EU-일본 EPA 제7.11조.

지 않는 한, 다음의 정보를 허용해야 한다: 수입국에서 요구되는 언어 외에 다른 언어로 된 정보; 국제적 명명체계(nomenclatures), 픽토그램 (pictograms), 심볼 또는 그래픽; 그밖에 요구되는 추가적인 정보

- 당사국은, 공중보건 또는 안전의 이유로 허가된 사람만이 라벨링을 수행 하도록 요구된 경우를 제외하고, 수입 시점에 세관구역에서 라벨링과 라 벨에 대한 수정이 이루어지는 경우 이를 수출국에서의 라벨링을 대체하 는 것으로 수용해야 한다.
- 당사국은 비영구적 또는 탈부착이 가능한 라벨, 또는 상품에 물리적으로 부착되지 않고 동봉 문서에 부착된 표시와 라벨링도 수용하도록 노력해 야 한다.

(3) 시사점

EU와 일본간 무역 협상은, 그동안 일본의 기술요건과 인증 절차가 엄격하 고 복잡하여 EU 제품이 일본에 수출되기 어렵다는 EU 기업들의 우려를 반영하 여, 많은 비관세조치들이 논의되었다. 그 결과 자동차와 의료기기 등은 동일한 국제표준을 따르기로 하여, 상품안전과 환경보호 요건을 동일하게 하였고, 직물 라벨링에 대해서도 EU의 표준과 유사한 국제표준을 일본이 채택함으로써 문제 를 해결하였다.

한편, 무역기술장벽규정에서는 보다 일반적으로, 일본과 EU의 표준과 기 술규정이 가능하면 국제표준에 기반하도록 보장할 것을 상호 합의하였다. 다른 비관세조치들과 더불어 이 일반규정은 전자 제품, 의약품, 직물 등 관련 분야 수출업자들이 국제표준에 의존하여 보다 쉽게 상대국의 표준을 준수할 수 있게 한 것이다. 이는 사업자들의 규범준수 절차를 쉽고 명확하게 하며, 비용절감면 에서도 도움이 될 것이다.

EU−일본 EPA 협상 당시, 한국과 일본은 대 EU 수출품목이 유사하여 이 협정 발효에 관심이 집중되었다. 한국과 일본 모두 주요 수출품목이 중간재와 자동차인데, 이들 품목의 유럽 현지내 생산비중이 증가하는 추세여서 수출에 대한 직접적인 영향은 제한적일 것으로 전망되고 있다.

2.6 EU-MERCOSUR 협정

(1) 개관

EU는 2019년 6월 28일 아르헨티나, 브라질, 파라과이, 우루과이로 구성된 남미공동시장(Mercado Común del Sur: MERCOSUR)과 포괄적 무역 협정에 합의하였다. 이 협정은 양 지역간 포괄적 연합 협정(association agreement)의 무역관련 부분에 대해 합의를 이룬 것으로서, 규범 기반의 국제무역에 대한 약속을 명확히 하고, 식품안전과 소비자보호, 식품안전의 예방 원칙, 환경규칙의 높은 기준을 채택하였으며, 노동권과 환경보호에 대한 특별 조항도 포함하였다. 향후 합의된 협정문안에 대한 법적 검토를 거쳐 최종문안이 도출되면, 회원국들의 공식언어로 번역하여 회원국와 의회의 승인을 받는 수순을 밟을 예정이다.49 무역기술장벽규정은 제7장에서 규정하고 있다.

(2) TBT규정

제7장에서 EU와 MERCOSUR는 WTO TBT 협정상 의무를 바탕으로 무역기술장벽에 관하여 양 지역 간 진보적인 규정을 논의해 왔다. 이 장에서는 불필요한 장벽 제거를 통하여 무역을 촉진하고, 장래의 기술규정과 표준이 보다 통합될 수 있는 프레임워크를 형성하는 것을 목표로 하였다.

기술규정 분야에서 당사국들은 국제표준을 국내 기술규정의 근거로서 사용하도록 하는 WTO규정에 더하여, 그러한 국제표준의 증가에 따른 정기적인 검토를 시행하기로 하였다. 또한 영향 분석 수행, 중소기업의 수요에 대한 고려 등 모범적 규제관행의 이행을 약속하였다.

규제 통합을 촉진하기 위해 당사국들은 국제표준설립기구의 제한적인 정의에 합의하였는데, 여기에는 국제표준기구(ISO), 국제전자기술기구(IEC), 국제통신연합(ITU), 국제식품규격위원회(Codex Alimentarius)가 열거되었다. 이러한 정의는, '국제표준개발 원칙에 관한 TBT위원회 결정'이 국제표준의 존재 여부를

---

49 European Commission, EU and Mercosur reach agreement on trade, 28 June 2019, ⟨https://trade.ec.europa.eu/doclib/press/index.cfm?id=2039⟩.

결정하는 데 충분하지 않다는, 국제표준에 대한 EU의 이해와 일치하는 것이다.

적합성평가에 관해서는 여러 가지 일반 원칙을 수립하였다. 여기에는 적합성 평가에 대한 국제제도 활용 촉진, 위험평가에 관한 적합성평가절차의 선택 근거가 포함된다. 이는 당사자(first-party) 적합성평가의 활용과 절차 공개 및 승인된 적합성평가기관 등 절차적 투명성을 증대시킨다. 공공기관이 수행한 적합성평가에 대해 당사국들은 제공한 서비스에 비례하여 수수료를 설정하고 이를 대중적으로 이용 가능하도록 합의하였다. 전자 제품 안전, 전자기 호환성, 에너지 효율성, 위험물질 제한 등 특정 분야에서 적합성평가에 대한 접근방식이 다른데, EU는 공급자의 적합성 선언을 이용하는 반면, MERCOSUR 당사국들은 EU 적합성평가기관의 테스트 결과를 수용하기로 합의하였다.

투명성에 관하여 당사국들은 공개협의(public consultation)와 WTO TBT위원회에 대한 통보에 대해 WTO 플러스규정에 합의하였다. 이 규정을 통하여 서면 논의와 서면회신, 강화된 정보 의무에 대해 60일간의 의견제출 기간을 허용하게 된다. 이러한 약속은 당사국이 코멘트를 고려하는 단계에서 발생가능한 무역장벽을 당사국과 이해관계자를 통하여 확인할 수 있도록 한다.

또한 당사국들은 사업자의 시장접근을 용이하게 하고 당사국의 보건 및 안전 요건을 존중하기 위해, 표시와 라벨링에 대한 TBT규정 적용에 관한 일반 원칙에 합의하였다. 라벨링에 관해서는 관련있는 정보만을 요구하기로 합의하였고, 수입국가에서 보조 라벨링을 사용할 수 있도록 하였으며 비영구적인 라벨을 수용하기로 하였다. 라벨에 대해 사전 승인이 요구되는 경우에는, 승인 요청이 과도한 지체없이 비차별적으로 심의 결정되도록 합의하였다. 그리고 장래의 무역촉진 이니셔티브를 위한 공동협력 메커니즘을 구성하기로 합의하였다.[50]

(3) 시사점

EU-MERCOSUR 무역 협정은 국제무역을 규범 기반으로 수행할 것이라는 양 지역 간 약속을 명확히 하고, 식품안전과 소비자보호, 식품안전의 예방 원칙,

---

50 European Commission, New EU-Mercosur trade agreement-The agreement in principle, 1 July 2019, pp.8−9. 〈https://trade.ec.europa.eu/doclib/docs/2019/june/tradoc_157964.pdf〉.

환경보호의 높은 기준을 채택하였다. 양 당사국 간에 각자 적절하다고 간주하는 보호수준을 보장하면서도 시장접근을 촉진하기 위해, 기술규정 및 관련제도에 대해 투명성을 증대시키고, 국제표준의 사용을 확대하였다. 또한 기업들이 표준과 기술규정을 준수하였다는 증명을 보다 용이하게 하기 위해, EU 내에서 수행된 특정 분야 EU 상품에 대한 적합성평가는 MESCOEUR 국가에서도 인정되도록 하고, EU에서는 MERCOSUR 공급자들의 적합성 선언을 이용하도록 함으로써, 적합성평가방식이 다르더라도 이를 상호 수용할 수 있는 접근방식을 채택하였다. 이와 같이 기술규정과 표준의 통일을 통해, 이를 준수하는 당사국 사업자의 비용부담을 감소시키고 무역장벽을 해소하고자 하였다.

[표 8-2] EU FTA의 TBT 챕터 구성

조항	EU-멕시코[51]	EU-칠레[52]	EU-한국	EU-캐나다	EU-일본	EU-MERCOSUR[53]
목적	●	●			●	●
적용범위	●	●	●	●	●	●

---

51 EU-멕시코 협정의 분석을 위해 2018년 4월 21일에 발표된 원칙적 협정의 무역 파트를 참조하였다. 이는 유럽위원회의 투명성정책하에 정보제공 목적으로 잠정 발간된 것으로서, 최종 협정문안은 수정될 수 있다. Modernisation of the Trade part of the EU-Mexico Global Agreement 〈https://trade.ec.europa.eu/doclib/docs/2018/april/tradoc_156801.pdf〉.

52 EU-칠레 협정은 개정 협상이 진행 중이며, 이 표의 분석을 위해 EU가 제안한 협정문 초안을 참조하였다. EU-Chile free trade agreement, EU textual proposal: Technical barriers to trade 〈https://trade.ec.europa.eu/doclib/docs/2018/february/tradoc_156592.pdf〉.

53 EU-MERCOSUR 협정의 분석을 위해 2019년 6월 28일 발표된 원칙적 협정의 무역 파트를 참조하였다. 이는 유럽위원회의 투명성정책하에 정보제공 목적으로 잠정 발간된 것으로서, 최종 협정문안은 수정될 수 있다. Trade part of the EU-Mercosur Association Agreement 〈https://trade.ec.europa.eu/doclib/docs/2019/july/tradoc_158153.%20Technical%20Barriers%20to%20Trade.pdf〉.

조항	EU-멕시코	EU-칠레	EU-한국	EU-캐나다	EU-일본	EU-MERCOSUR
TBT 협정 확인	●	●	●	●	●	●
정의	●		●	●	●	●
무역촉진에 관한 공동협력						●
기술규정	●	●	●	●	●	●
국제표준	●				●	
표준		●	●		●	●
적합성평가절차	●	●	●	●	●	●
투명성	●	●		●	●	●
시장감시			●		●	
적합성평가비용			●			
표시 및 라벨링	●	●			●	●
협력	●		●		●	●
정보제공/기술적 논의/협의	●	●				●
조정 메커니즘	●	●	●			●
TBT위원회					●	
연락기관					●	
TBT 챕터의 관리				●		

출처: 저자작성

3 ___ FTA상 TBT 정책의 시사점

EU는 보건 및 소비자보호와 안전, 환경규제, 식품안전 등 분야에서 역내 규제정책을 높은 수준으로 시행해 왔고, 이러한 규제정책과 관련하여 무역기술장벽에 대한 규정은 초기의 1세대 무역 협정부터 강조되어 왔다. 과거에 정치적·경제적으로 전략적 동반자 협정의 일부로 체결되었던 무역 협정에서 TBT 조치는

WTO TBT 협정상 권리와 의무를 재확인하고, 양자적 협력을 도모하는 수준에 머물러 있었으나, 최근 무역에 영향을 미치는 환경의 변화를 반영하여 무역 협상의 개정 협상이 진행중이며, TBT 조치는 개정 협상의 중요한 일부를 차지하고 있다. 한-EU FTA 이후 포괄적 신세대 FTA가 체결되면서 TBT규정은 보다 심화되고 구체화되고 있으며, 이러한 정책 동향은 1세대 무역 협정의 개정에도 반영되고 있다.

기술규정 분야에서는 국제표준을 국내 기술규정의 근거로서 사용하도록 하는 WTO TBT 협정의 규정에 더하여, 그러한 국제표준의 수립과정에 당사국들이 참여하도록 하고, 기술규정의 영향평가 수행, 중소기업에 대한 고려 등 규제관행을 적절하게 이행하도록 하는 한편, EU의 규제요건과 일치하는 국제표준을 언급하면서 상대국이 이러한 국제표준을 채택할 것을 요구하고 있다.

적합성평가에 관해서는 여러 가지 일반 원칙을 수립하였다. 여기에는 적합성평가에 대한 국제제도 활용 촉진, 위험평가에 기반한 적합성평가절차의 선택 근거가 포함된다. 특정 분야에서는 적합성평가에 대한 접근방식이 다르다는 점을 인식하여, 규제 완화를 위한 여러 가지 방식이 도입되고 있다. EU는 주로 상대국 사업자의 적합성 선언을 인정하고, 상대국에서는 EU의 적합성평가기관의 시험 결과가 반영된 증명서를 수용하는 방향으로 추진되고 있다. 캐나다와는 별도의 의정서를 채택하여, 양국 내 지정된 평가기관의 증명서를 상호인정하는 방식을 채택하였다.

투명성 측면에서는 기술규정이나 적합성평가절차의 제·개정 논의에서, 자국민의 의견제시 기회에 FTA 상대국의 국민도 동등하게 의견을 제시할 기회를 보장하고, 이 단계에서 이해관계자와 발생할 우려가 있는 무역장벽에 대해 충분히 협의할 수 있는 기간을 주고 있다. 표시와 라벨링에 대해서는 사업자에게 추가적인 의무를 부과하지 않도록 관련있는 정보만을 표시하도록 하고, 비영구적·탈부착 가능한 라벨링을 수용하고 있다.

신세대 FTA에서는 시장감시규정이 도입되고 있는데, 이는 적합성평가절차와는 별도로 수행되는 공공기관의 기능으로서, 관할당국이 상품이 당사국의 법규정에 규정된 요건을 준수했는지 감독하는 것이다. 이때 당사국은 시장감시와 집행 활동에 관한 정보를 상대국과 교환해야 하고, 시장감시 기능이 적합성평가절차로부터 독립적으로 운영되도록 보장해야 하며, 시장감시기관과 제조업자·

수출업자 등 관련자들 사이에 이해관계의 충돌이 없도록 해야 한다. 이 점에서
시장감시기관과 적합성평가기관을 분리할 것이 제안되고 있다. 그리고 공동협
력 메커니즘은 여러 방식으로 규정되었는데, 당사국 간 TBT위원회를 구성하는
방안, TBT 이슈를 코디네이터 선정을 통해 협의하는 방안, 상품무역위원회에서
TBT 이슈를 다루는 방안 등이 제시되고 있다. 최근 제·개정되는 FTA에서는 코
디네이터를 설치하는 조정(coordination) 메커니즘을 도입하는 추세이다.

4 ___ 한국의 대응 전략

유럽 시장이 자유무역 협정의 제·개정을 통하여 무역장벽을 점차 제거하
고 역외 시장을 확대해 나가는 과정에서, 한국은 장기적으로 유럽 내에서의 경
쟁력 강화를 위해 친환경, 디지털화, R&D 기술협력, 혁신, 기술표준화 등 분야
에서 EU의 신산업 수요에 적극 대응할 필요가 있다. EU 글로벌 기업들은 글로
벌 밸류체인(value chain)에서 이들 분야의 경쟁력 제고에 우선순위를 두고 있는
것이 현실이다. 한-EU FTA가 EU의 첫 번째 신세대 FTA라는 이점을 활용하여
민관협력을 통한 선제적 대응을 통해 전략적으로 접근하는 것이 필요하다. 기
업은 친환경·스마트화 등 EU의 새로운 수요에 맞춘 전략을 수립하고, 제품의
고부가가치화를 추진하며 신뢰를 구축하는 방안을 모색해야 한다. 현지에서 파
악한 기술규제 관련 정보를 공유하고, 무역기술장벽에 직면한 경우 정부와 협
력하여 해결을 도모해야 한다.[54]

한편, 정부와 기업, 산업 및 업종별로 긴밀한 협력이 필요하다. 정부 차원
에서는 변화되는 EU의 시장상황을 지속적으로 모니터링하여 우리 기업이 이에
신속하게 대응할 수 있는 여건을 조성해야 한다. 그리고 WTO와 한-EU FTA
의 양자간 상호 조정 메커니즘 등을 활용해 EU의 기술규제 제·개정 동향과 정
보를 신속하게 파악하고 분석하여 국내 업계에 제공해야 한다.

---

[54] KOTRA, EU-일본 EPA 발효에 따른 유럽내 한·일 수출 경쟁여건 분석, Global Market
Report 19-082 참조.

주요 이해 관계국과의 공동대응방안도 고려하여야 한다. 유럽이 선도하는 표준화 및 기술규제 도입과 관련해서는 한국과 이해를 같이 하는 제3국과의 공조체계를 형성할 필요가 있다. 다수의 회원국을 보유하고 경제규모가 큰 EU는 다양한 정책 목적 달성을 위해 선제적으로 과도한 규제 조치를 도입하는 경향이 있으므로, EU의 TBT 전략에 대응하여 유사입장국들과 연계하여 대응하도록 논의를 전개해야 할 것이다.

정당한 목적을 위한 기술규제요건을 충족하는 것은 유럽 시장에 진출하기 위한 필수 요건이다. 따라서 한국기업은 EU 기술규정의 요건을 충족시킬 수 있도록 노력해야 한다. 이 과정에서 무역기술장벽 대응을 총괄하고 있는 산업통상자원부 국가기술표준원의 TBT 중앙사무국과 TBT 통합정보 포털(KNOW TBT) 등 지원 기능을 적극 활용해야 한다. 또 정부는 EU가 제정한 규제 조치의 배경을 분석해서 국내 규제 조치도 제·개정을 고려할 필요가 있다. 국내 규제를 도입할 때는 절차상의 투명성을 제고하고, 이해관계자 참여를 강화하며, 규제 조화를 이루기 위해서 노력해야 한다. 글로벌 통상 환경의 변화를 주시하면서 필요한 경우 국내 규제에 대해서도 전면적이고 포괄적으로 대응해야 한다.[55]

EU의 과도한 기술규제에 대하여 WTO TBT위원회의 특정무역현안(Specific Trade Concerns: STC)으로 제기하거나 무역정책검토제도(Trade Review Policy Mechanism: TPRM)를 활용하는 방안도 고려할 수 있다. TPRM은 WTO 협정의 준수상황을 검토하고 회원국의 무역정책 및 관행에 대해 투명성을 확보하고자 사무국에서 정기적으로 작성하는 보고서이다. EU에 대해서는 2년 주기로 보고서가 발간되고 있는데, EU의 TBT정책에 대하여 TBT위원회에서 이의를 제기하거나 TPRM을 검토함으로써 분쟁의 소지에 대응할 수 있다.

EU의 TBT정책에 대한 검토 분석을 통하여 유럽이 선도하는 무역기술장벽에 체계적이고 유연하게 대응하며, 글로벌 시장에 대한 접근 역량을 강화하는 동시에 우리의 관련 제도도 개선하고 발전시키는 계기로 활용해 나가야 할 것이다.

---

55 남상열, 앞서가는 EU 기술규제 조치 대응 방안, 전자신문(2018.11.22.)

참고문헌
reference

남상열, 앞서가는 EU 기술규제 조치 대응 방안, 전자신문 (2018.11.22.)

KOTRA (0000), "EU-일본 EPA 발효에 따른 유럽내 한·일 수출 경쟁여건 분석," Global Market Report 19-082.

Elizabeth Golberg (April, 2019), Regulatory Cooperation - A Reality Check, Mossavar-Rahmani Center for Business & Government, Harvard Kennedy School.

European Commission, Report from the Commission to the European Parliament, the Council, the European Economic and Social Committee and the Committee of the Regions on Implementation of Free Trade Agreements, 1 January 2018 - 31 December 2018, (14.10.2019), COM(2019) 455 final.

EU, Decision no 2/2000 of the EC/Mexico Joint Council of 23 March 2000 (2000/415/EC), 30 June 2000.

European Commission, New EU-Mexico agreement - The agreement in principle, 23 April 2018.

European Commission, Joint Recommendation for a Council Decision authorising the European Commission and the High Representative of the Union for Foreign Affairs and Security Policy to open negotiations and negotiate a modernised Association Agreement with the Republic of Chile, Annex, Direction for the Negotiation of a Mordenised Association Agreement with Chile, JOIN(2017) 19 final (24.5.2017).

European Commission, Report on the 5th round of negotiations between the EU and Chile for modernising the trade part of the EU-Chile Association Agreement (26.07.2019).

European Commission, Commission Staff Working Document, Individual reports and info sheets on implementation of EU Free Trade Agreements (31.10.2018), SWD(2018) 454 final, European Commission, Commission Staff Working Document, Individual reports and info sheets on implementation of EU Free Trade Agreements (14.10.2019), SWD(2019) 370 final.

Council of the European Union, Protocol on the mutual acceptance of the results of conformity assessment, 14 September 2016 10973/16 ADD 7.

EU, Guide to the Comprehensive Economic and Trade Agreement (CETA). July 2017.

Council of the European Union, Joint Interpretative Instrument on the Comprehensive Economic and Trade Agreement (CETA) between Canada and the European Union and its Member States, 27 October 2016, 13541/16.

European Commission - Press release, EU-Japan trade agreement enters into force, 31 January 2019.

Decision of the WTO Committee on Technical Barriers to Trade on Principles for the Development of International Standards, Guides and Recommendations with Relation to Articles 2 and 5 of the TBT Agreement and Annex 3 to the TBT Agreement, Annex 4 to WTO Document G/TBT/9 (13 November 2000).

EU－멕시코 글로벌 협정
EU－칠레 연합 협정
EU－한국 FTA
EU－캐나다 CETA
EU－일본 EPA
EU－MERCOSUR 협정

Chapter 09

고영진*

중국 TBT 전략과 시사점**

1 ___ 서론

중국은 2018년 기준 세계 제1의 수출국이자 제2의 수입국으로서 많은 교역국가들로부터의 무역기술장벽(TBT) 도전에 직면하고 있을 뿐 아니라, 자국의 산업을 보호하기 위해 독자적인 표준과 기술규제 조치를 사용하고 있다. 본 장에서는 수출대국으로서 중국의 TBT 대응 전략과 수입국으로서 중국이 취하는 TBT 조치들의 문제점들을 살펴본다.

2002년 중국이 WTO에 가입한 이후, WTO 회원국들이 중국에 통보한 TBT 조치는 해마다 증가하고 있는데, 2018년도 통계에 따르면 지난 3년간 중국에 대한 TBT 조치는 전체 WTO 회원국의 약 20%를 차지한다. 중국의 WTO/TBT-SPS 국가통보자문위원회의 2018년 발표에 따르면 중국수출 기업의 30.1%가 교역국의 TBT 조치로 인해 직·간접적인 영향을 받았고 손실은 약 1,908억 위안에 달한다.

2018년부터 이어지고 있는 미국과 중국의 무역전쟁은 중국의 첨단 산업의

  * 본 원고의 초안은 저자가 대만국립중산대학교 경영대학원 교수로 재직 당시 작성됨.
** 본 원고는 산업통상자원부 국가기술표준원 2019년 TBT정책연구 및 인력양성기반조성 사업과 대만과학기술부 연구기금(Ministry of Science and Technology−107−2410−H−110−014−MY2)의 지원을 받음.

굴기를 억제하려는 미국의 의지가 반영되어있는데, TBT가 지식재산권보호와 직간접적으로 연결되어 중국 제품의 수출을 제한할 것이라고 전망된다. 실제로 백악관 수석 경제고문 래리 커들로(Larry Kudlow)는 중국에 대하여 "관세와 TBT를 없애고, 보조금 및 지적 재산 도용을 중단하고, 기술의 강제 이전을 중단하라"고 요구했으며, 2018년 미국의 연간 무역장벽평가보고서도 중국관련 정책과 규제에 초점을 맞추고 있다.

중국에 대한 TBT 조치들은 풍부한 노동력에 의존한 저가 제품에서 기술력 기반의 고부가가치 첨단 제품으로 중국의 수출산업구조가 변화하는 흐름과도 관련되어 있다. 실제로 미중 무역전쟁에서 화웨이(HUAWEI) 제품에 대한 수입 금지조치는 중국의 첨단산업 발전이 TBT의 주요 발원국인 선진국의 이익과 대립할 수 있다는 전략적 우려 때문이기도 하다. 따라서 TBT는 중국이 산업체질을 고도화하는 과정에서 필연적으로 직면하고 극복해야하는 핵심 무역장벽이 될 것이다.

본 장에서는 수출국으로서 중국이 직면하고 있는 TBT의 유형과 중국의 대응정책을 알아보며, 나아가 수입국으로서 중국이 취하고 있는 TBT 조치의 특성과 문제점들을 살펴본다. 중국은 수출입 모두에서 한국의 제1 교역상대국으로[1] 중국이 직면하고 있는 문제점과 대응정책을 알아보는 것은 한국의 무역정책을 수립함에 있어서 중요한 의미가 있을 것이다.

2 ___ 중국의 TBT 동향

2.1 중국에 대한 TBT 조치의 유형 및 특성

2017년 중국 상무부에서 전국 31개성, 자치구, 직할시와 5개 계획도시를 대상으로 "수입국의 TBT 조치가 중국 수출기업에 미치는 영향관련 조사"를 하

---

[1] K-stat, '한국의 10대 무역국', *K-Stat*
⟨http://stat.kita.net/stat/world/major/KoreaStats06.screen⟩(2019.10.20. 접근).

였는데, 중국 수출기업이 직면한 주요 장애물 중 TBT가 환율, 반덤핑, 무역쿼터 등보다 영향이 큰 것으로 나타났다. 중국의 수출이 증가함에 따라 TBT로 인한 무역 손실도 급증하고 있으며 연도별 중국에 통보된 TBT 조치들의 수는 다음 표와 같다.

[표 9-1] 연도별 중국에 통보된 TBT 조치

연도	추가항목	기존항목	총계
1995~1999	0	0	0
2000~2004	7	4	11
2005~2009	23	45	68
2010~2016	30	103	133
총계	60	152	212

출처: 오서원 외(吳西源等人)(2017)

중국의 주요 수출품목의 상당수가 수입국의 TBT 조치에 부딪혀 시장에서 퇴출되었는데, 구체적으로 광업, 화학공업, 농산물, 경공업, 전자기계, 방직 및 의류, 식품 등의 133개 수출품목들이 영향을 받았다. 농산물의 경우, 2010년부터 2016년까지 EU와 미국은 30개 이상의 TBT 조치를 추가하였고 이로 인해 가금류 32.9%, 축산물 4.1%, 꿀 제품 16.7%의 수출이 감소했다. 2018년에는 농산품 이외에 의료기기 6항목, 친환경 및 에너지절약 6항목, 화학 제품 4항목 등이 추가되며 점차 첨단 제품으로 그 영향이 확산되고 있다.

이와 같이 중국이 TBT 조치에 취약한 이유는 크게 선진국 중심의 무역구조, 국제법규에 대한 이해 부족, 낮은 수준의 품질경쟁력으로 볼 수 있다.

(1) 중국의 주 수출국은 미국, 일본, EU같은 TBT 발원지에 집중

중국 수출품(홍콩 중계무역 포함)의 50% 이상이 미국, 일본, EU지역에 판매하고 있다. 아래 그림에서 보여 주는 것과 같이 미국, EU, 일본이 중국 수출에서 차지하는 비율은 41%에 해당하며 이 3대 경제주체는 TBT를 구현하고 활용하는 데 가장 적극적이어서, 중국의 지리적 무역구조가 다변화 되지 않는 한 TBT는 중국에 더욱 큰 위협이 될 것이다.

[그림 9-1] 2018년 중국의 주요 수출국 현황

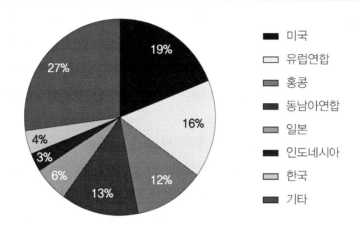

■	미국
□	유럽연합
▨	홍콩
■	동남아연합
▨	일본
■	인도네시아
▨	한국
■	기타

출처: UNCTAD

실제로 아래 표와 같이 중국이 직면하고 있는 TBT 조치는 유럽 32%, 미국 24%, 일본 14%를 포함한 3대 수출국에 집중되어 있다. 또한 중국 국제무역촉진위원회의 2019년 3월 발표에 따르면 지난 2년간 수입국의 TBT 조치로 인한 손실은 EU와 미국에서 각각 33%와 31%를 차지했다.

[표 9-2] 1995-2016 지역별 TBT 관련 수출규제 항목

구성원	항목 수
EU	43
미국	32
일본	19
한국	15
캐나다	13
오스트레일리아	4
스위스	4
브라질	2
아르헨티나	2

출처: 오서원 외 - 吳西源等人(2017)

(2) 국제수준의 기술, 법규, 표준에 대한 이해 부족

2018년 중국 샤먼시(廈門市)의 분석에 따르면 중국기업의 60%는 TBT 협정을 이해하는 데 어려움을 겪고 있으며 40%는 수입국의 TBT 조치로 인해 거래를 상실하고 있다. 중국의 많은 기업들은 국제표준과 기술규제에 대해 알지 못하고, 주요 수출국의 TBT 조치에 대한 이해가 부족하기 때문에 수출에 큰 어려움을 겪고 있다.

중국은 상품기술에 대한 법규가 다양한데, 그 이유는 그동안 중국내 통일된 관리부서가 없이 기술표준관련 사안을 체계적으로 관리 공유되지 않았기 때문이다. 실제로 2018년에서야 중국은 표준화 관련 정부조직을 전면적으로 개편하여, 기존의 국가공상행정관리총국(國家工商行政管理總局), 국가질량감독검사검역총국(國家質量監督檢查檢疫總局), 국가식품약품감독관리총국(國家食品藥品監督管理總局)을 통합 및 재편하여 시장 감독 총괄 기구인 국가시장감독관리총국(國家市場監督管理總局)을 신설하였다. 중국은 표준화 과정을 정비하기 시작했다는 점에서 선진국들(EU는 표준화 분야에서 선두주자로서 EU지역 단일 시장 건설을 위해 표준화를 사용)의 수준과 큰 차이가 있다.

더욱이 중국의 표준시스템 관리는 국가, 성, 시, 기업에서 독자적으로 추진되고 있어서 국제수준의 표준을 달성하기가 쉽지 않았다. 중국은 2017년 10월에 최초로 표준화법[2]을 제정하면서 적극적으로 국제표준화에 참여할 의사가 있음을 나타냈다. 이 표준화법에서 중국은 표준화의 주요 조항들을 명확히 하고 표준화가 의미하는 바를 정의했으며, 필수표준(규정으로 간주됨)과 제안표준의 차이를 명확히 하였다. 이를 통해 표준화 절차 및 용어에 대한 혼란을 줄여서 전반적인 제도를 간소화하였다. 하지만 중국에서 독립적 표준화 기구의 영향은 아직 미미하고 정부기관이 직간접적으로 관여하고 있다.

(3) 상대적으로 낮은 기술 경쟁력

중국 수출품의 기술 경쟁력과 품질 수준은 선진국에 비해 상대적으로 낮으

---

2 동 법률에 대한 자세한 내용은 다음 "EU/중국 표준프로젝트" 웹사이트에 확인 가능: ⟨www.sesec.eu⟩

며 전통적으로 낮은 부가가치의 노동 집약적인 제품을 주로 수출해 왔다. 예로 1996년 ISO14001표준이 도입된 이후 2001년까지 동 인증을 획득한 중국 기업은 881개인 반면 같은 기간 일본 5,338개, 독일 2,400개, 영국, 스웨덴, 미국은 약 1,400개 수준이었다. 중국내 표준은 국제표준으로 채택되지 못하고 있는데, 예를 들어, 독일에서 사용되는 산업표준은 현재 약 15,800개이며 대부분이 국제표준으로 등록되어 있지만 중국의 기술표준은 수준이 낮아 중국 내수용 생산 제품이 국제표준을 충족하기가 어려운 실정이다.

하지만 중국의 기술 경쟁력이 향상되면서 첨단 제품의 수출이 늘고 있다. 아래 표와 같이 중국의 2018년 수출 품목의 59%를 전자 제품이 차지하고 있는 데 전자 제품은 선진국들이 자국의 첨단 산업을 보호하기 위해 TBT 조치를 많이 사용하는 분야이다. 실제로 중국 국제무역촉진위원회의 2019년 3월 발표에 따르면 지난 2년간 TBT로 인해 주요 영향을 받은 제품은 전자·기계, 화학·금속, 목재·종이, 섬유·신발 순이었다.

[그림 9-2] 중국의 주요 수출 품목 현황: 2018년

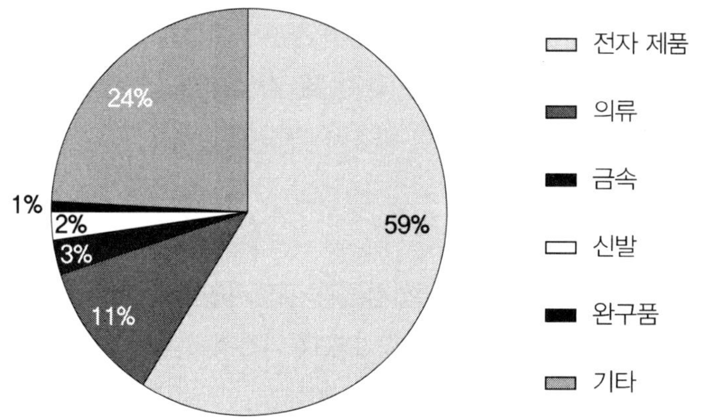

출처: UNCTAD

2.2 수입국의 TBT 조치로 인한 중국의 영향

(1) 무역 이익 분배를 저해

국제표준시스템의 주요 결정 주체는 기본적으로 선진국이며, 개도국은 대부분 국제표준을 수용하는 방식이다. 2018년 중국 상무부의 통계에 따르면 생명 과학과 생물 정보학, 신소재 등 주요 기술 분야에서 선진국 소유의 특허는 전 세계 특허의 약 90%를 차지하고 있으나 중국을 포함한 개도국은 10%밖에 안 된다. 실제로 선진국들은 자국의 이익을 보호하기 위해 기술장벽을 설정하고 기술표준을 사용하기도 한다. 선진국과 개도국의 기술격차는 국제무역 이익 분배를 선진국에 편중되게 하고 선진국의 TBT 조치들은 이러한 불균형을 강화 및 유지시키는 수단으로 사용될 수 있다.

(2) 기업 비용 증가 및 상품 경쟁력 감소

중국의 수출은 유럽, 미국, 일본 등 선진국에 집중되어 있는데 선진국의 기술표준은 날로 까다로워지고 있어 수입국의 표준을 충족시키지 못하거나 표준 준수를 위한 비용 증가를 감당할 수 없는 중국의 중소규모의 수출기업은 시장에서 퇴출될 수밖에 없다. 많은 중국기업들이 기술표준 충족을 위한 추가비용을 부담해야 하는데, 구체적으로 검사 및 검역 비용, 인증비용, 포장양식 교체, 추가 광고비용 등 직간접적인 비용이 해당된다.

(3) 중국내 수급 불균형 초래

지난 10년간 중국 정부의 산업정책과 재정지원으로 중국의 생산능력이 초과되었고, 이로 인해 저가 수출이 증가해 무역가격의 왜곡과 미국 및 EU 등의 기업들과 근로자들에 피해를 초래했다. 이에 선진국들은 광범위한 기술장벽과 까다로운 기술표준을 사용해 중국 제품의 수출을 제한하고 있다.

더불어 선진국 소비자들의 높아진 환경인식으로 중국 제품에 대한 선호도도 떨어지는 상황이어서 선진국으로 수출되지 못한 제품들이 제3국으로 재수출되면 수출단가 하락을 초래하고 수출되지 못한 제품들이 중국 내수 시장에 풀릴 경우 내수 공급이 초과하는 현상으로 이어져, 결국 중국 기업의 이익 감소,

파산, 투자 감소, 총 수요 감소 등의 악순환을 가져온다.

2.3 사례연구: 중국 섬유산업에 대한 TBT의 영향

중국은 세계 최대 섬유 및 의류 생산 및 수출국으로 중국 관세청에 따르면 2018년 섬유 및 의류의 연간 수출액이 1,578억 달러로 전 세계 섬유 및 의류무역의 37%를 초과한다. 따라서 수입국들의 TBT 조치는 중국의 섬유산업에 큰 영향을 미치고 있다.

예를 들어, 2017년 3월 EU 화학품규정(biocidial products regulation)에 따라 승인되지 않은 살균제 및 가공품에 대해서는 EU에서 철수할 것을 요청했고, 2,500억 달러 이상의 중국 섬유 제품이 영향을 받았다. 2017년 6월 EU는 새로운 EU 2017/1000규정을 발행하고 화학물질의 등록, 평가 및 승인과 화학물질에 적용되는 제한사항(registration evaluation authorization and restriction of chemicals)에 관한 부록 17항을 개정하여 모든 물질 또는 혼합물의 퍼플루오로옥탄산(PFOA) 및 관련 물질의 농도를 $25\mu g/kg$(ppb) 및 1000ppb로 제한했다. PFOA는 섬유 및 의류 산업에서 널리 사용되고 있지만 대체품이 없어 이 표준이 강화된 후 중국은 약 600억 달러의 섬유 제품이 수출에 영향을 받은 것으로 파악된다.

구체적으로 수입국들의 다양한 기술규정을 준수하기 위한 수출비용이 증가하고 있고 국내·외 상이한 표준으로 생산 효율성이 떨어지고 있다.

(1) 국가별 상이한 기술규정

주요 수입국의 기술규정은 각기 다르고 개정속도도 빨라 중국 섬유 수출기업들은 많은 어려움을 겪고 있다. 예를 들어, EU규정은 독성 및 유해 화학물질 안전 및 아동복의 물리적 안전 요구사항에 중점을 두고 있으며, 미국은 연소성능 및 아동 제품의 안전에 중점을 두고 있고, 일본은 물리적 안전 국가규정에 중점을 두고 있다. 또한 기술규정의 개정이 빠르게 증가하고 있고, 예로 2017년 상반기에만 WTO 회원국이 섬유 및 의류에 대해 16건의 신고서를 제출하였는데 이는 2016년 대비 129% 증가한 수치이다.

(2) 무역 위험도 및 손실 증가

수입국의 TBT 조치로 인한 계약파기 및 리콜 등의 결과로 중국의 섬유 및
의류 수출기업에 대한 위험이 직접적으로 증가되었다. 2010년부터 중국의 섬유
및 의류 제품은 EU의 소비자보호시스템(Rapid Alert System for Non-Food consumer
Products—RAPEX)에서 가장 많은 제약을 받았는데, 리콜의 주요 원인은 화학적
위험(유독성 및 유해 물질), 물리적 손상 등이었다. 2017년 상반기 RAPEX는 중국
섬유 및 의류 제품 21건에 대한 제재를 하였고, 미국은 10건을 신고하였는데,
이는 전년대비 2.5배에 해당한다.

(3) 수출비용 증가

RAPEX는 해외 섬유 및 의류 제품 구매자에게 "Oeko-Tex Standard 100"
인증을 취득하도록 권유하고 있고 이러한 제품인증은 유럽 시장 진출을 위한
통로로 간주된다. 하지만 제품인증을 획득하기 위한 화학 물질 테스트 비용, 신
물질의 탐지 비용, 그리고 친환경 섬유 인증 비용 등은 매년 증가하고 있어 가
격 경쟁력을 앞세운 중국의 섬유 수출에 큰 타격이 예상된다. 장쑤 성(江蘇省)
완구회사의 회장 겸 총책임자인 메이명은 "많은 외국 기업들이 중국 수출 기업
에 대한 신뢰가 낮고 완구, 섬유, 의류 등 경공업 제품의 협력 업체들에게까지
엄격한 인증검사를 요구한다"고 말했다. 실제로 중국의 중소 수출기업들이 인
증기관에 높은 수수료를 지불하거나 위험을 무릅쓰고 검사를 누락하는 일들이
속출하고 있다.

(4) 국내·외 표준의 상이

섬유 및 의류 분야에서 중국표준의 적용 범위는 여전히 유럽 및 미국의 선
진국 기술규정 및 표준과는 큰 차이가 있다. 국내외에 통일화되지 않은 표준규
정은 중국 기업에게 혼란을 야기하고 비용을 증가시키고 있다. 예를 들어, 중국
의 독성 및 유해물질의 검출에 관한 "국가 섬유 제품 기본 안전 기술 사양
(GB18401—2010)"은 EU REACH규정에 적용되지 않아 중국내·외 시장 간의 상
호 생산 효율성을 떨어트린다.

3 ___ TBT 조치에 대한 중국의 대응 전략 및 정책

중국의 TBT 대응 전략은 크게 중앙정부, 지방정부, 그리고 기업에서 개별적으로 혹은 통합적으로 실행되고 있다. 중앙정부에서는 국가기구와 국제표준 국가협력 관련 정책을 모색하고 있으며, 지방정부에서는 해당 지역의 주력수출 제품의 TBT관련 정보를 분석하여 제공하고 있으며, 기업들은 중앙 및 지방정부의 정책에 발맞추어 품질을 향상시키고 국제표준에 부합하는 제품으로 전환하는 작업을 진행 중이다.

3.1 중국 중앙정부의 정책

중국의 중앙정부는 거시적 관점으로 TBT 개혁과 대응에 관련한 정책을 수립하고 있으며 TBT 전담부서를 설치하여 지방정부와 수평적 정보교류를 활성화하고 분석정보가 기업에 보급될 수 있는 메커니즘을 설계하고 있다.

(1) WTO 특혜 사용 및 기술 협력 국가 모색

WTO 회원국은 무역에 대한 기술장벽 협정 제12조에서 규정된 바와 같이 TBT 이행 과정에서 개도국에 특혜를 주어야 하고 기술규제, 표준화 기구의 설립 및 적합성평가의 수립에 있어 개도국에 기술 지원을 제공할 의무가 있다. 중국의 기술수준이 여전히 선진국에 비해 격차가 크다는 점을 감안하여 중국은 WTO에서 부여한 개도국 지위를 활용한 외교적 조치와 우대조치를 적극 활용하고 있다.

구체적으로 수출입에 수반되는 부가적 거래비용을 줄이기 위해 선진국과의 기술 교류를 강화하고, 기술 원조를 구하고, 기술규정 및 적합성평가 시스템을 수립하고, 상호 인증 시스템을 구축하고 있다. 예를 들어, 전기자동차 시장의 급속한 성장을 선점하기 위해 중국은 일본과 협력하여 자체 충전기기술을 국제표준으로 채택될 수 있도록 공동 개발을 추진하고 있는데, 양국의 규격이 통일된다면 실질적인 세계표준이 될 가능성이 클 것으로 판단된다.

더불어, 중국은 WTO의 다자 협상에 중점을 두고 국제기구의 표준 제정에 중국의 영향력을 확대하고 있다. 국제표준을 받아들이는 것에 그치지 않고 중국의 자체표준을 국제표준으로 채택시키기 위해 노력하고 있다. 국제표준제정에 적극 참여함으로써, 중국 산업 및 기업에 적합한 기술을 국제표준으로 통합하고 중국 제품의 수출을 촉진하고 있다. 중국은 ISO(International Organization for Standardization)와 IEC(International Electronical Commission)에 35명의 상임이사와 63개의 사무국을 두고 있는데, 이는 2001년의 12배 수준이다. 또한 2018년 ISO/IEC에서 중국이 제안한 국제표준의 수는 266개에 달했는데 이는 2001년의 약7배에 달하고 이는 독일과 프랑스와 같은 선진국에 견줄만한 수치이다. 이 수치들은 중국이 국제표준을 선점하기 위한 전략적 목표를 완수해 가고 있음을 보여준다.

(2) 국제수준에 맞는 독자표준의 정립

WTO의 관련 규정에 따르면 회원국은 국제표준을 기반으로 각 국가의 상황에 맞춘 자체표준을 작성하고 이를 국제사회에 공개할 수 있다. 중국은 국제표준과 선진국의 기술표준을 참고하여 중국 현황에 부합하는 독자표준 시스템을 정립하고 있다. 특히 환경보호 및 안전기준을 국제수준에 맞추려는 노력이 가시적인 성과를 나타내고 있다. 중국 산업수준을 반영해 선진국과의 격차를 줄여서 국내·외 제품의 상호 운용이 가능하도록 하고 있다.

예를 들면, 중국은 세계 최대의 섬유생산 및 수출국으로 총 섬유생산량은 전 세계의 1/4이며 수출량은 세계의 1/8 이상을 차지하고 있다. 반면 섬유 및 의류 수출은 환경규제 관련 장벽으로 인해 심각한 도전에 직면해 있다. 이에 중국은 국제표준 Oeko-Tex Standard 100에 부합하는 중국 최초의 친환경 섬유표준인 HJBZ30-2000표준을 제정했다. 개선된 국제수준의 표준화로 닝보산산그룹(Ningbo ShanShan)과 바오시니오그룹(BAOXINIAO) 등 18개 섬유기업이 중국표준의 인증을 거쳐 국제표준을 획득하였다.

(3) 국제 소통 및 수출 시장 다변화

중국은 2018년 제품 품질 및 안전 문제에 관한 국제회의를 처음으로 중국에서 개최하였고 긍정적인 성과를 거두었다. 이를 통해 "Made in China"에 대한 수입국들의 의심을 불식시키고 중국 제품에 대한 소비자의 신뢰 회복을 도모하였다.

더불어, 유럽, 미국, 일본과 같은 일부 선진국과 교역을 발전시키는 것 외에도 아시아, 아프리카 및 라틴 아메리카와 같은 개도국 시장을 공략하고 있다. 이처럼 다변화된 수출 시장은 중국 첨단 제품의 수입을 제한하려는 선진국의 TBT 조치 위험을 분산시킬 것이다.

3.2 중국 지방정부의 정책

지방정부는 지역에 소재한 기업들로부터 시장정보를 빠르게 수집하고 중앙정부의 정책을 공유함으로써, 중앙정부와 기업을 연결시켜주는 역할을 한다. 중앙정부가 제정한 기준에 대한 합리적인 평가를 수행하고 기술 무역 조치에 대한 조기 경보 시스템을 구축하여 기업이 수입국의 TBT 조치에 대응할 수 있는 능력을 향상시키고 있다.

(1) 광둥성(廣東省)

중국의 주요 전자·기계 제품 생산 기지인 광둥성에서는 수출기업의 약 50%가 TBT 조치로 인한 영향을 받고 있다. 광둥성에서는 "WTO/TBT−SPS알림" 웹사이트를 만들어 국내·외 기술표준 및 규정을 공유하기 위한 네트워크를 구축하였다. 이곳에서 국내외 80개 이상의 표준기관을 포함한 기술규정 시스템을 검색할 수 있으며 WTO 최신 정보와 학습 자료, WTO 규칙, 동적 대외무역 판단, 기술지침 등의 정보들을 제공하고 있다. 더불어 무역장벽 조기경보체계를 설립하여 미국 소비자제품안전위원회(Consumer Product Safety Commission), EU의 신속경고시스템(Rapid Exchange of Information System) 및 기타국가들의 사건들을 조사 분석하여 공유하고 있다.

(2) 판위시(番禺市)

광둥성에 위치한 판위시는 외국 법률 및 규정의 요구 사항을 충족시키고 관할 지역의 회사 및 제품 수출을 지원하기 위해 TBT를 전문적으로 다루는 부서를 신설하였다. 더불어 국가통계국과 협업하여, 외국 TBT 조치에 의해 영향을 받는 판위시 소재 기업현황을 파악하고 있다. 또한 판위시 검사검역국의 네트워크 및 출입국 검역 공인을 통해 최신 TBT 정보를 공개하고 있으며 매년 9월에는 TBT 대책에 관한 비즈니스 포럼을 개최하며 수출기업들의 TBT에 대한 인식을 높이고 있다.

(3) 전장시(湛江市)

광둥성에 위치한 전장시는 중국에서 소형 가전 수출기업이 많이 위치한 곳이다. 전장시는 수출 무역 위험을 감소시키기 위해 품질 및 기술감독국장과 광둥성 TBT 연구센터국장 등 3명의 전문가들이 팀을 이루어 TBT에 대한 분석 및 대응 교육을 실시하고 있다. 교육 내용은 기계 및 전자 제품에 대한 TBT 사례 분석 및 대응으로, 외국의 TBT 조치를 소개하고, 라벨식별, 환경보호, 외국 무역법 및 규정 등을 교육한다. 이를 통해 TBT의 영향을 최소화하고 가전 수출기업의 국제 경쟁력 향상을 도모하고 있다.

3.3 중국 기업의 대응 전략

(1) 양에서 품질 관리로 전환

중국기업은 전통적으로 풍부한 노동력을 바탕으로 한 가격우위의 제품들을 생산해 수출해왔다. 하지만 최근에는 낮은 부가가치의 저가 상품에 대한 의존성을 줄이고, 장기적으로 기업 및 산업전체의 체질을 변화시키는 중이다. 혁신 및 연구 수준의 향상을 통해 첨단산업 및 녹색산업을 적극적으로 개발하여 TBT를 극복하고 있다. 예를 들어, 품질표준에 관한 환경보호, 건강 및 안전에 대한 관심이 높아짐에 따라 친환경 제품의 수요는 높아지고 있다. 이에 따라 중국기업들은 친환경 생산 시스템을 설립하고, 환경 기준, 건강표준, 녹색 제품을 생산하며, 선진국의 친환경정책을 받아들이고 친환경 질적 성장의 시대를 준비하고 있다.

(2) 다양한 표준 인증으로 국제 시장 진출 노력

국제표준의 보유는 숫자의 차이뿐만 아니라 국제 비즈니스에서 기업의 성패와 직접적 관련이 있는 제품의 경쟁력 차이를 나타낸다. 중국 기업들은 국제 인증의 통과는 물론 실제적으로 기업 관리 개선 및 제품 품질 향상을 이루기 위해 적극적으로 노력하고 있다. 많은 중국 기업들이 국제 인증에 대한 충분한 관심을 기울이지 않았기 때문에 표준 인증이 선진국에 비해 크게 뒤떨어졌었지만 최근 중국 기업들은 수입국의 인증을 적극 취득하며 국제 시장에서 품질경쟁력을 높이고 있다.

(3) 국가 기술표준 참여 및 수출 시장 다각화

기업은 기술의 직접적인 응용 및 연구자로서 국가 기술표준 수립에 적극 참여함으로써 국가표준과 기업표준의 차이를 최소화 하고 국내 제품의 국외 시장 진출을 촉진할 수 있다. 미국, 일본, EU 국가들은 중국의 주요 수출 시장이지만 이들은 중국 제품에 엄격한 기술규정을 적용하고 있다. 따라서 중국 기업들은 선진국에 대한 과도한 의존을 없애고, 일대일로(一帶一路)의 기회를 포착하여 유관 국가로 수출 시장을 다각화함으로써 TBT의 위험을 줄일 수 있다.

4 __ 중국 TBT 조치의 특성 및 시사점

4.1 중국 TBT 조치의 유형 및 문제점

중국은 수입국들의 TBT 조치에 대응하고 있을 뿐만 아니라 수입대국으로서 다양한 TBT 조치를 개발하여 자국의 산업을 보호하고 있다. 또한 선진국들의

TBT 조치를 학습하여 자국 산업보호를 위한 기술규제를 적극 도입하고 있다. WTO TBT(세계무역기구 무역기술장벽) 통보문은 과거에는 선진국이 주로 발행했지만 2005년부터 개도국에서 적극적인 기술규제조치가 도입되고 WTO의 TBT 협정이 의무 이행되면서 중국을 포함한 개도국의 TBT 통보문 발행 건수가 급증하고 있다. 2018년 한국 국가표준원에서 발간한 TBT 보고서에 따르면 지난 해 TBT 신규통보문에서 개도국이 차지하는 비율은 83%에 달해 2014년 대비 약 6배 증가했다고 밝혔다. 실제로 중국은 2001년 WTO에 가입한 후에서야 WTO TBT 조치를 사용하기 시작했지만, 이미 아시아 국가들 중에서 가장 많은 TBT 조치들을 가지고 있다(2016년 기준: 1,118개(중국); 728(일본); 691(한국)).

1995년부터 2016년까지 중국이 발행한 TBT 조치들의 문제점들을 분석해 보면 아래의 7가지 유형이 있는데 다수가 중국이 국제 절차와 규정에 익숙하지 않아 교역국들이 문제를 제기한 사례들이다.

[표 9-3] 중국의 TBT 조치에 제기된 이슈 유형(1995~2016)

유형	항목 수
불필요한 무역장벽	40
추가 정보 및 설명 요청	37
규제의 불투명성	28
기타 문제	28
합리성	26
국제표준과의 불일치	24
급격한 이행 기간	20
차별	18

출처: 오서원 외 - 吳西源等人(2017)

(1) 불필요한 무역장벽

중국이 기술규제를 수립하는 주요 목적이 불필요한 무역장벽을 수립하기 위함이라는 부정적 인식이 수출국들에게 만연하다. 예를 들면, 중국에 수출하는 모든 개인PC에 의무적으로 인터넷보안소프트웨어(綠壩网絡過濾軟件)를 설치하고 디스크 드라이버를 포함하라는 조치를 발표한 적이 있었는데, 미국은 이는 자국기업을 보호하려는 명백한 목표가 있는 무역장벽이라고 비판하였다.

(2) 추가 정보 및 설명

중국이 새로운 기술규정을 개발하여 WTO에 통보할 때, 회원국들은 세부 사항에 대한 불확실한 이해로 해당 규정에 대한 추가 정보를 요청하는 사례가 빈번하게 나타나고 있다. 예를 들면, 중국이 무선 연결 네트워크의 표준(WIPI)에 대해 발표했을 때, EU와 미국을 포함한 수출국들은 해당 표준의 세부사항에 대한 설명이 부족하고 불확실하다는 이유로 명확한 추가 정보 및 설명을 중국에 요청했다.

(3) 규제의 불투명성

일반적으로 국제표준을 통보 및 제안할 때, 초기단계에서 국제표준화기구 및 신규표준에 영향을 받을 수 있는 수출국들에게 사전 통보를 하고 의견을 구하는 것이 관례이다. 규제 관련 절차 및 방법이 명시되지 않거나, 적합성평가절차를 중복하여 시행하거나, 유사 인증을 인정하지 않는 경우도 무역장벽의 요소로 볼 수 있다. 2017년 한국은 중국이 발표한 표준화 초안이 WTO TBT 협정 제2.9.2조의 규정에 따라 사전에 위원회에 제출하지 않았고 이로 인해 회원국들이 검토의견을 제출하지 못했다며 시정을 요청하기도 했다.

(4) 합리성

회원국들은 중국의 TBT 조치가 과학적 근거, 신뢰성, 작업성 및 기술규정 범위 등을 준수하였는지 의문을 갖는다. 구체적으로 중복 검사요구, 검사절차상 과도한 시간, 특정 인증마크 획득의무화 등은 무역장벽화를 위한 조치들이라고 비난받고 있다. 예를 들면, EU는 중국이 제기한 소프트웨어 관련 TBT 조치에 대해서 소프트웨어의 시스템 신뢰성 및 성능에 대한 기술적인 고려가 있었는지, 모든 운용체제에 공평하게 적용될 수 있는지, 제조업체의 원래 프로그램 및 기타 하드웨어 패키지에 적용될 수 있는지 등을 점검하며 중국의 TBT 조치에 대한 수정을 요구하였다.

(5) 국제표준과의 불일치

중국의 국제표준 채택률은 매우 낮고 선진국의 제도와는 아직 차이가 있다. 국제표준과 일치되지 않거나 제품 특성을 고려하지 않은 중국의 과도한 기준은 교역국의 수출에 큰 장애가 된다. WTO 회원국들은 중국이 독자적으로 제정한 기술규정과 국제표준이 일치하지 않는다고 비판하며 시정을 요구하고 있다. 예를 들면, 중국은 와인에서 이산화황의 양을 250mg/L로 제한했으나 EU는 "국제포도 및포도주조직위원(Codex Alimentarius Commission)"에서 권고된 300mg/L의 규정을 사용하고 있고, 실제로 중국의 기준을 충족시킬 수 있는 와인은 거의 없었다.

(6) 급격한 이행 기간

WTO TBT 협정은 회원국 간 차별 없는 이행기간의 준수, 회원국들에게 서면으로 의견제시, 새로운 기술규정에 따른 과도기와 임시집행 등을 권고하고 있다. 이는 TBT 조치가 공표 후 즉시 시행되거나, 시행유예기간이 부족하거나, 규제 도입을 공지하지 않거나, 시행일 기준이 불명확할 경우 기업들의 수출이 갑작스레 중단될 수 있기 때문이다. 미국은 2011년 중국의 "수출입 식품첨가제 검증감사규범"에 대해 공시가 초안 형식으로 발표되지 않았기 때문에 회원국의 의견을 수렴할 시간을 주지 않았다며 중국에 시정요청을 했다. 실제로 이 조치는 WTO TBT위원회에 통보되지 않았을 뿐만 아니라 발표된 지 6개월 만에 시행되었기 때문에 수출기업들에게 충분한 이행 기간을 주지 않아 논란이 되었었다.

(7) 차별

TBT 조치에 있어서 차별성은 일반적으로 비우호적인 대우를 의미한다. 예를 들어, 2003년 '중화 인민 공화국 인증 및 인증에 과한 규정'이 공표되었을 때, 미국은 중국이 검증된 적격성평가기관 사용을 제한하고, 중국 영토 이외의 테스트 실험실과 제품 증명을 요청하고, 중국 정부가 지정한 합격평가기구를 이용하게 강요하는 차별적 규정이라고 비난했다. 이는 국제적으로 인증된 국제인증 및 국외평가기구(international accerdeitation forum)의 사용을 원천적으로 금지하고 특정 라벨 부착의 의무화로 특정 생산요소에 대한 차별화한 무역장벽이

여서 중국은 해당 조치를 수정해야만 했다.

위에서 살펴본 것처럼 중국의 TBT 조치들은 선진국들의 조치에 비해 대응하기가 더 어렵다. 선진국의 표준 및 규제는 처음부터 글로벌 스탠다드에 해당하다 보니 거기에 맞춰서 제품 개발이 진행되고 현지 네트워크와 행정절차가 체계적으로 구축이 되어 사전에 동향을 파악하고 대응하기가 상대적으로 용이하다. 그러나 중국은 국제표준이 이용 가능함에도 독자적 표준을 사용하고 이를 전략적으로 확산시키려는 경향을 보이고 있어 수출국들에게 큰 우려가 되고 있다.

4.2 중국의 표준화 정책 및 이슈

앞서 살펴본 것처럼 중국 TBT 조치의 큰 문제점은 불투명성으로, 이는 중국의 정책결정 시스템에 기인한다. WTO 회원국의 표준화 기구들은 시장 논리를 반영해 표준을 만들고, 때로는 정부규정을 넘어서기도 하지만 중국은 독립된 표준화기구 없이 정부부처에 의해 직접 관리 및 집행되고 있다. 이는 공개 위임 절차를 가진 독립적 표준기구가 부재하기 때문이기도 하지만 근본적으로 정부의 영향력이 모든 정책결정에 영향을 미치기 때문이다. 중국의 기술규제, 표준, 적합성평가 대부분이 중국 정부에 의해 계획된 하향식 의사결정 시스템에 의해 생겨난 것들로, 이러한 계획된 경제 시스템은 과거의 유산으로 볼 수 있지만, 지금까지도 중국의 정책 결정과정에 큰 영향을 미치고 있다.

더불어 많은 정부기관, 정부부처의 기술규정 및 표준화가 각기 다른 방식으로 정의되어 있고, 그 절차와 규정이 굉장히 복잡하고 불확실하며 비효율적이다. 기술규정, 표준, 적합성평가절차가 체계적으로 정립되지 않은 모호성 자체가 비관세장벽으로 활용될 여지가 충분하다. 실제로 중국에서 표준화는 정부부처에 의해서 집행되어 왔고 기업표준도 반드시 등록되도록 강요되었다. 구체적으로 중국의 표준은 강제표준(mandatory standards)과 임의표준(voluntary standards)으로 구분되는데 중앙 행정기관들뿐만 아니라 지방정부도 중국에 적용할 수 있는 기술규정을 제정할 수 있는 권한이 있다.

아래 〈표 9-4〉에서 보는 것과 같이 표준의 유형에 따라 관리주체가 중앙
정부부처부터 지방정부부처 그리고 개별기업까지 다양하고 해당하는 표준 수도
엄청나다. 더불어 중국은 국제표준의 수용보다는 독자적 규정의 수립 및 국내
표준을 국제표준으로 만들고자 하는 정책적 의지가 매우 강하다. 이는 표준화
정책이 자국의 산업과 중국인들의 보편적 이익 최대화라는 사회주의적 목표를
가지고 활용될 수 있다는 것을 의미한다. 예를 들어, 중국의 대표적 TBT 조치
로 볼 수 있는 적합성평가절차 중 하나는 2001년 제정된 중국강제인증(China
Compulsory Certification: CCC)이다. 만약 CCC마크를 획득하지 못할 경우 중국내
의 판매, 수입, 출고, 통관이 불가하다.

[표 9-4] 중국의 표준 유형 및 현황(2018년)

표준유형	관리주체	표준코드	표준종수
국가표준	국가표준화관리위원회	GB, GB/T, GB/Z	32,842종
산업표준	행정부처	AQ, JB EMD 60여개	54,148종
지방표준	지방성/자치구/시	DB DB/T	29,916종
기업표준	개별기업	Q	1300여만종

출처: 중국 국가시장감독관리총국

4.3 중국 사이버보안법 및 첨단 제품 관련 이슈

미국무역대표부(USTR)는 세계 최대 무역장벽은 중국의 "만리장성 방화벽"
이라고 지적한바 있다. 실제로 중국은 구글, 페이스북, 트위터 등의 서비스가
되지 않는 전 세계 몇 안 되는 국가이다. 인터넷 산업을 대표하는 국제기관인
인터넷 협회(internet society)는 중국의 6가지 디지털장벽을 지적했다: ① 데이터
흐름 차단 및 서비스 제한; ② 국내외 기업에 대해 차별적인 경쟁규칙 적용;
③ 외국 기업이 전자 금융 분야에서 현지 법인을 설립하도록 강요; ④ 다수의
미국 플랫폼 서비스 필터링 및 차단; ⑤ 클라우드 서비스 제공 업체 제한 및 지
적 재산 이전 강요; ⑥ 인터넷 서비스에 대한 완전한 규제.
중국은 국경 간 데이터 흐름을 엄격히 제한하고 데이터 현지화 규정을 시

행하며 2017년 6월 사이버보안법(인터넷안전법)을 발표하였다. 이 법안에서 중국에 사업을 하는 모든 기업들에 대해 모든 데이터와 정보 기반시설의 데이터를 중국 내에 저장하고 이를 보안기관에 제공토록 의무화하고, 이들 데이터를 해외로 전송하기 전 검사와 평가를 받도록 해 국제사회에 큰 논란을 야기했다. 실제로 애플이 2018년 중국의 사이버보안법 관련 중국 정부의 요청에 굴복해 그에 대한 조치로 클라우드 서버를 구이저우성 정부 소유의 구이저우 클리우드 빅데이터로 이관했다. 애플은 당시 성명을 통해 최종보안을 가늠하는 암호화키의 통제권은 넘기지 않았다고 하였지만 클라우드에 저장된 개인의 정보와 데이터가 중국 정부에 통제되는 것은 부정할 수 없다.

이에 전 세계 주요 선진국들은 중국의 사이버보안법에 우려를 제기하고 지속적인 개선 요청을 하고 있다. 중국은 2019년 제2차 WTO TBT위원회 정례회의에서[3] 인터넷에 대한 국가 통제를 강화한 사이버보안법 규제 개선에 나서기로 했다. 본 회의를 통해 중국은 사이버보안법과 관련해 IT 제품 및 서비스 공급기업의 지식재산권보호 원칙을 재확인하고, 향후 규제대상이 되는 핵심 IT인프라사업자 범위를 명확히 하고 개인정보 및 중요 데이터의 국외반출평가절차 등에 대해 세부지침을 마련하고, 구체적인 '기밀유출 방지 문구'를 규정에 반영하기로 합의했다.

중국의 사이버보안법은 중국의 첨단기술 제품의 수출입과도 연결되어 있는데, 수입국의 지식재산권보호의 이행은 중국의 첨단기술 제품의 수출을 축소시키고 있다. 미국무역대표부가 진행한 2017년 지식재산권 침해에 대한 포괄적인 조사에 따르면 금액, 출처, 유형, 관련업계 및 판결결과 5가지 측면에서 전자 및 기계 제품의 특허 침해국은 중국, 대만 및 일본 순이었다. 특히 중국 정부는 외국 투자자에게 중국 본토 기업에 기술을 이전하도록 요구하고 있고, 외국 지식재산권자에게 불리한 면허 조건을 적용하고, 불합리한 조건에서 독점금지 집행 조치를 취하고 있고, 외국 기업을 인수하여 중국 모기업이 기술을 습득할 수 있도록 인수합병 자금을 지원하고 있다고 지적하였다.

---

3   산업통상자원부 보도자료(2018-11-19): 〈https://www.motie.go.kr/motie/ne/presse/press2/bbs/bbsList.do?bbs_cd_n=81〉.

이러한 TBT 조치가 수입국의 안보이슈와 결합하여 더 미묘한 무역장벽을 형성한다면 중국의 첨단기술 제품의 수출은 더 큰 영향을 받을 것이다. 실제로 미국과 영국을 비롯한 대다수 선진국들이 IT 제품 관련 국가보안위험이 점차 증가함에 따라 민감한 산업에서 국가안보를 목적으로 TBT를 사용하고 있으며 미국 트럼프 행정부는 중국에서 만들어진 IT 제품과 서비스의 수출을 엄격히 제한하고 있다.

미국 국가 안보에 대한 중국의 도전과 위협은 경제, 무역, 국제 정치, 남북 문제 등 다양한 분야에서 비롯될 수 있지만 궁극적인 원천은 첨단 기술 산업이다. 특히 중국이 추진하는 '제조2025 − (製造2025)⁴'정책이며 첫 번째 타깃이 화웨이이다. 장기화 되는 미중 무역전쟁에서도 미국 정부는 자국기업들에게 화웨이 제품을 국가안보를 이유로 수입하는 것을 금지하고 있고 동맹국들(유럽, 한국, 일본, 캐나다 등)에게도 수입금지를 요구하고 있다는 점은 주목할 필요가 있다. 따라서 앞으로 중국 첨단 제품의 발전으로 선진국과 기술적 격차가 줄어들고 안보이슈가 해소되지 않는다면 선진국들의 보다 강력한 TBT 조치에 직면할 것이다.

4.4 지역무역체제하에서 중국 TBT 규범의 발전 전망

최근 선진국들이 체결하는 FTA들은 TBT에 관한 별도의 규범이나 합의 내용을 제시하고 있지만 중국이 지금까지 체결한 FTA에서는 별도의 TBT규범을 강조하지 않고 WTO TBT 협정 내용을 수용하는 경향을 보인다. 하지만 이것이 지역무역체제하에서 중국이 TBT를 별도로 규범화 하지 않을 것이라는 의미는 아니다. 아래 표와 같이 중국이 현재 FTA를 체결한 국가들에는 미국, EU, 일본 같은 TBT규범을 선도하는 국가들이 포함되지 않았고 호주 및 한국 등을 제외하면 중국의 주요 교역국이 아니기도 하다.

---

4 중국은 '제조2025 − (製造2025)'의 전략적 목표를 달성하기 위해 자체 지식재산권이 없거나 연구 개발을 수행하지 않는 회사에 금융을 제공하지 않고 있다.

[표 9-5] 중국對 FTA 협정 국가(2019년 6월 기준)

체결한 국가	협상중인 국가	개발중인 국가
몰디브, 조지아, 호주, 한국, 스위스, 아이슬란드, 코스타리카, 페루, 싱가포르, 뉴질랜드, 칠레, 파키스탄, 아세안연합, 홍콩, 마카오	걸프협력회의, 일본, 스리랑카, 이스라엘, 노르웨이, 모리셔스, 몰도바, 파나마, 팔레스타인	콜롬비아, 피지, 네팔, 파푸아뉴기니, 캐나다, 방글라데시, 몽골, 스위스

출처: 중국 상무부

하지만 다자통상 협상이 진전되지 못하고 자국우선주의를 표방한 Deglobalization 경향이 부각되고 있는 현 시점에서 FTA를 통한 TBT규범의 개편은 중요한 이슈로 부상할 것이다. 따라서 주요 선진국들의 FTA에서 도입되는 신 TBT규범, 특히 중국이 일본과 협상중인 FTA에서의 TBT규범 발전을 주목해 볼 필요가 있다.

더욱이 중국은 국제표준이 이용 가능함에도 불구하고, 거대한 내수 시장을 바탕으로 독자적 표준을 구축하고 전략적으로 확산시키려는 경향을 보이고 있다는 점이다. 실제로 중국제조2025 계획을 발표하면서 독자적인 표준을 만들고 교역국들에게 중국 자체의 표준의 채택을 강제하고 있다. 또한 중국은 유라시아의 12개국을 연결하는 일대일로(一帶一路) 계획을 야심차게 추진하고 있는데, 일대일로를 효율적으로 운영하는 데 있어서 일대일로에 참가하는 72개 국가들을 설득해 동일한 표준을 가지도록 하는 것은 일대일로의 성패와 밀접하게 연관되어있다. 이는 일대일로에 포함되지 않은 국가들이 일대일로 사업에 참여하고자 할 때 설령 국제표준이라 할지라도 적절히 보호될 수 없을 수 있다는 것을 의미한다.

5 ___ 결론

본 장에서는 중국이 수출대국으로서 대응하고 있는 TBT 전략들과 수입국으로서 시행하고 있는 TBT 조치들을 살펴보았다. 중국은 2002년 WTO에 가입한 이후 십여 년 동안 국제무역규칙을 도입하고 선진국의 정책과 규정을 습득하는 과정을 겪었다. 이를 통해 자원, 환경 및 건강문제에 대한 중국내 인식을 제고하고 세계 경제의 성장을 견인한 긍정적인 측면이 있다.

중국이 미국에 이어 세계 2위 경제 대국으로 성장한 지금, 중국이 세계 시장에 차지하는 위상은 높아졌지만 국제수준의 표준 및 규범은 미흡하다. 실제로 중국은 ISO와 IEC 회원국으로 참여하고 있지만 국제표준의 채택은 여전히 낮다. 따라서 향후 중국의 TBT 조치들로 인한 문제들과 중국의 독자 규범을 교역국에 강요할 위험들이 많아질 것이다.

마지막으로 중국이 아직 정부의 역할이 지배적인 사회주의 시장경제체제(state capitalism)라는 점은 간과해서 안 된다. 국가 주도의 의사결정 구조와 거대한 내수 시장을 바탕으로 중국 내부의 이익에 부합하는 독자적 표준과 기술을 고집할 때 최대 교역국으로서 한국은 많은 어려움에 직면할 것이다. 따라서 한국 정부와 기업들은 중국의 TBT 관련 정책과 이슈를 파악하고 국제표준과의 연계 및 유관 국가들과의 공조를 통해 중국과의 TBT 협상에서의 합리성과 정당성을 확보해 나가야 할 것이다.

참고문헌
reference

안덕근, 김민정 (2017), 『국제통상체제와 무역기술장벽』, 박영사.

안덕근, 김민정 (2019), 『WTO체제의 표준정책과 기술규제 대응체제』, 서울대학교 출판부.

오현석. (2019), "중국의 비관세조치로서 TBT 사례에 관한 연구," 경영컨설팅연구, 19(1), 249−257.

OECD (2018), China's Belt and Road Initiative in the Global Trade, Investment and Finance Landscape. (https://www.oecd.org/finance).

Pelkmans, J., Hu, W., Mustilli, F., Di Salvo, M., Francois, J. F., Bekkers, E., Manchin, M., & Tomberger, P. (2016), Tomorrow's Silk Road: Assessing an EU-China Free Trade Agreement. CEPS Paperback.

Wood, J., Wu, J., Li, Y., & Kim, J. (2017), TBT and SPS impacts on Korean exports to China: empirical analysis using the PPML method, Asian-Pacific Economic Literature, 31(2), 96−114.

蔡靜靜、何海燕、李思奇、李宏寬 (2017), 技術性貿易壁壘與中國高科技産品出口 −基於擴展貿易引力模型的經驗分析。工業技術經濟, 2017, 10, 45−54.

戴雪珊 (2016), 技術性貿易壁壘對福建省玩具出口企業的影響及應對策略. 開封教育學院學報, 2016, 36(6), 269−270.

代中强(2016), 知識産權調查引致的貿易壁壘：一個統計分析. 集美大學學報（哲社版）, 2016, 19(1), 30−40.

洪翌恒 (2018), 【貿易戰開打】中國網路 「防火長城」 遭美列爲貿易壁壘. 上報快訊, 2018, 取自 https://www.upmedia.mg/news_info.php?SerialNo=42949

技術壁壘對貿易的影響不容小覷. 中國國際貿易促進委員會, 2017, 取自 http://www.ccpit.org/Contents/Channel_4117/2017/0810/858256/content_858256.htm

林美蘭. 技術性貿易壁壘與我國農産品出口貿易. 珠海出入境檢驗檢疫局.

劉美岩 (2018), 我國技術貿易逆差問題淺析.中國經貿導刊 2018, 26, 20－21.

貿易壁壘論文技術性貿易壁壘論文應對措施論文. 2018. 取自 https://doc.mbalib.com/
    view/a952c2b8561b42cfac57870e31f98ff1.html

美國年度貿易障礙評估報告關注中國相關政策法規. 香港貿發局經貿研究, 2018. 取自
    http://research.hktdc.com/tc/

田迎新、鄧華超. 我市擧辦國外技術性貿易措施分析應對培訓班. 碧海銀沙網訊, 2017.

王靑、梁文玉. 國外技貿新規對我國紡織服裝出口的影響分析. 中國質量新聞網, 2017.
    取自 http://www.cqn.com.cn/

吳崑玉. 透視中國威權體制: 很難從外部擊敗, 卻經常是由內部崩解. The News Lens
    關鍵評論網, 2019. 取自 https://www.thenewslens.com/article/120078

吳若瑋. 美中貿易爭端的進展与影響. 經濟前瞻 2018, 47－52.

吳西源、魏霜、林春貴、車程輝、石璐璐、周勃、宦萍.　中國WTO/TBT特別貿易關注分析
    研究. 檢驗檢疫季刊, 2017, 5, 54－75.

楊芙宜. 數位貿易壁壘　美網路協會：中國最糟糕.自由財經, 2018. 取自 https://ec.
    ltn.com.tw/article/breakingnews/2599598

中國自由貿易區服務網. http://fta.mofcom.gov.cn/

「中國製造2025」面臨大調整. 經濟日報, 2019. 取自 https://money.udn.com/money/
    story/5628/3857911

中華人民共和國海關總署. http://www.customs.gov.cn/

2017年國外技術性貿易措施對我國出口企業影響調查. 取自 http://www.tbt-sps.gov.cn/
    page/cwtoz/Indexquery.action

2019年中國國際貿易促進委員會例行新聞發布會. 取自 http://www.ccpit.org/Contents/
    Channel_3715/2019/0320/1141902/content_1141902.htm

Chapter
10

우리나라 FTA의 TBT 전략과 시사점

1 ___ 서론

　지난 20년간 FTA정책을 활발하게 추진해 온 우리나라는 글로벌 시장을 전반적으로 열었다고 평가된다. 그러나 상대 수입 시장이 다른 제3의 국가들과 FTA를 체결하면 무역전환이 일어나고 우리나라 FTA의 시장선점 효과는 상쇄되기 마련이다. 또한, 국내 제도와 정책에 기반을 둔 비관세장벽은 계속 도입되고 개정되는데, 이 경우 FTA 협상 당시 예측하지 못했던 상황이 생기고 무역이익에 영향을 받기도 한다. 최근 자국 우선주의에 기초한 각국의 급진적인 대외정책을 보면, 정치외교적 요소가 우선시되기도 한다. 이처럼 변화하는 무역환경에 대응하고 세계시장에서 경쟁력을 유지하기 위한 노력은 FTA 협상 후에도 계속되어야 한다.

　제2장에서 살펴본 바와 같이 우리나라는 FTA를 통해 적극적으로 TBT 대응을 추진해왔고 FTA의 TBT규범도 비교적 높은 수준으로 도입하고 있다. 제7~9장에서 미국, EU, 중국의 FTA TBT 전략을 확인할 수 있었고, 지역무역체제를 통한 TBT 대응이 향후 강화될 것으로 예견된다.

　본 장에서는 TBT 협상이 보이는 특징적인 협상 요소를 논의하고, 지역무역 협정에 도입된 최신 TBT규범의 경향에 비추어 향후 우리나라가 모색해야 하는 FTA TBT 협상의 방향과 전략을 검토한다. 이에 앞서 2017년 이후 최근 2~3년 동안의 글로벌 FTA 동향 변화를 간략하게 살펴보고자 한다.

2 ___ 글로벌 FTA 동향과 시사점

2.1   아시아의 메가 FTA

2000년대 들어서면서 지역무역체제를 발판으로 세계화가 빠르게 확산하였다. 2010년대 중반부터는 세계 경제 대국들이 자신이 주도하고 다수 국가가 참여하는 이른바 메가-자유무역 협정(mega-FTA)을 추진하고 이를 통해 지역적 생산네트워크를 공고히 하고 시장통합을 도모하였다. 이렇게 체결된 거대 FTA 중에서 가장 대표적인 사례가 미국이 주도하고 태평양 연안의 11개국이 참여한 환태평양동반자(Trans-Pacific Partership: TPP) 협정이다. 동 협상이 진행되던 당시 중국을 중심으로 인도, ASEAN, 오세아니아를 자유무역지대로 묶기 위한 역내 포괄적경제제동반자(Regional Comprehensive Economic Partnership: RCEP) 협정이 추진되고 있었는데, 이 두 사례는 미국과 중국이 아시아에서 서로를 견제하고 경제영토를 확대하려는 경쟁의 산물이라 할 수 있다.

2.2   미국과 EU 협상

한편, 태평양과 아시아지역의 통합 시도가 전개되던 당시, 미국과 EU가 대서양을 가로질러 연대를 형성하자는 논의가 한창 진행되었다. 두 국가는 최초의 선진국 간 협정이자 한 차원 높은 무역질서규범을 확립하는(rule-making) 양자체제 구축을 협상 목표로 내세우며 범대서양무역투자동반자(Trans-Atlantic Trade and Investment Partnership: TTIP) 협정을 추진하였다. 이 협정의 주요 골자는 규제 조화 및 규제 협력으로 설명될 수 있는데, 상품은 물론이고 금융, 투자, 서비스 등 양측의 이질적인 규정과 표준장벽을 해소하는 규정이 핵심사안이었다.[1] 터키 및 동유럽과 시장통합을 어느 정도 완성한 단계에 이른 EU는 미국과 협상을 추진하면서 전례없이 적극적인 대외무역정책을 추진하기 시작했고 멕시코,

---

1   TTIP 협상에 관한 주요 사항은 유럽집행위원회(European Commission) 웹사이트를 참조한다: <https://trade.ec.europa.eu/doclib/press/index.cfm?id=1230#regulatory-cooperation>(최종방문일: 2019.12.30.)

MERCOSUR, 일본, 베트남 등 다른 대륙에 위치한 역외 국가들과의 FTA가 본격화되었다. 이처럼 전 세계가 지역무역 협상을 활발하게 전개했고 우리나라도 FTA를 통한 글로벌 가치사슬 구축을 선도하며 FTA 허브로 도약할 것임을 시사하였다.

2.3 트럼프 정권과 세계화에 대한 제동

그러나 2016년 11월, 도널드 트럼프 당시 미국 대통령 당선자는, 첫 100일 동안의 무역계획을 발표하면서, 전 세계의 무역자유화 흐름에 제동을 걸기 시작했다. 트럼프 정권은 미국 우선주의를 내세우며, 중국과의 무역 불균형, 중국의 불법적인 기술이전과 지식재산권 침해 등 중국 견제정책을 암시했다.[2] 그리고 TPP 철회, NAFTA 개정, 한·미 FTA 개정 협상을 하나씩 현실화시키면서 그러한 계획이 공언(空言)이 아니었음을 확인시켰다.

그 결과 전 세계적으로 확산되던 지역통합 협상은, 그렇지 않아도 협상마다 제기되던 국가 간의 입장 차를 좁히지 못하고 오랫동안 난항을 겪고 있던 중이었으므로, 미국의 중도 하차와 리더십 부재로 추진 동력을 잃기 시작했다. 특히 TTIP의 결렬은, 메가급 FTA 타결에 대한 기대, 더 나아가 새로운 model FTA에 대한 모색, 그리고 이를 통한 도하개발어젠다(DDA) 돌파구 마련으로 이어지는 시나리오를 성공시킬 수 있다는 확신을 종식시키는 전환점과 같았다. 이후, 트럼프 정권의 무역정책 어젠다 발표가 단지 위협수준에 머무르지 않고, 중국을 포함한 전 세계 주요 무역국가들에 대한 232조 조치 부과, 중국에 대한 301조 조치 부활 등 구체적인 조치로 대응을 시작하면서 국제 무역질서의 판이 흔들리기 시작했다.

---

2 USTR, 2017 Trade Policy Agenda and 2016 Annual Report of the President of the United States on the Trade Agreements Program, 2017.

2.4 CPTPP 협정 발효

무역환경의 불확실성이 커지는 와중에, TPP는 미국을 제외한 11개 국가들이, 일본의 실질적인 주도하에 포괄적점진적환태평양동반자(Comprehensive and Progressive Trans-Pacific Partnership: CPTPP) 협정으로 이름을 바꾸고 2018년 12월 30일 발효하였다.3 2009년 미국이 TPP를 주도하면서 협상이 본격화되자, 우리나라는 협상 참여의 필요성을 인지하면서도, TPP 회원국 대부분이 이미 우리나라 FTA 파트너였고 일본이 먼저 TPP 협상에 참여한다는 의사를 표명하자 정치경제적 민감성을 고려하지 않을 수 없었다. 또한 미국이 TPP를 적극적으로 밀어붙이는 배경에는 중국 견제 전략이 있었으므로, 당시 한중 FTA를 추가하여 FTA정책을 완성시키려던 우리나라는 TPP 가입 여부를 쉽게 결정하지 못하는 상황이었다. 이후 미국이 탈퇴할 때도, CPTPP 협정으로 발효할 때도 계속해서 가입에 대한 찬반이 논쟁되고 있다.

2.5 RCEP 타결

한편, 2000년대 한, 중, 일 3개국 FTA 논의와 ASEAN과 동북아 3개국 FTA(EAFTA) 그리고 일본이 제한한 ASEAN 플러스 6개국(Comprehensive Economic Partnership in EAST: CEPEA) 논의가 있었으나 어느 것도 본격적으로 추진되지 못했다. 2011년 ASEAN 정상회담에서 RCEP에 관한 작업계획(framework)이 제시되었고 2012년 본 협상이 공식 개시되었다. 그러나 실질적인 구심적 역할을 해야 하는 중국이 기대만큼 강력한 리더십을 발휘하지 못하고 인도, 아세안, 호주, 일본 등 주요 국가들 간의 입장 차이를 좁히지 못하면서 지지부진한 협상이 계속되었다. 2019년 11월 동 협정이 타결되고 향후 서명과 발효가 남아있지만 당초 구상과는 달리 인도가 참여하지 않고 비교적 낮은 수준으로 타결된 것으로 평가된다. 이미 상대 국가들과 개별 FTA를 추진한 한국 입장에서, 일본이 새로운 파트너가 되었다는 점이 중요하고 중국 등 다른 경쟁국만큼의 시장접근을

---

3 CPTPP 협정에 관한 자세한 논의는 이 책의 제11장을 참조한다.

얻어냈다는 의의가 있다.

결론적으로, 다자 협상의 진전이 약화된 반면 지역무역체제가 세계화의 동력으로 활발하게 추진되었으나, 최근 트럼프 정권의 일방주의 조치와 영국의 EU 탈퇴를 포함해서 상기 논의한 자국 우선주의, 보호주의 기조는 뉴노멀 시대가 도래했음을 시사한다는 분석이 많다. 규범과 원칙에 근거한 다자무역체제가 제대로 작동하지 않은 현 시점에서, 우리나라는 이미 채택한 FTA규범과 절차를 최대한 활용하는 전략을 모색해야 할 것으로 보인다. FTA와 연계하여 해외 기술규제 및 TBT에 체계적으로 대응하고 필요하다면 개선 협상 및 후속 교섭을 적극적으로 검토해야 할 것이다.

3 ___ 협상 요소와 시사점

FTA 협상에 있어 TBT는 주요 의제 중 하나이다. FTA 전체 협상 차원에서 보면, 상품 분과에 속하고 주로 우리나라의 수출이익을 협상하는 전략적인 의제라 할 수 있다. 이 절에서는 FTA 맥락에서 TBT 분야 협상에서 제기되는 협상 전략상의 주요 고려 요소 중에서, 이슈 연계, 어젠다 결정, 그리고 협상의 주체에 관한 문제를 논의한다.

3.1 이슈 연계

우리나라는 자유무역 지대를 확대하여 기업의 해외 시장 진출을 활성화하고 글로벌 경쟁력을 높이기 위한 전략을 추진하고 있다. FTA를 체결한다는 것은 일차적으로 교역 품목 대부분에 대한 관세를 즉시 또는 점진적으로 철폐하는 관세 양허를 의미한다. 제로(0)관세로 수출하면 해외 시장에서 가격경쟁력을 확보할 수 있는 것으로 기대된다.

상품관세장벽 철폐와 함께 비관세장벽을 해소하기 위한 규범 협상이 FTA 협상의 다른 부분을 구성한다. 반덤핑관세, 보조금 및 상계관세, 세이프가드조치 등 무역구제조치, 무역기술장벽(TBT), 위생및식물위생(SPS) 조치 등에 관한 협상은 투명성 확보와 협력을 도모할 수 있는 제도적 기준과 절차를 협상한다. 그리고 상품 협상과 함께, 서비스 무역 확대, 투자 여건 개선, 지식재산권보호 등 광범위한 경제 교류를 도모하기 위한 규범과 절차가 논의된다. 최근에는 FTA 협상에서 노동, 환경, 정부조달, 인구이동 등 무역 이슈를 넘어서 개발 이슈가 포괄적으로 논의된다.

이와 같이 FTA 범위가 확대되고 있어, 전체 협상의 맥락에서 TBT 협상을 고려하는 접근이 필요하다. 다시 말해서, TBT 협상은 기술규정, 표준, 적합성평가절차에 관한 기술조치 이슈가 중심이 되지만, 국제통상 협상에서 중요하게 논의되는 레버리지(leverage) 전략 차원에서 TBT 협상이 어떤 의미를 갖는지를 함께 고려하는 접근이 필요하다.[4] 레버리지는 지렛대라는 뜻으로, 협상에서 한 분야의 이익을 얻기 위해서 다른 분야의 이익을 상대에게 제시하는 방법인데, 이때 상대에게 제시하는 다른 이익은 내가 양보함으로써 협상을 성사시킬 수 있는 레버리지에 해당한다. 일반적으로 협상을 나의 이익 곧 상대에게는 손해가 되는 제로섬(zero-sum) 게임으로 인식하는 경우가 많지만, 이슈를 연계해서 레버리지를 이용하면 제로섬 게임의 결과보다 더 나은 결과를 도출할 수 있다. 즉, 하나의 이슈 안에서 누가 차지하느냐를 두고 협상을 벌이는 것(즉, 분배게임 distributive bargaining)이 아니라 양측이 이익을 얻을 수 있는 소위 윈-윈 게임을 만들 때 이는 해볼 만한 협상이 된다.

이처럼, 레버리지는 협상을 타결로 이끄는 핵심적인 전략 중 하나며 다양한 어젠다를 협상 테이블에 둠으로써 협상을 통해 배분할 가치 창출(value-creation)을 도모하고, 전략적인 이슈 연계(issue linkage)를 바탕으로 협상의 기대이익을 극대화할 수 있다. FTA 전체 협상 관점에서 TBT 협상이 다른 분과 협상과 이슈 연계가 가능한지 검토하고 전략적인 접근이 가능하도록 해야 할 것이다.

마찬가지로 TBT 협상 내에서도 이슈연계가 가능하다. 이를 위해 협상 대상국의 TBT 문제를 포괄적으로 파악하고 다양한 어젠다를 제시함으로써 협상

---

4 Devereaux et al, Case Studies in US Trade Negotiation Vol.1: Making the Rules, Institute for International Economics, 2006, p.23.

의 기대이익을 극대화할 수 있다. 가령 대상국의 WTO 개방수준, 기체결 FTA 개방수준, 상호인정 현황, 기술규제 쟁점 등에 관한 사전적인 정보 수집이 협상에서 유리한 결과를 끌어내는 필수적인 요소라 할 수 있다.

3.2 어젠다 결정

수출을 고려하는 기업은 해외 시장의 인증, 기술규제, 산업표준 등 기술조치를 조사하고 해당 시장 요건의 적합성을 충족한 상품을 준비하여 수출한다. 기업이 응당 지불해야 하는 이 적응비용은 기업 몫이다. 하지만 해외 시장의 기술규제가 불필요한 장벽이라면 정부 차원의 대응이 필요하다. TBT규범과 합치하도록 요구하거나 국제·지역표준 사용이나 동등성 인정을 통해 완화하고 개선시킬 수 있다. 정부 차원의 대응이 국제 협정상 명확한 근거가 있다면 법적 근거를 원용해서 더욱 적극적으로 대응할 수 있다. FTA TBT 협상은 TBT 해소규범과 협력 기제를 도입하는 내용이 대부분을 차지한다.

하지만 FTA 협상에 앞서 TBT 협상 어젠다를 결정하는 일은 쉽지 않다. 관세 협상은 품목별 관세율과 같이 명확하고 구체적인 대상이 있고 관세 인하라는 뚜렷한 목표가 있다. 그러나 TBT와 같은 비관세장벽 협상에서는 무역장벽을 철폐하거나 점진적으로 인하한다는 등의 협상 목표를 정량적이고 명시적으로 설정하기가 어렵다. 그리고 협상 당시에는 문제가 나타나지 않았다가 나중에 기술장벽이 되기도 한다. 어떤 경우에는 특정 기술장벽 해소를 위한 협상이 필요하고 다른 경우에는 기술장벽을 미리 예방할 수 있는 협상이 필요하다. 잠재적인 기술장벽을 예측할 수 있어야 할 것이며 FTA규범의 법적 효과를 고려해야 하는 것이다.

TBT 협상 대상에 있어 또 다른 어려움은, 논의대상이 국가의 기술규정, 표준, 적합성평가절차라는 부분이다. 이들 기술조치는 기본적으로 공공정책 목적을 달성하기 위해 도입되고 제품의 안전, 위생과 품질을 보장하고 소비자, 환경, 건강과 생명을 보호하려는 정당한 취지에서 시행된다. 그러므로 FTA 협상에서 기업과 산업 이익을 대변하는 제안과 요구(offer and request) 차원을 넘어,

상대 국가의 공공이익에 영향을 줄 수 있는 문제를 다루게 되는데, 이는 민감한 사안이 될 소지가 있다. FTA 협상이 곧 해당 법·규정의 개정을 필요로 할 수 있고 기술조치에 대한 국내 합의 과정이 수반될 수 있다.

정해진 기간 안에 협상 어젠다를 정하고 논의하기가 쉽지 않으므로, 통상 협상에서 주로 사용하는 built-in 조항과 후속 교섭 조항이 유용한 기제로 활용될 수 있다. 때로는 FTA 협상에서 합의에 이르지 못하거나 충분히 논의하지 못한 사안을 이런 메커니즘을 통해 계속해서 논의할 수 있도록 한다. 실제로 TBT 협상에서 이런 유형의 조항이 자주 사용되는 것을 볼 수 있는데, 가령 한-미 FTA 자동차 협상에서 자동차 배기가스 기준에 대한 동등성 수용에 관한 협상이 마무리되지 않은 채로 FTA가 공식 종료되었고 FTA 협상 이후에도 이 사안이 계속 논의되어 양국이 교환한 서신이 TBT 챕터의 부속서로 첨부된 바 있다.

이와 같이 TBT 협상의 어젠다는 FTA 협상 당시에만 국한되지 않는다. 후속 교섭 어젠다는 계속 논의되고 추후 TBT 챕터의 부속 조항으로 첨부될 수 있다. 상호인정협정, 약정 체결 등 이러한 기제를 활용하는 전략을 검토할 수 있을 것이다.

TBT 협상에 있어 어젠다 결정은, 상대 국가의 기술규제와 집행관행 등 방대한 정보 수집과 분석을 필요로 한다. 또한 어떤 이슈를 먼저 논의할 지를 전략적으로 결정하는 이슈의 순서(sequencing)도 앞서 설명한 이슈 연계와 함께 신중하게 고려되어야 하는 사항이다. TBT 협상은 FTA 체결 이후 이행단계에서도 진행된다는 점을 충분히 고려해서 체계적으로 전략을 수립하는 것이 필요하다.

3.3 국내 이해관계 조율

협상 전략은 협상 상대가 누구인지, 무엇을 원하는지를 파악하는 것이 기본이다. 국제통상 협상에서 상대는 국가(또는 최소한 관세동맹지역)를 대표하는 정부지만, 정부는 사실상 그 협상 결과의 영향을 받는 국내 모든 이해관계자를 대신해서 종합적인 의사결정을 내리고 공식 견해를 대변하는 대리인으로 볼 수 있다. 다시 말해서 국제통상 협상은 정부 간 협상이지만, 각 정부는 국내 이해관계자 간 의견을 조율하는 입장에 있기도 하다. 이를 주인-대리인(principal-agent) 모형으로 설명하기도 하는데, 실제 협상에서는 협상 상대가 상대국 정부이면서 그 국가의 여러 이해관계자라는 점을 명심할 필요가 있다. 즉, 설득하거나 지지를 얻어내는 대상이 다차원적이라는 의미인데, 이런 관점에서 보면 협상에 필요한 네트워크와 협상력의 원천은 실로 무궁무진하다. 언론, 산업계, 기업, 소비자 등이 협상 대상이자 협상에 동원할 수 있는 협상력이 된다. 이들과 연합(coalition)해서 협상력을 구축하거나 다양한 입장을 역으로 활용하는 것 또한 중요한 협상 전략에 해당한다.

FTA 협상은 국내 분야 간, 그리고 각 분야를 대변하는 부처 간 협상을 수반한다. TBT 협상도 예외일 수 없는데, 우리가 해외 시장 진출을 도모하고자 공략적으로 협상하는 특정 규정이 역으로는 우리나라 시장에 진입하는 외국 기업에게도 동일한 영향을 줄 수 있는 것이다. 그러므로 협상에서는 수출과 수입에 대한 효과를 다각적으로 고려해야 하고, 국내 이해관계자들 간의 입장을 조율하는 국내 협상과정(주로 공청회로 진행된다)을 통해 최종 입장을 신중하게 도출해야 한다.

TBT 조항에 있어 투명성 절차에 관한 규정이 대표적인 예가 될 수 있다. 일부 FTA는 기술규제를 도입하는 국가가 최소 60일 동안 다른 당사국에게 의견을 제시할 수 있는 기간을 허용한다는 조항을 두고 있는데, 다음과 같다.

> "안전, 건강, 환경보호 또는 국가안보상 긴급한 문제가 발생하거나 발생할 우려가 있는 경우를 제외하고, 각 당사국은 다른 쪽 당사국의 의견을 구하기 위하여, 자국이 제안한 기술규정 및 적합성평가절차의 통보 후 최소 60일 기간을 허용한다."[5]

상기 규정을 외국 시장에 수출하는 우리나라 기업 입장(즉, 수출국 입장)에 적용시켜 보면 해외 시장에서 신규 기술규제가 도입되거나 개정될 때 우리가 의견을 제시하는 기간이 길수록 유리하고 구체적일수록 불확실성을 낮출 수 있

---

5 한-베트남 FTA 제6.7.2조.

어 도움이 되는 조항으로 간주된다. 그래서 가능하다면 신규 및 개정 기술규정에 맞춰 수출 제품을 준비하는 시간을 충분히 가질 수 있을수록, 최소 60일이라고 구체적으로 정해둘수록 유리하다.

　마찬가지로 우리나라 기체결 FTA 일부는 기술규정 도입을 공표한 시점에서부터 그 기술규정이 발효하는 시점까지 합리적인 기간을 허용한다는 WTO 조항을 구체화한 규정을 두고 있는데 심지어는 발효시기 연장을 요청할 수 있도록 허용하고 수입국(규제국)은 이를 긍정적으로 고려해야 한다고 규정한다.

　　　"한쪽 당사국은 기술규정의 공표와 그 발효 사이 기간의 연장에 대하여, 추구되는 정당한 목적을 충족하는 데 비효과적일 경우를 제외하고, 기술규정안 통보 후 의견제시 기간이 만료되기 전에 접수된 다른 쪽 당사국의 합리적인 요청을 긍정적으로 고려하기 위해서 노력한다.6

　신규 혹은 개정 기술규제의 발효 시점이 늦춰질수록, 그리고 그 기간을 구체적으로, 가령 최소 6개월로, 정해서 불확실성을 해소할수록 우리 수출에는 유리한 조건이 될 것이다.

　그러나 상기 규정을 우리나라의 기술규정 제·개정 상황(즉, 수입국 입장)에 적용해 보면, 그 반대 분석이 나온다. 물론 국내 생산자와 이해관계자에게 입법 사실을 충분히 고지하는 것이 필요하므로 충분한 국내외 의견수렴 기간을 갖는 것이 필요하다. 하지만 안전, 건강, 안보 등 긴급한 위험 상황을 신속하게 규제할 수 있어야 하고 특정 생산자와 공급자를 통제할 수 있어야 하는 규제자의 관점에서 보면, 상기 규정은 규제 주권에 대한 제약이 될 수 있다. 무역 협정이 규정하는 특정 기간 즉, 2개월이라는 요건, 발효시점에 대한 요건 때문에 공공 이익의 보호가 늦춰지는 것은 바람직하지 않을 것이다.

　그러므로 두 상충적인 입장을 조율하는 문구를 조항에 포함시키는데, 예를 든 첫 번째 규정은, "안전, 건강, 환경보호 또는 국가안보상 긴급한 문제가 발생하거나 발생할 우려가 있는 경우"를 의견수렴 기간에 대한 예외상황으로 명

6　한-페루 FTA 제7.7.7조, 한-베트남 FTA 제6.7.4조, 한-콜롬비아 FTA 제6.7.7조.

시하고 있다. 그리고 발효기간 연장 요청에 관한 조항(두 번째 예)에도, "추구되는 정당한 목적을 충족하는 데 비효과적일 경우를 제외하고"라는 단서 문구를 두고 있어 연장 요청을 언제나 항상 긍정적으로 고려해야 하는 것은 아닌 것을 알 수 있다. 그리고 다른 쪽 당사국이 "합리적인 요청"을 했을 때 긍정적으로 고려하기 위해 노력해야 한다고 규정함으로써 이 조항을 적용하기 위해 요청이 선행되어야 함을 알 수 있다. 다만, '합리적인' 요청이 필요한데, 여기서 합리성 요건은 주관적인 기준이며 누가 입증해야 하는지 그리고 누가 최종 판단을 해야 하는지가 법적으로 모호하여 향후 문제가 될 수 있다.

　　FTA 이행에 있어 문제를 제기하거나 문제 제기를 받을 때 FTA 조문은 기본적인 법적 근거가 된다. 앞서 살펴보았듯이, 동일한 규정이 수출국 입장과 수입국 입장, 생산자 입장과 규제자 입장에서 각기 다른 효력을 가질 수 있다. 그러므로 FTA 협상 과정에서 충분한 의견 수렴과 이해관계자들의 의견을 조율하는 것이 FTA 따른 부작용(즉, 협상 당시에는 예상하지 못했던 부정적 영향)을 최소화할 수 있을 것이다. 특히 기술장벽은 전 산업 분야를 망라해서 영향을 주므로, 협정 조항의 법률적인 검토와 함께 국내 이해관계자 협상이 충분히 선행되어야할 것이다.

4 ___ FTA TBT 협상의 최신 동향과 시사점

　　2018년 12월 발효한 태평양 연안 11개국 중심의 CPTPP 협정은 여러 측면에서 새로운 모델을 제시하는 것으로 분석된다. 회원국이 선진국, 중진국, 최빈도상국으로 다양하게 구성되고, 사실상 미국과 일본 협상으로 고려되기도 한다. TBT 협상의 경우, 전반적으로는 우리나라 기체결 FTA의 전반적인 수준과 비슷하지만, 기존 규범에 없던 규정이 일부 있어 이를 검토하고 향후 FTA 협상에 대비하고 활용해야 할 것이다. 이 절에서는 미국과 EU 등 최신 TBT규범 경향을 검토하고 주요 제도적 특징이 갖는 우리나라 FTA 협상에 대한 시사점을 설명하기로 한다.

4.1 적합성평가 관련 시사점

일반적으로 적합성평가에 대한 인정(recognition)은 무역기술장벽 해소를 위한 주요 제도적 수단이 된다. 정부 간 협정이나 기관 간 약정을 체결해서 적합성평가마다 제기되는 불확실성을 구조적으로 제거하는 대응방법이라 할 수 있다.7

'인정'은 협정이나 협약 체결 시 범위와 수준에 관한 조건을 다양하게 설계할 수 있다.8 즉, 인정의 대상을 특정 상품, 특정 분야 또는 특정 기술규정으로 한정하거나 특정 적합성평가기관의 평가를 모두 인정할 수 있다. 또한 기술문서를 수용하거나 인증서를 수용할 수 있고 다른 당사국의 적합성평가결과를 일방적으로 수용하거나 양 당사국이 상호인정하는 상호인정협정(Mutual Recognition Agreement: MRA)을 체결할 수 있다.9

우리나라 FTA 대부분이 적합성평가 관련 무역장벽을 최소화하기 위해서 '다양한 메커니즘'을 인정하고 이를 활용해서 협력하도록 규정하는데, 공급자자가선언(suppliers' declaration of conformity: SDoC)과 인정이 구체적인 방법으로 제시된다.10 이 규정들이 얼마나 이행되었는지, 얼마나 활용되는지가 FTA를 통한 무역이익 실현에 있어 핵심적인 이행 사항에 해당한다.

우리나라는 FTA를 추진하면서 FTA 대상국과의 상호인정을 추진하기 위해

---

7 상호인정의 긍정적인 무역 효과에 대한 논의는 Chen and Mattoo(2008)이 대표적이다.
8 상호인정협정(MRA)에 관한 자세한 설명은 이 책 제4장과 안덕근, 김민정(2018)의 제10장 '적합성평가 및 상호인정협정 현황과 과제'를 참고한다.
9 아래 표는 OECD가 2006년 전 세계 159개 적합성평가기관을 대상으로 조사한 상호인정협정의 다양한 현황을 나타내는데, 최근 자료는 아니지만 상호인정의 범위가 시험보고서, 인증서, 시험방법 등 다양하게 설정되고 있음을 보여준다.

[표 10-1] 상호인정협정의 다양한 유형

상호인정협정의 성격	응답 수
시험보고서에 대한 상호인정	108(68%)
적합성 인증서에 대한 상호인정	88(55%)
시험방법에 대한 상호인정	79(50%)
검사(inspection) 결과에 대한 상호인정	70(44%)

출처: OECD(2006).

10 우리나라 기체결 FTA에 도입된 적합성평가 관련 '다양한 메커니즘'에 관한 규범 설명은 이 책 제2장과 제4장을 참고한다.

큰 노력을 기울여왔다. 〈표 10-2〉의 주요 사례에 나타나는 바와 같이, 주로 전기·전자, 통신기기 분야에서 상호인정을 활발하게 추진하고, 중국과는 국제공인시험 성적서를 수용하는 상호인정약정을 체결하는 등, FTA규정과 연계된 상호인정이 추진되고 있다.

[표 10-2] FTA 연계 상호인정협정 추진 주요 사례

협정	상호인정협정 내용
한-싱가포르 FTA	전기, 전자장비, 전기통신기기 MRA 체결
한-EFTA FTA	한-스위스 의료기기 MRA 체결 근거마련
한-인도 CEPA	전기전자기기 및 통신기기 분야의 MRA 협의 추진
한-EU FTA	MRA 체결 근거 마련. 자동차, 전기전자 부품 소재 유해물질 관련 국내시험기관과 독일 인증기관 간 상호인정 추진
한-미 FTA	통신장비 분야 제품인증서 상호인정협정(APEC TEL Phase II) 체결
한-페루 FTA	MRA 체결 근거 마련
한-중국 FA	한중 전기용품 상호인정 약정('16) 체결 • 한 KC, 중 CCC 안전인증 전품목 국제공인시험성적서 상호인정 • CCC 인증 신청 국내 공장심사는 국내 KC 인증기관이 대행 전자파 인증 분야 상호인정 논의 추진

출처: 국가기술표준원(2019)

FTA의 제도적 근거를 활용한 해외 TBT 대응과 협력 기회 모색이 확대되어야 할 것이다. 기술조치가 도입, 개정되는 과정에서 TBT 문제는 계속 증가할 것으로 기대된다. 신속하게 대응해야 하는 기술장벽 문제도 있지만, 기술규제 동향을 모니터링하고 정보 교환과 모범 관행을 공유하는 등 협력과 교류 채널을 강화하려면 중장기적이고 지속적인 노력이 필요하다. 이러한 채널과 네트워크 구축은 대응역량 강화의 밑거름이 될 것이다.

한편, CPTPP 협정은 외국 적합성평가기관이 국내 적합성평가절차에 참여하는 것을 허용하는 구체적인 규정이 포함되어 있다. 외국기관의 국내절차 참여에 있어 비차별 대우을 보장해야 한다는 일반적인 의무가 WTO 회원국에게 적용되는데, 한-미 FTA와 CPTPP 협정은 이 의무를 제도적으로 발전시키고 있어

주지할 만하다. 우선, 두 협정에 따르면 다른 당사국의 적합성평가기관을 '인정 (accredit), 승인(approve), 면허부여(license) 혹은 다른 방식으로 승인(or otherwise recognize)'할 때 불리하게 대우하지 않아야 한다는 조항이 있는데, 외국기관이 국내 절차에 참여하는 유형을 상세하게 제시한 것을 알 수 있다. 또한 CPTPP 협정은 동 규정을 강행의무(shall accord)로 적용하고 있어, 국내절차 개방을 상당한 수준으로 확보한 것으로 평가된다.

　　CPTPP 협정 조항 중에서 많은 주목을 받는 규정은, 외국기관의 참여를 허용할 때 반드시 자국 영토에 있어야 한다는 소재지 기준 적용을 금지한 부분이다.11 일반적으로 수입국은 적합성평가기관이 자국 영토 내에 소재하도록 함으로써 기술규제 집행에 있어 최대한의 권한을 확보하려고 하는데, 상기 거소요건 금지규정은 기존의 접근방법을 완화시키는 것으로 보인다. WTO규정은, 자국 영토 내에 있는 적합성평가기관에 대해 내국민 대우를 보장해야 한다고 해석될 여지가 컸던 것에 반해, CPTPP 협정규정은 기존의 영토주의에 입각한 해석을 명시적으로 배제하고 있어, 이러한 법률상의 변화가 향후 어떻게 적용되고 실질적인 차이가 있는지 검토하는 것이 필요하다.

　　CPTPP 협정은 적합성평가제도와 인프라를 미처 갖추지 못한 개발도상국과 최빈개도국이 포함된 포괄적인 지역체제다. 거소요건 금지가 이 지역체제 내에서 활성화된다면 국제인정체제를 활성화하는 실질적인 파급 효과가 있을 것이다. 만일 거소요건 금지 의무가 점차 다른 FTA에 도입되고 확산한다면,12 국내 적합성평가제도의 개방이 가속화되고 국제인정체제의 기능이 강화될 것이 예상된다. 우리나라의 적합성평가 역량을 국제적 수준으로 유지하고 적합성평가기관이 글로벌 경쟁력을 갖출 수 있도록 미래에 대비해야 할 것이다.

11　CPTPP 협정은 (1) 다른 당사국기관을 자국 적합성평가절차에 참여하도록 허용하기 위해서 절차나 기준을 만들 때 그리고 (2) 상품의 적합성을 확보하기 위해서 해당 기관에게 시험결과, 인증 혹은 검사를 요구할 때, 그 다른 당사국기관이 자국 영토에 소재하도록 요구하거나 자국 영토 내에서 사무소를 운용하도록 요구하는 것을 금지한다. 물론 이 규정에도 불구하고 CPTPP 협정 당사국은 자국 또는 다른 당사국에 소재하는 특정 정부기관을 '지정(designate)'해서 특정 상품에 대한 적합성평가를 수행하도록 할 권한을 기본적으로 갖는다.

12　이 규정은 최근 NAFTA 개정 협상 결과인 USMCA에도 동일한 문구로 도입되었다.

4.2 투명성 조항 시사점

투명성 이슈는 가장 자주 제기되는 TBT 문제에 속한다. 특히 의견수렴 기간에 대해 분쟁이 생기는데, 이 문제를 해결하기 위해서 우리나라 FTA 일부는 수출국이 의견수렴 기간을 연장하거나 기술규제 발효 시점을 연기해 줄 것을 요청하는 경우 수입국(규제국)이 긍정적으로 고려해야 한다는 조항을 도입하였다.13 동일한 규정이 2018년 발효한 CPTPP 협정과 최근 타결된 USMCA에도 포함되어 있어, 이 조항을 원용하는 사례가 늘어날 것으로 예상된다. 두 협정은 다른 당사국 또는 다른 당사국의 이해관계인이 요청하는 경우 이 기간을 연장(가령 90일까지 연장)하는 것을 장려하는데,14 여기서 90일까지의 연장 가능성은 WTO TBT위원회에서 채택한 권고한 사항을 반영한 것으로 보인다. 한편, 두 협정은 이해관계인이 요청하는 것을 허용하고 있어 기업들의 적극적인 모니터링과 직접적인 대응이 가능하도록 하였다.

아시아, 중남미 개도국 등 무역이 확대되고 있는 우리나라는 국내 기술규제 도입시 의견수렴 기간과 연장 요청에 대한 문제를 제기받을 수 있으므로 국내 입법 절차 추진에 있어 각별한 주의가 요구된다. 또한 기술규제를 도입하는 여러 정부 부처가 WTO 및 FTA 통보절차와 규범을 이해하고 대응력을 강화해야 할 것이다.

---

13 의견수렴 기간 연장에 관한 요청을 규정한 FTA 조항은, 한−미 FTA 제9.6.3조, 한−페루 FTA 제7.7.4조, 한−콜롬비아 FTA 6.7.4조 등이 있다. 그러나 한−호주 FTA, 한−뉴질랜드 FTA, 한−캐나다 FTA, 한−중 FTA, 한−베트남 FTA에는 최소 60일을 부여하도록(should allow 또는 shall allow)하는 규정이 있으나 연장 요청에 관한 조항은 없다.

14 CPTPP 협정문 제8.7.14조. 원문은 다음과 같다: Each Party shall normally allow 60 days from the date it transmits a proposal [under the WTO notification procedure] for another Party or an interested person of another Party to provide comments in writing on the proposal. A party shall consider any reasonable request from another Party or an interested person of another Party to extend the comment period. A Party that is able to extend a time limit beyond 60 days, for example 90 days, is encouraged to do so. USMCA 제11.7.14조는 CPTPP 협정의 상기 규정과 거의 동일하며, 마지막 문장만 다음과 같이 다르게 규정된다: A Party that is able to extend a time limit beyond 60 days, for example 90 days, <u>shall consider doing so.</u>

4.3 분야별 접근 모델 시사점

FTA 효과는 산업 또는 분야마다 다르다. 수출과 투자기회가 확대돼서 경제적 이익을 보는 분야가 있고 수입 개방에 따른 시장경쟁 때문에 어려움을 겪는 분야도 있다. FTA 협상은 이처럼 공세적인 전략을 추진하는 분야와 방어적인 협상이 필요한 분야로 나뉘어 진행된다. 그리고 TBT 협상은 일반적인 규범 협상과 양측이 공세적으로 협상할 분야를 별도로 논의하면서 구체적인 기술장벽 해소를 도모하는 협상으로 진행되고 있다.

이러한 분야별 협상은 우리나라와 EU 협상에서 처음으로 도입되었고, 이후 여러 FTA에서 적극적으로 활용되고 있는 것으로 분석된다. 우리나라 기체결 FTA에 따르면 자동차와 자동차 부품, 전기·전자 제품과 통신기기, 의료기기 분야에서 분야별 협상이 추진되었다.[15] 그리고 식품표준에 관한 TBT 이슈가 상당히 증가하고 있는데, CPTPP 협정은 식품 관련 부속서를 추가하고 있어 새로운 경향을 알 수 있다. 〈표 10-3〉은 분야별 협상의 주요 사례를 보여준다.

[표 10-3] FTA TBT 분야별 협상의 주요 사례

	전기전자	통신기기	자동차	와인 및 증류주	의약품 및 의료기기	화학물질	화장품	기타
한–싱가포르 FTA	✓							
한–미 FTA			✓					
한–EU FTA (4개 분야)	✓	✓	✓		✓	✓	✓	
CPTPP 협정 (7개 분야)		✓		✓	✓		✓	포장 식품 및 식품첨가물, 유기농 제품
EU–뉴질랜드 FTA (협상중)	✓		✓	✓		✓		에코디자인, 에너지효율

---

15 자세한 내용은 이 책의 제2장을 참조한다.

	전기 전자	통신 기기	자동차	와인 및 증류주	의약품 및 의료 기기	화학 물질	화장품	기타
EU−싱가포르 (2개 분야)			✓		✓			

출처: 저자 작성.

    2020년 1월 현재 진행되고 있는 EU−뉴질랜드 FTA에서는 EU의 제안으로 자동차와 와인 및 주류에 대한 분야별 협상이 부속서 형식으로 규정을 도입하기 위해 추진중이다. 그리고 전기전자기기와 장비의 안전기준, 전자파 적합성 기준, 에코디자인 등 에너지효율 분야, 전기전자기기의 유해물질 사용 제한에 관해서 상호 공급자자가선언을 수용하도록 규정한 내용도 있어 비교적 높은 수준의 양자 TBT 해소에 관해 협상이 진행되고 있다.[16]

    한편, 라벨링, 시장감시 등 새로운 이슈에 관한 FTA 조항이 채택되고 있는데 WTO 협정에는 없는 규정이며 우리나라 한−중 FTA, 한−EU FTA도 해당 조항을 채택한 바 있다. 그런데 최근 EU는 베트남과의 FTA에서 우리나라 라벨링규정에 없는 새로운 규정을 추가하였다. 주요 내용은, 기존 라벨을 보완하거나 정정하기 위해서 라벨을 추가하는 것을 허용한다는 조항인데, 수입국 세관이나 승인받은 보세구역에서 이러한 보완 또는 정정이 가능하고 이때 기존 라벨을 제거하지 않아도 된다는 요구를 할 수 있다는 규정이다.

    이처럼 지역무역체제에서 분야별 TBT규정과 새로운 사안에 대한 규범이 계속 발전하고 있어 동향을 분석하고 우리나라 FTA 추진에 활용하기 위한 검토가 필요하다.

---

16 이외에도 EU는 베트남과의 FTA에서 분야별 협상을 개시할 수 있다는 명시적인 조항을 두고 후속 교섭을 장려하고 있다. EU−베트남 제5.9조 2항. 그리고 EU−싱가포르 FTA는 한−EU FTA와 유사한 구조의 분야별 시장접근과 내국민 대우 협상을 추진했는데, 자동차 분야와 의약품 및 의료기기 분야, 그리고 TBT규정에서 전자 제품을 별도로 논의한 바 있다. EU−싱가포르 FTA 부속서 2−B, 2−C 그리고 4−A. EU FTA 전략에 대한 자세한 논의는 이 책의 제8장을 참조한다.

4.4 국제표준화 시사점

CPTPP 협정 당사국은 규제 일치와 모범규제 관행을 촉진하고 불필요한 무역장벽을 제거하기 위해서 국제준, 가이드 및 권고가 중요하다는 사실을 재확인한다.[17] 이와 함께 국제표준을 결정할 때 TBT위원회가 2000년도에 채택한 'WTO TBT 협정 제2조, 제5조 및 부속서 3과 관련된 국제표준, 지침 및 권고의 개발 원칙에 관한 위원회 결정(위원회 결정)'을 적용하기로 합의하였다.[18] 우리나라 기체결 FTA 대부분이 도입하고 있는 규정이다.

그런데 현재 협상이 진행되고 있는 EU-뉴질랜드 FTA에서 EU가 제한한 협정 초안에 따르면 '국제표준'의 의미를 명확하게 하기 위해서 16개 국제기구 및 국제표준화기구 목록을 포함하고 있어 주목할 필요가 있다. 양국이 우선적으로 고려하는 국제표준과 국제기구의 표준화 활동을 FTA 조문에 적시함으로써 국제표준과의 조화 의무를 유효성을 제고하고 논란을 막을 수 있어 유용한 전략으로 사뢰된다.[19]

한편, CPTPP 협정은 국제표준화를 위한 협력 조항을 채택했는데 이는 기존에 찾아보기 어려운 규정에 해당한다. 동 조항은 CPTPP 협정 당사국이 기술규정 및 적합성평가절차의 기초가 될 국제표준, 가이드 및 권고사항이 국제무역에 대해 불필요한 장애를 구성하지 않도록 협력할 것을 의무로 규정한다.[20] 국제표준이 무역장벽이 되지 않도록 협력한다는 의무는 WTO 협정에도, 우리나라 FTA에도 찾아볼 수 없는 규정이다. 국제적인 대표성 또는 보편성을 갖지 않은 표준이 국제표준으로 개발될 경우, 그러한 국제표준을 기초로 사용해야 하는 의무가 오히려 기술장벽이 될 수 있다는 우려를 반영한 것으로 보인다.

이처럼 TBT정책에 있어 국제표준화는 TBT를 근본적으로 해소하고 우리 제품의 경쟁력을 확보하는 핵심적인 전략이다. 또한 FTA 협상에서 관련 국제기

---

17 CPTPP 협정 제8.5조 1항.
18 CPTPP 협정 제8.5조 2항.
19 EU-뉴질랜드 무역 협정 EU측 제안 초안 부속서 I.
20 CPTPP 협정 제8.5조 3항.

구 및 국제표준을 구체적으로 명시하는 최신 경향을 활용하는 것도 유용할 것으로 분석된다.[21]

4.5 지방 및 비정부기관 시사점

FTA 협상에 있어 대상 기관의 범위를 어느 수준까지 포함시키는지는 FTA 이행 문제와 관련이 있으며, FTA 효과와도 직결되는 문제다. 우리나라 기체결 FTA는 대부분이 중앙, 지방, 비정부기관을 모두 대상 범위에 포함시키고 있다. 그러나 한−중 FTA, 한−베트남 FTA는 비정부기관을 대상으로 하지 않고 한미 FTA의 경우 중앙정부로부터 권한을 위임받는 기관만을 대상으로 한다. 중국과 베트남의 경우, 원칙적으로는 중앙정부가 지방정부와 비정부기관의 활동에 대해 책임지지만 FTA상 비정부기관이 배제되어 있어 FTA 이행과 효과가 제한적일 것이다.

CPTPP 협정은 명시적으로 중앙정부기관과 중앙정부 바로 아래 급인 지방정부기관의 기술규정, 표준, 적합성평가절차의 준비, 채택, 적용을 규율하며, 지역기관과 중앙정부기관 바로 아래 급인 지방정부의 이행을 위해 중앙정부가 합리적인 조치를 취해야 한다고 규정한다.[22] 그러므로 우리나라 FTA가 대상 기관에 있어 상대적으로 더욱 포괄적인 것으로 분석된다. 그러나 CPTPP 협정의 적용대상이 중앙정부기관 및 직속기관에 집중되어 있더라도 그 의무 수준이 대체로 높은 편이고 특정 분야에 대해 구체적인 합의사항이 부속서에 규정되어 있어, TBT규범이 강화된 것으로 보인다.

중국과 같이 지방정부가 기술규정, 표준, 적합성평가에 대한 권한이 높은 경우, FTA 협상에서 지방정부를 대상 기관으로 포함시키고 TBT규범 이행을 도모하는 전략은, FTA를 통해 TBT 해소 효과를 높일 수 있는 중요한 전략이다. 또한 대부분의 FTA에서 대상 기관을 광범위하게 포함시키고 있어, 이들 대상 기관이 FTA에 준하는 활동을 하는지 해외 시장을 모니터링하고 FTA 이행을 최대한 보장받기 위한 우리 측의 노력이 필요하다.

---

21 이에 관한 자세한 논의는 McDaniels, Molina and Wijkström(2018)을 참조한다.
22 CPTPP 협정 제8.3조.

[표 10-4] 우리나라 FTA와 CPTPP 협정의 대상 기관 비교

		대상 기관			대상 조치
		중앙정부 기관	지방정부 기관	비정부 기관	
• 한-칠레 FTA • 한-싱가포르 FTA • 한-EU FTA • 한-터키 FTA	• 한-페루 FTA • 한-캐나다 FTA • 한-뉴질랜드 FTA • 한-콜롬비아 FTA	◎	◎	◎	기술규정, 표준, 적합성평가 절차의 준비, 채택, 적용
• 한-호주 FTA • 한-캐나다 FTA(6.5)		◎	O[1]		
• 한-베트남 FTA		◎	◎	X	
• 한-중 FTA		◎	O[1]	X	
• 한-미 FTA		◎	◎	△	
• CPTPP 협정		◎	O[2]	X	

◎ FTA 적용범위로 명시
O[1] FTA 이행을 위해 "중앙정부가 이용가능한 합리적 조치를 취해야 한다"고 규정함.
O[2] FTA 이행을 위해 "중앙정부가 합리적인 조치를 취해야 한다"고 규정함.
△ 중앙정부로부터 권한 위임받은 비정부기관의 활동은 포함
출처: 저자 작성.

4.6 협력 조항의 시사점

FTA는 기본적으로 경제교류를 촉진하려는 목적하에 양측의 협력을 장려한다. TBT 문제에 있어서도 다양한 협력, 기술협력, 공동협력이 권장된다.[23] 이러한 협력 의무에는, 기술규제 관련 무역촉진 이니셔티브를 확인, 개발, 증진하기 위해 노력해야 한다는 규정이 포함된다. 그리고 이행을 위해서 기술규제 정보를 서로 교환하고, 규제 협력을 추진하며, 기술지원과 적합성평가결과 수용 등의 방법을 구체적으로 포함한다. 특히 규제협력은, 투명성을 제고하고 우수규제 관행을 증진하며, 국제표준과의 조화를 도모하는 영역의 모든 활동이 가능하다.

---

23 우리나라 FTA의 협력 조항에 관한 자세한 논의는 신원규 외(2018)의 "제3장 지역무역협정 내 개발협력의 유형"에 관한 분석을 참조한다.

개도국이 참여하는 FTA에서는 협력과/또는 '기술지원'에 관한 사항이 논의된다. 우리나라의 과거 경제발전 경험을 보더라도 제조업 육성과 수출진흥을 위해 KS마크와 표준체계가 도입되었고, 이러한 표준화 정책은 관련 연구기관과 협력단체를 설립하는 등 당시의 개발정책에 있어 기본 전략을 구성했다. TBT 협상에서 '기술지원'은 개도국의 무역 증진을 도모하는 동시에 개도국의 비효율적인 기술규제와 표준체계 부재 문제를 개선하고 역량을 강화시킨다. 실제로도 개도국이 표준체계를 확립하도록 지식을 전수하고 교육시키는 공적개발원조(ODA)가 널리 추진되고 있다.

여러 FTA에서 기술지원에 관한 구체적인 방향을 제시하고 있다. 〈표 10-4〉의 주요 사례에서 볼 수 있듯이, 한-베트남 FTA는 도량형 관련 기술지원, 적합성평가 관련 역량 강화를 기술지원 활동 분야로 제시하고 있다. 한-콜롬비아 FTA도 구체적인 협력 분야를 적시하였다. 그리고 한-EFTA FTA가 규정하는 것처럼, ISO, IEC표준 및 지침에 의한 적합성평가기관 인정을 증진하거나 국제표준화 활동에 있어 상호 협력하자는 내용도 있어 국제표준화 전략상 참고할 사항이다. 마찬가지로 한-뉴질랜드 FTA처럼 협력 분야를 제시하기보다는 협력 목표를 구체적으로 규정하는 협력 조항도 있다.

[표 10-5] FTA TBT '협력' 조항의 주요 사례

한-베트남 FTA와 한-콜롬비아 FTA의 '공동협력' 사항	"추가 협력을 위해 다른 당사국이 제안하는 특정 분야, 예를 들어, 건축자재, 화장품, 의약품, 의료기기 등에 대해 우호적으로 검토하도록 노력한다."(**한-베트남 FTA**) "이 조의 기술협력은, 자동차 부품, 섬유, 의류 및 디자인, 화장품 및 위생품, 그리고 의약품 및 의료기기와 같은 특정 분야에 특히 중점을 둘 수 있다. 그러나 요청이 있는 경우, 한쪽 당사국은 이 장에 따른 협력 확대를 위해 다른 당사국의 제안을 호의적으로 고려한다."(**한-콜롬비아 FTA**)
한-뉴질랜드 FTA의 "협력" 사항	• 위험관리 원칙에 기반한 <u>모범규제관행</u> 촉진 • 기술규정의 질과 효과 향상을 위한 정보교환 • 위험관리 공동방안 개발 및 기만적 관행 방지 • 이행 촉진을 위한 이해 및 역량 구축 • 적절한 경우, 시장감시 정보 교환

출처: 저자작성

협력 및 기술지원규정을 통해 FTA 이행을 도모하고 FTA 효과를 근본적으로 제고할 수 있다. 우리 표준의 네트워크를 확대하는 것은 궁극적으로 기술장벽을 해소하는 것이기도 하므로 중요한 글로벌 전략에 해당한다. 이를 위한 다방면의 기반과 역량이 강화되어야 할 것이다.

5 ___ FTA 전략과 도전과제

5.1 4차산업혁명과 첨단기술 분야 시사점

디지털 경제가 발달함에 따라 새로운 통상현안이 논의되고 있어 TBT 관련 대응에 대비하고 전문성과 역량 강화에 노력을 기울여야 한다. 주요 국가들은 4차 산업혁명 핵심기술에 대한 표준화 정책을 활발하게 추진하고 있다. 특히 사이버 거래와 사이버 보안 분야의 규제가 강화되는 추세인바, 첨단 분야의 TBT 문제는 앞으로 증가하고 중요한 통상 협상 사안이 될 것으로 전망된다.

최근 이슈가 된 중국 사이버보안법에 관한 TBT 쟁점이 그 대표적인 예다. 중국은 2017년 사이버보안법을 도입하고 자국 내 네트워크 제품 및 서비스 공급자와 핵심정보 기간시설 운영자를 규제하기 시작했다. 이 규제에서 가장 문제가 되었던 부분은 중국이 도입한 규정이 모호하고 기업비밀 유출에 대한 구제절차가 명확하지 않다는 점이었다. 또한 사이버보안 관련 표준이 국제표준을 따르지 않고 표준개발과정에 외국 기업의 참여가 제한되었던 점, WTO에 통보되지 않았던 점도 TBT 투명성 의무에 비추어 볼 때 TBT규범과 불합치 여지가 있었다. 동 규제로 네트워크 보안 제품과 운영 시스템을 수출하는 외국 기업들이 피해를 입었고 우리나라도 TBT위원회에서 대응한 바 있다.[24]

이와 유사하게 중국의 암호기술법 도입이 TBT 쟁점으로 논의된 사례가 있다. 중국은 암호기술법을 도입해서 암호기술 제품과 서비스를 대상으로 라이센

---

24 우리나라를 비롯하여 EU, 미국, 일본, 캐나다, 호주는 이 문제를 WTO TBT위원회에 제출해서 서로 공조 대응했다.

스제도를 시행했는데, 적합성평가과정에서 요구되는 정보가 과도하게 많은 수준이었고 지식재산권보호도 충분하지 않아 기술유출에 관한 많은 우려가 제기되었다. 특히 중국 조치가 더욱 논란이 되었던 이유에는 글로벌 관행과 일치하지 않다는 문제가 있었고, 한국, EU, 미국 등 많은 국가들이 범용 ICT 제품에 적용된 상업암호를 규제하지 않는다는 점을 근거로 중국 기술규제가 과도하고 불필요한 조치라는 문제를 제기했다.

이처럼 첨단 분야에서 중요하게 제기되는 통상쟁점이 기업의 영업비밀보호와 지식재산권보호 문제며, 중국 기술장벽은 사이버보안기술뿐만 아니라 다른 제조품 분야에서도 기술 유출 우려가 반복적으로 제기되고 있다.25 이 사안은 정부 차원의 대응이 필요한 바, TBT규범에 입각한 불합치성 쟁점을 제기하고 TBT위원회에서 다른 국가들과 공조하는 등 다각적인 동료압박 전략이 중요할 것이다.

기술이전 문제와 관련된 WTO 및 FTA규범을 검토하고 향후 우리나라 FTA 협상에서 제도를 강화해 나가는 전략이 요구된다. WTO TBT 협정은 수입국의 비차별 의무를 바탕으로 제품의 비밀유지가 보장되는 수준까지만 적합성평가에 필요한 제품정보를 요구하도록 규정한다.26 최근 발효한 CPTPP 협정은 비밀유지 보장에 관해서 매우 구체적이고 높은 수준의 의무를 도입하고 있어 주지할 필요가 있다.27 그리고 정보의 비밀성을 보장하기 위해 구제조치를 마련해 둘 것을 의무화하고 있는 점 또한 강조할 사항이다. 관련 조항은 수입 당사국이 적합성평가절차 운영 관련 문제제기(complaints)를 검토하고 그런 문제제기가 정당

---

25 가령, 중국의 화장품 감독관리 규제의 경우, 화장품 효능 광고에 대한 근거자료로 문헌자료나 연구데이터 등을 제출하도록 하는데 이는 사실상 해당 제품의 제조방법을 공개하라는 요구에 해당하면 기술이전의 우려가 있다는 분석이 있다.

26 WTO TBT 협정 제5.2조는 외국 상품과 국내 상품에게 동일한 방식으로 상품정보에 관한 비밀 유지를 보장하고 정당한 상업이익을 보호하도록 규정한다. 이는 수입국이 적합성평가절차를 수행할 때 요구되는 내국민대우 의무를 이행하기 위한 구체적인 이행 사항에 해당한다. WTO TBT 협정 제5.1조.

27 CPTPP 협정 제8.6.4조는 수입국이 정보요구를 할 때 그 정보가 적합성평가를 할 때와 적합성평가비용을 결정할 때 왜 필요한지(how the information… is necessary)와 정보의 비밀성을 어떻게 보장할 것인지에 관해서 수출 당사국이 알기를 원하면 설명해야 한다(shall explain)고 규정한다.

화될 때 취하는 시정조치 절차를 설명하는 것을 포함한다.[28]

　　IT, 통신기기 및 첨단산업 수출 전략에 있어 기술보호는 근본적인 통상대응 사안이다. 수입 당사국이 외국 제품정보의 기밀성을 유지하고 혹여라도 이를 유지하지 못했을 때 외국 공급자가 구제받을 수 있는 국내 절차를 마련하도록 FTA 협상을 강화하는 전략이 절실하게 요구되는 시점이다.

5.2 새로운 분야에 대한 TBT 대응 시사점

　　한편, 새로운 분야와 새로운 이슈의 TBT 문제가 계속 생겨나고 있어, 글로벌 논의에 적극적으로 참여하는 전방위적인 협상 전략이 필요하다. 최근 WTO TBT위원회에서 자율자동차와 e헬스 관련 의료기기의 국제적 표준화와 규제조화를 논의한 바 있는데, 첨단산업 분야의 표준화와 규제협력이 매우 강조되는 추세다. 우리나라는 신산업 분야의 국내 기술규제와 표준이 국제표준을 기초로 사용하는 것은 물론이고 국제표준 개발에서 주도적인 역할을 할 수 있도록 체계적인 전략을 수립해야 한다. 이러한 접근은 TBT 문제를 근본적이고 선제적으로 해소하는 전략과도 연결이 된다.

　　최근 TBT 사안이 중요하게 논의되는 또 다른 분야는 환경 규제와 에너지효율 규제 분야다. 우리나라 무역기술장벽보고서에 보고된 양자대응 주요 사례현황을 살펴보면, 최근 2~3년간 에너지효율에 관한 기술규제 도입 문제가 상당히 증가하고 있는 것으로 나타난다.[29] TV, 세탁기, 에어컨, 청소기 등 가전 제품에 적용되는 에너지효율 기술규제는 국가마다 다른 등급체계를 도입하고 가전 제품이라 하더라도 세탁기, 전기온수기, 냉장고 등 제품별 다른 라벨링 기준과 규격을 적용하는 문제가 있어, 불필요한 무역비용을 초래하고 있다. 또한 적합성평가 방법에 대해서도 국제표준화가 미비한 상황이어서 어떤 환경에서 적합성평가를 하는지에 따라 결과 값이 달라지고 통상마찰이 증가하는 상황이다.

28　FTA 협정문에 사용되는 용어 "complaint"는 청구, 소송, 불만제기 등으로 해석된다.

29　국가기술표준원(2019), 2018 무역기술장벽 보고서. 국가기술표준원(2018), 2017 무역기술장벽 보고서.

EU-뉴질랜드 FTA와 같이 새로운 분야에 대한 협상을 계속 추진할 필요가 있고, 체계적인 대응 방안이 강화되어야 할 것이다.

6 ___ 결론

우리나라는 지난 20년간 적극적으로 FTA를 추진하였다. WTO 다자 협상을 통한 유의미한 무역자유화 속도를 기대하기 어려웠고 중국은 WTO 가입과 동시에 본격적인 추격전을 시작하였다. 우리나라 통상 전략의 돌파구로 동시다발적 FTA 전략이 세워졌고 그 어느 국가도 시도하지 못했던 거대 선진경제권들과 거칠고 혹독한 협상을 자처하면서 경제성장을 지속하였다.

FTA 협상 성과는 이행 성과로 계속되어야 한다. 최근 뉴노멀 시대로 접어들면서 국제통상 환경이 급격하게 변하고 있다.[30] 국제통상체제에서 구심적 역할을 하며 보호주의에 맞서 자유무역을 밀어붙이던 미국이 자국 우선주의를 표방하고 영국의 EU 탈퇴와 같은 역사상 초유의 보호주의 결정이 현실로 나타나고 있다. 중국에 진출한 우리 기업은 사드 보복 조치 등 차별적이고 배타적 조치의 희생양이 되고 설상가상으로 한일 외교적 긴장은 일본 수출규제라는 부메랑이 되어 우리 산업의 공급망 위기를 초래했다.

글로벌 협력과 공조 전략이 그 어느 때보다 필요하다. FTA는 양국의 경제교류와 협력관계를 더욱 단단하게 만들어주는 매개체로 활용될 수 있으며 양자무역과 투자 여건에 맞춤식으로 협상된 양허와 규범은 무역환경의 불확실성을 해소해주는 기제가 된다. 지금까지 구축한 광범위한 FTA 네트워크를 바탕으로, 그리고 계속되는 이행 협상과 협력을 바탕으로 FTA 업그레이드 전략을 강화하고 추진해나가기를 기대한다.

---

30 허윤, 안덕근(2018), 『신통상 패러다임과 네트워크 통상체제』, 효일문화사.

참고문헌
reference

국가기술표준원 (2018), 2017 무역기술장벽 보고서.

국가기술표준원 (2019a), 2018 기술표준백서.

국가기술표준원 (2019b), 2018 무역기술장벽 보고서.

신원규 외 (2018), 『무역협정 내 개발협력 기제 연구』, KDI 연구보고서.

안덕근, 김민정 (2017), 『국제통상체제와 무역기술장벽』, 박영사.

안덕근, 김민정 (2019), 『WTO체제의 표준정책과 기술규제 대응체제』, 서울대학교 출판부.

유새별 (2014), "TTIP(미·EU FTA)에서의 무역상 기술장벽(TBT) 협상 동향과 주요 쟁점," KIEP 지역경제 포커스 Vol.8, No.10.

허윤, 안덕근 (2018), 『신통상 패러다임과 네트워크 통상체제』, 효일문화사.

Chen, M. and Mattoo, A. (2008), "Regionalism in standards: good or bad for trade?," Canadian Journal of Economics 41:3.

Devereaux et al. (2006), Case Studies in US Trade Negotiation Vol.1: Making the Rules, Institute for International Economics.

McDaniels, D., Molina A. and Wijkström E. (2018), How does the regular work of WTO influence regional trade agreements? The case of International standards and the TBT Committee, Staff Working Paper ERSD-2018-06.

OECD(2006), Trends in Conformity Assessment Practices and Barriers to Trade: Final Report on Survey of CABs and Exporters, TD/TC/WP(2006)6/FINAL

산업통상자원부 국가기술표준원, WTO 및 FTA TBT(무역기술장벽) 협정문

산업통상자원부 국가기술표준원, 한─ASEAN FTA 협정문(국문)

산업통상자원부 국가기술표준원, 한─EFTA FTA 협정문(국문)

산업통상자원부 국가기술표준원, 한-EU FTA 협정문(국문)

산업통상자원부 국가기술표준원, 한-뉴질랜드 FTA 협정문(국문)

산업통상자원부 국가기술표준원, 한-미 FTA 협정문(국문)

산업통상자원부 국가기술표준원, 한-베트남 FTA 협정문(국문)

산업통상자원부 국가기술표준원, 한-싱가포르 FTA 협정문(국문)

산업통상자원부 국가기술표준원, 한-인도 CEPA 협정문(국문)

산업통상자원부 국가기술표준원, 한-중 FTA 협정문(국문)

산업통상자원부 국가기술표준원, 한-중미 FTA 협정문(국문)

산업통상자원부 국가기술표준원, 한-칠레 FTA 협정문(국문)

산업통상자원부 국가기술표준원, 한-캐나다 FTA 협정문(국문)

산업통상자원부 국가기술표준원, 한-콜롬비아 FTA 협정문(국문)

산업통상자원부 국가기술표준원, 한-터키 FTA 협정문(국문)

산업통상자원부 국가기술표준원, 한-페루 FTA 협정문(국문)

산업통상자원부 국가기술표준원, 한-호주 FTA 협정문(국문)

Comprehensive-Progressive Trans-Pacific Partnership 협정문(영문)

United States-Mexico-Canada Agreement 협정문(영문)

FTA 강국 KOREA 웹사이트, https://www.fta.go.kr/

EU 집행위원회 관련 TTIP 웹사이트: https://trade.ec.europa.eu/doclib/press/index.
  cfm?id=1230#regulatory-cooperation

지역무역 협상의
TBT 규범상 새로운 발전 과제

환태평양무역체제 형성과 TBT 제도 시사점

1 ___ 서론

자유무역 협정(FTA)을 통한 무역기술장벽(TBT)의 완화 노력은 다자무역체제 상의 TBT규범의 이행을 더욱 강화하고 이를 통해 무역을 원활화하여 무역의 규모를 증진시키는 것을 목적으로 한다. 특히 지역무역 협정의 TBT규범은 WTO규범 수준보다 투명성을 증진하고 FTA 참여국 간 신속한 정보 교환을 통해 규제 협력을 강화한다는 공통점을 지니고 있다. 기본적으로 FTA TBT규범은 WTO TBT 협정상의 권리와 의무를 기본 원칙으로 계승하고 있으며 이에 더하여 다자 규범의 이행을 강화하기 위한 실효적 방안을 모색하는 것을 목적으로 하고 있다.

환태평양지역 국가들 간의 무역 증진을 목적으로 하는 환태평양동반자(TPP) 협정은 기존의 다자무역체제를 통해 규범 개선 작업이 이루어지지 못한 한계를 극복하고 급변하는 통상환경을 반영한 새로운 무역규범을 포괄하고 있는 '21세기형' 무역 협정이라 일컬어지고 있다. 특히 디지털무역, 서비스 및 투자, 국영기업, 수산보조금, 환경 및 노동 등 새로운 무역의제에 대한 규범을 도입하고 있다는 점에서 큰 의미가 있다. 반면, TPP(미국이 탈퇴한 이후 CPTPP) 협정상의 TBT 규정은 기존의 FTA TBT규범의 주요 내용과 크게 상이하지 않으며 일부 특정 분야에 대한 기술규제와 관련하여 자유화 수준을 제고하도록 기여하고 있다.

2 ___ 환태평양무역체제의 형성 배경과 의미

2.1 환태평양동반자(TPP) 협정의 형성 배경과 목적

환태평양지역 무역체제의 근간을 이루고 있는 환태평양동반자(Trans-Pacific Partnership: TPP) 무역 협정은 2015년 11월 미국을 비롯한 11개국의 태평양을 둘러싼 국가들 간 체결된 거대 지역무역 협정으로서 세계 GDP의 36%를 차지하고 있다. 당초 TPP를 주도했던 미국은 일본, 베트남 등 새로운 무역 협정 대상국과의 무역관계가 확대될 뿐 아니라 기존의 북미자유무역 협정(NAFTA)을 업그레이드하는 효과를 동시에 추구할 수 있게 되었다. 비록 다자적 차원의 무역자유화 성과에는 미치지 못하더라도 TPP 협정을 통해 시장 개방의 진전을 이루고 21세기에 걸맞는 새로운 무역규범의 제정을 가시화한다는 의미가 있다.

TPP 회원국의 구성을 보면 더욱 의미가 있다. TPP 협정이 다루고 있는 다양한 규범 분야를 통해 TPP 회원국들은 광범위한 국내제도의 개혁을 모색하고 새로운 무역형태를 포괄하는 신무역규범을 앞장서 만들고 있다는 점에서 의미를 찾을 수 있다. 더욱 중요한 점은 각각 상이한 경제규모, 경제발전 수준 정치체제를 갖고 있는 다양한 회원국들이 높은 수준의 무역자유화를 추구하는 신무역규범을 도입하고 있는 무역 협정에 모두 합의하고 추진할 수 있었다는 점이라 할 수 있다.

TPP 협정의 회원국은 2004년 당시 참여국이었던 싱가포르, 칠레, 뉴질랜드, 브루나이("P4" 국가)를 중심으로 점차 확대되었다. 2010년 3월 제1차 협상 회의가 개최될 때에는 호주, 페루, 미국, 베트남이 참여하면서 8개 국으로 증가하였고, 이후 2010년 10월 말레이시아, 2012년 캐나다, 멕시코, 2013년 일본이 추가로 참여하게 되었다.

TPP 협상을 출범하면서 아시아지역 국가들이 추구했던 가장 큰 목표는 아시아지역의 경제 개발에 미국이 지속적으로 참여할 수 있는 계기를 만들고, 더 나아가 미국이 아시아지역에서의 군사적 도발 가능성을 사전에 차단할 수 있도록 미국의 전략적 관여를 가능하게 하기 위함이었다. 이를 위하여 당시 싱가포르의 리콴유(Lee Kwan Yew) 총리는 미국 대통령의 싱가포르 방문을 앞두고 2009

년 11월 버락 오바마(Barak Obama) 대통령을 만나 아시아지역 내 미국의 전략적 주둔을 유지하고 TPP 협상에 참여하여 아시아지역과의 경제 관계를 심화할 것을 요청하였다. 이에 오바마 대통령은 2009년 12월 싱가포르 방문 직후 TPP 협상에 참여한다는 공식 입장을 발표하였다.[1] 당시 미국의 제조업은 낮은 생산성과 높은 실업률의 문제를 안고 있는 상황이었으며, TPP는 세계경제 성장의 원동력인 아시아지역을 대상으로 미국의 수출 규모를 확대시킬 수 있는 기회로 인식되었다. 또한 TPP 가입은 세계 금융위기에 대처하고자 하는 미국의 통상정책과도 부합하였으며, 당시 미국의 경제수장들도 미국의 TPP 가입을 통해 경제 회복에 기여할 수 있을 것으로 전망하였다.

2.2 TPP 협정의 주요 내용과 의미

TPP 협정은 도하 라운드가 사실상 좌초되면서 다자무역체제와 함께 공존해왔던 여타 자유무역 협정(FTA)과 다른 성격의 무역 협정이다. TPP 참여국들의 교역 및 투자 활동은 세계경제에서 차지하는 비중 차원에서 양자간 체결되는 FTA의 수준보다 큰 의미를 가진다. 협정의 내용도 상당히 광범위할 뿐 아니라 다른 FTA에 비하여 회원국들의 무역자유화 의무에 대한 예외규정도 적으며 국제무역과 투자에 장벽으로 작용하는 국내제도 및 관행에 대한 규제 조항을 많이 포함하고 있다. 또한 TPP 협정의 분쟁해결규정에 의거하여 대부분의 의무 조항에 대한 이행 강제력을 담보하고 있다.

TPP 협정은 무역과 투자 기회의 확대뿐 아니라, 지재권, 경쟁정책, 전자상거래, 무역관련 환경문제, 노동기준, 국영기업 등 새로운 분야의 무역규범을 도입하고 있다는 점에서 의미를 찾아볼 수 있다. 이 외에도 환율조작 관행에 대한 미국의 우려를 반영하여 처음으로 무역 협정에 회원국의 거시경제 및 환율정책에 대한 규제를 담고 있다.

TPP 협정은 다른 FTA에 비해 예외규정이 적은 편이며, 특히 농업 분야에

---

1 Trans-Pacific Partnership: An Assessment(2016), pp.10−11.

서 상당한 시장 개방이 이루어진 것으로 평가된다. 대부분의 TPP 회원국은 협정의 완전한 이행과 함께 95%의 무역자유화를 달성하게 되며, 비관세장벽 분야에서도 자동차 및 부품에 대한 국내산 사용요건(local content requirement) 및 원산지규정을 통해 TPP 회원국 간 생산망(production network)이 더욱 활성화될 것으로 기대되고 있다.

서비스 무역 분야에서는 기존의 비관세장벽이 상당히 철폐되어 특히 보험, 항공특송, 금융서비스 분야에서의 시장 개방이 진전된 것으로 평가된다. 서비스 무역 분야의 비관세장벽 완화를 통해 TPP 회원국으로의 외국인투자 증가가 기대되며, 국내산 사용요건(LCR) 및 기타 투자 조건의 규제 등을 통해 가능할 것으로 보인다. 이 외에도 TPP 협정의 환경 챕터는 기존의 FTA보다 광범위한 규정을 마련하고 있는 동시에 TPP 분쟁해결규정이 적용되어 의무 조항의 경우 이행 강제력을 지니고 있다. 특히 유해한 수산보조금의 금지, 기 가입한 다자환경협정(MEA)의 이행 강제, 야생 동물 및 목재의 불법 포획 및 벌목의 규제 등 새로운 규범을 도입하고 있다.

TPP 협정의 노동규정은 최근 FTA 노동규정 중에서 가장 앞서 있는 것으로 평가되는데, 특히 협정이 이행될 경우 회원국의 노동관행 및 근로환경의 개선을 동반할 수 있다는 점에서 의미를 찾아볼 수 있다. TPP 회원국들은 최저임금 등 합리적인 근로환경을 유지해야 하며, 강제노동으로 생산된 제품의 무역규제, 특별무역 및 수출가공지역에서의 노동기준 강화 등 의무 조항으로 도입되어 있다.

전자상거래 또는 디지털무역 관련 TPP 협정의 규정은 디지털 제품과 온라인 서비스 무역의 자유화 증진에 기여하고 있는데, 특히 투자의 조건으로 데이터 현지화(data localization) 요구 금지를 의무규정으로 도입하고 있다는 점에서 기존 FTA에 비해 매우 앞서 있다. 이 외에도 소프트웨어 기술의 저작권보호 및 소비자 개인정보보호 등 디지털 무역 관련 중요한 이슈를 다루고 있다.

TPP 협정은 다른 FTA에서는 다루지 못하고 있는 국영기업 관련 규정을 마련하고 있다는 점에서도 매우 큰 의미가 있다. 국영기업을 통한 무역 및 투자 행위는 공정한 경쟁을 저해하는 장벽으로서, TPP 협정은 국영기업의 상업적 활동에 대한 보조금 금지 및 규제, 투명성 요건 등을 규정하고 있다. 반면, 베트남과 말레이시아와 같이 국영기업이 국가경제활동에서 중요한 비중을 차지하고 있는 TPP 회원국에 대한 예외규정도 허용하고 있다.

　　TPP 회원국은 지속적인 환율 조작 및 자국 통화의 경쟁적 평가절하를 지양하도록 규정하고 있는데, TPP 환율 관련 규정은 분쟁해결절차의 적용 대상은 아니므로 회원국의 환율규정의 이행을 강제할 수는 없다. 반면, TPP 회원국 각국의 외환보유고 및 국제통화 시장에 대한 정부 개입 내역을 공개할 것을 의무화하고 있다.

2.3 TPP 협정에 대한 평가

　　2001년 출범한 도하 라운드를 통한 다자무역 협상의 성과가 지지부진한 상황에서 무역자유화의 진전은 다자무역체제가 아닌 지역무역 협정을 통해 이루어졌다고 해도 과언이 아니다. 특히 양자 간 체결되는 FTA의 수는 2000년 이후 급속하게 증대해왔는데, FTA 회원국 간 무역자유화의 증진에는 기여한 것으로 평가되지만 '규범의 파편화(fragmentation of rules)' 및 원산지규정의 '스파게티 볼 효과(spaghetti bowl effect)' 등으로 인하여 다자적 차원의 무역자유화 효과에는 미치지 못하는 것으로 평가되고 있다.

　　거대 지역무역 협정(mega regional trade agreement)으로 평가되는 TPP 협정은 전대미문 최고 수준의 '21세기형 FTA' 또는 'FTA 2.0'으로 평가되고 있다. TPP 협정을 통해 회원국들은 95% 이상의 품목에 대하여 관세 철폐를 약속하였으며 서비스·투자 분야의 자유화 수준도 기존의 FTA에 비해 상당히 발전되었다. 상품 및 서비스 분야 외에 금융안정과 자본이동, 국영기업, 정부조달, 환경, 노동, 경쟁, 전자상거래, 투자보호 등을 모두 다루고 있는 매우 포괄적인 FTA이다.

　　반면, TPP 협정에 대하여 협상의 투명성 결여 문제로 인하여 진정한 자유무역을 목적으로 하고 있지 않으며 정치적 의도를 담은 경제협정이라는 비판이 제기되기도 하였다. 사실 미국은 그동안 체결해 온 30여 개의 FTA 중에서 TPP에 가장 역점을 두었는데, 그 이유는 TPP를 WTO 도하 협상의 실패에 대한 대안으로 인식하고 TPP를 통하여 아시아태평양지역의 경제단일화를 추진하였기 때문이다. 사실 TPP 협정은 미국이 탈퇴하기 전까지는 미국의 경제적 이익을 보호하는 목적과 동시에 정치적 목적도 공존하는 FTA로 평가되고 있었다. 특히 미국에게 아태지역은 미국의 최대 교역대상지로서 수출 확대 등 경제적 이익이 매우 크며, 지식재산권보호를 통한 미국 자산의 보호는 미국 기업의 경쟁력 강화에 상당한 도움을 주기 때문이다. 또한 아태지역은 미국의 최대 투자 대상지로서 미국은 투자자-국가 분쟁해결(ISDS)규정을 통해 해외자산을 보호하고자 하였으며, 환경과 노동규정 등을 마련하여 새로운 세계무역질서의 형성 과정에서 미국이 주도권을 확보하고자 하였다. 이 외에도 아태지역의 개도국에 대한 미국의 영향력을 확대하기 위해 사회주의 경제체제를 기반으로 하고 있는 베트남 등을 회원국으로 영입하여 다양한 경제 및 정치적 목적을 추구하고자 한 것으로 평가되었다.

미국이 탈퇴했음에도 불구하고 TPP는 일본의 주도로 '포괄적 점진적 환태평양동반자 협정(Comprehensive and Progressive Trans-Pacific Partnership, CPTPP)'으로 명칭이 변경되어 11개국이 참여한 가운데 체결되었으며 참여국의 과반수가 국내비준 절차를 완료하여 2018년 12월말 기준으로 발효되었다. 미국이 탈퇴함에 따라 일본과 나머지 CPTPP 참여국 간의 교역규모는 당초 기대보다 거의 절반으로 감소될 것으로 예상되지만, CPTPP 협상 타결을 통해 일본은 환태평양지역 내 무역에서 선두주자의 지위를 확보하게 된 것으로 평가된다.

특히 일본은 CPTPP의 체결 이후 아태지역 내에서 전자상거래가 활성화될 것에 주목하고 있는데, CPTPP 전자상거래규정상 '데이터의 자유로운 이동', '데이터 시설의 현지화 요구 금지' 및 '소스코드의 이전 요구 금지'가 규정되어 있어 향후 역내 전자상거래 교역이 상당히 활발해질 것으로 예상되고 있다.

향후 미국이 CPTPP 협정에 가입할지 여부는 불확실하지만 미국을 둘러싸고 있는 환태평양지역 국가들 간의 무역 증진은 미국에게 TPP 복귀에 대한 압박을 줄 수 있으며, CPTPP 회원국 간 선진화된 무역규범의 적용을 통한 역내 무역과 투자 환경의 개선으로 인한 교역 활성화는 현재 미국이 주도하고 있는 보호무역주의에 맞설 수 있는 대안을 제시한다는 점에서 의의를 찾아볼 수 있다.

3 ___ 환태평양무역체제에서의 TBT 규범 현황 및 시사점

3.1 CPTPP 협정의 TBT 규범의 내용 및 특징

CPTPP 협정의 TBT 챕터는 13개의 조항과 7개의 부속서로 구성되어 있으며,[2] 불필요한 무역기술장벽을 제거하기 위하여 투명성 증진, 규제 협력 및 모범규제관행의 확대를 목적으로 하고 있다. 상품무역에 영향을 미치는 기술규정, 표준 및 적합성평가절차가 규제 대상이며, 중앙정부기관을 비롯한 중앙정부기관의 직속 지방정부기관에 적용된다. 대부분의 FTA TBT규범과 유사하게 규제 조화를 위한 국제표준의 인정, 적합성평가절차의 상호인정, 투명성 증진, 적합성평가결과의 상호인정을 위한 다양한 협력기제 인정, TBT위원회 등을 주요 내용으로 포함하고 있다.

(1) 적합성평가

적합성평가 관련 조항에서는 타 회원국의 영토에 있는 적합성평가기관에게 비차별대우를 보장할 것을 기본적으로 규정하고 있다. 이를 위하여 적합성평가기관의 인가, 승인, 인정 및 면허부여를 하는 경우 자국의 적합성평가기관

---

2 CPTPP 협정 제8장 무역기술장벽(Technical Barriers to Trade)의 13개 조항과 7개 부속서는 다음과 같다: 제1조 정의(Definitions), 제2조 목적(Objective), 제3조 적용범위(Scope), 제4조 TBT 협정 일부 조항의 채택(Incorporation of Certain Provisions of the TBT Agreement), 제5조 국제표준, 지침 및 권고(International Standards, Guides and Recommendations), 제6조 적합성평가(Conformity Assessment), 제7조 투명성(Transparency), 제8조 기술규정과 적합성평가절차에 대한 이행기간(Conformity Period for Technical Regulations and Conformity Assessment Procedures), 제9조 협력 및 무역원활화(Cooperation and Trade Facilitation), 제10조 정보교환 및 기술 논의(Information Exchange and Technical Discussions), 제11조 무역기술장벽위원회(Committee on Technical Barriers to Trade), 제12조 연락처(Contact Points), 제13조 부속서(Annexes), 부속서 8-A 와인 및 증류주(Wine and Distilled Spirits), 부속서 8-B 정보통신기술상품(Information and Communication Technology Products), 부속서 8-C 의약품(Pharmaceuticals), 부속서 8-D 화장품(Cosmetics), 부속서 8-E 의료기기(Medical Devices), 부속서 8-F 식품포장 및 식품첨가물에 대한 등록상표방식(Proprietary Formulas for Prepackaged Goods and Food Additives), 부속서 8-G 유기농 제품(Organic Products).

에게 적용하는 동일하거나 동등한 절차, 기준 및 조건을 적용하도록 의무화하고 있으며, 필요한 경우 상호인정협약(MRA)의 사용을 허용하고 있다. 또한 해당 제품의 기술규정 및 표준 부합 여부에 대한 시험결과, 인증서 또는 검사를 요구하는 경우, 해당 적합성평가기관이 당사국의 영토에 소재하도록 요구하지 못하며 당사국의 영토 내에 소재한 평가기관의 사무소 운영을 요구할 수 없도록 규정하고 있다.

적합성평가의 결과에 대한 수용은 무조건적이지 않으며, WTO TBT 협정을 비롯한 CPTPP TBT규정과 합치하는 범위 내에서 수용할 수 없는 이유를 설명하는 경우 평가결과를 거부할 수 있다. 그러나 적합성평가기관을 인가, 승인, 면허부여 또는 인정하지 않거나 MRA 체결 및 MRA 체결을 위한 협의 요청을 거부하는 경우, 타 회원국의 영역에서 수행된 적합성평가결과를 거부하는 경우에도 해당 사유를 설명해야 한다.

이 외에도 타 회원국의 적합성평가기관에 대한 신뢰성을 제고하기 위한 조치로서 회원국들로 하여금 국내 인가(accreditation)제도를 확립하고 이를 통해 국내외 적합성평가기관을 평가하고 지속적으로 관리하도록 권고하고 있다. 이의 일환으로 적합성평가기관을 인가한 인가기관(accreditation body)에 대하여 해당 당사국에 복수의 인가기관 존재, 비정부기관, 국제적으로 인정받은 인가기관임에도 국내에 인가기관의 인정 절차 부재, 당사국 영토에 사무소 부재 등의 이유로 적합성평가기관의 평가결과를 거부할 수 없도록 구체적으로 규정하고 있다.

(2) 투명성

CPTPP TBT 챕터는 기존의 TBT 관련 다자규범 및 FTA규정보다 매우 상세한 투명성(transparency) 조항을 마련하고 있다. 특히 새로운 TBT 조치를 도입하기에 앞서 타 협정참여국의 이해관계자가 참여할 수 있도록 내국민대우 의무를 명시하고 있으며, 모든 새로운 TBT 조치의 제안 및 최종 조치를 가급적 전자적 수단인 단일 공식 웹사이트를 통해 공개할 것을 의무화하고 있다. 이와 같은 정보 공개 및 통보의 대상 TBT 조치는 지방정부기관의 기술규정 및 적합성평가절차도 포함하며 가급적 단일한 공식 웹사이트 또는 관보를 통해 조치의 제안 단계에서부터 내용을 공개할 것을 명시하고 있다. 이 외에도 새로운 TBT

조치를 제안한 이후 60일 이내에 동 조치의 제안에 대한 타 협정참여국 또는 이해관계자의 서면 의견서를 접수할 수 있도록 하며, 합리적인 요청이 있을 경우 동 기간을 60일 이상 연장할 수 있도록 규정하고 있다. 또한 의견 접수기간이 종료된 이후에도 통보된 기술규정 및 적합성평가절차가 채택되기까지 충분한 기간이 보장되도록 권고하고 있다.

투명성 조항이 CPTPP TBT 챕터에서 보다 강화된 배경에는 당초 TPP 협상을 주도했던 미국의 표준 수립방식에 따른 것인데, 미국은 국가 및 민간표준 수립 시 투명한 절차와 이해관계자의 참여에 중요한 비중을 두고 있다. 특히 미국은 민간 부문의 기술표준을 수립하는 과정에서 효율성과 혁신을 강조하기 위하여 기업 관계자, 기술 전문가, 학계, 정부기관 및 일반 대중이 모두 참여하여 의견을 수렴하는 'bottom up'방식을 취하고 있다고 설명하고 있다. 반면, 타 협정참여국 중 일부는 정부가 제정한 기술표준을 모든 기업이 준수해야 하는 방식으로, 혁신을 저해할 뿐 아니라 관세를 대체하는 불필요한 무역기술장벽으로 작용하는 것으로 간주하고 있다.[3]

(3) 기술규정 및 적합성평가절차의 이행기간

CPTPP TBT규정은 WTO TBT 협정에서 명시하고 있는 기술규정의 도입을 통한 정책적 목표 달성 및 적합성평가절차의 요건을 충족하기 위한 '합리적인 기간(reasonable interval)'에 대하여 통상적으로 최소 6개월을 의미한다고 구체적 기준을 제시하고 있다. 이에 따라 회원국들은 최종적인 기술규정 및 적합성평가절차의 공표 이후 발효 이전까지 최소 6개월의 충분한 기간을 허용해야 하며, 동 기간동안 해당 제조업자들은 새로운 기술규정 및 표준에 부합함을 입증할 수 있도록 충분한 준비 기간을 제공하고 있다.

(4) 부속서

CPTPP TBT규정의 또 다른 특징은 특정 분야에 대한 7개의 부속서를 채택

---

3 미 무역대표부(USTR), TPP 설명자료(TPP Chapter Summary), 8−Technical Barriers to Trade.

하고 있다는 점이다. 화장품, 의료기기 및 의약품에 대한 각각의 부속서는 관련 TBT 조치를 수립 및 이행하기 전에 관련 과학적·기술적 국제기준을 고려하도록 규정하고 있으며, 공개되어 있는 구체적 기준에 의거하여 해당 제품에 대한 시장출시를 허가하도록 규정하고 있다. 허가의 신청이 거부된 경우에는 그 이유를 설명하도록 규정하고 있으며, 이의를 제기할 수 있도록 해당 절차의 도입을 의무화하고 있다. 기본적으로 동 분야에서는 기술규제의 조화를 지향하여 불필요한 무역기술장벽을 완화하면서 동시에 규제당국에게 충분한 재량권을 부여하여 공중보건의 정책적 목적 달성을 저해하지 않는 것을 목적으로 하고 있다.

정보통신기술(ICT) 상품에 대한 부속서는 암호화 기술이 포함된 상업적 ICT 제품 등을 대상으로 하며, 관련 기술규정 및 적합성평가절차를 준수하는 과정에서 타 협정참여국이 해당 제품에 대한 기밀정보의 공개를 요구하지 못하도록 하는 것을 목적으로 하고 있다. 특히 협정참여국의 영토 내에서 해당 제품의 판매, 수입 또는 사용의 조건으로서 상품 제조업자에게 암호화 알고리즘을 공개하도록 요구하지 못하도록 하며, 암호화 기술의 개발을 위해 제조업자들이 현지인과의 제휴를 요구하지 못하도록 규정하고 있다. 또한 정보기술장비(ITE) 제품의 경우 전자파적합성(EMC)표준에 부합함을 보장하기 위한 '공급자 적합성 선언(supplier's declaration of conformity: SDoC)'을 수용하도록 의무화하여 ICT 제품의 제조비용을 낮추는 동시에 규제당국이 합리적 수준의 규제를 할 수 있도록 규정하고 있다.

와인 및 증류주에 대한 부속서는 라벨 표시(labeling)에 대한 구체적 기준을 제시하여 소비자보호의 정책적 목적이 달성될 수 있도록 상세한 규정을 마련하고 있다. 와인과 증류주에 대한 구체적 정의규정을 마련하고 보충(supplementary) 라벨 표시를 허용하여 동 제품의 무역이 역내에서 더욱 원활화되는 것을 목적으로 하고 있다. 특히 생산·제조일자, 소비·유통기한 등 일자 표시 요구 금지, 상표·상호의 번역본 요구 금지, 양조관행의 공개 요구 금지 등 불필요하거나 과도한 TBT 조치를 통해 수입을 제한하지 못하도록 규정을 마련하고 있다.

이 외에도 유기농 제품에 대한 부속서는 제품에 대한 정보교환을 비롯하여 유기농 제품의 교역 관련 국제지침, 표준 및 권고의 개발을 위한 협력 증진, 유기농 제품의 생산, 가공 및 라벨 표시 관련 기술규정, 표준 및 적합성평가절차의 동등성 인정을 권고하는 규정을 마련하고 있다.

마지막으로 식품포장 및 식품첨가물에 대한 등록상표방식(proprietary formula)에 대한 부속서는 기술규정 및 표준을 준비, 채택 및 적용하는 과정에서 등록상표방식과 관련된 정보를 수집하는 경우 합법적 목적 달성을 초과하는 불필요한 정보를 요구하지 않도록 규정하고 있으며, 타 회원국으로부터 수입되는 제품에 대한 정보의 보호는 내국민대우를 보장하여 합법적인 상업적 이해관계를 보호하는 것을 목적으로 하고 있다.

이와 같이 다양한 산업 분야의 부속서가 별도로 도입된 것은 환태평양지역의 대부분 국가들이 해당 분야의 기술표준을 도입하고 있지 않거나 표준수립 절차도 갖추고 있지 않은 경우가 많아 당초 미국의 입장에서는 이들 국가들이 미국과 경쟁하고 있는 EU의 표준을 따르는 것을 견제하기 위한 것인 것으로 분석된다. 역내 국가들의 표준 수립 과정에서 타 회원국 이해관계자들의 참여를 통해 역내 표준의 조화(harmonization)를 추구하여 역내 무역의 증진에 기여할 뿐 아니라 궁극적으로는 해당 분야의 표준 선점을 통해 글로벌표준의 제정 노력을 주도할 수 있다는 목적도 있는 것으로 보인다.

(5) 협력 및 무역원활화, 정보교류 및 기술적 대화, TBT위원회

CPTPP TBT규범은 적합성평가결과의 수용을 활성화하기 위하여 다양한 기제(mechanism)가 있음을 인정하고 있으며, 이를 위해 적합성평가결과의 상호인정, 인가기관 및 적합성평가기관 간 기존의 지역 및 국제 상호인정협약(MRA) 인정, 적합성평가기관에 대한 인가 활용, 적합성평가기관의 지정 또는 타 회원국의 적합성평가기관 지정의 인정, 타 회원국의 영역에서 수행된 적합성평가결과의 인정, 공급자 적합성 선언(SDoC)의 수용 등을 권장하고 있다. 이 외에도 규제의 조화 및 불필요한 역내 무역기술장벽의 철폐를 위해 다양한 기제의 사용을 권장하며, 규제 관련 대화 및 협력을 강화하기 위하여 규제방식 및 관행에 대한 정보 교류, 모범규제관행(GRP)의 활성화, 기술규정 등의 수립, 이행 및 검토와 관련된 기술적 지원과 자문 제공 등을 권장하고 있다. 또한 적합한 경우 국가표준을 국제표준과 조화시키며 기술규정 및 표준의 제정 시 관련 국제표준의 적극적 활용을 권고하고 있다.

협력의 활성화 차원에서 정보 교류에 대한 구체적 내용도 포함되어 있는데, 정보의 요청이 접수된 후에는 '합리적인 기간' 이내에 정보를 제공하되 전자적 수단을 이용하여 제공하도록 규정하고 있으며, 해당 사안을 해결하기 위하여 타 회원국과의 기술적 대화를 요청할 수 있도록 허용하고 있다. 해당 당사국들은 요청이 접수된 후 60일 이내에 해당 사안에 대한 논의를 개시해야 하며, 긴급한 경우에는 더 빠른 기간 내에 사안에 대한 논의를 요청할 수 있다.

이 외에도 무역원활화를 위한 협력 강화를 위하여 당사국의 정부관계자로 구성된 TBT위원회를 구성하도록 규정하고 있으며, 동 위원회는 TBT규정의 이행 및 운영 점검, 기술적 논의 점검, 향후 상호관심 사안에 대한 공동작업의 우선순위 설정, 당사국 간 협력 활성화, 기술적 지원이 필요한 분야의 선정 지원, 표준, 지침 및 정책의 개발을 위한 지역 및 다자기구에서의 논의 사항에 대한 공동 접근방식의 수립을 위한 정보 교류 활성화 등의 역할을 수행하도록 규정하고 있다.

3.2 CPTPP TBT 규범의 시사점

기존의 FTA TBT규범과 비교하여 CPTPP TBT규범은 환태평양무역체제를 구성하고 있는 역내 회원국 간 기술규제의 조화(regulatory coherence)를 추구하는 데에 더욱 방점을 두고 있는 것으로 평가된다. 특히 FTA의 TBT규범에 비하여 CPTPP TBT규범은 TBT 조치의 수립 과정에 타 회원국의 이해관계자가 충분히 참여하여 의견을 제출할 수 있도록 절차규정을 마련하고 있을 뿐 아니라 TBT 조치의 공표 이후 효력 발생 전까지의 기간을 구체적으로 명시하여 이해관계자의 의견 수렴이 충분히 이루어질 수 있도록 규정을 마련하고 있다는 점에서 목표하는 바를 파악할 수 있다.[4]

---

4 미 USTR이 발표한 TPP 설명자료에 의하면 환태평양지역 내 공통된 규제방식(common regulatory approaches)을 활성화하기 위해 특정 분야별 부속서를 마련하고 있다고 설명하고 있으며, 궁극적으로는 TPP 협정이 미국의 표준을 활성화(promote U.S. standards)하고 최선의 규제방식에 대한 합의(consensus on the best approaches)를 통해 미국 기업과 이해관계자들이 환태평양무역체제 내에서 통용되는 기술표준을 수립하는 데에 참여할 수 있는 기회를 제공하고 있다고 설명하고 있음.

또한 기존의 FTA TBT 챕터와는 매우 다르게 7개 특정 분야에 대한 부속서규정을 마련하고 있다는 점에서 CPTPP TBT규범은 새로운 분야의 기술규제에 대해서도 수립 전 단계에서의 규제 조화를 지향하고 있는 것으로 분석된다. 특히 해당 분야에서의 기술표준이 아직 부재하거나 적합한 표준 수립 절차를 갖추지 못한 회원국의 경우 CPTPP 회원국이 기 수립하고 있는 기술표준을 중심으로 효율적인 기술규정 내지 적합성평가절차를 개발할 수 있게 될 것으로 기대되고 있다. 특히 부속서로 상세한 규정이 마련되어 있는 7개의 분야는 화장품, 의료기기, 의약품, ICT 제품, 와인 및 증류주, 유기농 제품 등 주로 선진국들이 생산 및 수출하고 있는 분야로서 관련 TBT제도가 미흡한 개도국 회원국을 대상으로 해당 분야의 무역 활성화에 어려움을 겪고 있었을 것으로 예상된다. 일례로 식품 분야에서의 라벨 표시 관련 TBT 조치가 불필요한 무역장벽으로 작용하지 않도록 상세한 정의규정과 라벨 표시 방법에 대한 규정이 도입되어 있다는 점에서 주목된다. 미국은 최대 농산물 수출 시장인 EU와의 농산물 및 식품 분야 무역에서도 TBT 조치를 EU와의 최대 무역현안 중 하나로 주목하고 있다.[5] 비록 미국은 TPP에서 탈퇴하였지만 CPTPP의 선진국 회원국인 호주, 뉴질랜드, 캐나다의 경우 부속서에서 규정하고 있는 분야에서의 TBT 조치의 완화를 통해 무역 증진 효과를 볼 수 있을 것으로 예상된다.

궁극적으로는 규제의 조화를 추구하고 있지만 기 수립된 국가표준으로 인하여 무역장벽이 발생하지 않도록 타 회원국의 적합성평가절차에 대한 동등성을 인정하도록 상세한 규정을 마련하고 있는 점 또한 주목된다. 타 회원국의 적합성평가기관에 대한 상호인정을 의무화하고 있지는 않지만 적합성평가기관의 인가 절차에 대한 상세한 규정을 마련하여 구체적 기준을 제시함으로서 불필요한 무역장벽이 발생하지 않도록 규정하고 있다.

이에 따라 환태평양지역에서의 무역기술장벽에 대한 무역체제는 역내 기술규제의 조화를 목표로 발전하고 있는 것으로 평가된다. 오늘날의 기술력이 국가의 경쟁력을 좌우하는 시대에서 기술표준은 제품과 서비스의 품질과 안전뿐 아니라 호환성, 상호운용성, 성장성을 담보하는 경쟁력의 핵심요소라 여겨지고 있

---

5 Weyerbrock and Xia(2000), pp.236−240.

다. 개도국을 포괄하고 있는 CPTPP규범이 이러한 첨단 산업의 기술발전까지 염두에 두고 있지 않을 수 있지만 TBT규범의 규제대상인 기술규제 조치는 분명 향후 회원국들의 첨단산업의 발전에도 영향을 미치게 될 것이다. CPTPP TBT규범은 이러한 기술규제의 조화 및 표준화를 위한 발전의 틀을 마련하고 있으며 환태평양지역의 국가들이 국내규제에 대한 정책적 재량권과 규제 조화의 필요성 사이에서 발전적 합의를 이루었다는 점에서 중요한 의의를 찾아볼 수 있다.

4 ___ 지역무역 협정의 TBT 규범 발전 과제

4.1 지역무역 협정의 TBT 규범화 현황

주요 지역무역 협정의 TBT규범은 WTO TBT 협정의 규범 수준을 넘어서 '표준의 자유화(standard liberalization)'를 지향하고 있다. WTO TBT규범은 회원국들이 국제표준에 기반하여 자국의 산업발전정책에 부합하는 기술표준을 개발할 수 있도록 상당한 법률상의 정책적 재량을 허용하고 있다. 그러나 관세 철폐의 효과로 인하여 각국의 표준 및 기술규정이 수입을 규제하는 대표적인 무역장벽으로 더욱 주목받고 있는 상황에서 FTA TBT규범의 최우선 목표는 회원국의 국가표준 재량권을 축소하여 기술표준을 개방하는 것이라 할 수 있겠다.

주요국이 체결하는 FTA TBT규범은 다소 상이한 접근방식을 취하고 있는데, EU가 체결하는 FTA의 TBT규범의 경우에는 상대국이 EU의 표준을 따르도록 유도하며 EU표준의 '국제화'를 추구하거나 국제표준에 기반한 기술표준의 조화(harmonization)를 추구하고 있다. 반면, 미국이 체결하는 FTA는 상대국의 기술규정에 대하여 '동등성(equivalence)'을 인정하거나 회원국 간 상이한 적합성 평가절차를 상호인정하는 방식으로 접근하며 이들 규정의 이행을 강제하는 형태를 취하고 있다.[6]

이와 같이 주요국이 체결하고 있는 FTA의 TBT규범은 WTO TBT의 규범

---

6 Alshareef(2019), pp.443-450.

수준을 넘어서는 소위 'WTO-plus' 내용을 포함하고 있다. 우선 대부분의 FTA TBT규정은 국가표준 또는 합법적 정책 목적 추구에 대한 필요성 등을 명시적으로 언급하지 않고 있어 일반적으로 WTO TBT규범에서 허용하고 있는 국가표준 개발의 권한을 인정하지 않고 있다. 또한 FTA TBT규정은 상대국의 표준에 대한 동등성 인정을 의무화하고 있는데, 국내표준에 기반하여 동등성을 인정하도록 하거나 동등성을 인정하지 못하는 경우 그 이유를 정당화하도록 의무화하고 있다. 적합성평가절차 및 결과의 인정에 대해서도 다양한 방식으로 상대국의 적합성평가결과를 인정하도록 기제를 마련하고 있는데, 국제표준 또는 국가표준에 기반하여 인정하도록 하거나 다른 상호인정(mutual recognition) 방법의 예시목록을 제공하며 이를 따르도록 유도하고 있다. 타 회원국의 적합성평가결과를 수용하지 않는 경우에는 그 이유를 정당화하도록 의무화하고 있으며, 적합성평가기관의 인가에 대해서는 내국민대우 의무를 적용하고 있다.

투명성 조항은 WTO TBT규범의 경우 새로운 도입하고자 하는 기술규제 조치의 목적과 내용을 통보하고 타 회원국이 제안된 신규 조치에 대해 의견을 제출할 수 있도록 규정하고 있는데, FTA TBT규범은 더 나아가 국가표준의 개발 단계에서 타 회원국의 개인 및 투자자가 의견을 제출하여 반영될 수 있도록 내국민대우 원칙을 의무화하고 있다. 또한 통보의 기간을 일반적인 '합리적 기간'인 60일 이상 연장할 수 있도록 허용하며, 타 회원국의 의견을 반영하지 않을 경우 거부의 사유를 설명하도록 규정하고 있다. 규정의 이행 강화를 위해서는 TBT위원회를 설립하도록 하거나 FTA 분쟁해결절차를 통해 회원국 간 협의하도록 의무화하고 있다.

4.2 환태평양 지역무역 협정의 TBT 규범의 발전 현황

CPTPP TBT규범의 내용을 한국이 미국, EU와 체결한 FTA의 TBT규범과 비교하며 환태평양 지역무역 협정의 TBT규범이 'WTO-plus' TBT규범을 도입하고 있는 FTA TBT규범의 내용보다 어느 수준까지 발전해 왔는지 현황을 분석해 보고자 한다.

[표 11-1] 한-미 FTA, 한-EU FTA, CPTPP 협정의 TBT규범 비교

	한-미 FTA	한-EU FTA	CPTPP
조화(harmonization)			
• 국제표준에 기반	×	×	○
• 합법적 정책목적 위한 국가표준 권리 인정	×	○	×
동등성 인정			
• 국제표준에 기반	×	×	×
• 동등성 미인정시 설명 제공	×	×	×
적합성평가절차(CAP)·결과의 인정			
• 국제표준에 기반	×	○	×
• 미인정시 설명 제공	○	×	○
• 협상요청 거절 시 설명 제공	○	×	○
• CAP기관의 국내거소요구 금지	×	×	○
• 다양한 인정 기제(MRA, SDoC 등)	○	○	○
• CAP기관의 인가 시 내국민대우	○	○	○
투명성			
• 의견제출 기간 연장	×	×	○
• 제출의견 미반영 시 설명 제공	○	×	○
• 국가표준 수립 단계 내국민대우	○	×	○
• 공식 웹사이트 통해 신규조치 등 통보	○	×	○
• 최종조치 발효 전 최소 6개월 보장	×	×	○
이행 강화			
• TBT위원회	○	×	○
• 분쟁해결절차 회부	○	×	×

〈표 11-1〉에서 드러나는 바와 같이, 전반적으로 한-EU FTA의 TBT규범
은 한-미 FTA와 CPTPP 협정의 TBT규범에 비하여 'WTO-plus' 요소가 적은
것으로 나타난다. 기본적으로 한-EU FTA의 TBT규정은 EU가 체결한 타 FTA
와 같이 국가의 규제 주권을 인정하면서 FTA 상대국이 EU의 표준을 따르도록
하며 표준의 조화를 추구하고 있는 접근방식을 취하고 있다. 타 회원국의 적합
성평가절차에 대한 인정도 다소 소극적으로 국제표준에 기반하여 인정하고 있
는데, 적합성평가기관을 인가할 때에는 내국민대우 의무를 적용하도록 규정하
고 있다는 점에서 EU의 타 FTA TBT규정보다 자유화 수준이 상대적으로 진일
보한 것으로 평가된다.

한－미 FTA의 TBT규정은 회원국 간에 적합성평가절차 및 결과가 상호인정될 수 있도록 추가적인 규정을 도입하고 있는데, 상대국이 적합성평가결과를 수용하지 않을 경우 그 이유를 설명하도록 의무화하고 적합성평가결과 관련 협상 요청을 거부할 경우에도 이유를 설명하도록 의무화하여 회원국 간 적합성평가결과의 인정을 위한 강제력이 강화된 규정을 도입하고 있다.

투명성에 대한 내용은 한－EU FTA TBT규정에서는 전혀 다루어지지 않고 있는데, 한－미 FTA TBT규정은 신규 도입 또는 개정 예정인 TBT 조치에 대하여 단일한 공식 웹사이트 및 관보를 통해 통보하고 TBT 관련 법개정 사안에 대한 의견 제출을 보장하고 제출된 의견이 반영되지 않았을 경우 규제당국이 설명을 제공하도록 의무화하고 있다. 또한 국가표준을 수립하는 경우 초기 단계부터 국내외 이해관계자들이 모두 참여할 수 있도록 내국민대우를 보장하도록 의무규정도 도입하고 있다.

CPTPP TBT규범은 'WTO-plus'규정을 많이 도입하고 있는 한－미 FTA TBT규범 이상으로 자유화 수준이 높은 것으로 분석된다. 특히 타 회원국의 적합성평가절차 및 결과의 인정에 대한 규정은 한－미 FTA와 전반적으로 매우 유사한 수준이지만 CPTPP TBT규정은 이에 더하여 적합성평가기관의 국내거소를 요구할 수 없도록 명시하고 있다. 투명성 조항에서도 CPTPP TBT규정은 한－미 FTA TBT 투명성 조항에 비해 의견 제출 기간의 연장을 허용하고, 신규 도입 또는 개정이 예정되어 있는 TBT 조치가 최종 발효되기 전까지 최소 6개월의 기간을 보장하여 국내외 이해관계자들이 변경된 조치에 충분히 대응할 수 있도록 규정하고 있다.

한편, TBT규정의 이행 강화를 위한 차원에서 도입된 TBT위원회의 설립규정과 FTA 회원국 간 TBT 조치에 대한 이견 협의 및 조정을 위한 FTA 분쟁해결절차 회부규정과 관련하여, 한－미 FTA가 가장 앞서있는 것으로 평가된다. CPTPP TBT규범은 회원국 간 문제 해결을 위한 기술적 사안에 대한 협의에 많은 비중을 두고 있는데, 긴급한 상황인 경우에는 통상적인 60일 보다 짧은 기간 내에 사안에 대한 협의를 통해 문제를 해결하도록 유도하고 있다. 또한 이러한 협의를 위해 TBT위원회를 설립하도록 규정하고 있으나, FTA 분쟁해결절차에 문제를 회부하지 않도록 규정하고 있다.

4.3 지역무역 협정 TBT 규범의 발전 과제

주요국이 체결하고 있는 지역무역 협정 TBT규범의 내용 및 자유화 수준은 WTO TBT 협정의 내용과 수준을 넘어 자유화에 더욱 기여하고 있다는 점에서 바람직한 발전 방향이라 평가할 수 있다. 무역기술장벽이 대표적인 비관세장벽으로서 작용하며 세계무역의 증대를 저해하는 요소가 있다면 FTA의 TBT 자유화 규정을 통해 WTO에서 달성하지 못한 '표준의 자유화(standards liberalization)'를 추구하는 방안이 가장 현실적인 접근방식으로 판단된다.

지금까지 살펴본 CPTPP TBT규범은 이러한 '표준의 자유화' 노력을 한층 발전시켰다는 점에서 긍정적인 발전 방향으로 평가된다. 궁극적인 표준의 조화 (harmonization) 및 상대국의 기술규제조치에 대한 동등성(equivalence)을 인정하는 높은 수준의 자유화는 아직 달성하지 못했지만 상대국의 적합성평가절차와 결과의 인정을 위한 규정을 더욱 적극적으로 도입함으로서 자유화 노력에 더욱 기여하고 있는 것으로 평가된다. 투명성 관련 규정을 통해서도 상이한 기술규제조치에 대한 이해관계자들의 이해를 높이고 기술적 사안에 대한 의견 교환 및 협의의 기회를 확대하여 상호인정될 수 있는 여지를 남겨놓는 규범화의 방향도 바람직한 것으로 평가된다.

앞으로는 CPTPP의 발효와 함께 이러한 발전된 규정들이 실제로 이행되어 '표준의 자유화' 목표에 한 단계 더 가까워질 수 있도록 환태평양지역 국가들의 노력이 필요할 것으로 보인다. 북미, 아시아, 중남미, 오세아니아 등 다양한 지역과 개발 수준이 각기 다른 회원국들이 모인 CPTPP 협정은 다른 그 어느 지역무역 협정보다 향후 다자무역체제의 성공 여부를 가늠해볼 수 있는 시험대 역할을 할 것으로 판단된다. 오늘날의 경제현실과 급변하는 통상환경을 반영하지 못한 채 다자무역 협상을 통한 규범의 발전이 정체된 상황에서 보다 자유화 수준이 높은 규범을 도입하고 있는 CPTPP TBT규범의 이행 수준은 메가 FTA 규범, 더 나아가 다자규범의 이행을 강화하기 위한 실효적 방안으로서 CPTPP 의 유효성을 판단하게 될 중요한 잣대가 될 것이다.

또한 CPTPP TBT위원회의 기능이 제 역할을 할 수 있도록 회원국 간 적극적 대응과 협의가 필요할 것으로 보인다. WTO TBT위원회의 경우에서 나타나는 바와 같이, 무역기술장벽에 관한 회원국 간 이견을 실질적으로 해결하기 위해서는 공식적인 분쟁해결절차에 회부하는 것보다 TBT위원회를 통한 문제의 협의가 더욱 효과적인 것으로 드러나고 있다. 이에 따라 CPTPP TBT규범도 분쟁해결절차에 회부하는 규정이 부재하며 TBT위원회의 제 기능을 명시하고 있는 규정을 도입하고 있는 것으로 보인다. 분쟁해결절차에 통상적으로 소요되는 시간과 비용을 감안해 볼 때, 회원국 간 무역갈등을 실질적으로 해결할 수 있는 방안으로서 TBT위원회의 효과성이 앞으로 더욱 검증된다면, 다자무역체제에서의 분쟁해결 방안의 대안으로서 관련 위원회의 역할을 더욱 강화하고 절차규정을 개선하여 효과적으로 회원국 간 통상갈등이 해소될 수 있도록 유도하는 것이 바람직한 것으로 판단된다.

한편, 궁극적으로는 지역무역 협정의 TBT규범을 통해 표준의 조화 및 동등성 인정이 가능하도록 규범이 계속 발전될 필요가 있을 것이다. 이에 앞서 이미 체결된 지역무역 협정의 TBT규범이 지나치게 파편화(fragmentation)되지 않도록 주요국의 상이한 FTA TBT규범화 방식에 대하여 회원국들이 인지할 필요가 있다. 이러한 관점에서 EU의 FTA TBT규범이 추구하는 'EU표준의 국제화' 접근방식보다는 미국의 FTA TBT규범이 추구하는 '동등성 인정'방식이 더욱 자유화 수준이 높으며 향후 다자화(multilateralization)를 위해서도 바람직한 규범화 방향인 것으로 판단된다. 기본적으로 미국의 FTA TBT규범화 방식을 따르고 있는 CPTPP의 TBT규범화 방식은 이러한 측면에서 긍정적인 것으로 평가된다.

5 ___ 결론

그동안 다자무역체제의 성과이자 전세계적인 FTA 확산의 결과로서 대부분 분야에서의 관세 철폐가 이루어지면서 비관세장벽이 주요한 무역장벽으로 주목받고 있다. 대표적인 비관세장벽인 TBT 조치는 향후 기술력이 포함된 제품의 무역이 더욱 확대되고 디지털 무역이 증대되면서 중요성이 더욱 커질 것으로 예상된다. 이에 따라 환태평양지역 무역체제 내의 TBT규범은 협정 참여국 간 무역기술장벽을 완화하여 역내 무역의 증대에 크게 기여하게 될 것이며 향후 참여국 간 규제조화(regulatory coherence)의 토대를 마련하게 될 것으로 예상된다. 한국은 일본, 멕시코를 제외한 거의 모든 CPTPP 회원국들과 양자 FTA를 체결하고 있지만, 상대국이 선진국 또는 개도국인지 여부에 따라 자유화 및 규제 조화의 수준이 매우 상이하다. 이에 따라 TBT 측면에서 한국의 CPTPP 가입의 효과는 앞으로 늘어날 TBT 조치의 도입 및 이행에 있어서 타 참여국들과 공동의 프레임워크를 구축하여 이를 바탕으로 규제의 조화를 지향할 수 있다는 점에 있다고 할 수 있다.

● 참고문헌
reference

김민정, 박정준 (2015), "한국 FTA의 TBT 규범 비교분석에 따른 법적 쟁점 연구," 국제·지역연구, 제24권 제4호.

대외경제정책연구원 (2015), "TPP 타결에 대한 중국 내 평가와 대응," KIEP 북경사무소 브리핑.

대외경제정책연구원 (2016), "TPP 무역상 기술장벽(TBT) 협정문의 주요 내용과 시사점," KIEP 오늘의 세계경제, Vol.16 No.13.

Alshareef, Salam (2019), "Technical Standards Liberalization in FTAs of the United States, the European Union and China," *Journal of World Trade* 53, no.3.

Brenton, Paul, John Sheehy, Marc Vancauteren (2001), "Technical Barriers to Trade in the European Union: Importance for Accession Countries," *Journal of Common Market Studies* Vol.39 No.2.

Cimino-Saacs, Cathleen and Jeffrey Schott eds. (2016), 『Trans−Pacific Partnership: An Assessment』, Peterson Institute for International Economics.

McDonald, Jan (2005), "Domestic Regulation, International Standards, and Technical Barriers to Trade," *World Trade Review* 4:2.

Schott, Jeffrey and Cathleen Cimino-Saacs eds. (2016), "Assessing the Trans-Pacific Partnership, Vol. 2: Innovations in Trading Rules," *PIIE Briefing* 16−14.

Lim, C. L., Deborah K. Elms, Patrick Low eds. (2012), 『The Trans−Pacific Partnership: A Quest for a Twenty-First Century Trade Agreement』, Cambridge University Press.

USTR, TPP Full Text, Chapter 8 Technical Barriers to Trade, Chapter Summary.

Weyerbrock, Silvia and Tian Xia (2000), "Technical Trade Barriers in US/Europe Agricultural Trade," *Agribusiness* Vol.16, No.2.

노재연

경제통합 진전의 TBT 제도 시사점*

1 ___ 서론

EU창립(1993년)과 NAFTA 발효(1994년) 이후 1990년대에 들어오면서 자유무역 협정이 급속히 확산되기 시작하여, 2019년 10월 기준 302개의 RTA(Regional Trade Agreement)가 발효되었고 다수의 RTA가 협상 중에 있다. 이러한 현상으로 1990년 전 세계 평균 실행 관세율(MFN 관세율)이 15.0%(22.63%)이었던 것이 2017년 5.17%(8.9%)까지 하락하였다.

우리나라는 2004년 한-칠레 FTA를 시작으로 동시다발적 FTA 협상을 진행하여, 2020년 1월 발표기준 16개 협정을 통해 55개국과 FTA를 맺고 있으며, 한-영 및 한-이스라엘 FTA, 한-인도네시아 CEPA 등이 서명 및 타결된 상태이다. 우리나라의 주요 교역국인 한-EU, 한-미 FTA, 한-중국, 한-베트남 FTA 등을 포함해 전 세계 GDP의 77%에 해당하는 국가들과 FTA 네트워크를 확보하고 있다. 그러나 이러한 자유화와 더불어 미-중 무역전쟁, 일본의 對한 수출규제 등 전 세계적으로 보호무역의 경향을 보이고 있다. 아울러 상계관세, 반덤핑, 세이프가드 등의 무역구제조치뿐만 아니라, 전 세계 교역액(품목 수)의

---

* 본 내용은 노재연, 권민경(2018), "무역기술규제가 무역자유화에 미치는 영향 분석: 한-미 FTA 사례를 중심으로", 관세학회, 제19권 제4호, pp.309-331의 일부를 인용 및 발췌하여 작성함을 밝힌다.

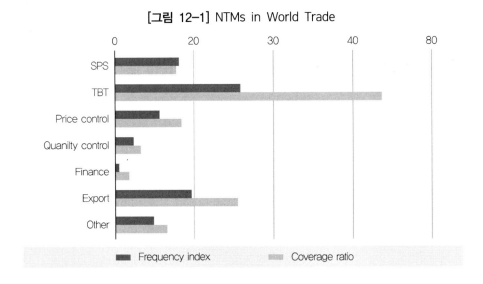

[그림 12-1] NTMs in World Trade

[그림 12-2] 연도별 RTA 건수 및 평균 MFN & 실행 관세율 변화

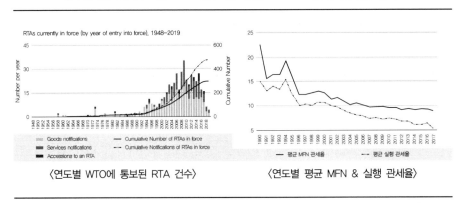

〈연도별 WTO에 통보된 RTA 건수〉   〈연도별 평균 MFN & 실행 관세율〉

출처: WTO에 통보된 RTA 건수(WTO 홈페이지), 연도별 관세율(World Bank Indicator Data)

70%(30%)를 규제하고 있는 무역기술장벽 등과 같은 비관세장벽의 통보가 증가
하고 있다.

　　경제통합 진전으로 인하여 대부분의 관세가 철폐된 FTA 무역환경에서는
관세장벽보다는 비관세장벽이 보이지 않는 무역장벽으로 작용하고 있을 것으로
예상된다. 따라서 본 연구는 이러한 현상을 확인하기 위하여 관련 선행연구들
을 바탕으로 경제통합 진전에 따른 변화 및 비관세장벽의 큰 비중을 차지하고
있는 무역기술장벽의 현황과 경제통합의 진전과 무역기술장벽의 증가가 서로에

[그림 12-3] 2017년 비관세장벽 현황 및 연도별 TBT 통보문 및 STC 현황

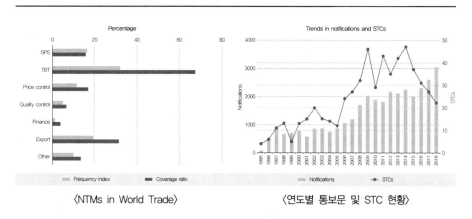

〈NTMs in World Trade〉   〈연도별 통보문 및 STC 현황〉

출처: Prevalence of non-tariff measures(Key Statistics and Trends in Trade Policy 2018)
     TBT notification and STC report(WTO TBT IMS)

게 미치는 영향을 분석해 보았다. 또한 분석된 결과들을 무역기술장벽 및 FTA 관련 변수들을 이용하여 이들 변수들의 국가 간 관계를 social network 분석을 통해, 변수들 간의 관계를 상관관계분석 및 실증분석을 통해 확인해 보았다.

2 ___ 경제통합 진전이 TBT에 미치는 영향에 대한 선행연구 분석

무역기술장벽은 규제에 효과적으로 대응하기 위한 기술적, 법률적, 경제적 분석이 동시에 수반되어야 하는 복잡성과 규제 해석에 대한 모호함 등으로 국가 간 분쟁 해결이 쉽지 않은 대표적 비관세장벽으로 간주되고 있다(장용준 외, 2011). 아울러 무역기술장벽은 국가별로 다양한 형태로 적용되고 있고 운영방법도 복잡하기 때문에 정보획득 및 계량화를 통한 객관적 근거 제시가 어려워 무역장벽으로 작용하는 경향이 있다(산업연구원, 2016). 이러한 문제에도 불구하고 무역기술장벽의 효과를 계량화하여 그 영향을 분석한 기존의 선행연구들이 있는데, 이러한 연구들에서 사용된 정량화 방법은 크게 세 가지로 분류된다. 첫째는 TBT의 정도를 국내가격과 수입가격 간의 차이를 이용하여 관세 상당치

(ad-valorem equivalents)로 측정하는 방법이다. 그러나 이러한 방법은 두 가격의 차이가 엄밀히 말하면 TBT의 관세 상당치가 아닌 비관세장벽의 관세 상당치라 할 수 있어 TBT의 규제정도가 과대평가되는 문제가 있다. 둘째는 기업에 대한 설문조사를 통해 TBT 정도를 측정하는 방법이다. 이러한 방식은 조사결과가 객관적 수치로 나타나지 않아 정량적 분석에 적합하지 않다는 한계가 있다. 마지막으로 TBT 관련 문서를 활용하여 규제 빈도수에 따라 TBT 정도를 측정하는 방법이다. WTO TBT 통보문을 바탕으로 각 국가별 HS 코드 6단위에 따라 규제건수를 기록하여 기술규제 강도를 계산하는 방식이나,[1] WTO TBT의 통보문 대다수가 HS 코드로 보고하지 않아 분석대상에서 제외된다는 단점이 있다.[2]

〈표 12-1〉은 이러한 각각의 정량화 방법들을 사용한 연구들을 정리한 것이며, 이러한 연구들이 분석한 주요 결과들에 대하여 살펴보도록 하겠다.

[표 12-1] 기술규제 정도를 측정하는 방식에 대한 선행연구 정리

방법	내용	대표 논문
관세 상당치 추정	• 비관세조치를 관세화 하여 측정 – 수입품의 국내 시장가격과 수입품의 CIF 가격을 비교	Thilmany·Barret(1997) Calvin et al.(1998) Yue et al.(2006) Nimenya et al.(2008)
설문 조사법	• 직접 설문하여 데이터를 수집 – EU 집행위원회(2000)의 무역장벽에 관한 연간 보고서 – USTR(2001))의 해외 무역장벽에 관한 연간보고서 – OECD(1999)가 미국, 일본, 영국, 독일의 3개 산업 55개 기업 대상 조사	Hensen(2000) Chen et al.(2006) Fliess·Schonfeld(2006) Johnson(2008)

1　Bao and Qiu(2010)은 빈도율 지수(frequency index) 및 커버율 지수(coverage rate index) 등을 활용하여 무역기술장벽이 각 상품에 미치는 영향력을 평가하는 지수를 제안하였다. 빈도율 지수는 HS 2단위를 기준으로 HS 6단위 품목의 비관세조치가 통보된 비중으로 산출되며, 커버율 지수는 HS 2단위 수출액 대비 비관세 조치가 부과된 품목의 수출액 비중으로 산출된다.

2　장용준 외(2011), "무역기술장벽이 무역에 미치는 영향과 정책적 대응방안", KIEP 연구보고서, 11-14, pp.186-190.

방법	내용	대표 논문

통보건수
활용
	• TBT 관련 문서를 활용하여 TBT 정도를 측정
	  – 규정의 수 혹은 규정의 페이지 수 등
	  – WTO에 보고된 TBT 통보 건수
		Essaji(2008)
		Disdier et al.(2008)
		장용준·남호선(2010)
		장용준·서정민(2014)

출처: 장용준 외(2011), "무역기술장벽이 무역에 미치는 영향과 정책적 대응방안", KEIP 연구보고서 11-14, p.225.

무역기술장벽 관련 선행연구들에는 WTO TBT 통보문 동향 분석(하태정 외, 2010; 장용준 외, 2011, 류한열 외, 2015), TBT 관련 피해사례 분석(KOTRA 2006), TBT의 산업별 동향 분석 및 대응방안(국가기술표준원, 2018; 서민교와 김희준, 2012) 등이 있으며, 특히 무역기술장벽의 정도를 정량화시켜 TBT가 무역에 미치는 영향에 대해 분석하는 연구가 주를 이루고 있다.

Moenius(2004)에 따르면 무역기술규제는 순응비용(Compliance cost) 증가와 거래비용(Transaction Cost) 감소라는 두 가지 상반된 효과를 나타낸다. 새로운 기술규제에 순응하기 위해 비용이 초래되어 수출에 대한 제약으로 작용할 수 있지만, 기술규제에 순응함으로써 수출 제품의 신뢰도를 제고하여 거래비용을 감소시키고 수출경쟁력을 향상시킬 수 있다. 따라서 순응비용 증가 효과가 더 큰 경우에 무역기술장벽은 수출에 부정적인 영향을 미치게 되며, 반대로 거래비용이 감소 효과가 더 큰 경우에 무역기술장벽은 수출에 긍정적인 영향을 미칠 수 있다. 무역기술장벽이 수출에 미치는 부정적인 영향은 선진국이 개도국에게 부과하는 기술규제일수록(Maskus et. al., 2000; Brenton et. al.,2001; Chen et. al., 2006; Disdier & Minouni, 2008), 기술집약적인 산업일수록(Fliess & Schonfeld, 2006; Chen et. al., 2006; Johnson, 2008), 규모가 더 작은 기업일수록(Henson, 2000), 신규 기업일수록(Popper et al., 2001; Chen et. al., 2006) 더 증가하는 경향을 나타낸다.[3]

---

3 *Ibid.*, pp.191–195.

[표 12-2] TBT가 무역에 미치는 영향 요약

특징	TBT 수출 효과
국가별	• (수출 감소) 개도국의 선진국에 대한 수출 • (수출 증가) 선진국 간의 수출
산업별	• (수출 감소) 기술 집약적 산업, 제품수명주기가 짧은 산업
기업별	• (수출 감소) 생산성이 낮은 기업, 규모가 작은 기업, 신규 진출 기업
기간별	• (수출 감소) 기술규제 도입 이후 단기 • (수출 증가) 기술규제 도입 이후 장기
유형별	• (수출 감소) 한 국가의 고유 특성이 반영된 기술규제 • (수출 증가) 국가 간 고유되는 기술규제

출처: 장용준 외(2011), "무역기술장벽이 무역에 미치는 영향과 정책적 대응방안", KEIP 연구보고서
    11-14, p.225.

한편, 무역기술장벽의 순응비용 증가 및 거래비용 감소라는 두 가지 상반된 영향은 공급과 수요 측면의 두 가지 측면에서 연구가 진행되고 있다. 즉, 새로운 기술규정에 상응하는 과정에서 시간 및 물질적 비용이 초래되어 교역을 감소시킨다는 공급 측면과 기술규정의 표준화를 통해 제품에 대한 투명성을 높이고 수입국 시장의 수요를 증대시켜 교역을 증진시킨다는 수요 측면의 연구가 진행되고 있다.4 우리나라 자료를 이용하여 분석한 연구들을 살펴보면, 공급 측면의 연구로서 장용준과 서정민(2014)과 수요 측면까지 고려한 연구로서 류한열 외(2015) 등이 있다. 먼저, 장용준과 서정민(2014)은 우리나의 무역은 TBT에 의해 단기적으로 부정적인 영향을 받았지만, 장기적으로는 상쇄되어 TBT가 긍정적인 영향으로 전환되는 것을 보여주었다. 그리고 산업경쟁력이 높은 산업이나 비교우위가 있는 산업에서는 교역상대국의 TBT가 무역에 주는 부정적 효과가 감소하나, 기술 집약이 높은 산업의 경우 오히려 부정적 효과가 더 크게 나타나고 있음을 보여주었다. 수요 측면을 고려한 류한열 외(2015)5은 수입 시장규모 변수6를 활

---

4 류한열 외(2015), "FTA 체결을 통한 TBT 규제협력이 무역에 미치는 영향", 산업연구원
   연구보고서 2015-766, p.60.

5 류한열 외(2015)는 무역기술장벽의 향상된 안전기준 및 투명성 확보를 통한 수요증진
   효과를 수입 시장규모 변수라는 도구변수를 사용하여 분석하였다.

6 무역기술장벽이 제품의 질 향상, 투명성 확대 등으로 인해 제품 자체에 수요를 증가시

용하여, 무역기술장벽의 무역장애 및 수출촉진 요인의 기능을 분리하여 분석하였다. 무역기술장벽이 수입 시장규모와 결합된 변수의 경우 수입 시장수요를 증진시켜 수출에 긍정적인 영향을 주는 것으로 나타나지만 이를 고려하지 않은 무역기술장벽 변수의 경우 수출에 부정적인 영향을 주고 있는 것으로 나타났다.

마지막으로 FTA TBT 협정의 영향을 분석한 선행연구들이 있다. FTA TBT 규정들은 기술규정, 표준, 적합성평가 등에 관한 일반적인 권리와 의무 등에 대하여 기본적으로 WTO TBT 협정에 규정된 조항들을 준수할 것을 규정하고 있다. 또한 FTA TBT 협정을 통해 표준 및 기술규정, 적합성평가절차의 제·개정 절차에 당사국 참여 보장, 양자 간 정보제공 메커니즘 마련, 적합성평가 상호인정협정 및 기술기준 동등성 추진 협력과 이행, 양자 간 표준, 적합성평가 분야에서 기술협력사항규정, TBT위원회 등 양자 협력체 구성 등의 내용을 포함하고 있다(백종현, 2015).

[표 12-3] WTO TBT 협정의 주요 내용

	관련 조항	내용
무차별 원칙	제2조 제1항 제5조 제2항	수입품에 대하여 국가별로 차별적 조치를 하거나 자국 상품과 비교하여 불리한 조건을 적용하지 않을 것
불필요한 무역장애 금지	제2조 제2항 제5조 제1항	기술규정, 표준, 적합성평가절차의 채택·적용 시 국제무역에 불필요한 장애를 유발하지 않을 것
국제표준 채택	제2조 제4항 제2조 제5항	예외적인 경우가 아니라면 국제표준을 채택하여 기술규정의 기초로 사용하고, 관련 국제표준을 따른 기술규정은 국제무역에 불필요한 장애를 초래하지 않는 것으로 간주
동등성 및 상호인정	제2조 제7항	외국의 기술규정이 자국의 기술규정의 목적을 충분히 달성한 경우 자국의 기술규정과 동등한 것으로 수용하여 중복적이거나 불필요한 검사 등을 반복하지 않을 것
투명성 확보	제2조 제9항 제5조 제6항	기술규정, 표준, 적합성평가절차를 마련하여 시행하는 경우 이를 공개하고 의견 제기의 기회를 제공하며, 무역에 중대한 영향을 미칠 경우에는 회원국에게 통보할 것

킨다면 수입 시장에서 차지하는 비중이 증가할 것이라는 점에 착안하여 수입 시장규모 변수를 수요측면의 효과를 설명하는 도구변수로 사용하였다.

	관련 조항	내용
정보 제공 및 질의처 운영	제10조 제1항	질의처를 설치하여 자국의 기술규정, 표준, 적합성평가 절차 등에 관한 정보를 제공하고 다른 회원국의 문의에 대하여 신속히 답변할 것

출처: 류한열 외(2015), "FTA 체결을 통한 TBT 규제협력이 무역에 미치는 영향", KIET 연구보고서 15-766, p.49.

그 외에 FTA 협정별로 불필요한 무역장벽을 해소하기 위하여 당사국 간의 특성을 반영한 구체적인 사안에 대해서도 규정하고 있다. 예를 들어, 한-EU, 한-호주 FTA에서는 라벨링 또는 상품표시 의무사항을 최소화 하도록 규정하고 있으며, 한-EU FTA에서는 전기전자 제품 및 화학물질 등 분야별로 기술기준을 조화시키고 적합성평가절차를 간소화 하도록 하고 있다. 한-캐나다 FTA에서는 우리나라가 수출하는 자동차의 안전기준이 캐나다 및 미국기준을 충족한 경우에는 상대국의 기준을 충족한 것으로 인정하며, 한-중 FTA에서는 전기용품에 대한 국제공인 인증서를 상호 수용하고 있다.

이러한 노력의 결과는 FTA TBT 협정 체결의 경제적 효과 분석을 통하여 입증되었는데, 류한열 외(2015)은 FTA TBT 조항을 통해 무역기술장벽이 수출에 미치는 부정적인 영향을 완화시키며, 특히 개발도상국보다 선진국과의 FTA TBT 협정 체결의 부정적 영향의 완화 효과가 더 크다는 것을 보여주었다. 아울러 류한열 외(2016)은 실증분석을 통해 상호인정방식이 적용된 산업이 조화조치를 적용한 산업보다 우리나라 對EU 수출량이 더 크게 증가하는 것을 보여주었다. 또한 이론모형 분석을 통해, 상호인정협정이 불가능한 내국민 대우의 경우를 제외하고, 완전조화와 상호인정 상품의 경우 우리나라와 EU 간의 상호인정협정은 항상 우리나라의 수출과 총 사회후생을 증가시킴을 보여주었다.[7] 이와

---

[7] FTA TBT 협정에서는 특정 산업 분야에서 상호인정협정을 위한 근거를 마련하기 위해 별도의 부속서를 마련하고 있다. 한-싱가포르 FTA에서는 전기통신기기, 전기, 전자장비 분야를 상호인정 대상으로 지정하였고, 한-EFTA FTA에서는 스위스와 의료기기에 대하여 상호인정협정을 체결하기 위해 노력하도록 규정하고 있다. 이 외에도 한-인도 CEPA에서는 통신장비, 전기 및 전자장비 분야, 한-미 FTA에서는 정보통신기기 분야, 한-뉴질랜드 FTA에서는 전기전자, EMC, 통신기기, 주류 산업 분야에 대한 상호인정협정 체결의 근거를 마련하였다(류한열 외(2015), p.57).

같이 FTA TBT 협정을 통한 기술규제 및 상호인증 절차 간소화는 관세양허를 통한 자유화의 진전과 함께 우리나라 수출의 장벽을 완화시켜 FTA를 통한 수출 증진 효과를 극대화 시켜줄 것으로 기대된다.

3 ___ 경제통합 진전과 TBT 관련 변수 간의 통계분석

3.1 FTA 및 TBT 관련 변수들 간의 통계 분석

노재연·권민경(2018)은 2012년 한−미 FTA 발효 이후부터 2017년까지의 미국의 WTO TBT 통보문을 분석하여 대상 품목을 분류 가능한 HS 코드로 정의하고, 對미 수출상위 품목을 선별하여 한국의 수출물품의 HS 코드와 미국의 TBT 통보문에 적용 가능한 HS 코드를 연계하여, 미국의 TBT 통보문과 FTA 관련 변수 간의 관계를 분석하였다. 즉 對미 수출상위 품목들의 HS 코드별 미국의 WTO TBT 통보문수와 한−미 FTA와 관련된 주요 변수인 FTA 특혜관세율, FTA 수출활용률, 원산지결정기준 엄격성 지수8 등의 데이터를 이용하여 TBT 통보문수 및 FTA 관련 변수들 간의 관계를 분석하였다.9 먼저 〈표 12−5〉와 같이 미국의 WTO TBT 통보문수와 한−미 FTA 관련 주요 변수 간의 관계를 통해, 관세가 철폐되어 FTA 특혜율이 낮고 원산지결정기준이 엄격하지 않아 FTA 특혜 활용 효과가 높은 품목일수록 적용되는 TBT 통보문수가 많으며, TBT 통보문수가 많이 적용되는 품목일수록 FTA 수출활용률이 낮은 것을 보여주었다. 이를 통해 FTA를 통한 시장 개방 효과가 큰 품목일수록 더 많은 기술규제가 적용되고 있어 실질적으로 무역자유화 효과를 경감시키고 있을 것으로 예상하였다.

---

8 엄격성 지수는 Park and Roh(2014)의 "A Political Economy Analysis of Rules of Origin Requirements of Korea-US FTA with a New Measure of the Requirements"의 엄격성 지수를 참조하여 작성되었다.

9 이러한 연구가 가능할 수 있었던 것은 전문기술이 요하는 미국의 WTO TBT 적용 품목들을 HS 코드로 연계하는 작업을 선제적으로 수행하고, WTO TBT 통보문과 HS 코드로 분류되는 FTA 관련 자료들을 연계하였기 때문이다.

[표 12-4] 주요변수들의 요약통계분석[10]

변수	관측치	평균	표준편차	최소값	최대값
TBT 통보문수	887	10	16.70	0	80
FTA 특혜율	887	0	0.01	0	0.09
원산지 엄격성	887	4	1.69	1	8
수출활용률	467	69	28.38	0.003	100

[표 12-5] 평균 TBT 통보문 수와 한-미 FTA 관련 주요 변수들 간의 상관관계

	TBT 통보문수	특혜관세율	원산지 엄격성	수출활용률
TBT 통보문수	1			
특혜관세율	−0.1064	1		
원산지 엄격성	−0.2467	0.1385	1	
수출활용률	−0.0036	0.0486	0.0349	1

(1) FTA 특혜관세율과 TBT 통보문수 간의 관계

정보기술 협정(information technology agreement)으로 첨단산업의 무역자유화가 이루어져 컴퓨터, 통신장비, 반도체, 소프트웨어 등 정보기술 제품 등은 이미 무관세이며, 한-미 FTA 발효 즉시 약 85% 품목이 완전 자유화가 되었고 한-미 FTA 7년차에 접어들면서 2019년 거의 대부분 품목의 관세가 완전 철폐되었다. 그러나 이러한 무역자유화에도 불구하고 TBT 규제와 같은 비관세장벽이 무역자유화의 실효성을 방해하는 요인으로 작용하고 있을 것으로 예상된다. 실제로 노재연·권민경(2018)이 분석한 자료에 따르면, 한-미 FTA로 인해 MFN 관세율이 철폐된 FTA 특혜 대상 469개 품목과 정보기술 협정(information technology agreement)으로 무관세가 적용되어 FTA 특혜 非대상으로 분류되는 418개 품목 중에서, 이미 무관세인 품목들에 비해 FTA 특혜 대상으로 분류되는 품목에 상대적으로 더 많은 TBT 규제가 적용되고 있는 것으로 나타났다.

---

10 한국의 2016년 수출 상위 1,000대 품목 중, HSK 10단위와 미국의 HTS 코드 8단위 간에 정확한 연계가 가능한 887개 품목을 대상으로 분석함.

[표 12-6] 한-미 FTA 특혜여부에 따른 빈도수 및 평균 TBT 통보문수

	빈도수	비중	평균 TBT 통보문수
FTA 특혜 대상	469	53%	12
FTA 특혜 非대상	418	47%	9
총합계	887	100%	10

또한 2016년 기준 FTA 특혜 대상 품목 469개 품목별 특혜관세율과 평균 TBT 통보문수 간의 상관관계 분석결과, 음의 상관관계를 나타내고 있음을 보여주었다. 이는 관세가 철폐되어 특혜관세율이 낮은 품목일수록 더 많은 TBT 규제가 적용되고 있음을 의미한다. 이러한 경향은 2016년 수출액으로 가중치를 주는 경우 더욱 강화되는 경향을 나타내는데, 수출액이 큰 품목들의 특혜관세율이 낮아 FTA 특혜 활용 효과가 클수록 더 많은 TBT 규제가 적용되고 있음을 의미한다.

[표 12-7] 품목별 2016년 특혜관세율과 평균 TBT 통보문수 간의 상관관계

	TBT 통보문수	
	without weight	with weight(수출액)
2016년 특혜관세율	−0.1048	−0.2950

(2) 원산지결정기준 엄격성지수와 TBT 통보문수 간의 관계

2016년 기준 FTA특혜 대상 품목 469개 품목별 원산지결정기준 엄격성지수와 평균 TBT 통보문의 수 간에는 음의 상관관계를 나타낸다. 품목별로 원산지결정기준 충족이 용이할수록 더 많은 TBT 규제가 적용되고 있음을 의미한다. 수출액으로 가중치를 주었을 경우 상관계수의 절대값은 0.7576까지 증가하는데, 이러한 결과는 수출액이 많은 품목들의 원산지 결정기준 충족이 용이할수록 TBT 규제가 더 많이 적용되고 있다는 것을 의미한다.

이러한 경향은 FTA 특혜 관세율의 결과와 유사하지만 그 음의관계는 FTA 특혜관세율보다 더 강하게 나타나고 있다. Estevadeordal(2000)은 NAFTA의 데이터를 이용하여 FTA 관세 철폐 이행기간이 길수록 더욱 엄격한 원산지규정을

적용하고 있음을 보여주었고, 이를 통해 엄격한 원산지결정기준이 보이지 않는 비관세장벽으로 작용하고 있을 것이라 설명하였다. 다시 말해 관세율이 높고 관세철폐 이행기간이 긴 품목일수록 원산지결정기준이 엄격한 것은 원산지결정 기준이 보이지 않는 비관세장벽으로 작용하고 있음을 의미한다. 이러한 원산지 결정기준 엄격성지수와 평균 TBT 통보문수 간의 상관관계가 수출액으로 가중 치를 둔 경우 0.75의 높은 상관관계를 나타내는 것으로 보아 엄격한 원산지결 정기준과 마찬가지로 TBT 또한 보이지 않는 비관세장벽으로 작용하고 있음을 의미하는 것으로 보인다.

[표 12-8] 품목별 원산지결정기준 엄격성지수와 평균 TBT 통보문수 간의 상관관계

	TBT 통보문수	
	without weight	with weight(수출액)
원산지결정기준 엄격성지수	−0.2514	−0.7576

(3) FTA 수출활용률과 TBT 통보문수 간의 관계

2012년 한−미 FTA 발효 이후 한−미 FTA 수출활용률은 2014년 소폭 하락하였으나 2012년 대비 매년 꾸준히 상승하였으며 발효년도를 제외하고 75% 이상의 높은 활용률을 보여주고 있다. 2018년 한−미 FTA 수출활용률은 86.0%로 15개 FTA 협정들의 평균 FTA 수출활용률 73.5%보다 12.5%정도 높은 것으로 나타났다.

2016년 기준 469개 품목별 2016년 한−미 FTA 수출활용률과 평균 TBT 통보문수 간의 상관관계 분석결과, 음의 상관관계를 나타내고 있다. 품목별로 TBT 규제가 많을수록 한−미 FTA 수출활용률이 낮은 것을 의미한다. 이러한 결과는 FTA 특혜관세율이나 원산지 엄격과 반대로 수출액으로 가중치를 주었을 경우 더욱 약화되는 경향을 나타내고 있다. 즉, 수출액이 많은 품목들의 TBT 규제가 많을수록 한−미 FTA 수출활용률이 더 낮게 나타나는 경향이 약해지는 것이다. 이는 한−미 FTA의 경우 대미 수출액의 84%를 차지하는 종사자수 250인 이상의 기업들의 FTA 수출활용률이 상대적으로 높아 수출액으로 가중치를

둔 경우 FTA 활용률이 낮아지는 경향이 약화되었기 때문인 것으로 보인다. 그러나 매우 낮은 상관계수값을 나타내고 있으므로, TBT 규제 강도가 FTA 수출 활용률에 미치는 영향은 매우 미미할 것으로 판단된다.

[표 12-9] 품목별 2016년 FTA 수출활용률과 평균 TBT 통보문수 간의 상관관계

	TBT 통보문수	
	without weight	with weight(수출액)
2016년 FTA 수출활용률	−0.0122	−0.0107

　이와 같이 노재연·권민경(2018)은 對미 수출상위 품목을 선별하여 한국의 수출물품의 HS코드와 미국의 TBT 통보문에 적용 가능한 HS코드를 연계하여 미국의 TBT 통보문과 FTA 관련 변수들 간의 관계를 분석하였다. 먼저, 한국의 상위 수출 품목수가 많거나 품목별 수출액이 큰 산업일수록 수입국인 미국의 WTO TBT 통보문 수가 많음을 보여주었다. 또한 FTA 특혜 관세 혜택이 높고 원산지결정기준 충족이 용이하여 FTA 특혜 효과가 큰 품목일수록 적용 가능한 TBT 규제가 더 많으며, TBT 규제가 더 많이 적용되는 품목일수록 FTA 수출 활용률이 더 낮게 나타나고 있음을 보여주었다. 이를 통해 한편에서 자유무역 협정으로 관세가 단계적으로 철폐되는 무역자유화가 진행되는 것처럼 보이지만, 다른 한편에서 무역기술장벽이라는 보이지 않는 비관세장벽이 작동하고 있을 것이라 설명하였다.
　아울러 노재연·권민경(2018)은 원산지결정기준 충족이 매우 용이하고 적용 가능한 TBT 통보문 건수가 유사하나, 두 품목 간의 FTA 활용률에서 큰 차이가 나는 개별 품목들의 사례분석을 통해서 FTA 활용률이 높은 품목은 기술규제 수준이 낮고, FTA 활용률이 낮은 품목은 기술규제 수준이 다양한 부처에서 가중적으로 누적되어 있음을 보여주었다. 이러한 현상은 가중적인 기술규제가 적용되고 있는 품목을 수출하는 기업일수록 FTA 특혜 활용을 포기하고 있기 때문일 거라 예상하면서, 기술규제를 따르지 않을 경우 수입통관 자체가 아예 불가능한 것에 반해, 관세를 직접 납부하지 않는 수출기업 입장에서는 원산지증명서를 발급하지 않아 특혜관세 혜택을 받지 못하는 것에 대한 불이익이 상대적으로 작게

느끼고 있기 때문인 것으로 설명하였다.[11] 다양한 부처의 기술규제가 가중적으로 누적된 품목을 수출하는 업체일수록 규제준수 우선순위 중 원산지 관리가 후순위로 밀려 낮은 FTA 활용율의 원인으로 작용하고 있을 것으로 예상하였다.

3.2 FTA 및 TBT 관련 변수들 간의 Social Network 분석

1995년 WTO 출범 이후 2019년 8월까지 제정·개정·수정된 통보문 수는 35,718개[12]이며, 특정무역현안으로 제기된 건수는 593개이다. 특히 1997년, 2003년, 2008년 등 전 세계적으로 경제 위기가 발생한 시기에 통보건수가 크게 증가하였는데, 이는 1995년 WTO 출범 및 FTA 확산에 따른 무역자유화 진전의 이면에서 국가별 기술규제가 보이지 않는 보호무역 수단으로 작용했을 가능성을 보여주는 현상으로 보인다. 또한 지난 25년 동안 EU, 미국, 브라질, 중국 등의 순으로 많은 기술규제를 WTO에 통보하였으며, 2001년 이후 선진국에 비해 개발도상국의 통보 건수가 증가하는 경향을 나타내고 있다.

그러나 이러한 TBT 통보문 현황 분석은 국가별 신규 기술규제가 무역에 실제로 악영향을 미쳤는지의 여부를 파악하기에는 한계가 있다. 이에 반해 특정무역현안(Specific Trade Concern: STC)은 WTO에 제출되었거나 미통보된 기술규제 사항이 해당 국가의 수출에 심각한 영향을 미칠 것으로 우려되는 경우에 제기되는 것이므로, 실질적인 무역장벽으로 작용한 기술규제를 파악하는 간접적인 정보로 사용되고 있다.[13] 1995년 이후 STC를 가장 많이 제기한 국가는 2018년 기준 EU(268개), 미국(250개), 캐나다(120개) 순으로 주로 경제규모가 커서 세계 시장에서의 수출 비중이 큰 국가들일수록 더 많이 이의를 제기하고 있다. 반면에 STC를 가장 많이 제기받은 국가는 2018년 기준 EU(120), 중국(70),

---

11 원산지증명서를 발급하기 위해서는 원산지관리 비용 및 행정 비용이 추가로 발생하기 때문에 수입자가 원산지증명서를 요구하지 않는 경우 수출자가 원산지증명서를 발급하지 않는 경우가 있으며, 이런 사례는 낮은 FTA 활용률의 원인이 되기도 한다.

12 제정 27,216개, 개정 332개, 수정 8,170개임(2019년 8월 28일 기준).

13 류한열 외(2015), "FTA 체결을 통한 TBT 규제협력이 무역에 미치는 영향", 산업연구원 연구보고서 2015-766, p.39.

미국(51개), 한국(33개)[14] 순으로, 특히 류한열 외(2015)에 따르면 선진국이 26%, 개발도상국이 74%로, 상대적으로 개발도상국에서 설정한 기술규제가 무역장벽 요소로 작용하고 있음을 알 수 있다.

이러한 WTO TBT위원회에 STC로 공식 제기된 국가별 건수의 현황을 분석한 연구들은 꾸준히 진행되고 있으나, STC를 제기하고 제기받은 국가들 간의 관계를 살펴본 연구는 지금까지 없었던 것으로 판단된다. 따라서 본 연구에서는 국가 간의 수출입 현황, FTA 체결 여부 등의 요소가 STC의 제기 및 피제기에 미치는 영향을 수출·입 국가 간의 네트워크 분석을 통해 살펴보고자 한다.

[그림 12-4] 연도별·국가군별 TBT 통보문 현황

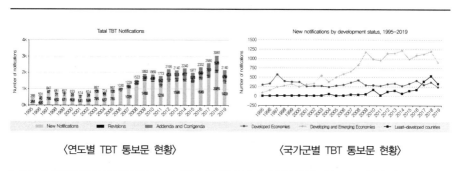

〈연도별 TBT 통보문 현황〉 　〈국가군별 TBT 통보문 현황〉

출처: Total TBT notification and new notification by development status(WTO TBT IMS)

(1) STC Network 요약통계 분석

1995년부터 2017년까지 제기된 540건[15]의 STC 중에서 다수의 제기국과 피제기국이 참가한 경우를 개별 관측치로 간주하면 총 1,752개가 된다. 이 중에서 IMS ID 88번인 EU의 화학물질의 등록, 평가, 인증에 대한 규제는 2003년 3월 20일부터 2017년 3월 29일까지 총 37번에 걸쳐 가장 많은 34개 국가에 의해 STC로 제기되었다. 한편 IMS ID 442번인 에너지 드링크 처리 요구사항에

14　국가기술표준원(2019), "2018 무역기술장벽 보고서", pp.39-40.

15　1995년에서 2017년까지 550개 STC 중에서 IMS 163, 164, 176, 202, 252, 467, 468, 511 등 대만에 대해 제기된 8건과 IMS 220, 297 등과 같이 자료가 누락된 경우는 제외되었다.

대한 규제의 경우 피제기 국가수로 가장 많은 7개 아랍국가[16]에 대해 EU, 미국, 스위스가 STC로 제기하였다.

1,752개의 관측치 중에서 STC를 제기한 국가는 총 65개, 제기를 받은 국가는 총 67개이며,[17] 총 65개의 제기국과 67개 피제기국 간에 평균 3개 정도의 특정무역현안을 제기하고 제기받았다. 이중 EU와 미국이 중국에 대해 각각 50개, 41개로 가장 많은 STC를 제기한 것으로 나타났다. 한편, 우리나라의 경우 제기받은 33건의 79개 관측치 중에서 EU와 미국에 각각 21건(27%), 일본 10건(13%)순으로 제기받았고, 제기한 61건 중에서 중국에 18건(30%), EU 13건(21%), 미국 6건(10%)순으로 제기하였다.

(2) STC Network 중심성 분석

Network 연구에서는 연결정도(degree), 근접(closeness), 매개(betweenness) 등의 중심성 분석을 통해 네트워크 내에서 각각의 국가들이 네트워크 안에서 차지하는 위치를 설명한다. 특히 연결 중심성(degree centrality)은 한 노드가 다른 노드들과 직접적으로 연결되어 있는 정도를 측정하여, 근접 중심성(closeness centrality)은 직접적으로 연결된 노드뿐만 아니라 간접적으로 연결된 모든 노드 간의 거리를 계산하여, 매개 중심성(betweenness centrality)은 전체 네트워크를 대상으로 한 노드가 네트워크 내 노드쌍 간의 최단 경로들 중에서 경유되는 비중을 측정하여 각 노드의 중심성 관련 특성을 분석한다.

〈그림 12-4〉 및 〈그림 12-5〉는 out node(STC 제기국, 수출국)와 in node(STC 제기국, 수입국) 간의 연결 정도를 나타내고 있다. 노드의 크기는 degree centrality의 크기를 의미하며, EU(70), 미국(52), 캐나다(50), 브라질(40), 호주(34), 멕시코(31), 뉴질랜드(28), 칠레(24), 한국(22) 등의 degree 값을 나타낸다. 이는 한국의 경우 22개의 국가와 STC의 제기 혹은 피제기 관계로 연결되어 있음을 의미한다. 한국에게 STC를 제기한 국가는 EU(21건, 27%), 미국(21건, 27%), 일본(10건, 13%), 캐나다(5건, 6%), 호주(4건, 5%), 멕시코(4건, 5%), 뉴질랜드(4건, 5%),

---

16 사우디아라비아, 바레인, 쿠웨이트, 오만, 카타르, 아랍에미리트, 예멘 등 7개 국가이다.
17 STC 제기 및 피제기 국가 list는 부록 참고.

[그림 12–5] degree centrality 크기별 STC Network

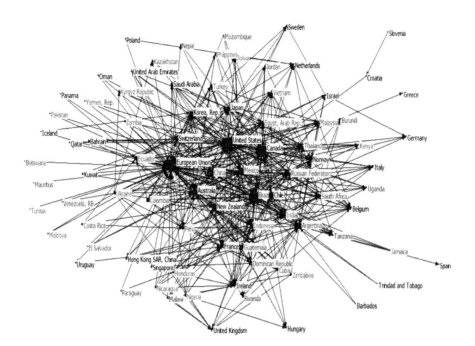

주: node size(degree),[18] node shape(continent),[19] label color(income level),[20] line size(tie strength)

자료: 1995년에서 2017년 까지 제기된 540개 누적 STC 건수 및 제기된 case별 중복 제기 국가 들을 고려한 1,752개 관측치

중국(3건, 4%), 스위스(3건, 4%), 칠레(2건, 3%), 아이슬란드(1건, 1%), 노르웨이 (1건, 1%)로 총 12개국이다. 한편 한국이 STC를 제기한 국가는 중국(18건, 30%), EU(13건, 21%), 미국(6건, 10%), 인도(5건, 8%), 인도네시아(4건, 7%), 에콰도르(2건, 3%), 멕시코(2건, 3%) 이외에 호주, 캐나다, 콜롬비아, 프랑스, 일본, 노르웨이,

---

18 Node out(STC 제기 국가, 수출국) & in(STC 피제기 국가, 수입국). Degree centrality 는 네트워크 내의 다른 노드와 연결되어 있는 정도로 측정되며, 노드의 크기는 degree 값의 크기를 나타낸다.

19 Africa(circle), America(square), Asia(up triangle), Pacific(diamond), Europe(down triangle).

20 High income(black), upper middle income(green), lower middle income(blue), low

페루, 사우디아라비아, 스웨덴, 태국, 아랍 에미리트 등에게 각각 1건을 제기하였다. 우리나라는 몇몇의 국가로부터 집중적으로 STC를 제기받고 있는 것에 반해 다양한 국가에 STC를 제기하고 있는 것으로 나타났다.

자료에 따르면 STC 제기 case별로 1.1국에 대해 평균 2.9개 국가가 STC를 제기하였고, 동 건에 대해 평균 2.86회 추가로 제기하고 있는 것으로 나타났다. 한국이 제기받은 STC case를 살펴보면, 33건[21] 모두 한국만을 피제기국으로 하여 평균 2.39개 국가에 의해 STC로 제기되었으며, 평균 2.45회 추가로 제기되었다. 가장 많은 국가들이 참여한 case는 IMS 245와 518번으로서, 245번은 한국의 유기농 가공 식품 인증 관련 규제에 대해 호주, 캐나다, 칠레, 멕시코, 뉴질랜드, 스위스, 미국, EU 등 8개 국가들이, 518번은 흡연 및 음주에 대한 경고 메시지 알림에 대해 호주, 캐나다, 일본, 멕시코, 뉴질랜드, 미국, EU, 칠레 등 8개 국가들이 STC로 제기하였다. 그리고 가장 여러 번 STC로 제기된 case는 305번 화학 물질의 등록 및 평가에 관한 규정으로 호주, 중국, 일본, 스위스, 미국, EU 6개국으로부터 총 20회에 걸쳐 제기되었다.

[그림 12-6] degree centrality가 10 이상인 국가별 STC Network

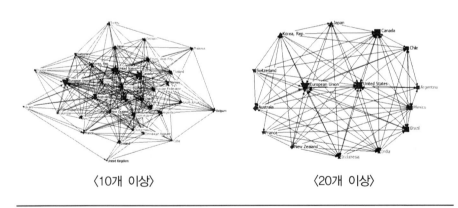

〈10개 이상〉 〈20개 이상〉

주: node size(degree), node shape(continent), label color(income level), line size(tie strength)

income(brown).

21 IMS 2, 23, 49, 72, 73, 78, 89, 96, 105, 121, 134, 158, 200, 207, 228, 243, 244, 245, 271, 281, 292, 302, 305, 312, 313, 329, 348, 357, 371, 376, 491, 518, 518 등으로 총 33개이다.

한편, 아이겐벡터 중심성(eigenvector centrality)은 연결된 노드들의 중심성을 가중치로 하여 연결된 정도를 측정하는 방법으로, 이미 많은 국가들과 STC 제기 및 피제기 국가와 연결되어 있는지의 여부를 설명할 수 있는 중심성 분석 방법이다. 연결된 노드의 중심성을 가중치를 사용하여 측정한 경우에도, EU(0.305), 미국(0.281), 캐나다(0.278), 브라질(0.220), 멕시코(0.212), 호주(0.207), 뉴질랜드(0.182), 칠레(0.168), 한국(0.167) 등의 순으로 호주 및 멕시코의 순위를 제외하고 연결중심성과 동일하다. 멕시코는 31개 국가와 연결되어 있지만 34개 국가와 연결된 호주에 비해 중심성이 큰 국가와 연결되어 있음을 의미한다.

[그림 12-7] eigenvector centrality 크기별 STC Network

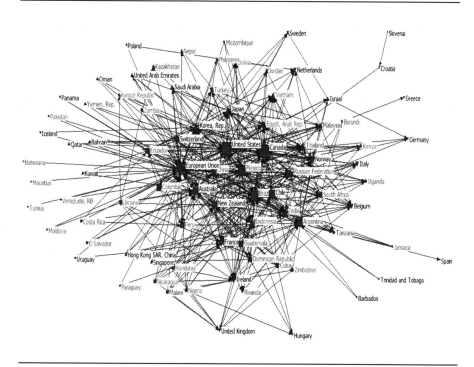

주: node size(eigenvector centrality),[22] node shape(continent), label color(income level), line size(tie strength)

---

22 Node out(STC 제기 국가, 수출국) & in(STC 피제기 국가, 수입국). Eigenvector centrality는 연결된 노드의 중심성을 가중치로 하여 연결정도를 측정하며, 노드의 크기는 eigenvector centrality값의 크기를 나타낸다.

(3) STC Network 상관분석

다음으로 STC 제기 여부와 FTA(Free Trade Agreement) 체결 여부, MFN 관세율, 교역량 등의 변수와의 관계를 살펴보고자 한다. 우리나라가 기체결한 FTA 협정문상의 무역기술장벽 관련 규정을 살펴보면 불필요한 기술규제로 인한 무역장애를 해소하고, 기술규정, 표준, 적합성평가절차 등과 관련하여 체약 당사국 간의 정보 공유와 협력을 강화하기 위한 규정 및 협의체 설치·운영에 관한 내용을 포함하고 있다. 따라서 자유무역 협정이 발효된 국가들 간에는 STC 제기 건수가 상대적으로 적을 것으로 예상된다. 그러나 반대로 관세장벽인 MFN 관세율이 높은 국가일수록 비관세장벽으로 작용되고 있는 기술규제의 건수도 증가할 것으로 예상된다. 마지막으로 수출량이 많은 국가일수록 수입국의 새로운 기술규제에 대해 더 많은 이의를 제기하고 있을 것으로 예상된다. 이러한 예상을 상관분석 및 회귀분석을 통해 살펴보았다.

먼저, 〈표 12-10〉은 국가 pair 간의 연도별 STC 제기건수, FTA 발효여부, 수입국의 MFN 관세율, 수입량의 요약통계분석 결과이다. 1995년부터 2017년까지 제기된 540개 STC case의 국가 pair 간, 연도별 총 1,752개 관측치를 대상으로 분석하였다. 국가 pair 간에 연도별로 평균 1.54개의 STC를 제기하였고, 최고 많게는 동일 국가 pair 간 동일 연도에 총 7건의 STC가 제기된 것으로 나타났다. 2017년 미국은 중국[23]에 대해, 2012년 중국은 EU[24]에 대해 총 7건의 STC를 제기하였다. 한편, STC의 제기 및 피제기 국가 간에 평균 20%정도가 FTA를 맺고 있으며, STC를 제기받은 국가의 평균 MFN 관세율은 8.35%, 수입액은 39,200,000 달러인 것으로 나타났다.

---

23 IMS 526, 527, 534, 537, 538, 545, 547.

24 IMS 334, 338, 339, 340, 351, 352, 353.

[표 12-10] 누적 STC 건수, FTA 발효 여부, MFN, 수입량의 요약통계분석

	obs	mean	Std. Dev.	Min	Max
누적 STC 건수	1,752	1.84	1.39	1	7
FTA 발효 여부	1,752	0.21	1.26	0	1
MFN	1,709	8.35	4.05	0	34.91
수입량	1,388	3.92e+07	7.95e+07	0	4.95e+07

주: 1995년에서 2017년 연도별 FTA 발효여부, 수입국의 MFN, 수입량 및 국가 pair별·연도별 STC 건수

자료: 1995년에서 2017년까지 제기된 540개 누적 STC 건수 및 제기된 case별 중복 제기 국가들을 고려한 1,752개 관측치

이들 변수들 간의 상관관계 결과를 살펴보면, 앞서 예상했던 바와 같이 FTA가 발효되어 있을수록 STC 제기 건수가 감소하며, MFN 관세율이 높고 수입액이 많을수록 STC 제기 건수가 증가하는 것으로 나타났다. 아울러 MFN관세가 낮을수록 수입액이 많고 FTA 발효가 되어 있는 경향을 나타내고 있다.

[표 12-11] 누적 STC 건수, FTA 발효 여부, MFN, 수입량 간의 상관분석

	누적 STC 건수	FTA 발효 여부	MFN	수입량
누적 STC 건수	1	—	—	—
FTA 발효 여부	−0.116	1	—	—
MFN	0.098	−0.085	1	—
수입량	0.310	−0.087	−0.150	1

주: 1995년에서 2017년 연도별 FTA 발효 여부, 수입국의 MFN, 수입량 및 국가 pair별·연도별 STC 건수

자료: 1995년에서 2017년까지 제기된 540개 누적 STC 건수 및 제기된 case별 중복 제기 국가들을 고려한 1,752개 관측치

한편, 동 변수들 간의 상관관계를 국가별 네트워크를 이용한 QAP(Quadratic Assignment Procedure) 상관관계 분석을 통해 살펴보았다. 동 분석 방법은 네트워크 간 퍼뮤테이션 검정의 개념을 이용하여 네트워크 간 상관관계의 통계적 유

의성을 검정하는 방식이다.25 데이터는 1995년부터 2017년까지의 국가별 누적 STC 건수, 2017년 FTA 발효여부, 수입국의 1995년에서 2017년까지의 평균 MFN 관세율과 평균 수입액의 국가 간 network를 사용하였다. 수입액과 FTA 발효 여부가 양의 상관관계를 나타내는 것을 제외하고 이전의 분석 결과와 모두 동일한 부호를 나타내고 있다. 즉, network 분석에서는 매우 유의한 수준으로 수입액이 많은 국가들 간에 FTA가 발효되어 있을 가능성이 증가하는 것으로 나타났다. 또한 network를 이용한 QAP 상관관계 분석 결과에서는 수입액과 FTA 발효여부의 상관관계 계수 값을 제외하고는 계수 값의 크기가 더 작은 것으로 나타나고 있다. 즉 network 상관관계 분석 결과에서는 국가 간의 누적 STC 건수와 수입액 간에 매우 유의한 수준으로 더 강한 상관관계를 나타내고 있다.

[표 12-12] 누적 STC 건수, FTA 발효 여부, MFN, 수입량 간의 QAP 상관분석

	누적 STC 건수	FTA 발효 여부	MFN	수입량
누적 STC 건수	1	−	−	−
FTA 발효 여부	−0.022	1	−	−
MFN	0.067	−0.094***	1	−
수입량	0.421***	**0.091*****	−0.076***	1

주: 2017년 FTA 발효 여부, 1995년에서 2017년의 평균 수입량과 평균 MFN 관세율 및 국가 pair별 누적 STC 건수
자료: 1995년에서 2017년까지 제기된 540개 누적 STC 건수 및 제기된 case별 중복 제기 국가들을 고려한 1,752개 관측치의 87 X 87 network.

(4) STC Network MR-QAP 회귀분석

앞서 살펴본 상관분석을 토대로, 누적 STC 건수 및 STC 제기 여부를 종속변수로 하여 FTA 발효 여부, 수입자 MFN, 국가 간 특혜 여부를 고려한 관세율,

---

25 본 내용은 곽기영(2017)의 『소셜 네트워크 분석』, 청람, pp.455-457를 인용하였다. 네트워크 간의 관련성을 분석할 때에는 네트워크 데이터 간의 상호의존성을 고려해야 하는데, 연결 관계 변수들이 서로 독립적이지 않기 때문에 기존의 상관분석이나 회귀분석은 부정확한 결과를 도출할 수 있기 때문에, 이러한 문제를 해결하기 위해 퍼뮤테이션 검증방법을 이용한 상관분석 및 회귀분석 방법이 개발되었다.

수입액 등을 독립변수로 하여 실증분석을 수행하였다.

먼저, 국가 pair 간 연도별로 제기된 STC 건수 및 STC 제기여부26를 종속변수로 하여, 국가 pair간의 연도별 FTA 발효 여부, 수입국(피제기국)의 MFN 관세율, 수입액 및 특혜관세율 등의 독립변수가 미치는 영향을 분석하였다. 자료는 EU 28개국27을 제외한 156개국, 24,180개 국가 pair의 1995년에서 2017년까지의 23년간의 총 556,140개의 관측치가 사용되었다. FTA 발효여부는 Database on Economic Integration agreements(April 2017)에서 제공하는 2012년까지의 자료를 바탕으로 WTO에서 제공하는 FTA list의 FTA 발효 정보를 근거로 2017년까지 업데이트하여 사용하였다. MFN 관세율은 WTO에서 제공하는 관세율 데이터를, 수입액은 UNComtrade에서 제공하는 데이터를 사용하였다. 특혜 세율은 MFN 세율을 base로 하되, 특혜 관세가 주어지는 관계의 경우 관세율이 0이라고 가정하여 산출하였다. Database on Economic Integration agreements 에서는 경제통합 형태를 1(Non Reciprocal Preferential Trade Agreement), 1.1(GSP), 2(Preferential Trade Agreement), 3(Free Trade Agreement), 4(Customs Union), 5(Common Market), 6(Economic Union)과 같이 크게 7가지로 구분하고 있는데, 이러한 특혜 관계가 있는 경우 MFN 관세율이 0이라고 가정한 것이다.

[표 12-13] 회귀분석 결과

누적 STC 건수	OLS ①	OLS ②	STC 제기 여부	probit ①	probit ②
FTA 여부	−0.44***	−0.67***	FTA 여부	−0.309***	−0.323***
수입자 MFN	0.03***	0.05***	수입자 MFN	0.008***	0.016***
특혜 세율		−0.03**	특혜 세율		−0.010**
수입액	0.17***	0.17***	수입액	0.344***	0.344***
year dummy	yes	yes	year dummy	yes	yes
exporter dummy	yes	yes	exporter dummy	yes	yes

---

26 국가 pair 간 연도별로 STC가 제기되었으면 1, 제기되지 않았으면 0인 더미변수이다.

27 STC 케이스별로 개별 EU 국가가 제기하거나 제기받은 경우가 있으나, 이는 분석에서 사용하지 않고 전체 EU 국가에 대한 관측치만을 분석에서 사용하였다.

누적 STC 건수	OLS ①	OLS ②	STC 제기 여부	probit ①	probit ②
obs	1,247	1,247	obs	149,569	108,342
R-squred	0.3177	0.3216	R-squred	0.4173	0.4179

주: *(10%), **(5%), ***(1%) 유의수준을 나타냄

실증분석의 결과를 살펴보면 종속변수를 누적 STC 제기 건수로 하여 일반 선형회귀분석(OLS, Ordinary Least Squares) 방법을 사용한 경우와 STC 제기여부를 종속변수로 하여 Probit 방법을 사용한 경우 모두에서, 독립변수가 미치는 영향이 모두 동일하게 유의한 결과를 나타냈다. 먼저 자유무역 협정이 발효된 국가들 간에는 STC 제기 건수 및 제기 가능성이 적은 것으로 나타났다. 그리고 관세장벽인 MFN 관세율이 높은 국가일수록 STC 제기 건수 및 제기 가능성이 증가하는 것으로 나타났다. 관세장벽이 높은 국가일수록 비관세장벽 또한 더 많이 사용하고 있는 것으로 나타났다. 또한 수출액이 많은 국가일수록 수입국의 새로운 기술규제에 대해 더 많은 이의를 제기하고 있으며 이의를 제기할 가능성이 증가하는 것으로 나타났다. 마지막으로 특혜 관세율이 낮을수록 STC 제기 건수 및 제기 가능성이 증가하는 것으로 나타났는데, 이는 앞에서 살펴본 FTA 특혜관세율과 TBT 통보문수 간의 관계와 유사한 결과로서 국가 pair 간 특혜 관세율이 낮을수록 더 많은 규제가 무역장벽으로 작용하고 있음을 의미하는 것이다.

네트워크 매트릭스 간의 회귀분석을 위한 MR-QAP 회귀분석(Multiple Regression-QAP) 방법을 사용하여, STC를 제기하였거나 제기 받은 적이 있는 87개 국가 간의 network 데이터를 이용한 분석을 시도하였다. 종속변수는 국가 간의 누적 STC 건수로 하여, FTA, 수입국 평균 MFN, 평균 수입액 network가 미치는 영향을 분석하였다. 네트워크 방법론을 이용한 실증분석을 시도해보았다는 점에서 의의가 있겠으나, MFN network만이 유의한 결과를 나타냈다.

[표 12-14] MR-QAP 회귀분석의 model fit

	R-square	Adj-R-square	Obs	Perms
누적 STC 건수	0.11644	0.11185	581	2,000

[표 12-15] MR-QAP 회귀분석 결과

	Un Stdized coef	Stdized coef	P-value
FTA network	23.75514	2.21562	0.76462
MFN network	0.76462	0.28996	0.07846
Import network	0.00000	0.35036	1.00000

이러한 결과 중에서 수입국의 MFN 관세율과 누적 STC 제기 건수 및 제기 여부에 대한 결과는 한 가지 의문을 갖게 한다. MFN 평균관세율 8.35%보다 낮은 MFN 관세율을 나타내고 있는 EU(6.23%) 및 미국(3.97%)은 1995년 이후 STC 피제기를 많이 받은 1위 및 3위 국가이다. 이런 경우가 우세하다면 MFN 관세율이 낮을수록 STC 통보건수가 증가해야 하는 것으로 예상되나, 실제 결과는 MFN 관세율이 높을수록 STC 통보건수가 증가하는 것으로 나타나고 있다. 다시 말해 관세장벽이 낮은 국가일수록 비관세장벽도 더 적게 사용하고, 관세장벽이 높은 국가일수록 비관세장벽도 더 많이 사용하는 경향을 나타내고 있는 것이다.

이러한 결과가 나타나는 것은 동일한 국가 pair 간 연도별 수입국의 평균 MFN 관세율이 낮을수록 STC 제기 횟수가 더 적기 때문인 것으로 보인다. 〈표 12-16〉를 살펴보면 동일한 국가 pair 간 연도별 STC 제기 건수가 1회인 경우는 1,709건 중 59%인 1,013건으로 평균 관세율이 7.99%로 전체 평균인 8.35%에 비해 상대적으로 낮게 나타나고 있다. 이러한 현상은 국가 pair 간 동일 연도에 수입국이 관세율이 낮은 선진국일 경우, 더 적은 STC가 제기되는 반면에 수입국이 관세율이 높은 국가일 경우 더 많은 STC가 제기되고 있기 때문이다. 이를 STC를 제기 받는 수입국 입장에서 해석한다면, 관세장벽이 높은 국가일수록 비관세장벽을 더 많이 사용하고 있는 경향을 나타내는 것이며, STC를 제기하는 수출국 입장에서 해석한다면 수입국이 관세장벽이 낮은 국가일수록 동일 국가에 대해 동일 연도에 상대적으로 더 적은 STC를 제기하고 있는 것으로 보인다.

[표 12-16] STC 제기 횟수별 MFN 관세율 요약통계 분석

STC 제기 횟수	obs	Mean	Min	Max
1회	1,013	7.99	0	34.91
2회	372	9.03	3.36	34.91
3회	138	7.82	3.57	13.69
4회	64	9.01	3.71	17.2
5회	50	8.58	5.61	11.04
6회	30	10.77	9.8	12.14
7회	42	9.60	5.76	11.01
합 계	1,709	8.35	0	34.91

4 ___ 결론

지금까지 살펴본 선행연구 및 상관·실증 분석 결과를 요약해 보면, 먼저 산업별 수입 품목수가 많거나 품목별로 수입액이 클수록 WTO TBT 통보문수 및 수출국의 STC 제기 건수가 증가함을 알 수 있다. 또한 특혜 관세율이 낮을수록(FTA 등으로 인한 특혜가 커짐을 의미함) WTO TBT 통보문수 및 수출국의 STC 제기 건수가 증가하며, 아울러 원산지 충족이 용이하여 FTA 특혜 효과가 큰 품목일수록 적용 가능한 TBT 규제가 더 많고, TBT 규제가 더 많이 적용되는 품목일수록 FTA 수출 활용률이 더 낮게 나타나고 있음을 확인하였다.

또한 국가별 특성을 살펴보면 수입국의 MFN 관세율이 높을수록 STC를 제기받는 건수 및 가능성이 증가하는 것으로 나타나, 관세장벽이 높은 국가일수록 비관세장벽을 많이 사용하고 있음을 알 수 있었다.

마지막으로 FTA가 발효되어 있을수록 STC를 제기받는 건수 및 가능성이 감소됨을 확인하였다. 이러한 결과는 FTA TBT 협정에 표준 및 기술규정, 적합성평가절차의 제·개정 절차에 당사국 참여 보장, 양자 간 정보제공 메커니즘 마련, 적합성평가 상호인정협정 및 기술기준 동등성 추진 협력과 이행, 양자 간

표준, 적합성평가 분야에서 기술협력사항규정, TBT위원회 등 양자 협력체 구성 등을 명시하는 것은 기술규제가 무역장벽으로서 작용할 수 있는 가능성을 감소시키고 있음을 의미한다. 이러한 결과의 또 다른 증거로서 류한열 외(2015)는 FTA TBT 조항이 무역기술장벽이 수출에 미치는 부정적인 영향을 완화시켜줌을 보여주었다.

이와 같이 경제통합 진전에 따른 무역자유화의 확산으로 특혜관세율이 낮고 원산지결정기준 충족이 용이하여 FTA를 활용할 가능성이 증가하는 품목에 대해서는 비관세장벽인 기술규제가 증가하여 FTA 활용을 저해하고 있으나, 국가별로 FTA를 맺고 있을수록 무역기술규제가 무역장벽으로 작용할 가능성 및 수출에 미치는 부정적 효과가 감소하고 있음을 확인하였다.

이러한 결과를 종합해 볼 때, FTA TBT 협정을 통한 특정 산업 및 품목별 기술규제에 대한 상호인증 절차 간소화 등을 위한 노력은 관세양허를 통한 자유화의 진전과 함께 기술규제를 통한 우리나라 수출의 장벽을 완화시켜 FTA를 통한 수출 증진 효과를 극대화 시켜줄 것으로 기대된다. 따라서 FTA 당사국 간의 특성을 반영한 구체적인 TBT 관련 사안에 대해서 추가 논의하여 협정문상에 명시할 필요가 있을 것으로 보인다.

[그림 12-8] 우리나라의 STC 제기 및 피제기 Network

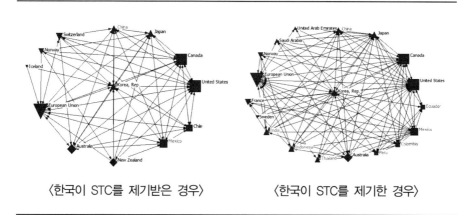

〈한국이 STC를 제기받은 경우〉   〈한국이 STC를 제기한 경우〉

주: node size(degree), node shape(continent), label color(income level), line size(tie strength)

또한 우리나라는 EU(21건, 27%) 및 미국(21건, 27%) 등 몇몇 국가들로부터 집
중적으로 STC를 제기받고 있는 것에 반해 다양한 국가에 대해 STC를 제기하고
있는 것으로 나타났다. STC를 제기받은 경우를 살펴보면, STC 제기 case별로
1.1국에 대해 평균 2.9개 국가가 평균 2.86회 STC로 제기하고 있는 것에 비해,
우리나라가 제기받은 경우는 모두 한국만을 피제기국으로 하여 평균 2.39개 국
가에 의해 평균 2.45회 STC로 제기되었다. 우리나라에 STC를 제기하는 국가들
은 일본과 멕시코를 제외한 대부분의 국가들이 이미 우리나라와 FTA를 맺고
있는 국가들이며, STC 제기 평균 참여국가 수가 전체평균보다 낮은 경향을 나
타내고 있으므로 FTA 등을 통한 양자 간의 상호 협의를 통해 해결 방안을 모색
하는 것이 좋을 것으로 보인다.

반면에 우리나라가 STC를 제기한 경우를 살펴보면 전체 평균 제기 참여국
가 수 및 반복제기 횟수보다 다소 높은 것으로 나타나고 있는데, 우리나라가 제
기하는 case들은 평균 4.4개국이 참여하여 평균 5.86회에 걸쳐 STC를 제기하고
있다. 이를 통해 우리나라는 좀 더 많은 국가들로부터 무역장벽이라고 인식되
는 기술규제에 대해 WTO에 STC로 제기함으로서 다자적인 차원에서 기술규제
장벽 문제를 해결하고 있는 것으로 판단된다.

이와 같이 국가별 기술규제가 무역장벽으로 작용하여 우리나라 수출에 미
치는 부정적인 영향을 최소화시키기 위해 양자 및 다자간 협의에 적극 참여하
고 있는 것으로 보인다.

부록: STC 제기 및 피제기 국가 list

STC 제기국(65개)	제기 수	STC 피제기국(67개)	피제기 수
Argentina	53	Argentina	20
Australia	69	Australia	23
		Bahrain	8
Barbados	2		
		Belgium	16
Bolivia	2	Bolivia	6
Botswana	2		
Brazil	58	Brazil	76
Burundi	1	Burundi	8
Canada	127	Canada	46
Chile	41	Chile	15
China	61	China	187
Colombia	21	Colombia	24
Costa Rica	8		
Croatia	1	Croatia	1
Cuba	24		
Dominican Republic	20	Dominican Republic	3
Ecuador	13	Ecuador	70
Egypt, Arab Rep.	13	Egypt, Arab Rep.	21
El Salvador	4	El Salvador	1
European Union	281	European Union	452
		France	29
		Germany	4
		Greece	1
Guatemala	27		
Honduras	11		
Hong Kong SAR, China	6	Hong Kong SAR, China	2
		Hungary	5
Iceland	2		
India	18	India	86
Indonesia	36	Indonesia	60
		Ireland	17
Israel	12	Israel	9
		Italy	12
Jamaica	3		
Japan	84	Japan	20
Jordan	7	Jordan	1
		Kazakhstan	7
Kenya	3	Kenya	6

STC 제기국(65개)	제기 수	STC 피제기국(67개)	피제기 수
Korea, Rep.	61	Korea, Rep.	79
Kuwait	1	Kuwait	9
		Kyrgyz Republic	7
Malawi	10		
Malaysia	17	Malaysia	8
Mauritius	1		
Mexico	92	Mexico	23
		Moldova	3
Mozambique	3		
		Nepal	3
		Netherlands	10
New Zealand	44	New Zealand	15
Nicaragua	10		
Nigeria	12		
Norway	16	Norway	13
		Oman	5
Pakistan	3		
Panama	3		
Paraguay	6		
Peru	8	Peru	23
Philippines	9	Philippines	1
Poland	2		
Qatar	1	Qatar	7
Russian Federation	8	Russian Federation	40
		Rwanda	8
Saudi Arabia	3	Saudi Arabia	16
Singapore	3	Singapore	3
Slovenia	1		
South Africa	22	South Africa	10
		Spain	1
		Sweden	5
Switzerland	44	Switzerland	2
Tanzania	2	Tanzania	8
Thailand	15	Thailand	38
Trinidad and Tobago	2		
		Tunisia	1
Turkey	9	Turkey	12
Uganda	1	Uganda	8
Ukraine	30	Ukraine	2
		United Arab Emirates	16
		United Kingdom	10
United States	271	United States	84

STC 제기국(65개)	제기 수	STC 피제기국(67개)	피제기 수
Uruguay	9	Uruguay	1
Venezuela, RB	5	Venezuela, RB	1
		Vietnam	39
		Yemen, Rep.	5
Zambia	5		
Zimbabwe	13		
총합계	1,752	총합계	1,752

● 참고문헌
reference

곽기영 (2017), 『소셜 네트워크분석』, 청람.

국가기술표준원 (2017), "WTO 출범이후 TBT의 통보 동향과 시사점," 국가기술표준원, TBT Policy Report 001.

국가기술표준원 (2017), "주요국 무역기술장벽 대응체계 분석 및 시사점," 국가기술표준원, TBT Policy Report 002.

국가기술표준원 (2018), "우리나라 무역기술장벽 대응사례," 국가기술표준원, TBT Policy Report 007.

김태형, 황성분 (2013), "한−중 FTA 체결과 무역기술장벽(TBT)에 관한 연구," 무역연구, 제9권 제6호.

김희철 (2016), "중국의 기술무역장벽(TBT)규정과 한국기업의 대응방안에 관한 연구," 관세학회지, 제17권 제2호.

노재연 외 (2017), "한−미 FTA 발효 후 상품교역현황 변화 분석 및 상호협력 모델 연구," 국제원산지정보원.

노재연, 권민경 (2018), "무역기술규제가 무역자유화에 미치는 영향 분석: 한−미 FTA 사례를 중심으로," 관세학회지, 제19권 제4호.

대한무역투자진흥공사 (2006), "무역에 있어 세계 기술 장벽 동향과 피해사례," 대한무역투자진흥공사 통상전략팀 기획조사, 06−051.

류한열 외 (2015), "FTA 체결을 통한 TBT 규제협력이 무역에 미치는 영향," 산업연구원 연구보고서 2015−766.

류한열 외 (2016), "EU 회원국 간 무역기술장벽 완화 조치가 한−EU 무역에 미치는 영향과 시사점," 산업연구원 연구보고서 2016−808.

류한열 외(2017), "국가 간 산업 기술격차와 무역기술장벽의 효과", 산업연구원 연구보고서 2017−835.

백종현 (2014), "한국의 FTA TBT 분야 이행 10년의 평가와 관제," KSA Policy Study

008 Issue Paper, 2014-2.

서민교, 김희준 (2012), "한-중 FTA의 무역기술장벽 대응방안에 관한 연구," 통상정보연구, 제14권 제4호.

손동원 (2002), 『사회 네트워크 분석』, 경문사.

안덕근 외 (2018), 『국제통상체제와 무역기술장벽』, 박영사.

유새별 (2016), "Mega FTA 대응전략: TBT 협정을 중심으로," 대외경제정책연구원 연구자료 16-04.

장용준, 남호선 (2010), "최근 EU회원국들의 TBT 동향과 정책시사점," 대외경제정책연구원 연구자료, 10-03.

장용준, 서정민 (2014), "무역상 기술장벽이 한국의 교역에 미치는 영향," 국제통상연구, 제19권 제1호.

장용준 외 (2011), "무역상 기술장벽(TBT)이 무역에 미치는 영향과 정책적 대응방안," 대외경제정책연구원 연구자료, 11-14.

최낙균 외 (2011), "글로벌시대의 보호무역에 대한 경제적 비용분석과 정책 시사점," 대외경제정책연구원 연구보고서 11-15, 40-42.

하태정 외 (2010), "FTA 환경변화에 따른 기술무역장벽 대응방안," STEPI 정책연구 2010-05.

Bao, X. and Qiu, L. D. (2010), Do Technical Barriers to Trade Promote or Restrict Trade? Evidence from China. Asia-Pacific Journal of Accounting & Economics, 17, 253-280.

Brenton, P., Sheehy, J. and Vancauteren, M. (2001), "Technical Barriers to Trade in the European Union: Importance for Accession Countries", Journal of Common Market Studies, 39(2), 265-84.

Borgatti, S. P., Everett, M. G., and Johnson, J. C. (2013), Analyzing Social Networks, SAGE.

Calvin, L. and Krissoff, B. (1998), Technical Barriers to Trade: a Case Study of Phytosanitary arriers and U.S.-Japanese Apple Trade. Journal of Agricultural and Resource Economics, 23(2), 351-366.

Chen, M., Otsuki, T. and Wilson, J. (2006), Do Standards Matter for Export

Success. World and Policy Research Center Working Paper 3809.

Disdier, A., Fontagne, L., and Mimouni, M. (2008), The Impact of Regulations on Agricultural Trade: Evidence from the SPS and TBT Agreements. American Journal of Agricultural Economics, 90(2), 336－350.

Essaji, A. (2008), Technical Regulations and Specialization in International Trade. Journal of International Economics, 76, 166－176.

Estevadeordal, A. (2000), Negotiating Preferential Market Access: The case of NAFTA. Journal of World Trade, 30, 141－166.

Fliess, B. and R. Schonfeld. (2006), Trends in Conformity Assessment Practices and Barriers to Trade: Final Report on Survey of CABs and Exporters. OECD Trade Policy Working Paper, No.37.

Henson, S. (2000), An Assessment of the Costs for International Trade in Meeting Regulatory requirements. OECD Working Papers.

JeeHyeong, P. and R. Jaeyoun (2014), A Political Economy Analysis of Rules of Origin Requirements of Korea-US FTA with a New Measure of the Requirements. Korea Economic Review, 30(1). 163－190.

Johnson, C. (2008), Technical Barriers to Trade: Reducing the Impact of Conformity Assessment Measures. USITC Working Paper, No. ID－19.

Maskus, K. E., Wilson, J. S., Otsuki, T. (2000), Quantifying the Impact of Technical Barriers to Trade, World Bank Policy Research Working Pater, 2512.

Moenius, J. (2004), Information versus Product Adaption: the Role of Standards in Trade, Available at SSRN 608022.

Nimenya, N., Henry de Frahan B. and Ndimira, P. (2008), Quantifying Non-tariff Measures in International Agricultural Trade: a Tariff Equivalent of Technical Barriers to Trade on African Horticultural Exports to the European Markets. 2008 International Congress, Ghent, Belgium, Number 44195, European Association of Agricultural Economists.

Otsuki, T., Wilson, J. and Sewadeh, M. (2000), Saving Two in a Billion: A Case study to Quantify the Trade Effect of European Food Safety Standards in African Exports. Working Paper, The World Bank.

Popper, S., Greenfield, V., Crane, K., and Malik, R. (2004), Measuring Economic Effects of Technical Barriers to Trade on U.S. Exporters. RAND Science and Technolog, Planning Report 04−3.

Yue, C., Beghin, J. and Jensen, H. (2006), Tariff Equivalent of Technical Barriers to Trade with Imperfect Substitution and Trade Costs. American Journal of Agriculture Economics, 88, 947−960.

사항색인

공저자 약력

안덕근

서울대학교 국제대학원 교수이며 현재 서울대학교 국제협력본부장을 맡고 있다. 서울대학교 국제경제학과를 졸업하였으며 University of Michigan에서 경제학 박사 학위와 J.D.를 취득하였다. 현재 WTO, 한-US FTA, 한-EU FTA, 대만-과테말라 FTA 분쟁 패널 위원 후보를 비롯해 Journal of International Economic Law (Oxford Univ. Press), Journal of World Trade (Kluwer Law International) 등 학술지의 편집위원으로 활동하고 있으며, 대통령직속 국민경제자문회의 자문위원, 무역위원회 무역위원 등 다양한 정부 자문 역할을 수행한 바 있다.

김민정

서울대학교 국제학연구소 책임연구원이고 한국연구재단 연구교수다. KDI 국제정책대학원 정책학 석사와 서울대학교 국제대학원 국제학 박사를 수여하고 KDI 대학원 전문위원, 서울대학교 아시아연구소 선임연구원을 거쳐 현재 서울대 국제대학원 강사 겸임, 한국국제경제법학회 기획 이사로 활동 중이다. 기술표준과 통상규범, 디지털표준 및 개도국 이슈 등 국제통상 분야 다양한 주제를 연구하고 교육하고 있다.

이길원

충남대학교 법학전문대학원 교수로 재직 중이다. 성균관대학교에서 법학사 및 법학석사를 수여하였으며, 미국 일리노이(Illinois)대학교에서 LL.M.과 J.S.D.를 취득하였다. 현재 세계국제법협회(International Law Association) 한국본부 사무총장, 한국국제경제법학회 국제이사, 대한국제법학회 편집위원으로써 국제경제법 관련 다양한 활동을 하고 있다.

이동은

법무법인(유) 화우의 연구위원이며 연세대학교에서 영어영문학과 중어중문학을 전공하고 서울대학교 법학대학에서 국제법 전공으로 법학 석사 및 박사를 수여하였다. 한국국제경제법학회에서 출판이사를 담당하고 있으며 국제법과 국제경제법 관련 활발한 연구활동을 하고 있다.

곽동철

한국무역협회 국제무역통상연구원 통상지원센터 과장이며 서울대학교 국제대학원에서 석사와 국제학(국제통상) 박사를 수여하였다. FTA, WTO 및 전자상거래협상 관련 연구와 중소기업의 FTA 활용을 위한 컨설팅 업무를 맡고 있다. 디지털통상규범과 ICT 기술표준과 표준화 관련 활발한 연구활동을 하고 있다.

박정준

법무법인(유) 광장 국제통상연구원 연구위원, 한림대학교 글로벌협력대학원 연구교수, 서울대학교 국제대학원 국제통상전략센터 선임연구원이다. 토론토대학교에서 국제지역학(동아시아학)을 전공하고 서울대학교 국제대학원에서 국제통상 전공으로 국제학 석사, 박사학위를 받았다. 국제통상법과 정책(WTO·FTA)을 연구하며 산업통상자원부와 한국경제매거진 자문활동도 수행하고 있다. 2014년과 2018년에는 산업통상자원부 장관상을 수여받았다.

공수진

식품의약품안전처 국제협력담당관이자 미국 뉴욕주 변호사이다. 고려대학교에서 법학 석·박사를 수여하고 Georgetown University Law Center에서 LL.M을 취득하였다. 외교통상부 당시 2등서기관으로 FTA 및 투자협정 협상에 참여하였으며, 이후 고려대학교 아세아문제연구소와 법학연구원에서 연구교수로서 지역통합에 대한 연구를 수행한 바 있다. 학계와 실무를 오가며 국제통상분야에서 새로운 방향의 접근을 시도하고 있다.

정명현

고려대학교 법학연구원 연구교수이며, 동 사이버법센터 부소장이다. 고려대학교 법과대학 법학사 및 법학박사를 수여하고 University of Iowa에서 LL.M을 취득하였다. 현재 무역구제학과 국제이사, 국제사이버법연구회 기획이사로 활동하고 있으며, 디지털통상과 지식재산권, 개인정보보호 관련 분야에서 활발한 연구활동과 유관기관 자문을 수행하고 있다.

고영진

성균관대학교 중국대학원 전략관리와 창업분야의 교수이다. 서울대학교에서 국제통상 석사학위와 북경대학교에서 경영학 박사 학위를 취득하였다. National Sun Yat–sen University College of Management에서 조교수와 New York Institute of Technology School of Management에서 겸임 강사로 재직하였고, LG전자 국제통상팀에서 근무하였다. Journal of Organizational Behavior 등의 국제 저널에 논문을 등재하였으며 조직 혁신, 국제 비즈니스, 기업 인수합병 등을 연구하고 있다.

이효영

국립외교원 교수이며 서울대학교 국제대학원에서 국제통상 전공으로 박사학위를 취득하였다. 대외경제정책연구원 부연구위원, 청와대 경제수석실 행정관을 역임하였으며 현재 무역구제학회 국제이사, 기획재정부 세제발전심의위원회 위원, 북방경제협력위원회 전문위원으로 다양한 정부 자문 및 연구 활동을 하고 있다.

노재연

영남대학교 무역학부 조교수이며 George Washington University 국제관계학 석사와 서울대학교 경제학 박사를 수여하고 자유무역협정 및 비관세장벽 분야에서 활발한 연구활동을 하고 있다. 국제원산지정보원 정책연구팀 팀장을 역임하였고, 무역구제학회 연구이사 및 한국통상정보학회 이사로써 통상 관련 다양한 활동을 하고 있다.

지역무역체제와 기술표준 협상

초판발행	2020년 11월 5일
엮은이	안덕근 · 김민정
펴낸이	안종만 · 안상준
편 집	조보나
기획/마케팅	조성호
표지디자인	조아라
제 작	고철민 · 조영환
펴낸곳	(주) **박영사**
	서울특별시 금천구 가산디지털2로 53, 210호(가산동, 한라시그마밸리)
	등록 1959. 3. 11. 제300-1959-1호(倫)
전 화	02)733-6771
f a x	02)736-4818
e-mail	pys@pybook.co.kr
homepage	www.pybook.co.kr
I S B N	979-11-303-1067-1 93320

copyright©안덕근 · 김민정, 2020, Printed in Korea

* 파본은 구입하신 곳에서 교환해 드립니다. 본서의 무단복제행위를 금합니다.
* 저자와 협의하여 인지첩부를 생략합니다.

정 가   27,000원

본 저서는 산업통상자원부 국가기술표준원의 2019년 무역기술장벽 정책연구 및 인력양성 기반조성 사업의 지원으로 제작되었습니다.